"十四五"职业教育国家规划教材

（第五版）

汽车底盘构造与维修

AR + 微课版

主　编　钱锦武
副主编　李仕生

大连理工大学出版社

图书在版编目(CIP)数据

汽车底盘构造与维修 / 钱锦武主编. -- 5版. -- 大连：大连理工大学出版社，2022.1(2025.7重印)
ISBN 978-7-5685-3708-7

Ⅰ.①汽… Ⅱ.①钱… Ⅲ.①汽车－底盘－结构－高等职业教育－教材②汽车－底盘－车辆修理－高等职业教育－教材 Ⅳ.①U472.41

中国版本图书馆CIP数据核字(2022)第021815号

大连理工大学出版社出版

地址：大连市软件园路80号　邮政编码：116023
营销中心：0411-84708842　邮购及零售：0411-84708943
E-mail:dutp@dutp.cn　URL:https://www.dutp.cn
辽宁虎驰科技传媒有限公司印刷　大连理工大学出版社发行

幅面尺寸：185mm×260mm　印张：17.75　字数：423千字
2012年1月第1版　2022年1月第5版
2025年7月第9次印刷

责任编辑：康云霞　　　　　　　　　　　责任校对：吴媛媛
　　　　　　封面设计：张　莹

ISBN 978-7-5685-3708-7　　　　　　　　定　价：57.80元

本书如有印装质量问题，请与我社营销中心联系更换。

前言

《汽车底盘构造与维修》(第五版)是"十四五"职业教育国家规划教材、"十三五"职业教育国家规划教材。

为贯彻党的二十大精神,适应目前高等职业技术教育的发展形势,本教材紧紧围绕职业工作需求,以工学结合、基于工作过程为导向进行编写。教材以培养学生的职业能力为中心,以"实用、科学、新颖"为编写原则,旨在探索理论与实践一体化的教学模式。

本次修订力求突出以下特色:

1."一条途径、两个融合、三种对接"的编写理念

一条途径:通过与中升丰田汽车销售服务有限公司、大众英茂汽车销售有限公司等合作的途径,调研常见汽车底盘构造与维修知识,以获得典型工作任务和真实案例。

两个融合:通过专任教师与行业专家、职业能力与职业素质的融合,保证教材内容符合从业岗位的需要。

三种对接:通过课程标准与职业标准、教学内容与资格认证、工作过程与学习过程的对接,构建体现"教、学、做"合一的任务素材。

2."学习情境+任务"的实训体系

本教材以真实工作任务为蓝本,通过12个学习情境构建内容,并以"学习情境+任务"构建实训内容。

3."互联网+"创新型教材,着重构建教材的立体化素材库

本教材有效应用现代信息技术,开发了丰富的立体化、数字化教学资源,包括AR、微课、教学课件、工单等共享的课程资源,有利于教师授课和学生线上线下学习。其中,AR资源需先在手机应用商店里下载"大工职教学生版"APP并安装,然后点击"教材AR扫描入口"按钮进入应用,扫描教材中带有 AR 标识的图片,即可开启3D学习之旅。

本教材由云南交通职业技术学院钱锦武任主编，重庆工业职业技术学院李仕生任副主编，云南交通职业技术学院朱金光、张四鑫、石昊煜及杭州卓御汽车销售有限公司刘枝祯任参编。具体编写分工如下：学习情境1由朱金光编写，学习情境2由张四鑫编写，学习情境3、4由石昊煜编写，学习情境5至8由李仕生编写，学习情境9由刘枝祯编写，学习情境10至12由钱锦武编写。全书由钱锦武统稿。

在编写本教材的过程中，我们参考、引用和改编了国内外出版物中的相关资料和网络资源，在此对这些资料的作者表示深深的谢意！请相关著作权人看到本教材后与出版社联系，出版社将按照相关法律的规定支付稿酬。

尽管我们在探索教材建设的特色方面做出了许多努力，但由于编者水平所限，教材中仍可能存在疏漏和不妥之处，恳请读者批评指正，并将建议及时反馈给我们，以便再次修订时完善。

编　者

所有意见和建议请发往：dutpgz@163.com
欢迎访问职教数字化服务平台：https://www.dutp.cn/sve/
联系电话：0411-84707424　84708979

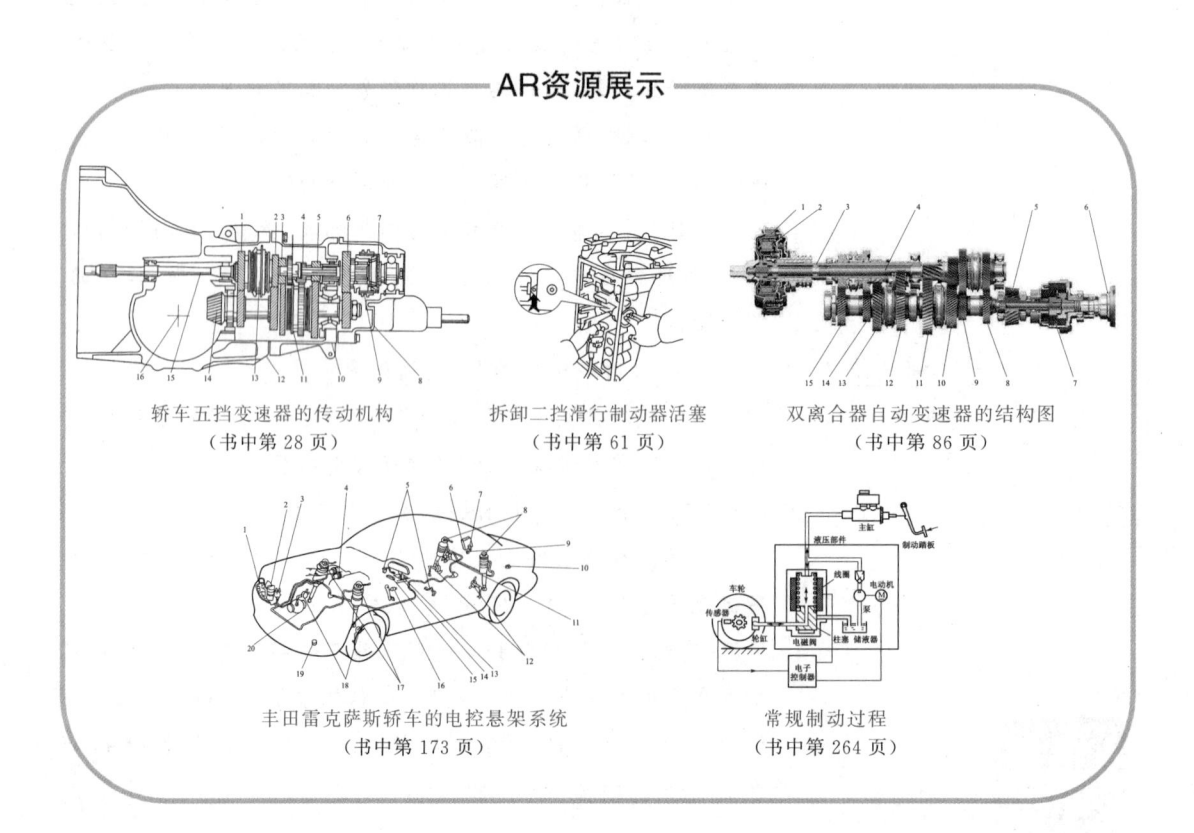

AR资源展示

轿车五挡变速器的传动机构
（书中第28页）

拆卸二挡滑行制动器活塞
（书中第61页）

双离合器自动变速器的结构图
（书中第86页）

丰田雷克萨斯轿车的电控悬架系统
（书中第173页）

常规制动过程
（书中第264页）

目录

学习领域一 汽车传动系的维修

学习情境 1 认识汽车传动系 ……………………………………………………… 3

学习情境 2 离合器的维修 ………………………………………………………… 10
  任务 2.1 离合器主、从动部分，压紧装置的维修 ………………………………… 10
  任务 2.2 离合器操纵机构的维修 …………………………………………………… 20

学习情境 3 手动变速器的维修 …………………………………………………… 24

学习情境 4 自动变速器的维修 …………………………………………………… 44
  任务 4.1 自动变速器传动部分的结构与维修 …………………………………… 44
  任务 4.2 自动变速器控制系统原理与维修 ……………………………………… 63
  任务 4.3 无级变速器（CVT）的结构认识 ………………………………………… 78
  任务 4.4 双离合器自动变速器的结构认识 ……………………………………… 84

学习情境 5 万向传动装置的维修 ………………………………………………… 88

学习情境 6 驱动桥总成的维修 …………………………………………………… 101
  任务 6.1 主减速器和差速器的维修 ………………………………………………… 101
  任务 6.2 半轴和桥壳的维修 ………………………………………………………… 113
  任务 6.3 手动变速驱动桥及驱动轴的维护 ……………………………………… 117

学习领域二 汽车行驶系的维修

学习情境 7 车架和车桥的维修 …………………………………………………… 121

学习情境 8 车轮和轮胎的维修 …………………………………………………… 138

学习情境 9 悬架系统的维修 ……………………………………………………… 155
  任务 9.1 普通悬架的维修 …………………………………………………………… 155
  任务 9.2 电控悬架的认识 …………………………………………………………… 172

学习领域三　汽车转向系的维修

学习情境 10　转向系的维修 ················ 181
　任务 10.1　转向系的认识 ················ 181
　任务 10.2　转向操纵机构的维修 ················ 184
　任务 10.3　转向传动机构的维修 ················ 191
　任务 10.4　液压式动力转向系的维修 ················ 198
　任务 10.5　电动式动力转向系的维修 ················ 209

学习领域四　汽车制动系的维修

学习情境 11　制动系的维修 ················ 219
　任务 11.1　制动系的认识 ················ 219
　任务 11.2　车轮制动器的结构与维修 ················ 222
　任务 11.3　制动传动装置的维修 ················ 236
　任务 11.4　电子驻车制动系统的维修 ················ 249

学习情境 12　防滑控制系的维修 ················ 257
　任务 12.1　防滑控制系的认识 ················ 257
　任务 12.2　电子稳定程序系统的维修 ················ 269

参考文献 ················ 276

学习领域一
汽车传动系的维修

- 学习情境1　认识汽车传动系
- 学习情境2　离合器的维修
- 学习情境3　手动变速器的维修
- 学习情境4　自动变速器的维修
- 学习情境5　万向传动装置的维修
- 学习情境6　驱动桥总成的维修

学习情境 1
认识汽车传动系

能力目标

◆ 能认识常见的轿车或货车传动系组成和结构。

知识目标

◆ 理解传动系的功用和组成。
◆ 了解汽车的驱动形式和传动系的布置。

素质目标

◆ 通过对底盘和传动系结构的认识,了解现代汽车底盘传动系的发展,认识到我国汽车工业的高速发展和科技的进步,增强民族自信心和自豪感。培养对汽车底盘知识的兴趣爱好。

微课

汽车传动系统结构及布置形式

相关知识

一、传动系的组成与作用

1.传动系的分类与组成

按结构和传动介质分,汽车传动系的形式有机械式、液力机械式、静液式(容积液压式)、电力式等。本书主要介绍机械式和液力机械式传动系。

机械式传动系的组成如图 1-1 所示。发动机纵向安置在汽车前部,并且以后轮为驱动轮。发动机发出的动力依次经离合器 1、变速器 2,由万向节 3 和传动轴 8 组成的万向传动装置,以及安装在驱动桥 4 中的主减速器 7、差速器 5 和半轴 6 传到驱动轮。

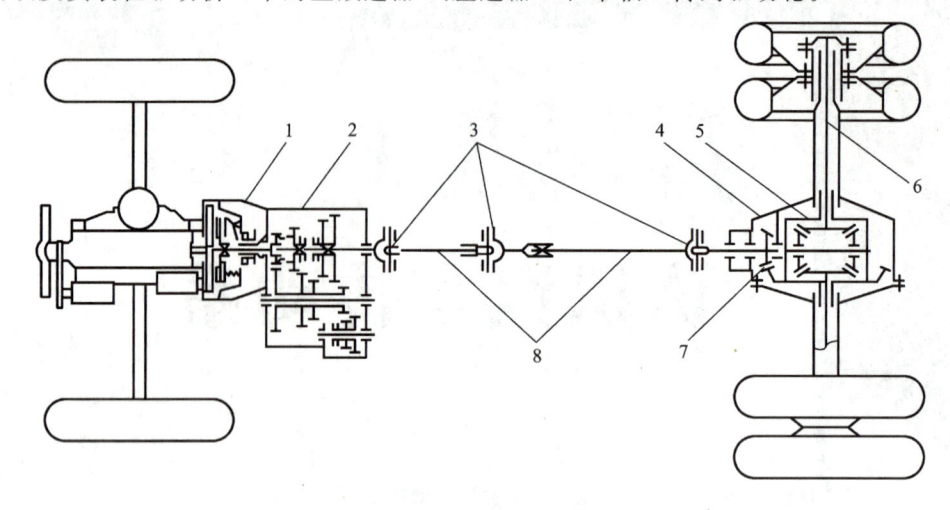

图 1-1　机械式传动系的组成

1—离合器;2—变速器;3—万向节;4—驱动桥;5—差速器;6—半轴;7—主减速器;8—传动轴

液力机械式传动系综合运用了液力传动和机械传动,以液力机械变速器取代机械式传动系中的摩擦式离合器和手动变速器,其他组成部分及布置形式均与机械式传动系相同,如图 1-2 所示。

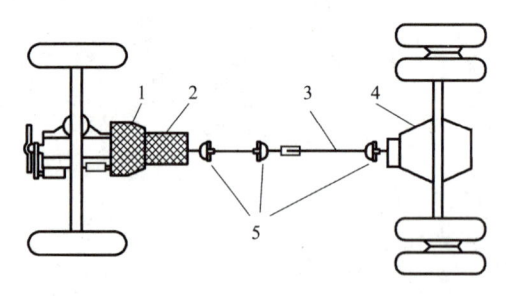

图 1-2　液力机械式传动系的组成

1—液力变矩器;2—自动变速器;3—传动轴;4—驱动桥;5—万向节

2.传动系的作用

汽车传动系的基本作用是将发动机发出的动力传给驱动轮,以保证汽车能在不同使用条件下正常行驶,并具有良好的动力性和燃油经济性。传动系各组成的功用如下:

(1)离合器

离合器使发动机与传动系平顺接合,把发动机的动力传给传动系,或者使两者分开,切断动力的传递。

(2)手动变速器

手动变速器不仅可以改变发动机输出的转速高低、扭矩大小和旋转方向,也可以切断发动机至驱动轮的动力传递。此外,还可以在发动机运转的情况下切断发动机向驱动轮的动力传递。

如果采用自动变速器,那么自动变速器兼具离合器和手动变速器的功用。

(3)万向传动装置

万向传动装置的功用是将变速器传出的动力传给主减速器。由于变速器与车架一般采用刚性连接,而驱动桥是通过悬架与车架弹性连接的,使得主减速器与变速器之间的距离及二者轴线之间的夹角都经常发生变化,因而万向传动装置的长度是可以伸缩的,且装有能够适应传动夹角变化的万向节。

（4）主减速器

主减速器的功用是降低转速以增大转矩，保证汽车克服行驶阻力而正常行驶，并且通常要将传动系的旋转方向改变90°，把由传动轴传来的动力传给差速器。

（5）差速器

当汽车转弯行驶时，左、右车轮在同一时间内滚过的距离不同，如果两侧驱动轮仅用一根刚性轴连接，则二者的角速度必然相同，因而在汽车转弯行驶时，必然产生车轮相对于地面的滑动（滑转或滑移）现象。这将使转弯困难，汽车的动力消耗增加，传动系内某些零件和轮胎的磨损加剧。为此，传动系内必须设有既能将动力传给两侧驱动轮又能允许两侧驱动轮以不同角速度旋转的机构，即差速器。

（6）半轴

半轴将动力由差速器传给驱动轮，使驱动轮获得旋转动力。

二、传动系的布置形式

传动系在汽车上的布置形式，取决于发动机的形式和性能、汽车总体结构形式、汽车行驶系及传动系本身的结构形式等许多因素，是随发动机的类型、安装位置、汽车用途、驱动形式等不同而变化的。汽车传动系本身结构形式的不断发展，也影响了传动系的组成及布置形式。

汽车的驱动形式通常用汽车的全部车轮数×驱动轮数（其中车轮数按轮毂数计）来表示，普通汽车多装有四个车轮，其中两个车轮为驱动轮，则其驱动形式为4×2，若四个车轮都是驱动轮，则表示为4×4，等等。另外，也有用车桥数来表示的，即汽车的全部车桥数×驱动桥数，如上两例就可分别表示为2×1和2×2。

传动系的布置形式目前广泛应用的有如下几种：

1. 发动机前置、后轮驱动的传动系

图1-1所示的传动系为这种传动系的典型形式，是各种载货汽车中最为常见的一种布置形式。另外，它的变形形式有中桥驱动的6×2三桥铰接式客车、带负重轮的6×2大客车等。

2. 发动机后置、后轮驱动的传动系

在一些大型客车和轿车上，采用发动机后置、后轮驱动的传动系，如图1-3所示。

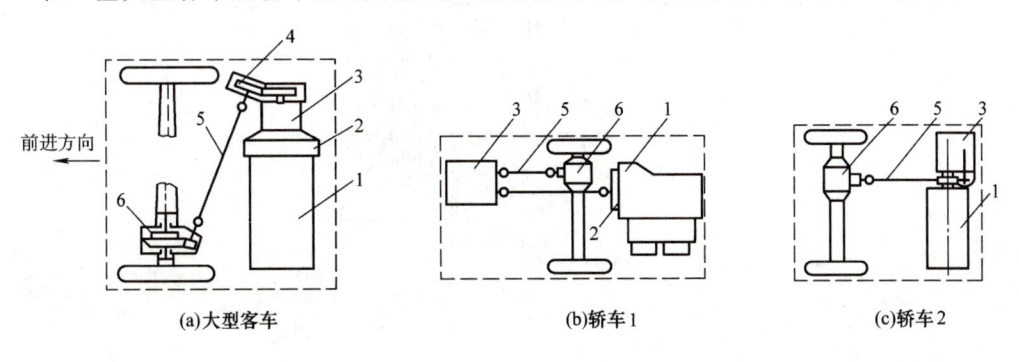

(a) 大型客车　　(b) 轿车1　　(c) 轿车2

图1-3　发动机后置、后轮驱动的传动系

1—发动机；2—离合器；3—变速器；4—角传动装置；5—万向传动装置；6—后驱动桥

后置发动机的优点是使前轴不易过载，并能更充分地利用车厢面积，还可有效地降低本身地板的高度或充分利用汽车中部地板下的空间安置行李箱等。另外，也有利于减轻发动机的高温和噪声对驾驶员所造成的疲劳。但缺点是发动机散热条件差，且其行驶中的某些

5

故障不易被驾驶员察觉。另外,远距离操纵也使操纵机构变得复杂,维修调整有些不便。由于优点较为突出,在大型客车上应用越来越多。

3.发动机前置、前轮驱动的传动系

该种形式与发动机后置、后轮驱动的布置形式有许多共同的特点,不同之处主要是:操纵机构简单,发动机散热条件好,但上坡时汽车重量后移,使前驱动轮的附着重量减小,驱动轮易打滑,而下坡制动时则由于汽车重量前移、前轮负荷过重,高速时易发生翻车现象。故主要用在可利用承载式车身降低质心的轿车上。

发动机前置、前轮驱动的传动系有横置发动机和纵置发动机两种类型,其中横置发动机可以有效地利用发动机室内的空间,而且在动力传动系中无须改变转矩的传动方向,动力传动效率好。这两种结构分别如图1-4、图1-5所示。

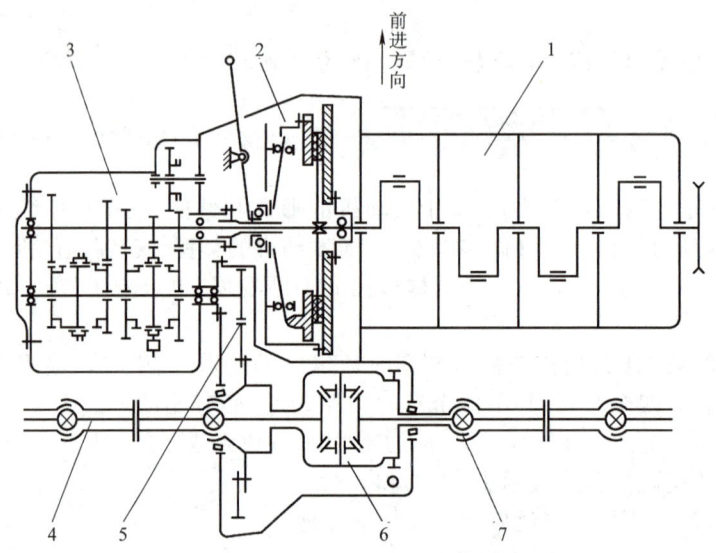

图1-4 发动机前横置、前轮驱动的传动系
1—发动机;2—离合器;3—变速器;4—半轴;5—主减速器;6—差速器;7—万向节

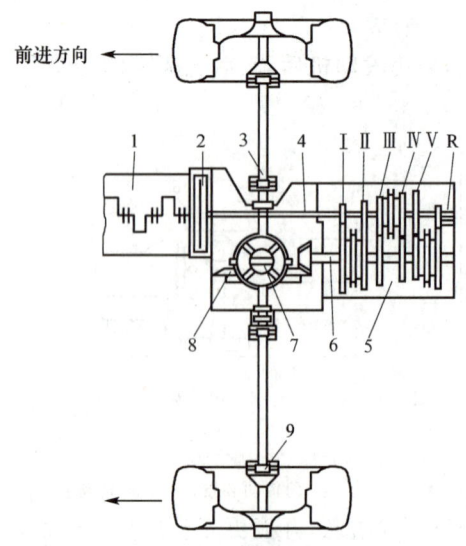

图1-5 发动机前纵置、前轮驱动的传动系
1—发动机;2—离合器;3—半轴;4—输入轴;5—变速器;6—输出轴;7—差速器;8—主减速器;
9—等角速万向节;Ⅰ—1挡;Ⅱ—2挡;Ⅲ—3挡;Ⅳ—4挡;Ⅴ—5挡;R—倒挡

4.越野汽车的传动系

越野汽车为了提高在路况条件较差地区行驶的能力,一般都采用全轮驱动。另外,某些大型三轴自卸车和牵引车也采用全轮驱动。如图1-6、图1-7所示为几种越野汽车的传动系。

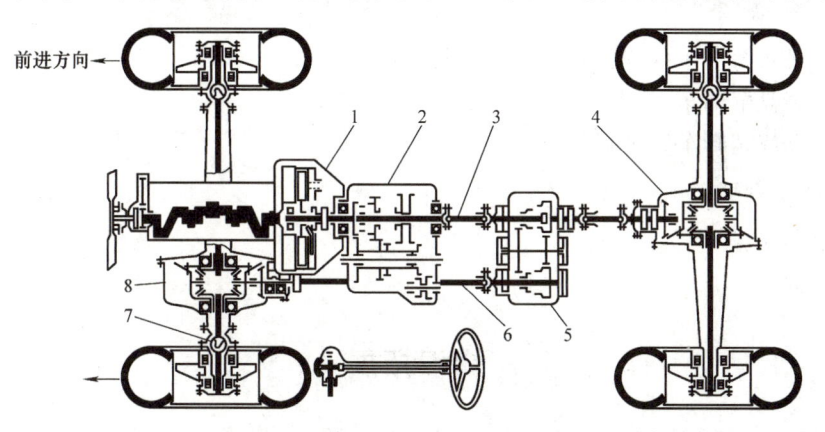

图1-6 4×4越野汽车的传动系

1—离合器;2—变速器;3、6—万向传动装置;4、8—主减速器和差速器;5—分动器;7—等角速万向节

这类传动系的特点是:由于有多个驱动桥,所以在变速器后面加了一个分动器5。其作用是把变速器输出的动力经几套万向传动装置分别传给所有的驱动桥,并可进一步减速增扭,以适应越野条件下阻力变化范围更大的需要;分动器和变速器虽都固定在车架上,但二者间一般有一段距离。考虑到安装误差及车架变形的影响等,在二者间也有一套万向传动装置3,由于前驱动桥同时又是转向桥,不能用整体式半轴,所以前驱动桥的两根半轴都由两段组成,中间一般用等角速万向节相连。

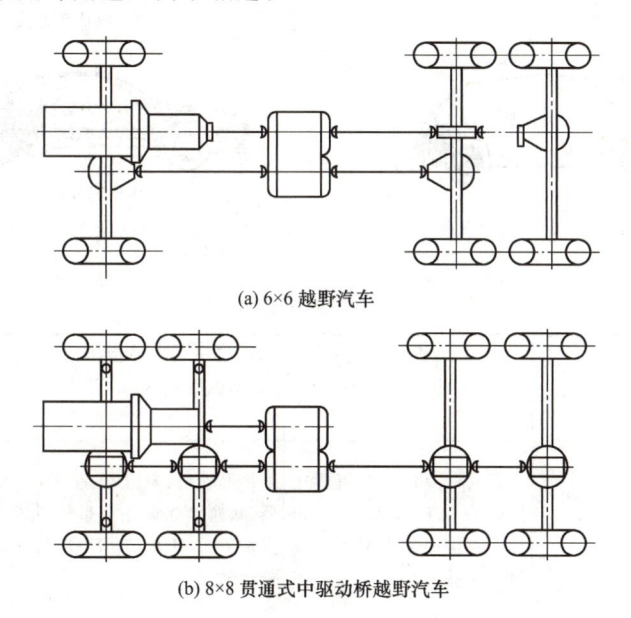

(a) 6×6越野汽车

(b) 8×8贯通式中驱动桥越野汽车

图1-7 多轴驱动越野汽车的传动系

工作任务实施

一、实施条件

(1)卡车底盘解剖车(解放、东风或五十铃轻型卡车)。
(2)轿车底盘解剖车。
(3)吉普车或越野车底盘解剖车。

二、实施步骤

(1)分组参观。
(2)现场讲解。

知识拓展

在现代轿车中,传动系的驱动方式常见的有如下几种形式,如图1-8所示。这些驱动形式的特征、优缺点及适用范围见表1-1。

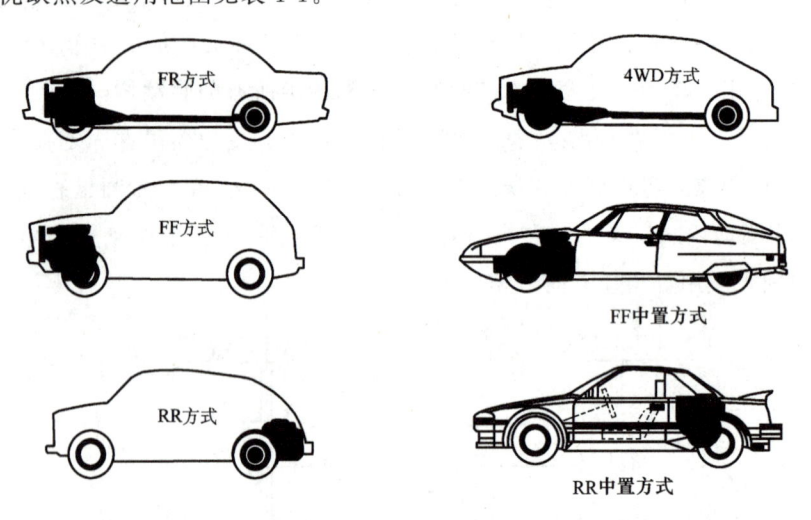

图1-8 轿车传动系的驱动方式

表1-1　　　　　　　　轿车传动系驱动方式比较

形式	FR方式(发动机前置、后轮驱动方式)	FF方式/FF中置方式(发动机前置、前轮驱动方式)	RR方式/RR中置方式(发动机后置、后轮驱动方式)	4WD方式(四轮驱动方式)
结构特点	发动机、离合器、变速器连成一个整体,安装在车身前部,主减速器放在车身后部,两者通过传动轴连接	发动机及传动装置集中安装在车身前部,发动机动力直接驱动前轴。发动机可为横置	将发动机、离合器、变速器、减速器连成一个整体,安放在车身后部,不需要传动轴	发动机、离合器、变速器置于车身前部,通过传动轴及分动器使前、后四个车轮均成为驱动轮

8

(续表)

形式	FR方式(发动机前置、后轮驱动方式)	FF方式/FF中置方式(发动机前置、前轮驱动方式)	RR方式/RR中置方式(发动机后置、后轮驱动方式)	4WD方式(四轮驱动方式)
优点	①发动机靠近驾驶员座椅,因此发动机、离合器、变速器可以由驾驶员直接操纵,控制机构简单,操作维修方便 ②整车重量分配合理,前、后轮各接近50%	①车身底板平整,有利于增大室内空间 ②传动距离短,有利于减轻整车重量 ③FF中置方式使整车重量靠近车辆质心,行驶稳定性好	①车室底板平整,还可降低车身底板高度,有利于增大室内空间 ②有利于减轻整车重量	爬坡能力强,越野性能好
缺点	①由于变速器伸入驾驶室内,并有传动轴穿过车身底部呈隧道状凸出,缩小了室内空间 ②增加了整车质量	①前轴结构很复杂,并且操纵机构的布置也较困难 ②前轮负荷过大,前轮磨损加剧	①发动机及动力装置远距离操作,容易产生故障 ②行李箱空间减小 ③发动机冷却困难 ④后轮负荷过大,操作稳定性差	①整车过重,机构变得复杂 ②平线行驶,四轮驱动会造成能量浪费。此时应用变速杆将四轮驱动变为仅后轮驱动(与FR方式相同)
应用范围	中型以上轿车多数仍采用,是轿车采用的主流方式	2.0 L以下中、小型轿车上的应用增加较明显	车速不高的微型车应用较多,大型客车上也有应用	要求越野性能强的轿车、运动赛车

思考题

1.汽车传动系的功用是什么?机械式传动系由哪几部分组成?
2.汽车传动系的布置形式有哪些?各有何特点?

学习情境 2
离合器的维修

任务 2.1 离合器主、从动部分,压紧装置的维修

能力目标
- 会拆装与维修各式离合器。
- 会用检测设备和工具。
- 能够注重安全和环保。

知识目标
- 理解离合器的功用和类型。
- 掌握离合器的组成与工作原理。
- 了解典型离合器的结构与维修方法。

微课

离合器结构与工作原理

素质目标
- 通过对离合器的维修作业,提高学生的职业素养。
- 培养对维护保养工作认真负责、精益求精的工匠精神。

相关知识

一、离合器的作用、分类与要求

1. 离合器的作用

离合器是传动系中直接与发动机相连接的总成,离合器的输出轴就是变速器的输入轴,汽车由起步进入正常行驶、换挡、制动直至停车的整个行驶过程中,离合器经常在起作用,驾驶员根据需要,用离合器将发动机与变速器的动力暂时地分离或逐渐接合,以切断或接通发动机输往传动系的动力。为此,离合器必须具有如下作用:

(1)保证汽车起步平稳

在汽车起步前,先启动发动机。此时变速器应处于空挡位置,中断发动机与驱动车轮间的动力传递。待发动机启动并正常怠速运转后,方可将变速器挂上一定挡位,使汽车起步。起步时汽车是从静止状态逐渐进入行驶的过程,其速度从零开始逐渐增大。如果发动机与传动系刚性连接,则变速器一挂上挡,汽车就会突然向前冲,而不能起步。这是由于汽车从静止到前冲时,产生很大惯性力,对发动机形成很大的阻力矩,使发动机在瞬间转速急剧下降,直到熄火而不能工作。

若在传动系中装设了离合器,在发动机启动后、汽车起步前,驾驶员用踏板将离合器分离,使发动机与传动系脱开,再将变速器挂上挡位,然后使离合器逐渐接合。在接合过程中,来自驱动轮并传到发动机的阻力矩逐渐增大。随着离合器接合程度的逐渐增大,发动机经传动系输给驱动轮上的转矩也逐渐增加,当达到驱动力足以克服汽车起步阻力时,汽车从静止状态开始运动,并逐渐加速,从而保证汽车平稳起步。

(2)保证换挡工作平顺

在汽车行驶过程中,为了适应不断变化的行驶状况,变速器需要经常换用不同挡位工作。换挡前必须将离合器分离,使发动机与变速器暂时脱开,中断动力传递,便于使原挡位的啮合齿轮副脱开,并有可能使新选挡位的齿轮副的啮合部位的圆周速度逐渐相等(同步),以减轻其啮合时的冲击,并顺利进入啮合。换挡完毕后,再使离合器逐渐接合,以使汽车速度不致发生突然变化。这样,保证变速器换挡时工作平顺。

(3)防止传动系过载

当汽车紧急制动时,驱动轮突然减速,如果没有离合器,则发动机将因与传动系刚性连接而急剧降低转速,使发动机和传动系中的运动件产生很大的惯性力矩(其数值可能大大超过发动机正常工况下所发出的最大转矩),使传动系过载而造成机件损坏。有了离合器,即使在紧急制动时驾驶员来不及分开离合器,由于离合器的主、从动部分间的摩擦,只能传递一定大小的转矩,当惯性力矩超过此数值时,离合器将打滑,从而消除了传动系过载的可能性。因此,离合器限制了传动系可能承受的最大转矩,防止传动系过载。

为使离合器具有上述功用,其结构应保证能使主、从动部分暂时分离,又能逐渐接合,并且在传递转矩过程中具有相对转动的可能性。因此,离合器的主动与从动元件之间不能采用刚性连接,而应靠接触面间的摩擦来传递转矩,这是目前汽车传动系中应用最广泛的离合器,即摩擦片式离合器。

2.摩擦片式离合器的分类

离合器类型较多,就汽车用摩擦片式离合器而言,按从动盘的数目可分为单盘式、双盘式和多盘式;按压紧弹簧的形式又可分为中央弹簧式、周布弹簧式、膜片弹簧式和斜置弹簧式。

3.对离合器的要求

(1)具有合适的储备能力。既能保证传递发动机的最大转矩,又能防止传动系过载。

(2)接合平顺柔和,以保证汽车平稳起步。

(3)分离迅速彻底,便于换挡和发动机启动。

(4)具有良好的散热能力。由于离合器接合过程中,主、从动部分有相对的滑转,在使用频繁时会产生大量的热量,如不及时散出,会严重影响其使用寿命和工作的可靠性。

(5)操纵轻便,以减轻驾驶员的疲劳。

(6)从动部分的转动惯量要小,以减少换挡时的冲击。当变速器换挡时,中断动力传递,以减轻轮齿间冲击。

二、摩擦片式离合器的基本组成和工作原理

1.摩擦片式离合器的基本组成

图 2-1 所示为摩擦片式离合器的基本组成和工作原理,其结构通常由主动部分、从动部分、压紧装置和操纵机构四部分组成。

主动部分由飞轮 4、压盘 5 和离合器盖 6 等组成,离合器盖 6 用螺钉固定于飞轮 4 的后端面,压盘 5 通过传动片与离合器盖 6 相连,可做轴向移动,飞轮 4 与曲轴 1 固定在一起,只要曲轴 1 旋转,发动机动力便可通过飞轮 4、离合器盖 6 传递到压盘,带动压盘一起转动。

从动部分由从动盘 3 和变速器第一轴 2 等组成,带有从动盘摩擦片 17 的从动盘 3 安装于压盘 5 与飞轮 4 之间,通过花键套装在变速器第一轴 2 上,变速器第一轴 2 通过轴承 18 支承于曲轴 1 后端中心孔内。

压紧装置由若干个压紧弹簧 16 组成,安装于压盘 5 与离合器盖 6 之间,沿周向均匀分布,把压盘 5、飞轮 4 和从动盘 3 相互压紧。

操纵机构由分离杠杆 7、弹簧 8、踏板 12、拉杆 13、拉杆调节叉 14、回位弹簧 10 和

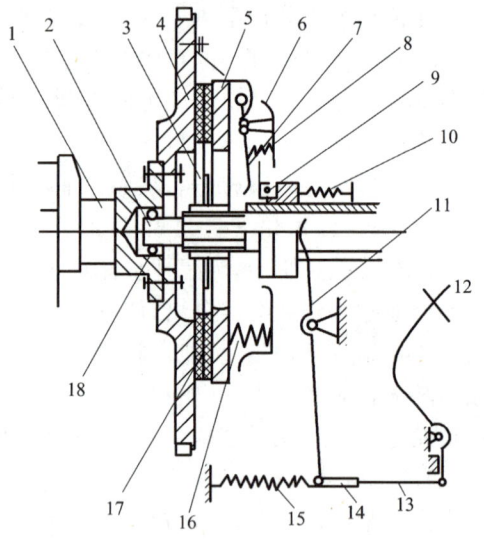

图 2-1 摩擦片式离合器的基本组成和工作原理
1—曲轴;2—变速器第一轴;3—从动盘;4—飞轮;
5—压盘;6—离合器盖;7—分离杠杆;8—弹簧;
9—分离轴承;10、15—回位弹簧;11—分离叉;
12—踏板;13—拉杆;14—拉杆调节叉;
16—压紧弹簧;17—从动盘摩擦片;18—轴承

15、分离叉 11、分离轴承 9 等组成,分离杠杆 7 中部铰接于离合器盖 6 的支架上,内端则铰接于压盘 5 上,通过弹簧 8 的作用消除因分离杠杆支承处存在间隙而前后晃动产生的噪声,分离轴承 9 压装在分离套筒上,分离套筒安装在变速器第一轴轴承盖上,分离叉 11 是中部带支点的杠杆,拉动分离叉 11 下端便可通过分离轴承 9、分离杠杆 7 向后拉动压盘 5,从而解除压盘 5 对从动盘 3 的压力。

2.摩擦片式离合器的工作原理

(1)离合器接合

当发动机工作时,飞轮 4 带动离合器主动部分压盘 5、离合器盖 6 旋转。由于在压紧弹簧 16 的作用下,压盘 5 和从动盘 3 被压紧在飞轮 4 上,而使从动盘 3 接合面与飞轮 4、压盘 5 产生摩擦力矩,并通过从动盘 3 带动变速器第一轴 2 一起旋转,发动机的动力便传给了变速器。

（2）离合器分离

当驾驶员踩下踏板12时,通过连接机构,使分离轴承9前移,压在分离杠杆7上,使压盘5产生一个向后的拉力,当大于压紧弹簧16的张力时,从动盘3与飞轮4、压盘5脱离接触,发动机停止向变速器输出动力。

（3）汽车起步

当缓慢放松踏板12时,通过连接机构作用在压盘5上的拉力逐渐减小,在压紧弹簧16的作用下,从动盘3与飞轮4、压盘5接合程度逐渐增加,故其摩擦力矩逐渐增大。当飞轮4、压盘5和从动盘3接合还不紧密、产生的摩擦力矩比较小时,主、从动部分可以不同步旋转,即离合器处于打滑状态,随着飞轮4、压盘5和从动盘3压紧程度的逐渐加大,离合器主、从动部分转速也渐趋相等,直至离合器完全结合而停止打滑,接合过程即告结束。

3.离合器的自由间隙和踏板的自由行程

从离合器的工作原理可知,从动盘摩擦片经使用磨损变薄后,在压紧弹簧作用下,压盘要向前(向飞轮方向)移动,分离杠杆内端则相应地要向后移动,才能保证离合器完全接合。如果未磨损前分离杠杆内端和分离轴承之间没有预留一定间隙,则在摩擦片磨损后,分离杠杆内端因抵住分离轴承而不能后移,使分离杠杆外端牵制压盘不能前移,从而不能将从动盘压紧,则离合器难以完全接合,传动时会出现打滑现象。这不仅会降低离合器所能传递的最大转矩,而且会加速磨损摩擦片和分离轴承。因此,当离合器处于正常接合状态时,在分离杠杆内端与分离轴承之间必须预留一定的间隙,即为离合器的自由间隙。

由于自由间隙的存在,踩下离合器踏板时,首先要消除这一间隙,然后才能开始分离离合器。为消除这一间隙所需的离合器踏板行程,称为离合器踏板的自由行程。通过拧动拉杆调节叉,改变拉杆的工作长度,可以调整自由间隙的大小,从而调整踏板的自由行程。

三、摩擦片式离合器的构造

1.膜片弹簧离合器

（1）结构与工作原理

膜片弹簧离合器是通过膜片弹簧作用压紧弹簧的,其构造如图2-2所示。

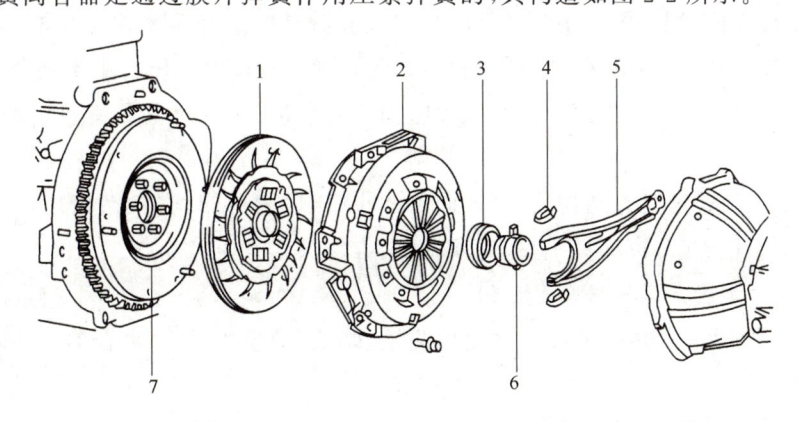

图2-2 膜片弹簧离合器的构造

1—从动盘；2—离合器盖和压盘；3—分离轴承；4—卡环；5—分离叉；6—分离套筒；7—飞轮

13

主动部分由离合器盖和压盘组成。离合器盖通过螺栓固定在飞轮上,为了保持正确的安装位置,离合器盖通过定位销进行定位。压盘与离合器盖之间通过周向均布的 3 组或 4 组传动片来传递转矩。传动片用弹簧钢片制成,每组 2 片,一端用铆钉铆在离合器盖上,另一端用螺钉连接在压盘上。

膜片弹簧离合器的工作原理如图 2-3 所示。当离合器盖安装到飞轮上时,膜片弹簧不受力而处于自由状态,此时离合器盖与飞轮之间有一距离 S,如图 2-3(a)所示。当离合器盖通过螺栓固定在飞轮上时,膜片弹簧在支承环处受压产生弹性变形,此时膜片弹簧的外圆周对压盘产生压紧力使离合器处于接合状态,如图 2-3(b)所示。当踩下离合器踏板时,分离轴承推动膜片弹簧,使膜片弹簧以支承环为支点,其外圆周向后翘起,通过分离钩拉动压盘后移使离合器分离,如图 2-3(c)所示。

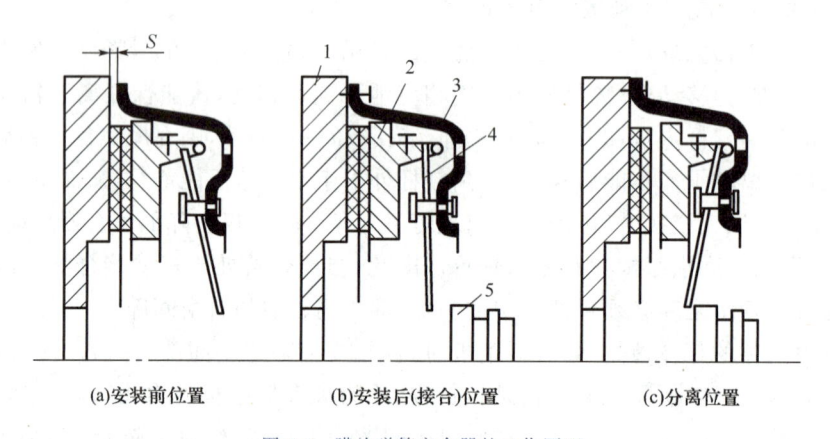

(a)安装前位置　　　　(b)安装后(接合)位置　　　　(c)分离位置

图 2-3　膜片弹簧离合器的工作原理
1—飞轮;2—压盘;3—离合器盖;4—膜片弹簧;5—分离轴承

从上面的介绍中可以看出,膜片弹簧既是压紧弹簧,又是分离杠杆,使结构简化了。另外膜片弹簧的弹性优于圆柱螺旋弹簧,所以膜片弹簧离合器的应用越来越广泛,在各种车型上都有应用。

(2)膜片弹簧的弹性及其特点

压盘在正常位置时,压盘压力对于膜片弹簧和圆柱螺旋弹簧来说是相同的。当压盘位于最大脱开位置时(如踏板踩到最低位置时),膜片弹簧分离时的压力小于接合时的压力,因而具有操纵轻便的特点。当离合器摩擦片磨损至极限时,膜片弹簧具有自动调节压紧力的特点。

此外,膜片弹簧还具有结构简单、轴向尺寸小、压紧力分布均匀、摩擦片接触好、磨损均匀、高速压紧力稳定、分离杠杆平整、无须调整、维修保养方便等优点。

(3)常见轿车膜片弹簧离合器介绍

常见轿车膜片弹簧离合器总成主要由曲轴、摩擦片、膜片弹簧、离合器盖等零部件组成,如图 2-4 所示。

膜片弹簧采用优质薄弹簧钢板制成,它既是压紧杠杆,又是分离杠杆。

压盘、离合器盖、膜片弹簧、支承环、限位铆钉、分离钩和传动片等组成压紧装置。通常情况下,上述各零件组成一个整体。离合器分离时,传动片弯曲。当拖动发动机旋转时,传

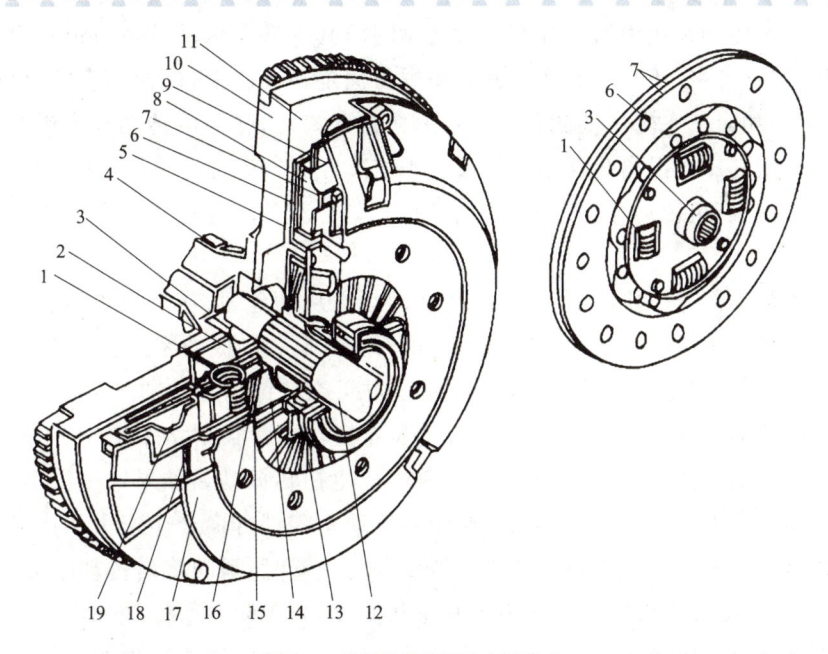

图 2-4 轿车膜片弹簧离合器总成

1—减振弹簧；2—阻尼片；3—花键轴套；4—曲轴；5—限位铆钉；6—波形片；7—摩擦片；8—压盘；
9—传动片；10—飞轮；11—飞轮齿圈；12—变速器输入轴；13—离合器分离轴承；14—盖板；
15—膜片弹簧；16—碟形弹簧；17—离合器盖；18—支承环；19—分离钩

动片受压。传动片式压盘定位和驱动结构无摩擦和磨损，无传动间隙，传动效率高，冲击噪声小。

2.周布弹簧离合器

货车常用周布弹簧离合器的构造如图 2-5 所示。

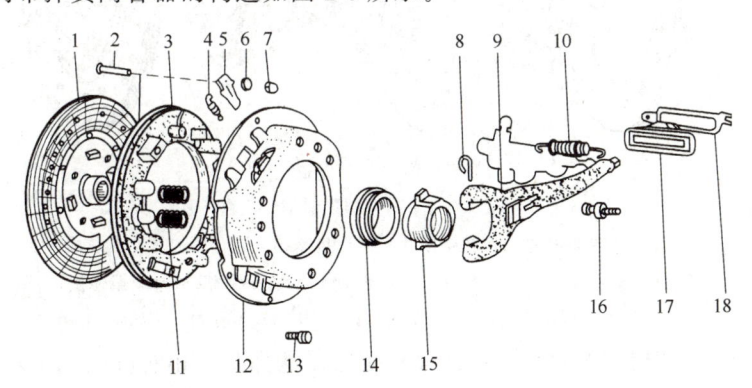

图 2-5 货车周布弹簧离合器的构造

1—从动盘；2—分离杆螺栓；3—压盘；4—分离杆弹簧；5—分离杠杆；6—垫圈；
7—螺母；8—分离套筒销；9—分离叉；10—分离叉回位弹簧；11—压紧弹簧；12—离合器盖；
13—螺栓；14—分离轴承；15—分离套筒；16—分离叉支架销；17—分离叉套；18—分离叉套平板

离合器的主动部分、从动部分和压紧装置都装在离合器壳内，而操纵机构的各个部分则分别位于离合器壳内部、外部和驾驶室中。

发动机压盘和离合器盖是离合器的主动部分。离合器盖和压盘之间是通过四组传动片

15

来传递转矩的。传动片用弹簧钢片制成,每组两片,其一端用传动片铆钉铆在离合器盖上,另一端则用螺钉紧固在压盘上。离合器盖用螺钉固定在飞轮上,因此压盘既可以随飞轮一起旋转,又可以相对于飞轮做轴向移动。在离合器分离时,弹性的传动片产生弯曲变形,传动片螺钉的一端随压盘沿离合器轴向后移。为使离合器分离时不破坏压盘的原始装配位置和离合器的平衡,四组传动片是相隔90°沿圆周均匀分布的。这种传动方式传动效率高,噪声小,接合平稳。

离合器的从动部分主要由从动盘组成,从动盘由从动盘毂、从动盘本体、摩擦板和减振器盘等组成。从动盘本体的两面各铆有一片由石棉合成物制成的摩擦片。从动盘毂的花键套穿在从动轴(变速器主动轴)前端的花键轴上,并可在花键轴上做轴向移动。

为了消除传动系的扭转振动,在从动盘上装有扭转减振器,发动机传到汽车传动系中的转矩是不断地周期性变化着的,这就使传动系中产生扭转振动。如果这一振动的频率与传动系的自振频率相重合,就将发生共振,这会对传动系零件寿命产生很大的影响。此外,在不分离离合器的情况下进行紧急制动或猛烈接合离合器时,瞬间将对传动系造成极大的冲击载荷,而缩短传动系零件的寿命。为了避免共振,缓和传动系所受的冲击载荷,在不少汽车传动系中都装设了扭转减振器。有些汽车上将扭转减振器制成单独的部件,但更多的是将扭转减振器附装在离合器从动盘中。带扭转减振器的从动盘,其从动盘本体与从动盘毂之间是通过减振器来传递转矩的。带扭转减振器的从动盘如图2-6所示。

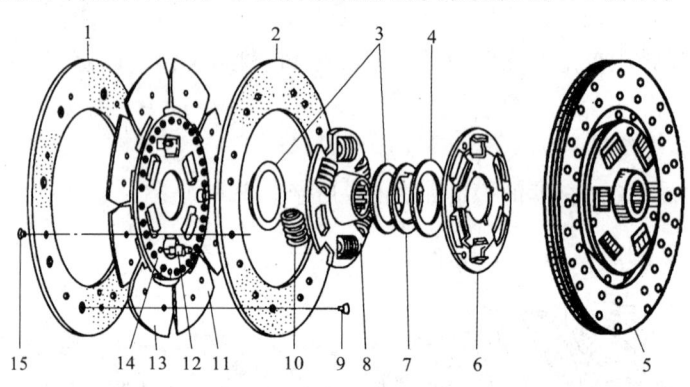

图2-6 带扭转减振器的从动盘

1、2—摩擦片;3—摩擦垫圈;4—碟形垫圈;5—装合后的从动盘总成;
6—减振器盘;7—摩擦板;8—从动盘毂;9、15—铆钉;10—减振弹簧;
11—波浪形弹簧钢片;12—止动销;13—从动盘本体;14—从动盘钢片

在这种结构中,从动盘本体、从动盘毂和减振器盘都开有相对应的几个矩形窗孔,在每个窗孔中装有一个减振弹簧,借以实现从动盘本体与从动盘毂之间在圆周方向的弹性连接。减振器盘与从动盘本体用铆钉铆成一个整体,并将从动盘毂及其两侧的阻尼片夹在中间,从动盘本体及减振器盘上的窗孔有翻边,使6个弹簧不致脱出。在从动盘毂上开有与铆钉隔套相对的缺口,在缺口与隔套之间留有间隙,允许从动盘本体与从动盘毂之间相对转动一个角度。

从动盘不工作时的扭转减振器,如图2-7(a)所示。从动盘工作时的扭转减振器如图2-7(b)所示,两侧摩擦片所受摩擦力矩首先传到从动盘本体和减振器盘上,再经6个弹簧传给从动盘毂。这时弹簧被压缩,借此吸收传动系所受冲击。传动系中的扭转振动导致从动盘本体及减振器盘与从动盘毂之间相对往复摆动,从而可依靠减振器摩擦片与上述三者之间的摩擦来消耗扭转振动的能量,使扭转振动迅速衰减。安装从动盘时应使减振器盘朝后。

(a)从动盘不工作时　　(b)从动盘工作时

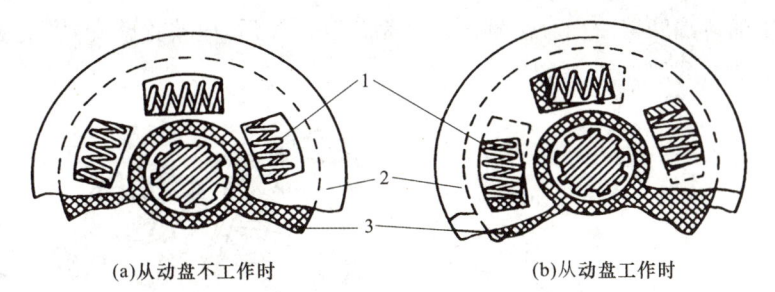

图2-7　扭转减振器

1—减振弹簧；2—减振盘；3—从动盘毂

离合器的压紧装置由16个沿圆周方向分布的螺旋压紧弹簧组成,位于离合器盖和压盘之间,靠弹簧的压紧力将压盘压向飞轮,并将从动盘夹在中间,使离合器处于接合状态。发动机工作时,输出的转矩一部分由飞轮直接传给从动盘,另一部分则由飞轮通过8个固定螺钉传到离合器盖,并由此经四组传动片传到压盘,再传给从动盘。从动盘通过盘毂的花键传给从动轴,由此输入变速器。

离合器的操纵机构(图2-5)主要由分离杠杆、带分离轴承的分离套筒和分离叉等组成。离合器有四个径向安装的、用薄钢板冲压制成的分离杠杆,其中部以分离杠杆支承柱孔中的浮动销为支点,外端通过摆动支承片抵靠着压盘的钩状凸起部。当在分离杠杆内端施加一个向前的水平推力时,杠杆将绕支点转动,其外端通过摆动支承片推动压盘克服压紧弹簧的弹力而后移,从而撤除对从动盘的压紧力,于是摩擦作用消失,离合器不再传递转矩,即离合器处于分离状态。

当需要使离合器由分离状态恢复接合时,驾驶员放松离合器踏板。踏板和分离叉分别在弹簧作用下退回原位,于是压紧弹簧重新又使离合器恢复接合状态。为使接合柔和,驾驶员应该逐渐放松踏板。

工作任务实施

一、实施条件

(1)轿车或其他典型汽车离合器。
(2)离合器拆装作业台、专用夹具数套。
(3)常用拆装工具、量具及专用工具等。
(4)维修手册。

二、实施步骤

1.离合器的拆卸

(1)拆卸时的注意事项

①为了保持离合器的原有平衡,从飞轮上拆下离合器时,应检查其原有记号,如无拆装标记,应予以补做后再开始拆卸。

②分解离合器时,为防止离合器盖变形和零件的弹出,必要的地方应用专门的工具压紧拆卸。

③不得用油清洗摩擦片和分离轴承。其余零件清洗后,应放置整齐,以备检查。

轿车离合器的分解如图2-8所示。

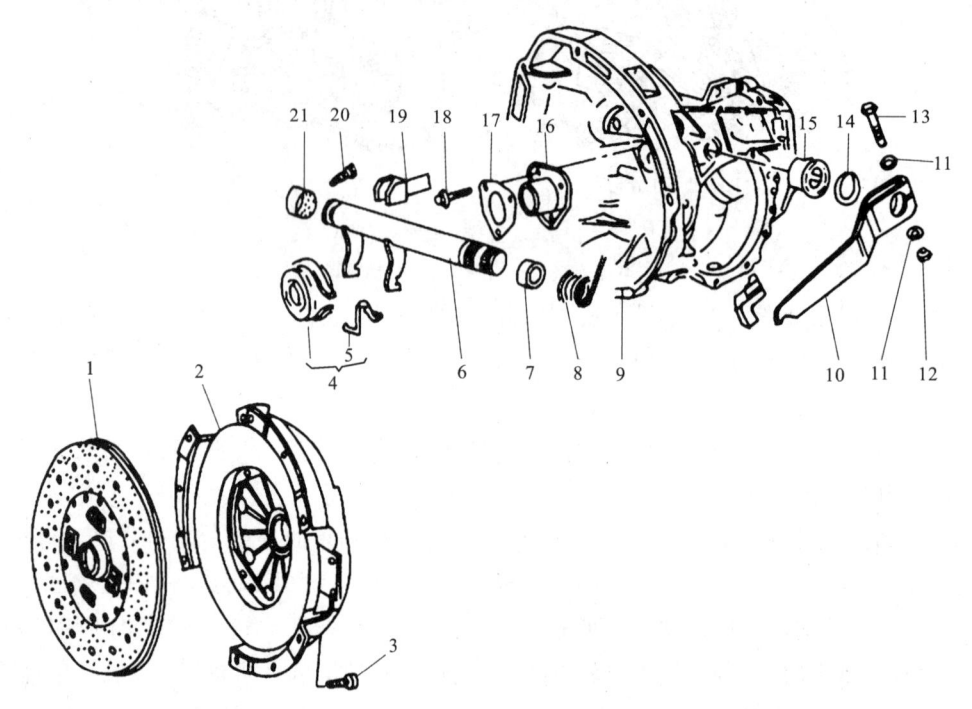

图2-8 轿车离合器的分解

1—离合器从动盘总成;2—离合器压盘总成;3、13、18—螺栓;4—分离轴承;5—弹簧;6—分离叉轴;7—橡胶防尘套;8—回位弹簧;9—离合器罩壳;10—离合器驱动臂;11、17—垫圈;12—螺母;14—卡簧;15—衬套座;16—分离轴承导向套;19—拉索;20—固定螺钉;21—分离叉轴衬套

(2)离合器总成的拆卸

①拆卸离合器时,首先要拆下变速器。

②在离合器盖与飞轮上做装配记号。

③以对角拧松的方式拆下压盘与飞轮的固定螺栓,取下压盘总成和离合器从动盘。

④在离合器盖与压盘之间及膜片弹簧之间做对合标记,进行分解。

⑤拆下膜片弹簧装配螺栓,分离压盘、膜片与离合器盖。

(3)分离叉轴的拆卸

①松开螺栓14,拆下驱动臂。

②拆下分离轴承。

③松开螺栓9,取下分离轴承导向套、橡胶防尘套和回位弹簧。

④用尖嘴钳取出卡簧和分离轴承后,分离叉轴即可取出。

2.离合器主要机件的检查

(1)压盘的检查

压盘的常见损伤为:工作面磨损、擦伤、龟裂或翘曲等。当平面度大于 0.20 mm 时,应进行更换。

(2)膜片压紧弹簧的检查

膜片压紧弹簧与分离轴承接合处磨损深度 h 应不大于 0.60 mm,宽度 b 应不大于 0.50 mm,否则应更换压盘总成。压紧弹簧自由长度应不比标准短 3 mm,压缩至规定长度的弹力应不低于原来的 20%～25%,否则应进行更换或加垫。膜片压紧弹簧内端磨损的检查如图 2-9 所示。

(3)从动盘的检查

从动盘的常见损伤为:摩擦片磨损变薄或铆钉外露、松动;摩擦片开裂、烧焦、硬化、有油污;从动盘翘曲;从动盘花键槽磨损;扭转减振器弹簧折断等。

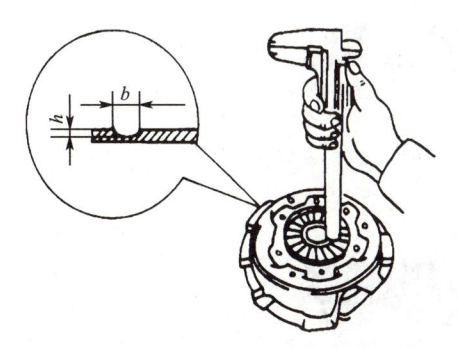

图 2-9 膜片压紧弹簧内端磨损的检查

①利用百分表在车床上检查,其端面跳动应小于 0.40 mm(距边缘 2.50 mm 处测量),否则应更换,从动盘的检查如图 2-10 所示。

②利用深度游标卡尺检查摩擦片表面铆钉头深度 A,若小于 0.20 mm 则应更换。摩擦片磨损程度的检查如图 2-11 所示。

③摩擦片损伤或扭转减振器弹簧折断应进行更换。

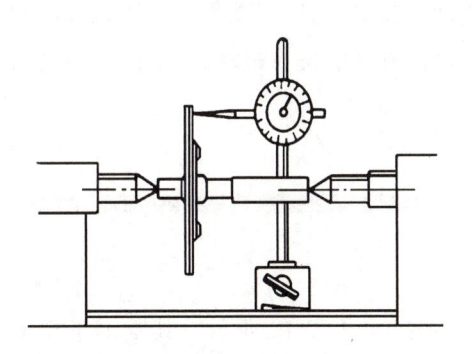

图 2-10 从动盘的检查

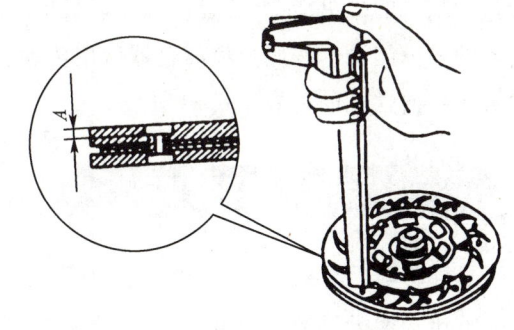

图 2-11 摩擦片磨损程度的检查

思考题

1.汽车传动系中为什么要装离合器?摩擦片式离合器有哪些类型?
2.叙述离合器的基本组成和工作原理。
3.膜片弹簧离合器有何特点?

任务 2.2 离合器操纵机构的维修

能力目标

- 会拆装与维修、调整各类离合器操纵机构。
- 会用检测设备和工具。
- 能够注重安全和环保。

知识目标

- 理解离合器操纵机构的功用、类型。
- 了解典型离合器操纵机构的结构与维修、调整的方法。

相关知识

离合器操纵机构是驾驶员借以使离合器分离，而后又使之柔和接合的一套机构。它起始于离合器踏板，终止于离合器壳内的分离轴承。

按照分离离合器所需的操纵能源，离合器操纵机构有人力式和助力式两类。前者以驾驶员为唯一的操纵能源；后者则以发动机助力为主要操纵能源，而以驾驶员的机体为辅助和后备的操纵能源。按照分离离合器所用传动装置，离合器操纵机构有机械式、液压式和助力器式。目前常见的是液压式。

一、液压式操纵机构

1.组成与工作原理

液压式操纵机构一般由主缸、工作缸和管路系统组成，如图 2-12 所示。其基本工作原理是：踩下踏板 14 时，主缸推杆 5 推动主缸活塞 3，使主缸 1 中的油液压力升高，并通过管路系统 12 进入工作缸 10 推动工作缸活塞 9，活塞再通过工作缸推杆 6 推动分离叉 7，使离合器分离。

踏板 14 缓慢抬起过程中，主缸推杆 5 逐渐减小对主缸活塞 3 的压力，使主缸 1 和工作缸 10 的油液压力逐渐下降，工作缸活塞 9 和主缸活塞 3 便在分离叉回位弹簧 8 和主缸活塞回位弹簧 13 的作用下逐渐退回原位，实现逐渐接合，至完全复回原位时，离合器便处于接合状态。

2.主缸的构造

主缸的构造如图 2-13 所示。主缸上部是储油室，补偿孔 A 和进油孔 B 连通主缸和储油室。主缸活塞 16 中部较细,与主缸间形成环状油室。活塞前、后端分装有主缸皮碗 18 和主缸密封圈 15。活塞顶部有沿圆周均布的六个小孔,回位弹簧 19 将主缸皮碗 18、活塞垫片 17 压向活塞,盖住六个小孔,形成单向阀,并把活塞推向最右侧的位置。此时皮碗和活塞前部环台位于孔 A 和孔 B 之间,两孔都开放。

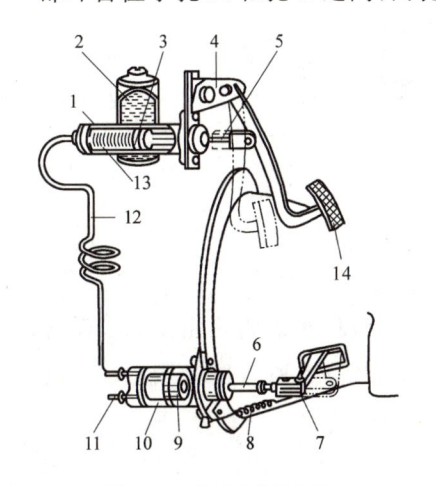

图 2-12 液压式操纵机构

1—主缸;2—储油室;3—主缸活塞;4—踏板支座;5—主缸推杆;6—工作缸推杆;7—分离叉;8—分离叉回位弹簧;9—工作缸活塞;10—工作缸;11—放气塞;12—管路系统;13—主缸活塞回位弹簧;14—踏板

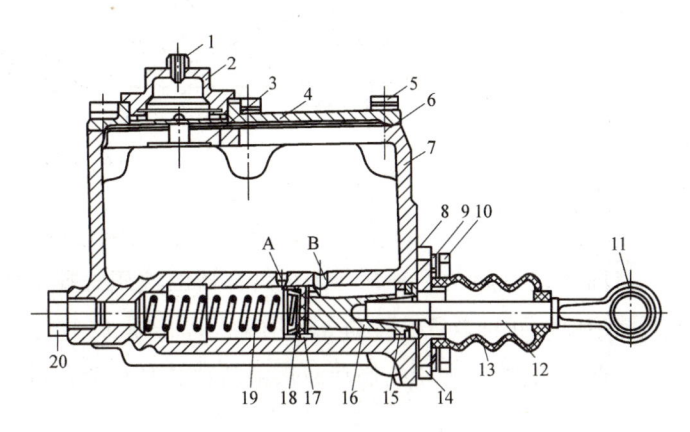

图 2-13 主缸的构造

1—通气孔;2—螺塞;3—挡板;4—盖;5、10—螺钉;6—衬垫;7—储油室;8—垫片;9—垫圈;11—主缸推杆接头;12—主缸推杆;13—防尘罩;14—端盖;15—主缸密封圈;16—主缸活塞;17—活塞垫片;18—主缸皮碗;19—回位弹簧;20—管接头

当踩下离合器踏板时,主缸推杆 12 推动主缸活塞 16 左移,当主缸皮碗 18 将补偿孔 A 关闭后,活塞前方油压升高,压力油通过管路到工作缸推动工作缸活塞工作。

当迅速放松踏板时,回位弹簧 19 使主缸活塞 16 较快右移,由于管路中的阻尼作用,油液回流较迟缓,从而在活塞前方产生一定真空度。这样在活塞前、后液压差的作用下,少量油液即从进油孔 B 经环状油室,推开由活塞垫片 17 所形成的单向阀,经六个小孔和被向前压弯的皮碗周围,流到前方填补真空。当活塞退回原位后补偿孔 A 开放,进入的多余油便经补偿孔 A 流回储油室。同理,在温度变化引起系统内油液体积变化时,系统内油液便经补偿孔 A 得到适当增减而调节,以保证系统工作的可靠性。

3.工作缸的构造

工作缸的构造如图 2-14 所示。工作缸内装活塞 4、皮碗 3 和活塞限位块 2。放气螺钉 8 用于放净系统内的空气。分离叉推杆总成 7 的长度可调,用于调整分离轴承的自由间隙。主缸推杆的长度一般是可调的,或推杆与踏板连接的销子是偏心的,以便通过调整使推杆与活塞间保持一定的间隙(不踩踏板时),保证活塞彻底回位,防止皮碗遮盖补偿孔 A(图 2-13 中)。分离轴承的自由间隙与活塞推杆之间的间隙之和,反映到踏板上即踏板的自由行程。

液压式操纵机构具有摩擦阻力小、传动效率高、质量轻、接合柔和及布置方便等优点,并且不受车身车架变形的影响,因此其应用日益广泛。

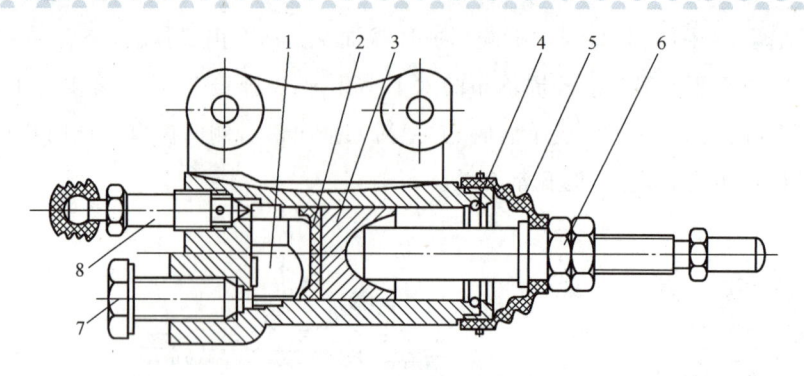

图 2-14 工作缸的构造

1—活塞限位块；2—皮碗；3—活塞；4—挡环；5—护罩；
6—分离叉推杆总成；7—进油管接头；8—放气螺钉

图 2-15 所示为一种常见汽车离合器的液压式操纵机构。液压操纵机构由离合器踏板 8、储液罐 4、进油软管 5、主缸 9、工作缸 3、油管总成 10、分离板 2 和分离轴承 11 等组成。储液罐有两个出油孔，分别把制动液供给制动总泵和离合器液压操纵机构。

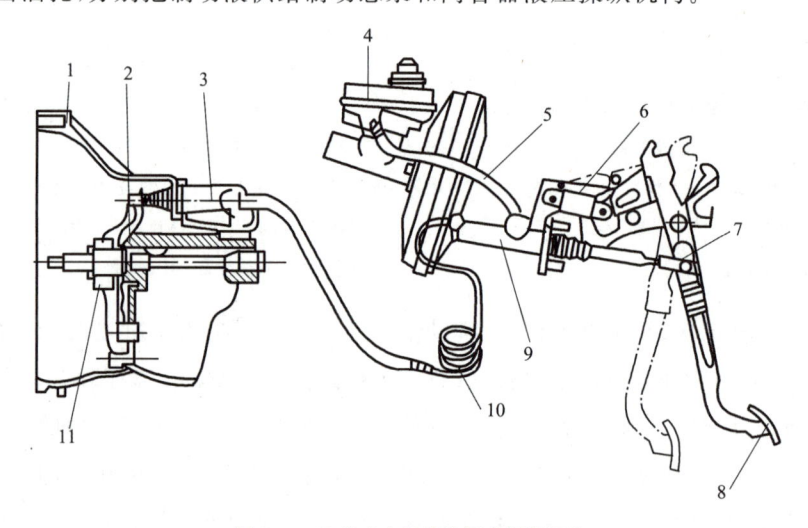

图 2-15 汽车离合器的液压式操纵机构

1—变速箱壳体；2—分离板；3—工作缸；4—储液罐；5—进油软管；6—回位弹簧；
7—推杆接头；8—离合器踏板；9—主缸；10—油管总成；11—分离轴承

工作任务实施

一、实施条件

(1) 汽车离合器总成。
(2) 离合器拆装作业台、专用夹具数套。
(3) 常用拆装工具、量具及专用工具等。
(4) 维修手册。

二、实施步骤

1.液压式操纵机构的检修

(1)检查操纵机构的液压管路是否漏油。如果管路漏油,应仔细清洁表面后,重新接合紧固。注意清洁时只能使用制动液清洗,而不能使用汽油或其他溶液,以防损坏软管。

(2)检查离合器总泵、分泵是否漏油。如踩下离合器踏板,离合器分离不彻底,可拆下总成并分解,用制动液清洁后装复,再试用;若因皮碗或活塞磨损造成漏油,则应更换部件并释放空气。

2.离合器的调整

(1)离合器分离杠杆高度的调整

离合器分离杠杆的内端与分离轴承必须同时接触,汽车才能平稳起步。若分离杠杆内端高低不一,离合器接合时将发生抖动现象。因此,装配维护时需查看各分离杠杆内端与分离轴承的接触情况,要求各分离杠杆内端位于同一平面,误差应符合原厂规定,一般不大于0.25 mm。如果不符合要求,就应进行调整,方法是旋动分离杠杆内端或外端调整螺栓的位置。

(2)离合器踏板自由行程的调整

检查踏板自由行程的方法如图 2-16 所示。用一个钢直尺抵在驾驶室底板上,先测量踏板完全放松时的高度,再用手轻按踏板,当感到压力增大时,表示分离轴承端面已与分离杠杆内端接触,即停止推踏板,再测量踏板高度。两次测量的高度差,即踏板的自由行程。测量踏板的自由行程后,应与该车型的技术标准相比较,如果不符合要求,应进行调整。

液压操纵式离合器踏板的自由行程由两个间隙构成:一个是主缸活塞与补偿孔的距离;另一个是分离轴承与膜片弹簧分离指端的间隙。桑塔纳时代超人轿车的液压操纵式离合器通过转动主缸、

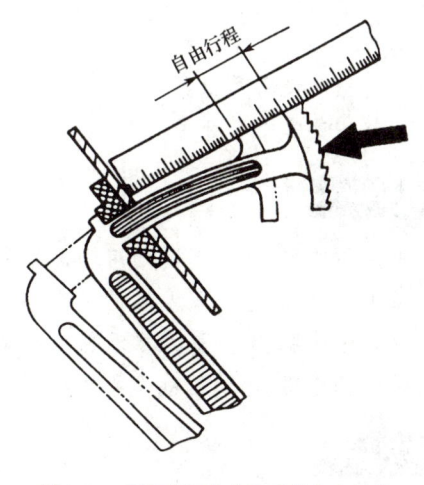

图 2-16 用钢直尺检查踏板的自由行程

工作缸推杆接头来改变推杆长度,即改变主缸活塞与补偿孔的距离(反映到踏板上的自由行程为 3~6 mm)和分离轴承与膜片弹簧分离指端的间隙(标准值为 2.5 mm)。最后,反映到踏板上的总自由行程为 15~25 mm。

思考题

1.什么是离合器踏板的自由行程?为什么要有自由行程?如何检查和调整自由行程?

2.离合器操纵机构的维修方法有哪些?

学习情境 3

手动变速器的维修

能力目标

- 会分解三轴式、二轴式手动变速器,能对一轴、二轴组件解体,会对轴、同步器、齿轮、轴承检验,零件检测,安装、间隙测量与调整。
- 会用检测设备和工具。
- 能够注重安全和环保。

知识目标

- 理解变速器、分动器的功用和类型。
- 掌握变速器、分动器及其操纵机构的组成与工作原理。
- 手动变速器、分动器主要零部件及其操纵机构的检测与维修。
- 手动变速器、分动器故障的诊断与排除。

素质目标

- 通过对手动变速器的维修作业和案例分析,培养细心、耐心和持之以恒的意志品质。

微课 手动变速器结构与工作原理

微课 手动变速器锁止机构工作原理

相关知识

一、变速器的功用和类型

1. 功用

汽车上广泛采用的活塞式内燃机,其转矩和转速变化范围较小,而复杂的使用条件则要

求汽车的驱动力和车速能在相当大的范围内变化。为解决这一矛盾,在传动系中设置了变速器,它具有如下功用:

(1)实现变速变矩

变速器通过改变传动比扩大驱动轮转矩和转速的变化范围,以适应经常变化的行驶条件,同时使发动机在有利(功率较高而耗油率较低)的工况下工作。

(2)实现倒退行驶

发动机是不能反向旋转的,利用变速器的倒挡,在发动机旋转方向不变的前提下,使汽车能倒退行驶。

(3)必要时中断动力传递

利用空挡中断动力传递,以使发动机能够启动和怠速运行,满足汽车暂时停车或滑行的需要。

2.变速器的类型

(1)按传动变化方式,汽车变速器可分为有级式、无级式和综合式三种。

①有级式变速器。具有若干个定值传动比的变速器称为有级式变速器。有级式变速器中应用最广泛的是普通齿轮变速器。这是由于其具有结构简单、易于制造、工作可靠、传动效率高等优点。按所用轮系形式不同,有轴线固定式变速器(普通变速器)和轴线旋转式变速器(行星齿轮变速器)两种。目前,轿车和轻、中型货车变速器的传动比通常有 3~5 个前进挡和一个倒挡,在重型货车用的组合式变速器中,则有更多挡位。

②无级式变速器。传动比在一定的数值范围内可按无限多级连续变化的变速器称为无级式变速器,常见的有电力式和液力式(动液式)两种。电力式无级变速器的变速传动部件为直流串激电动机,除在无轨电车上应用外,在超重型自卸车传动系中也有广泛采用的趋势。液力式无级变速器的传动部件是液力变矩器。

③综合式变速器。由液力变矩器和齿轮式有级变速器组成的液力机械式变速器称综合式变速器,其传动比可在最大值与最小值之间的几个间断的范围内做无级变化,目前应用较多。

(2)按操纵方式不同,变速器又可分为如下三种:

①强制操纵式变速器。靠驾驶员直接操纵变速杆换挡的变速器称强制操纵式变速器,为大多数汽车所采用。

②自动操纵式变速器。传动比选择和换挡是自动进行的变速器称自动操纵式变速器。所谓自动,是指机械变速器每个挡位的变换是借助反映发动机负荷和车速的信号系统来控制换挡系统的执行元件而实现的。驾驶员只需操纵加速踏板即可控制车速。

③半自动操纵式变速器。由驾驶员操纵和自动操纵两种方式相结合的变速器称半自动操纵式变速器。有两种形式:一种是常用的几个挡位自动操纵,其余挡位则由驾驶员操纵;另一种是预选式,即驾驶员预先用按钮选定挡位,在踩下离合器踏板或松开加速踏板时,接通一个电磁装置或液压装置来进行换挡。

在多轴驱动的汽车上,变速器后面还装有分动器,以便把转矩分别输送给各驱动桥。

二、普通齿轮变速器的工作原理

普通齿轮变速器也叫定轴式变速器,它是由一个外壳和在轴线固定的轴上安装的若干可变换的齿轮副组成的,可以实现变速、变扭和改变旋转方向。

1. 变速原理

一对齿数不同的齿轮啮合传动时,就可以变速。如一对啮合的齿轮,小齿轮的齿数$z_1=17$,大齿轮的齿数$z_2=34$,则在相同的时间内小齿轮转过一圈时,大齿轮只转过半圈。大齿轮为小齿轮转速的一半。可见两齿轮的转速与其齿数成反比。如果小齿轮是主动齿轮,它的转速经大齿轮传出时就降低了。这就是齿轮传动的变速原理,汽车变速器就是根据这一原理,利用若干大小不同的齿轮副传动而实现变速的。

设输入轴和输出轴的转速分别为n_1和n_2,则其传动比为

$$i_{1,2} = \frac{n_1}{n_2} = \frac{z_2}{z_1}$$

对于前述一对齿轮传动,若小齿轮为主动齿轮,则其传动比为

$$i_{1,2} = \frac{z_2}{z_1} = \frac{34}{17} = 2$$

为使齿轮磨损均匀,实际传动比都不是整数。

传动比既是变速比也是变扭比,且减速则增扭,增速则减扭。汽车变速器就是利用这一关系,通过改变变速比来适应汽车行驶阻力变化需要的。

2. 换挡原理

普通齿轮变速器通过改换大小不同的啮合齿轮副,即通过换挡来改变其传动比。

在变速器中,把传动比值$i>1$挡位称为降速挡,即变速器输出轴转速低于发动机转速;把$i=1$的挡位称为直接挡,即变速器输出轴转速与发动机转速相等;把$i<1$的挡位称为超速挡,即变速器输出轴转速超过发动机的转速。习惯上把变速器传动比较小的挡位称为高挡,传动比较大的挡位称为低挡;由低挡向高挡变换称为加挡(或升挡),反之称为减挡(或降挡),变速器就是通过挡位变换来改变传动比,从而实现多级变速的。

3. 变向原理

由于相啮合的一对齿轮旋转方向相反,所以每经一对传动副,其轴便改变一次转向。如图3-1(a)所示,经过两对齿轮(1和2、3和4)传动时,其输出轴Ⅱ便与输入轴Ⅰ的转向又相同。这就是普通三轴式变速器在汽车前进时的传动情况。若如图3-1(b)所示在中间轴与输出轴之间再加第四根轴,并在其上装有惰轮5,则由于又多了一对传动副,所以输出轴Ⅱ与输入轴Ⅰ转向相反。这就是三轴式变速器在汽车倒车时的传动情况。惰轮5被称为倒挡轮,其轴为倒挡轴。

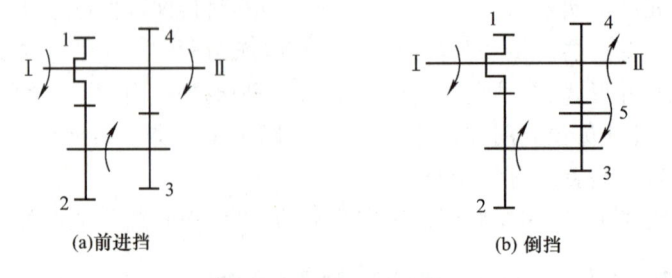

图3-1 齿轮传动的转向关系

Ⅰ—输入轴;Ⅱ—输出轴;1~4—变速齿轮;5—惰轮

三、手动变速器的变速传动机构

变速器包括变速传动机构和换挡操纵机构两部分。

变速传动机构是变速器的主体,主要由一系列相互啮合的齿轮副及其支承轴,以及作为基础件的壳体组成。变速传动机构的功用是改变转速、转矩和旋转方向,其形式有两轴式和三轴式两种。换挡操纵机构的功用是实现换挡。

1. 两轴式变速传动机构

在发动机前置、前轮驱动或发动机后置、后轮驱动的汽车上,由于总体结构布置的需要,采用两轴式变速器,其传动机构的特点是输入轴与输出轴平行,无中间轴。发动机前置、前轮驱动包括发动机前横置、前轮驱动和发动机前纵置、前轮驱动两种。

当发动机前纵置时,主减速器齿轮和差速器齿轮就布置在离合器和变速器之间,主减速器齿轮为一对圆锥齿轮。如图 3-2 所示为发动机纵置轿车四挡变速器的传动系。

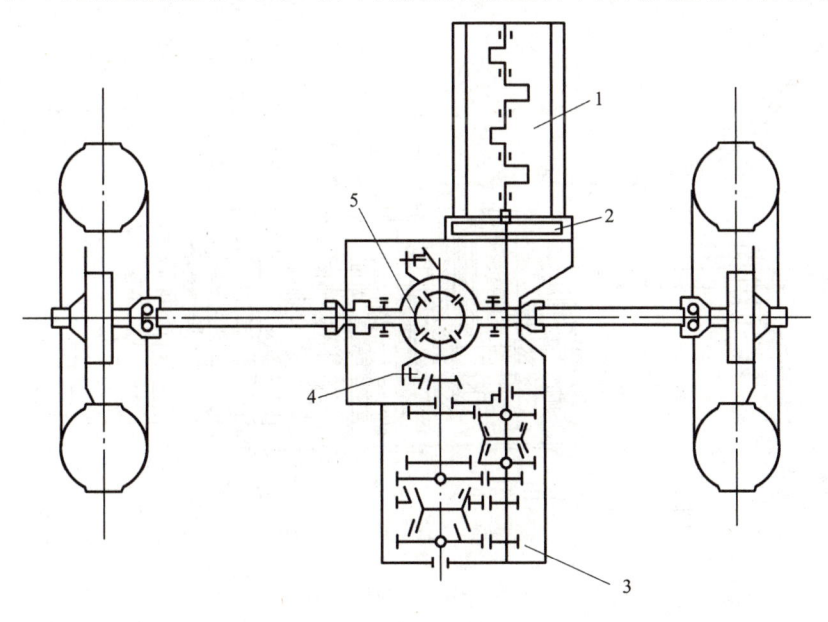

图 3-2 发动机纵置轿车四挡变速器的传动系

1—发动机;2—离合器;3—变速器;4—主减速器;5—差速器

当发动机前横置时,由于主减速器的主动齿轮和从动齿轮轴线平行,故采用一对圆柱齿轮传动。如图 3-3 所示为发动机横置轿车四挡变速器的传动系。

(1)与发动机前纵置、前轮驱动配用的两轴式变速器

如图 3-4 和图 3-5 所示分别为轿车五挡变速器的传动机构和动力传递。其传动系布置形式是发动机前纵置,前轮驱动,有五个前进挡、一个倒挡。

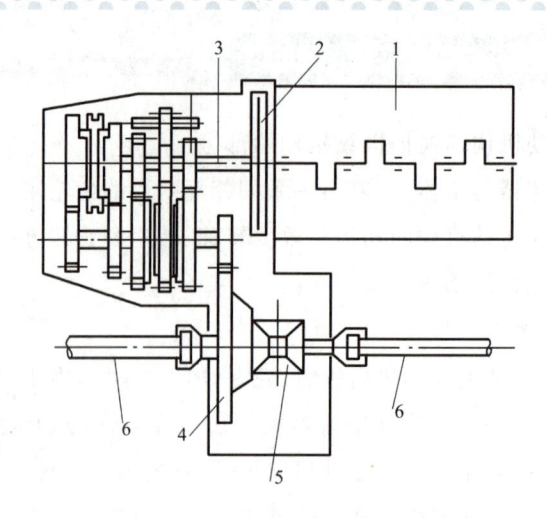

图 3-3 发动机横置四挡变速器的传动系

1—发动机；2—离合器；3—变速器；4—主减速器；5—差速器；6—等角速万向节的半轴

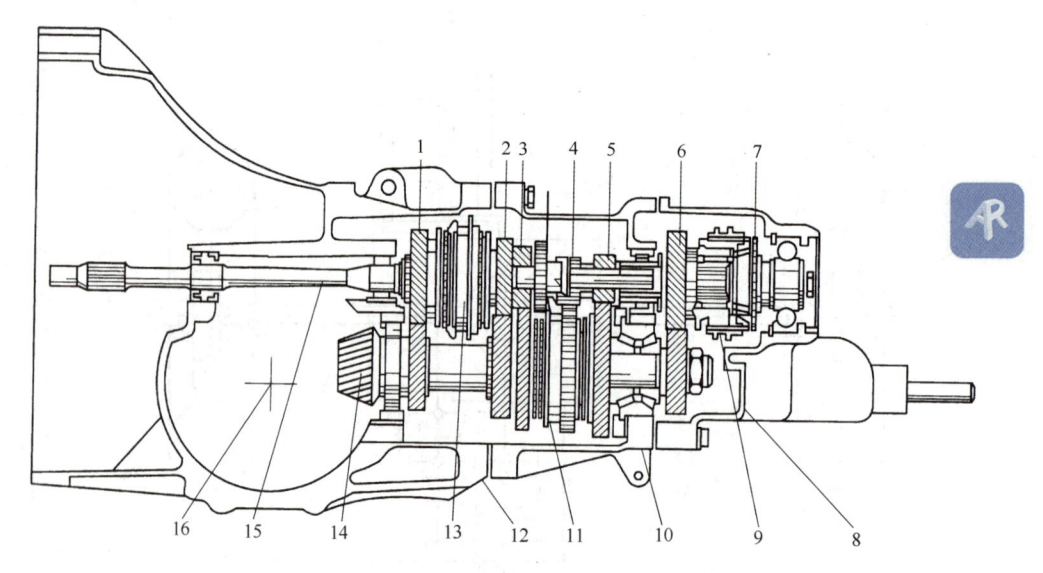

图 3-4 轿车五挡变速器的传动机构

1—四挡齿轮；2—三挡齿轮；3—二挡齿轮；4—倒挡齿轮；5——挡齿轮；6—五挡齿轮；7—五挡齿环；
8—换挡机构壳体；9—五挡同步器；10—齿轮箱体；11——、二挡同步器；12—变速器壳体；
13—三、四挡同步器；14—输出轴；15—输入轴；16—主减速器、差速器总成

① 结构分析

该变速器的变速传动机构的输入轴和输出轴平行布置，输入轴也是离合器的从动轴，输出轴也是主减速器的主动锥齿轮轴。该变速器具有五个前进挡和一个倒挡，全部采用锁环式惯性同步器换挡。输入轴上有一至五挡主动齿轮，其中一、二挡主动齿轮与轴制成一体，三、四、五挡主动齿轮通过滚针轴承空套在轴上。输入轴上还有倒挡主动齿轮，它与轴制成一体。三、四挡同步器和五挡同步器也装在输入轴上。输出轴上有一至五挡从动齿轮，其中一、二挡从动齿轮通过滚针轴承空套在轴上，三、四、五挡齿轮通过花键套装在轴上。一、二

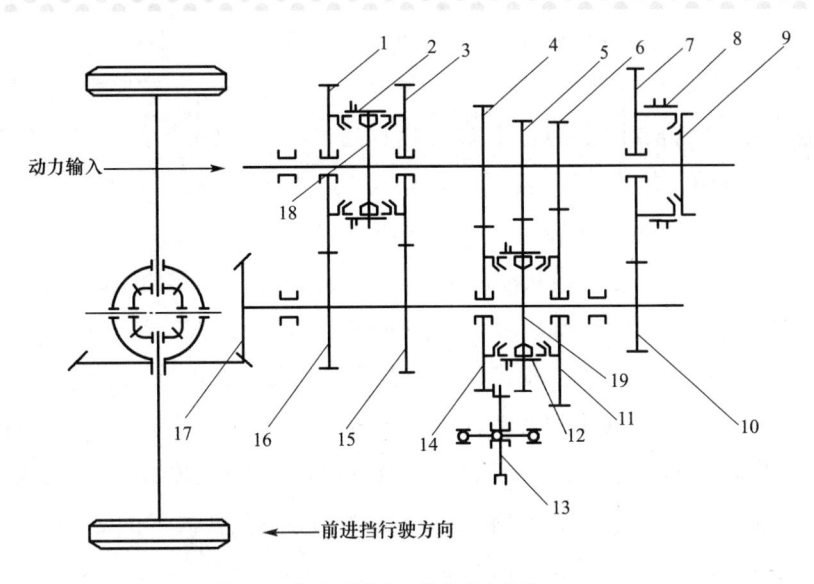

图 3-5 轿车五挡变速器的动力传递

1、16—四挡齿轮;2—三、四挡同步器接合套;3、15—三挡齿轮;4、14—二挡齿轮;
5、13—倒挡齿轮;6、11—一挡齿轮;7、10—五挡齿轮;8—五挡同步器接合套;9—五挡齿环;
12—一、二挡同步器接合套;17—主减速器主动锥齿轮;18、19—同步器齿轮毂

挡同步器也装在输出轴上。在变速器壳体的右端还装有倒挡轴,上面通过滚针轴承套装有倒挡中间齿轮。

②各挡的动力传递情况

a.空挡:如图 3-5 所示为该变速器的空挡位置,当输入轴旋转时,一、二、倒挡的主动齿轮 6、4、5,三、四挡同步器接合套 2、同步器齿轮毂 18 及五挡齿环 9 与之同步旋转。三、四、五挡的主动齿轮 3、1、7 处于自由状态,可空转(汽车行驶时随输出轴的旋转而转动)。一、二挡的从动齿轮 11、14 随输入轴的旋转而在输出轴上空转,输出轴不被驱动,汽车处于空挡状态。

b.一挡:在空挡位置的基础上,操纵变速杆通过一、二挡拨叉使该挡同步器接合套 12 右移与一挡从动齿轮 11 的接合齿圈接合,使其在一、二挡同步器的作用下与输出轴同步旋转。这样,从离合器传来的发动机转矩,经输入轴上的一挡主动齿轮 6 及与其常啮合的从动齿轮 11 的接合齿圈、同步器接合套 12、同步器齿轮毂 19 传给输出轴,直至传给主减速器主动锥齿轮 17。

c.二挡:在空挡位置的基础上,操纵变速杆通过一、二挡拨叉使该挡同步器接合套 12 左移与二挡从动齿轮 14 的接合齿圈接合,使其在一、二挡同步器的作用下与输出轴同步旋转。这样,从离合器传来的发动机转矩,经输入轴上的二挡主动齿轮 4 及与其常啮合的从动齿轮 14 的接合齿圈、同步器接合套 12、同步器齿轮毂 19 传给输出轴,直至传给主减速器主动锥齿轮 17。

d.三挡:在空挡位置的基础上,操纵变速杆通过三、四挡拨叉使该挡同步器接合套 2 右移与三挡主动齿轮 3 的接合齿圈接合,使其在三、四挡同步器的作用下与输入轴同步旋转。

这样,从离合器传来的发动机转矩,经输入轴上的三、四挡同步器齿轮毂18、接合套2及三挡主动齿轮3,再通过三挡从动齿轮15传到输出轴,直至传给主减速器主动锥齿轮17。

e.四挡:在空挡位置的基础上,操纵变速杆通过三、四挡拨叉使该挡同步器接合套2左移与四挡主动齿轮1的接合齿圈接合,使其在三、四挡同步器的作用下与输入轴同步旋转。这样,从离合器传来的发动机转矩,经输入轴上的三、四挡同步器齿轮毂18、同步器接合套2及四挡主动齿轮1,再通过四挡从动齿轮16传到输出轴,直至传给主减速器主动锥齿轮17。

f.五挡:在空挡位置的基础上,操纵变速杆通过五、倒挡拨叉使五挡同步器接合套8右移与五挡齿环9接合,使五挡主动齿轮7在五挡同步器及五挡齿环9的作用下与输入轴同步旋转。这样,从离合器传来的发动机转矩,经输入轴上的五挡齿环9,五挡同步器接合套8及五挡主动齿轮7,再通过五挡从动齿轮10传到输出轴,直至传给主减速器主动锥齿轮17。

当传动比小于1时,称为超速挡,采用超速挡的目的是使汽车在良好的路面上获得较高的行驶速度,同时可以降低燃料的消耗等。

g.倒挡:在空挡位置的基础上,操纵变速杆通过五、倒挡拨叉使中间倒挡齿轮轴向左移动与输入轴倒挡主动齿轮5、输出轴倒挡从动齿轮13相结合,这样,从离合器传来的发动机转矩,经输入轴上的倒挡主动齿轮5、倒挡轴上的中间倒挡齿轮、输出轴上的倒挡从动齿轮13及同步器齿轮毂19传到输出轴,直至传给主减速器主动锥齿轮17。由于在输入轴、输出轴之间增加了一对中间齿轮传动,故输出轴的旋转方向与输入轴相反,汽车便能倒向行驶。

注意:汽车只有在处于静止状态时才能挂入倒挡。如果汽车在前进行驶,就必须使变速杆处于空挡位置,并且待停稳后,方能挂入倒挡,以防造成事故。

该变速器除倒挡外,所有前进挡均为常啮合斜齿齿轮传动,故传动效率高。因为只有输入轴、输出轴传动,故没有直接挡。

(2)与发动机前横置、前轮驱动配用的两轴式变速器

如图3-6所示为轿车四挡变速器的传动机构。

该变速器采用的是两轴式结构,输入轴和输出轴平行安装,每挡均由一对常啮合斜齿圆柱齿轮组成。输入轴与一挡主动齿轮1、倒挡主动齿轮2及二挡主动齿轮3制成一体,如图3-7所示。它是一根空心轴,中心安装有一根推杆,用来推动离合器分离盘。输入轴上还有三挡和四挡主动齿轮,三、四挡主动齿轮和输入轴之间安装有滚针轴承。三、四挡主动齿轮之间安装有锁环式同步器,同步器齿轮毂与输入轴上的花键紧配合。

输出轴与主减速器主动齿轮制成一体,如图3-8所示。输出轴的两端均采用圆锥滚子轴承支承。输出轴上装有四个前进挡及倒挡的从动齿轮,在一、二挡从动齿轮之间安装有一、二挡同步器,倒挡从动齿轮兼起滑动换挡的作用。一、二挡同步器齿轮毂与该轴上的花键紧配合。四个前进挡的从动齿轮中,三、四挡从动齿轮采用紧配合花键与输出轴连成一体,一、二挡从动齿轮通过滚针轴承自由地空套在输出轴上。

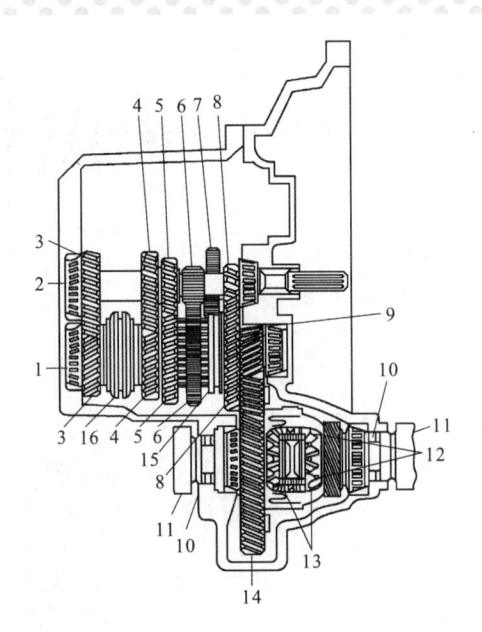

学习情境 3　手动变速器的维修

图 3-6　轿车四挡变速器的传动机构

1—输出轴；2—输入轴；3—四挡齿轮；4—三挡齿轮；5—二挡齿轮；6—倒挡齿轮；
7—倒挡惰轮；8——挡齿轮；9—主减速器主动齿轮；10—差速器油封；11—等角速万向节轴；
12—差速行星齿轮；13—差速半轴齿轮；14—主减速器从动齿轮；15——、二挡同步器；16—三、四挡同步器

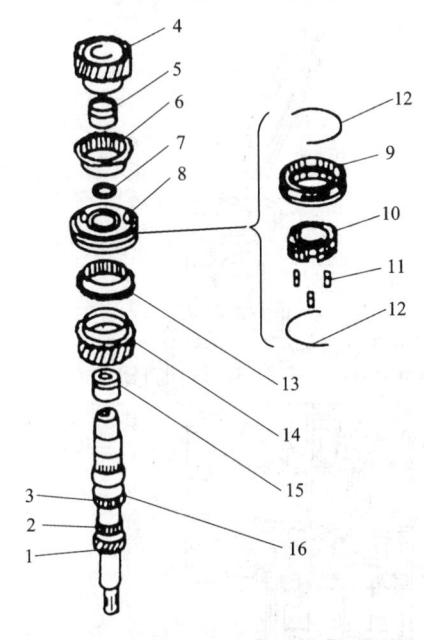

图 3-7　轿车四挡变速器输入轴的结构

1——挡主动齿轮；2—倒挡主动齿轮；
3—二挡主动齿轮；4—四挡主动齿轮；
5—四挡滚针轴承；6—四挡锁环；7—弹性挡圈；
8—三、四挡同步器接合套与花键毂；9—接合套；
10—花键毂；11—滑块；12—同步器弹簧；
13—三挡锁环；14—三挡主动齿轮；
15—三挡滚针轴承；16—变速器输入轴

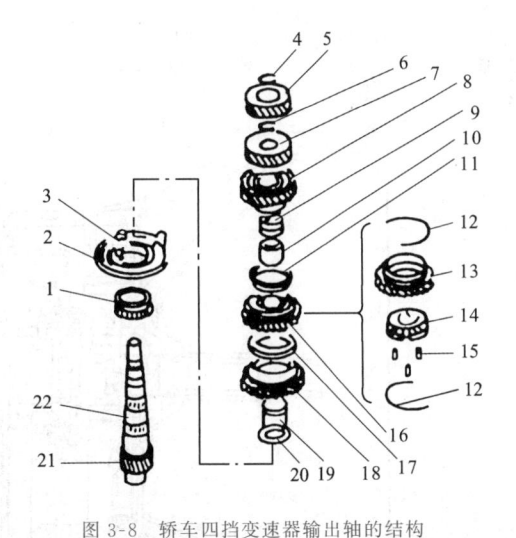

图 3-8　轿车四挡变速器输出轴的结构

1—轴承内圈；2—轴承压盘；3—螺栓；
4、6—弹性挡圈；5—四挡从动齿轮；7—三挡从动齿轮；
8—二挡从动齿轮；9—二挡滚针轴承；10—二挡滚针轴承内圈；
11—二挡同步器锁环；12—同步器弹簧；13—接合套；
14—花键毂；15—滑块；16——、二挡同步器；
17——挡锁环；18——挡从动齿轮；19——挡滚针轴承；
20—止推垫圈；21—主减速器从动齿轮；22—输出轴

31

2.三轴式变速传动机构

三轴式变速传动机构适用于发动机前置、后轮驱动的布置形式。不同车型变速传动机构的构造虽各有不同，但变速传动机构主要都是由齿轮、轴、壳体等组成的。如图3-9所示为五挡变速器传动机构，如图3-10所示为其结构，它是一种典型的三轴式齿轮变速传动机构。

五挡变速器有五个前进挡和一个倒挡，这种变速器设置有第一轴A(输入轴)、第二轴B(输出轴)和中间轴C。第一轴前端通过离合器与发动机曲轴相连，第二轴后端通过凸缘连接万向传动装置，而中间轴则主要用来固定安装各挡的变速传动齿轮。

(1) 结构分析

第一轴的前端通过轴承安装在发动机曲轴后端的中心孔内，后端用轴承安装在变速

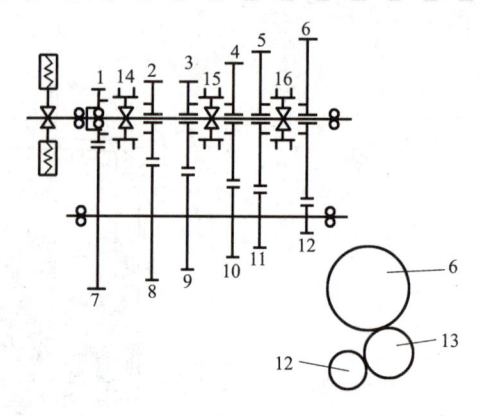

图3-9 汽车的五挡变速器传动机构

1—第一轴常啮合传动齿轮；2—第二轴四挡齿轮；
3—第二轴三挡齿轮；4—第二轴二挡齿轮；
5—第二轴一挡齿轮；6—第二轴倒挡齿轮；
7—中间轴常啮合传动齿轮；8—中间轴四挡齿轮；
9—中间轴三挡齿轮；10—中间轴二挡齿轮；
11—中间轴一挡齿轮；12—中间轴倒挡齿轮；
13—倒挡中间齿轮；14—四、五挡同步器；
15—二、三挡同步器；16—一、倒挡同步器

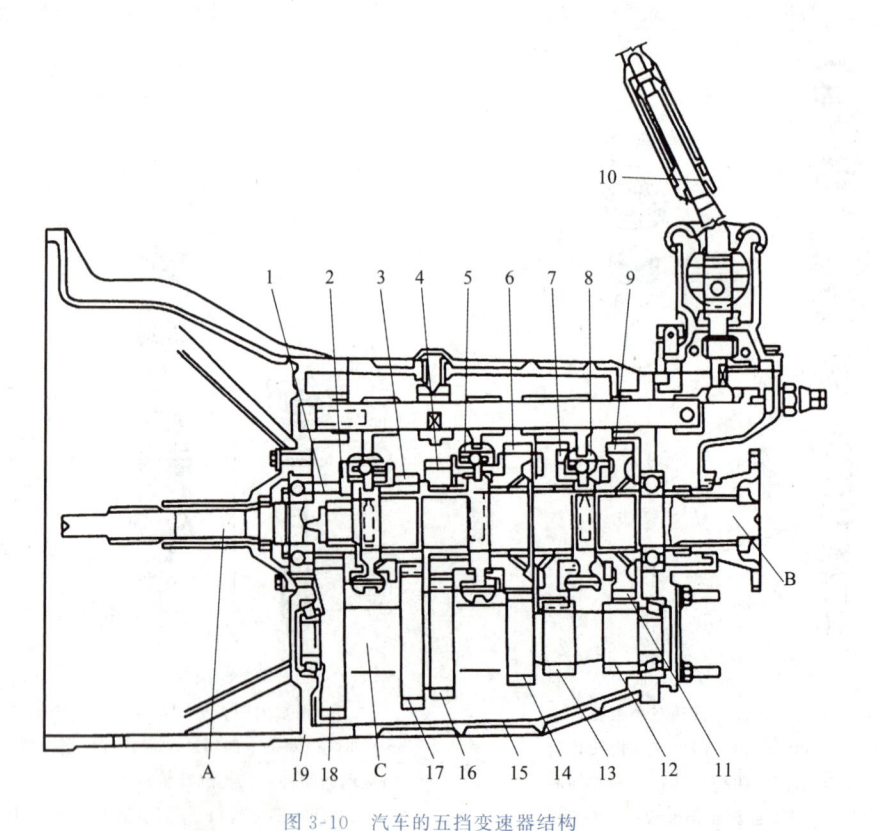

图3-10 汽车的五挡变速器结构

1—第一轴常啮合齿轮；2、5、8—同步器；3、4、6、7、9—第二轴齿轮；10—换挡机构；
11、12、13、14、16、17、18—中间轴齿轮；15、19—变速器壳体
A—第一轴；B—第二轴；C—中间轴

器壳体间的前壁孔内,轴上的齿轮1与中间轴齿轮7构成常啮合齿轮,第一轴前端的花键上套有离合器从动盘总成,当离合器处于接合状态时,发动机的动力通过从动盘传给变速器。

第二轴的前端通过滚针轴承支承于第一轴后端内孔中,后端用轴承安装在变速器壳体18的后臂内,轴上的四挡齿轮2、三挡齿轮3、二挡齿轮4、一挡齿轮5、倒挡齿轮6均通过滚针轴承空套在轴上,可在轴上自由旋转,它们与中间轴上的对应齿轮8、9、10、11、12构成常啮合齿轮。轴上安装四、五挡同步器14,二、三挡同步器15、一、倒挡同步器16,共有五个同步器齿环。三个同步器的花键毂与轴用花键连接,同步器中的接合套可使花键毂上的外花键齿和轴上相应齿轮上的接合齿圈相连接,使中间轴传来的动力通过齿轮、接合套、花键毂传给第二轴,从而实现了动力的输出。第二轴后端有车速里程表传动轴的主动齿轮,通过从动齿轮及软轴可带动车速里程表工作。

中间轴两端分别用轴承安装在变速器壳体17、18的孔内,轴上的常啮合齿轮7、四挡齿轮8、三挡齿轮9、二挡齿轮10、一挡齿轮11、倒挡齿轮12均与轴制成一体,各个齿轮与第一轴、第二轴和倒挡轴上的相应齿轮相啮合。发动机的动力由第一轴输入经中间轴,按不同挡位要求传给第二轴将动力输出。

倒挡轴支承于变速器壳体两孔中,倒挡齿轮用滚针轴承安装在倒挡轴上,分别与中间轴和第二轴上的对应齿轮啮合,当推入变速器倒挡时,分别由三对传动副1和7、12和13、13和6参与传动。

(2)各挡动力传动情况

①空挡:发动机旋转时,其动力由第一轴经常啮合齿轮1和7传至中间轴。但在空挡位置时,第二轴上的同步器14、15、16接合套都处于中间位置,第二轴上的齿轮都在中间轴齿轮的带动下空转,动力不能传给第二轴。

②一挡:将一、倒挡同步器16的接合套向左移动,使之与一挡齿轮5的接合齿圈相结合,动力便从第一轴依次经过常啮合齿轮1和7、中间轴、一挡齿轮11和5及接合齿圈、同步器16的接合套传至花键毂,花键毂通过内花键与第二轴相连,于是动力便由花键毂传递给第二轴,再由第二轴对外输出。

③二挡:将二、三挡同步器15的接合套向右移动,使之与二挡齿轮4的接合齿圈接合,变速器便挂入二挡。此时动力由第一轴依次经过常啮合齿轮1和7、中间轴、二挡齿轮10和4及接合齿圈、同步器15的接合套传给花键毂,最终传给第二轴输出。

④三挡:将二、三挡同步器15的接合套向左移动,使之与三挡齿轮3的接合齿圈接合,变速器便挂入三挡。此时动力由第一轴依次经过常啮合齿轮1和7、中间轴、三挡齿轮9和3及接合齿圈、同步器15的接合套传至花键毂,最终传给第二轴输出。

⑤四挡:将四、五挡同步器14接合套向右移动,使之与四挡齿轮2的接合齿圈接合,变速器便挂入四挡。此时动力由第一轴依次经过常啮合齿轮1和7、中间轴、四挡齿轮8和2及接合齿圈、同步器14的接合套传至花键毂,最终传给第二轴输出。

⑥五挡:将四、五挡同步器14接合套向左移动,使之与第一轴后端常啮合齿轮1的接合齿圈接合,这时动力则由第一轴依次经过齿轮1及接合齿圈、同步器14接合套、花键毂传给第二轴。由于动力没有经过中间轴传递,而由第一轴直接传给第二轴,所以称这种挡位为直接挡,其输出轴的转速与输入轴的转速相同,传动比为1。

⑦倒挡:当把一、倒挡同步器16接合套向右移动,使之与倒挡齿轮6的接合齿圈接合,动力便由第一轴依次经过常啮合齿轮1和7、中间轴、齿轮12传至倒挡中间轴齿轮13,再通

过与齿轮13常啮合的倒挡齿轮6及接合齿圈、同步器16接合套、花键毂传给第二轴。由于增加了中间惰轮,所以第二轴的旋向与第一轴相反,汽车便可以倒向行驶。

3.同步器

同步器的作用是使接合套与待接合的齿圈之间迅速达到同步,并阻止二者在同步前进入啮合,从而可消除换挡时的冲击,缩短换挡时间,简化换挡过程。

同步器由同步装置(包括推动件和摩擦件)、锁止装置和接合装置三部分组成,目前所有的同步器几乎都是采用摩擦式惯性同步器。惯性同步器根据锁止机构不同,可分为锁环式和锁销式两种。

(1)锁环式惯性同步器

①结构分析

如图3-11所示为轿车三、四挡锁环式惯性同步器的结构。它由同步环5、9,滑块2,弹簧圈6、齿轮毂7和接合套8组成。通常齿轮毂7制成内外花键,套装在输入轴上,轴向用挡圈定位。齿轮毂上开有三个轴向环槽(图中11),三个滑块分别嵌合在这三个轴向环槽中,并可沿槽轴向滑动。在齿轮毂两端有两个青铜制成的同步环(也称锁环),同步环的内锥面上制有细密螺旋槽,以使其与齿圈锥面相接触后,能破坏油膜,而增加锥面间的摩擦力。同步环上也开有三个缺口,三个滑块可插入其内。另外,在同步环上还制有短花键齿圈,它的尺寸、齿数和齿轮毂上的花键齿相同,且对着接合套一端的短齿都有倒角,与接合套齿端的倒角相同,起锁止作用,故称为锁止角。

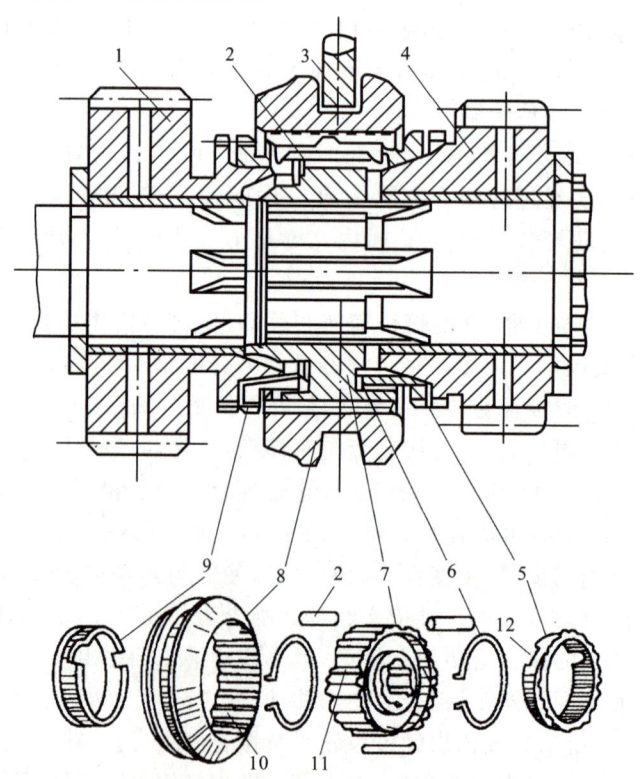

图3-11 轿车三、四挡锁环式惯性同步器的结构
1—四挡主动齿轮;2—滑块;3—拨叉;4—三挡齿轮;5、9—同步环;
6—弹簧圈;7—齿轮毂;8—接合套;10—轴向槽;11、12—轴向环槽

②工作原理

如图 3-12 所示为轿车三、四挡锁环式惯性同步器的工作原理。图中 c 为同步环缺口侧靠在滑块侧所留的间隙。

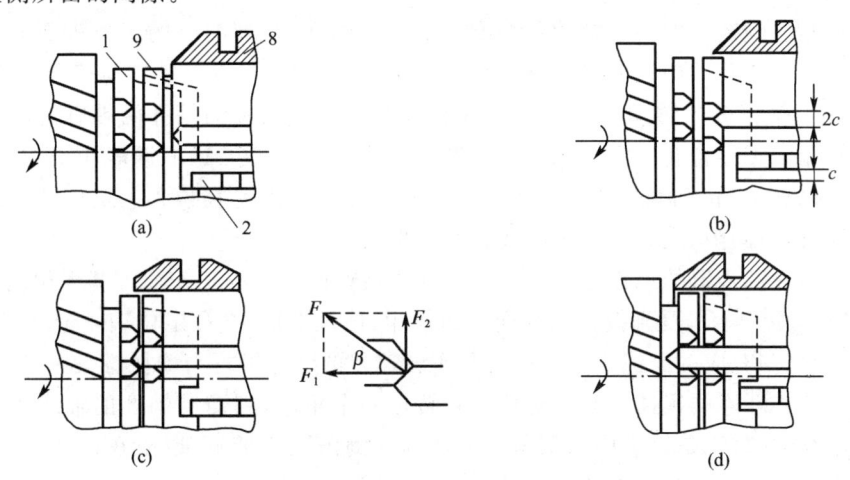

图 3-12　轿车三、四挡
锁环式惯性同步器的工作原理(图注同图 3-11)

假设变速器由三挡换入四挡,当接合套从三挡退出而进入空挡时,接合套与同步环都在惯性作用下以相同的转速旋转。此时,四挡主动齿轮的转速大于接合套和同步环转速[图 3-12(a)]。

当要挂入四挡时,接合套 8 便在拨叉的作用下,带动滑块 2 左移。当滑块 2 推动同步环 9 压向四挡主动齿轮 1 时,同步环 9 的内锥面与四挡主动齿轮 1 接合齿圈的外锥面产生摩擦力矩,在此力矩作用下,四挡主动齿轮 1 带动同步环 9 旋转,相对接合套 8 超前一个角度,超前角的大小,正好是同步环 9 缺口的一侧靠在滑块 2 一侧所留的间隙,即正好是半个短齿[图 3-12(b)]。此时,由于四挡主动齿轮 1 相对于同步环 9 和接合套 8 做减速旋转,使四挡主动齿轮 1 与同步环 9、接合套 8 的转速相同,即达到同步旋转。当拨叉 3 作用在接合套 8 上的力继续向左,使接合套 8 上的短齿倒角压在同步环 9 的短齿倒角上,以致使倒角面上的力 F 分解出 F_1 和 F_2 两个力,F_1 使同步环锥面更紧地压在四挡主动齿轮 1 的锥面上,F_2 使同步环 9 相对接合套倒转一个角度,使两花键齿倒角不再抵触(滑块 2 此时正好在同步环 9 缺口的中间),同步环的锁止作用消除,于是接合套 8 压下弹簧圈 6 继续左移,从而与同步环 9 的花键齿圈进入啮合[图 3-12(c)]。当接合套穿过同步环短齿与四挡主动齿轮 1 接合齿圈的短齿倒角接触时,作用在短齿倒角上的力同样分解成两个力,一个力使接合套左移,另一个力使四挡主动齿轮相对接合套转过一个角度,从而最终完成接合套与四挡主动齿轮接合齿圈上短齿的顺利啮合[图 3-12(d)]。

上述换挡过程可简要地归纳为:推动件(滑块)推动摩擦件工作面接触而产生摩擦力矩→同步器转过一个角度→锁止件(同步环)锁止面起锁止作用,阻止接合套前进(即防止前进入啮合),摩擦力矩继续增大而迅速同步→惯性力矩消失→同步环连同输入端零件转过一个角度→锁止作用消失→接合套与待接合元件进入接合,从而完成同步换挡。

(2)锁销式惯性同步器

图 3-13 在中型及大型载货汽车变速器的各挡中,目前较普遍地采用锁销式惯性同步器进行换挡。

用于四、五挡间的锁销式惯性同步器由两个有内锥面的摩擦锥盘2分别固定在带有外花键齿圈的斜齿齿轮1和6上,随齿轮一同旋转。与之相配合的两个有外锥面的摩擦锥环3,通过三个锁销8和三个定位销4与接合套5连接。锁销8与定位销4在同一圆周上相互间隔地均匀分布。锁销8的两顶端固定在摩擦锥环3的孔中,而两端的工作表面直径与接合套凸缘上相应的销孔的内径相等,其中部直径则小于孔径。只有在锁销与接合套孔对中时,接合套方能沿锁销轴向移动。锁销8中部和接合套5上相应的销孔两端有角度相同的倒角——锁止角。在接合套上定位销孔中部钻有斜孔,内装弹簧11,把钢球10顶向定位销中部的环槽(如A—A剖面图所示),以保证同步器处于正确的空挡位置。定位销4两端伸入锥环内侧面,但有间隙,故定位销可随接合套5轴向移动。

锁销式惯性同步器的工作原理与前述锁环式惯性同步器的工作原理基本相同。在由四挡换入五挡时,接合套5受到拨叉的轴向推力作用,通过钢球10和定位销4带动摩擦锥环3向左移动,使之与对应的摩擦锥盘接触。具有转速差的摩擦锥环与摩擦锥盘一经接触,靠接触面的摩擦使锥环连同锁销一起相对接合套转过一个角度,因而锁销8的轴线相对接合套上销孔的轴线偏移,于是锁销中部倒角与销孔端的倒角互相抵触,以阻止接合套继续前移。此时锁止面上的法向压紧力 N 的法向分力 F_1 作用在锥环上并使之与锥盘压紧,因而接合套与待接合的花键齿圈迅速达到同步。只有达到同步时,起锁止作用的齿轮1的惯性力矩消失,作用在锁销上的切向分力 F_2 才能通过锁销使摩擦锥环3、摩擦锥盘2和齿轮一同相对于接合套转过一个角度,使锁销重新与销孔对中,于是接合套便能轻易地克服钢球10的阻力,而沿锁销移动,直至与齿轮1的花键齿圈接合,实现挂挡。

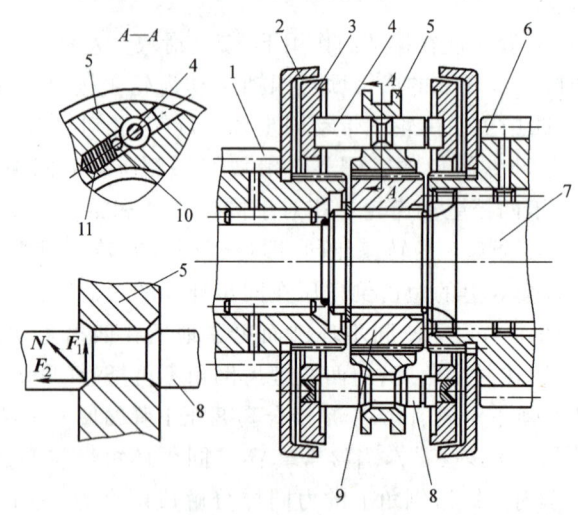

图3-13 锁销式惯性同步器

1—第一轴齿轮;2—摩擦锥盘;3—摩擦锥环;4—定位销;5—接合套;
6—第二轴四挡齿轮;7—第二轴;8—锁销;9—花键;10—钢球;11—弹簧

四、手动变速器的变速操纵机构

对于机械式变速器,换挡操作均是由驾驶员拨动变速杆再通过一套操纵机构来实现的。变速器操纵机构应保证驾驶员能准确可靠地使变速器挂入所需要的任一挡位工作,并可随时使之推到空挡。

1.变速操纵机构分类

变速器操纵机构根据其变速操纵杆(简称变速杆)与变速器的相互位置不同,可分为直接操纵式和远距离操纵式两种类型。

(1)直接操纵机构

直接操纵式的变速器布置在驾驶员座椅附近,变速杆由驾驶室底板伸出,驾驶员可以直接操纵,如图3-14所示。它多用于发动机前置后轮驱动的车辆。

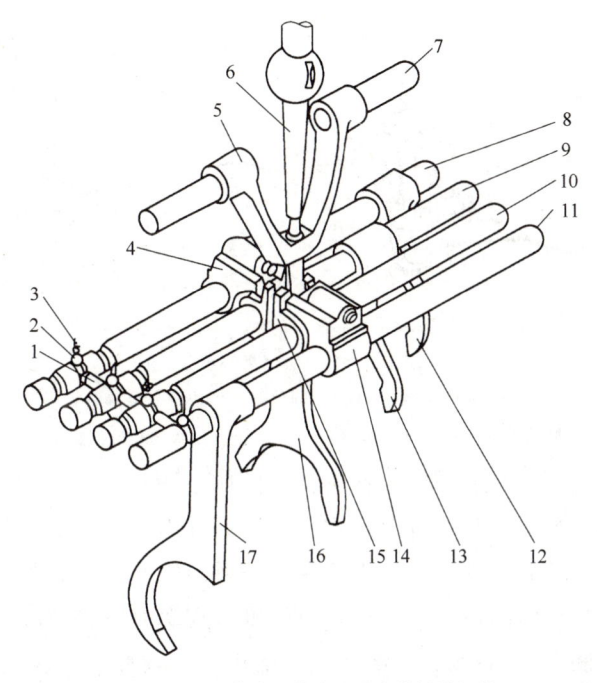

图3-14 货车六挡变速器直接操纵机构

1—互锁销;2—自锁钢球;3—自锁弹簧;4—倒挡拨块;5—叉形拨杆;6—变速杆;7—换挡轴
8—倒挡拨叉轴;9—二挡拨叉轴;10—三、四挡拨叉轴;11—五、六挡拨叉轴;12—倒挡拨叉
13—一、二挡拨叉;14—五、六挡拨块;15—一、二挡拨块;16—三、四挡拨叉;17—五、六挡拨叉

拨叉轴11、10、9和8的两端均支承于变速器盖的相应孔中,可以轴向滑动。所有的拨叉和拨块都以弹性销固定于相应的拨叉轴上。三、四挡拨叉16的上端具有拨块。拨叉16和拨块15、14、4的顶部制有凹槽。当变速器处于空挡时,各凹槽在横向平面内对齐,叉形拨杆5下端的球头即伸入这些凹槽中。选挡时可使变速杆绕其中部球形支点横向摆动,则其下端推动叉形拨杆5绕换挡轴7的轴线摆动,从而使叉形拨杆下端球头对准与所选挡位对应的拨块凹槽,然后使变速杆纵向摆动,带动拨叉轴及拨叉向前或向后移动,即可实现挂挡。例如,横向摆动变速杆使叉形拨杆下端球头深入拨块15的顶部凹槽中,拨块15连同拨叉轴9和拨叉13沿纵向向前移动一定距离,便可挂入二挡;若向后移动一段距离,则挂入一挡。当使叉形拨杆下端球头深入拨块4的凹槽中,并使其向前移动一段距离时,便挂入倒挡。

(2)远距离操纵机构

在有些汽车上,由于变速器离驾驶员座位较远,则需要在变速杆与拨叉之间加装一些辅助杠杆或一套传动机构,构成远距离操纵。这种操纵机构称为间接操纵式变速器操纵机构。该操纵机构应有足够的刚性,且各连接间隙不能过大,否则换挡时手感不明显。由于布置上的原因,它多用在轿车和轻型汽车上。

如图3-15所示为轿车五挡变速器远距离操纵机构。

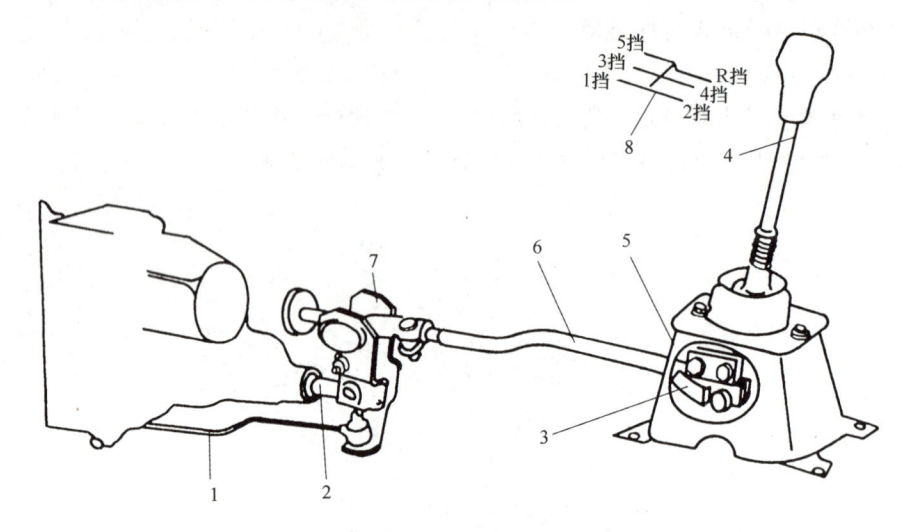

图3-15 轿车五挡变速器远距离操纵机构

1—支承杆;2—内变速杆;3—倒挡保险挡块;4—变速杆;
5—换挡手柄座;6—外变速杆;7—变速杆接合器;8—选挡标识

轿车因变速器安装在前驱动桥处,不在驾驶员的座位附近,故变速器不能直接操纵,所以它的操纵机构由内、外操纵机构两部分组成。外操纵机构由驾驶员座位附近的变速杆7、倒挡保险挡块5、外变速杆4等组成。变速杆通过一系列中间连接杆操纵变速器的内换挡机构,以进行选挡、换挡。变速杆以球形铰为支点,可以实现前后、左右摆动。各连接件具有足够的刚度,且连接处间隙小,否则将影响换挡时的手感。内操纵机构则由拨叉轴、拨叉及锁止机构组成。

2.定位锁止装置

为保证变速器在任何情况下都能准确、安全、可靠地工作,对变速器操纵机构提出如下要求:①为保证变速器不自行脱挡或挂挡,在操纵机构中应设有自锁装置;②为保证变速器不同时挂入两个挡位,在操纵机构中应设互锁装置;③为防止误挂倒挡,在操纵机构中应设有倒挡锁装置。变速器的自锁和互锁装置如图3-16所示。

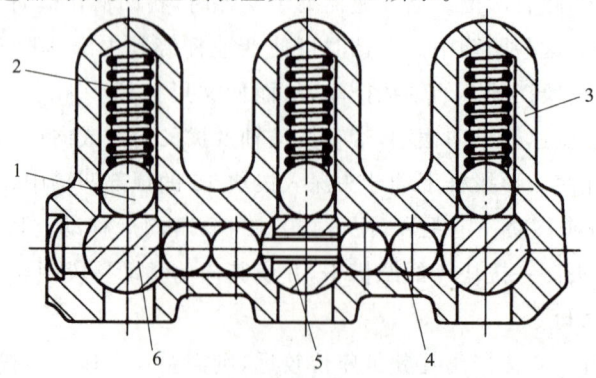

图3-16 变速器的自锁和互锁装置

1—自锁钢球;2—自锁弹簧;3—变速器盖;4—互锁钢球;5—互锁顶销;6—拨叉轴

(1) 自锁装置

自锁装置可以对各挡拨叉轴进行轴向定位锁止，以防止其自动产生轴向移动而造成自动挂挡或自动脱挡，并保证各挡传动齿轮以全齿长啮合。

自锁装置一般由自锁钢球和自锁弹簧等组成。这类自锁装置是在变速器盖的前端凸起部钻有三个深孔，孔中装有自锁钢球及自锁弹簧，其位置正处于拨叉轴的正上方。每根拨叉轴对着钢球的表面沿轴向设有三个凹槽，槽的深度小于钢球的半径。中间的凹槽是空挡位置，相邻凹槽之间的距离正好等于滑动齿轮(或接合套)由空挡移至相应工作挡位并保证齿轮处于全齿长或是完全退出啮合的距离。凹槽对正钢球时，钢球便在自锁弹簧的压力作用下嵌入该凹槽内，拨叉轴的轴向位置便被固定，其拨叉及相应的接合套或滑动齿轮便被固定在空挡位置或某一工作挡位置，而不能自行挂挡或脱挡。当需要换挡时，驾驶员通过变速杆对拨叉轴施加一定的轴向力，克服弹簧的压力而将自锁钢球从拨叉轴凹槽中挤出。

(2) 互锁装置

互锁装置的作用是阻止两根拨叉轴同时移动，即当拨动一根拨叉轴轴向移动时，其他拨叉轴都被锁止，从而可以防止同时挂入两个挡位。互锁装置的结构形式很多，最常用的有锁球式和锁销式。图 3-17 所示为锁球式互锁装置的工作原理，它由拨叉轴、互锁钢球和互锁顶销组成。在变速器盖前三根拨叉轴孔的中心平面内，沿垂直于轴线的方向钻出与拨叉轴孔相通的横向孔道，在每两根拨叉轴之间的孔道中各装有两个互锁钢球，每根拨叉轴朝向互锁钢球的侧面上都制有一个深度相等的凹槽，中间拨叉轴的两侧都有凹槽，凹槽之间钻有通孔，互锁顶销就装在此孔中。两个互锁钢球的直径之和正好等于相邻拨叉轴圆柱表面之间的距离加上一个凹槽的深度，互锁顶销的长度则等于拨叉轴的直径减去一个凹槽的深度。

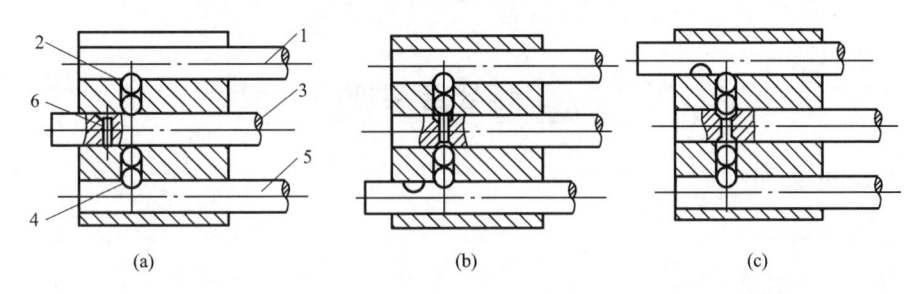

图 3-17 锁球式互锁装置的工作原理
1、3、5—拨叉轴；2、4—互锁钢球；6—互锁顶销

当变速器处于空挡位置时，所有拨叉轴侧面的凹槽同钢球都在一条直线上，此时拨叉轴和互锁钢球及互锁顶销都处于自由状态，相互之间不卡紧，每一根拨叉轴都可以沿轴向拨动。当要挂挡移动某一根拨叉轴时，如图 3-17(a) 所示，为移动中间拨叉轴 3，中间拨叉轴 3 两侧的钢球便从其侧面凹槽中被挤出，而两外侧互锁钢球 2 和 4 则分别嵌入拨叉轴 1 和 5 侧面的凹槽中，因而将拨叉轴 1 和 5 刚性地锁止在空挡位置，不能轴向移动。如果要移动拨叉轴 5，则必须先将拨叉轴 3 退回到空挡位置，如图 3-17(b) 所示，使拨叉轴及互锁钢球都回到自由状态，然后再拨动拨叉轴 5，这时互锁钢球 4 便从拨叉轴 5 的凹槽中被挤出，于是四个互锁钢球及互锁顶销将拨叉轴 3 和 1 都锁止在空挡位置；同理，当移动拨叉轴 1 时，拨叉轴 3 和 5 都锁止在空挡位置，如图 3-17(c) 所示，因而可防止同时挂入两个挡位。

（3）倒挡锁装置

倒挡锁装置要求驾驶员必须进行与挂前进挡不同的操作方式或对变速杆施加更大的力，才能挂入倒挡，从而防止无意中误挂倒挡。

倒挡锁装置也有多种类型，最常用的是弹簧锁销式倒挡锁装置，如图3-18所示。

倒挡锁销1及倒挡锁弹簧2安装在与一挡、倒挡拨块3相应的孔中，倒挡锁销内端与倒挡拨块的侧面平齐，倒挡锁销1可以在变速杆下端球头推压下，压缩倒挡锁弹簧2而轴向移动。当驾驶员要挂倒挡时，必须有意识地用较大的力向侧面摆动变速杆，使其下端球头右移，克服倒挡锁弹簧的张力将倒挡锁销推入孔中，这样才能使变速杆下端球头进入倒挡拨块的凹槽内，以拨动一挡、倒挡拨叉轴进行挂挡。

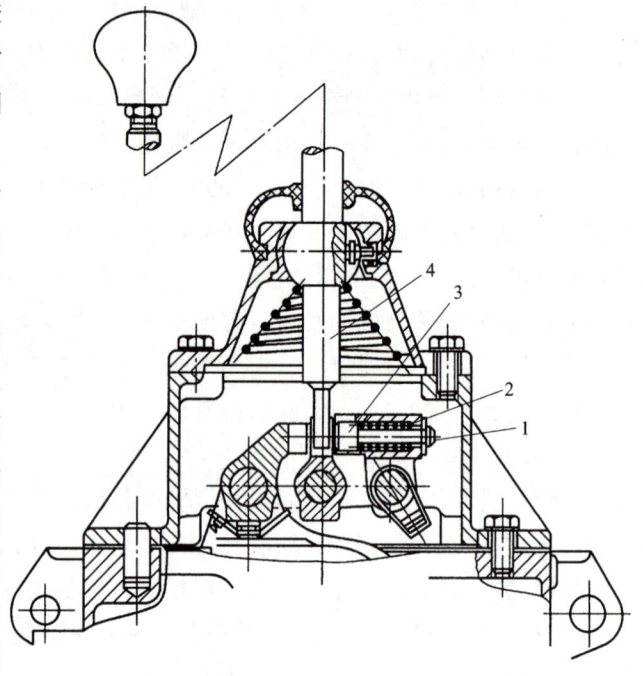

图3-18　变速器的弹簧锁销式倒挡锁装置
1—倒挡锁销；2—倒挡锁弹簧；3—倒挡拨块；4—变速杆

工作任务实施

一、实施条件

(1) 实训车辆若干。
(2) 轿车手动变速器一套。
(3) 常用拆装工具、专用拆装工具。
(4) 维修手册（对应车型）。

二、实施步骤

1.变速器的拆卸

从车上拆卸变速器，并将变速器解体。

(1) 总体解体

①清洗变速器外表，将其固定在修理架上，放出润滑油，拆下变速器后盖。

②拆卸一、二挡锁销，接着把拨叉向左转动，挂入二挡，拉下拨叉轴。

③拆卸五挡拨叉轴、五挡同步器和五挡齿轮组件，如图3-19所示。

④锁住输入轴，取下输出轴五挡齿轮紧固螺母，拆卸五挡齿轮，如图3-20所示。

40

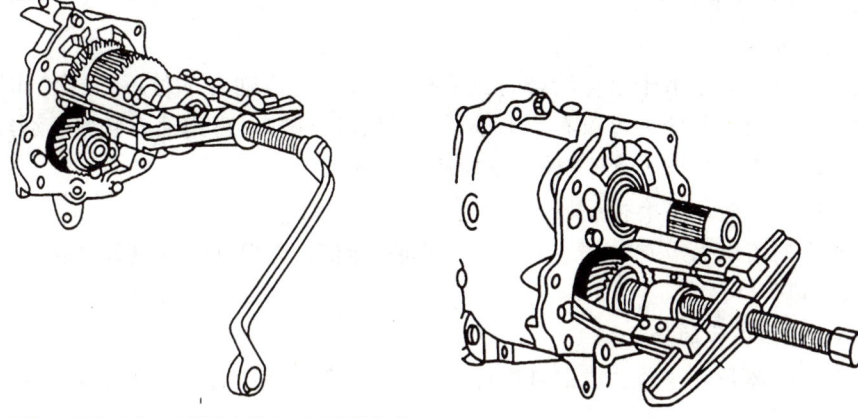

图 3-19 拆卸五挡拨叉轴、五挡同步器和五挡齿轮组件　　　　图 3-20 拆卸五挡齿轮

⑤取下三、四挡锁销和拨叉轴,拆下倒挡自锁装置和倒挡拨叉轴。
⑥拆下输入轴和输出轴组件,取出倒挡轴和齿轮、倒挡传动臂。
⑦拆卸拨叉轴自锁和互锁装置。
⑧拆下从动齿轮的轴承盖螺栓,取下盖子,取出主减速器、差速器总成。

(2)变速器壳体的分解(图 3-21)

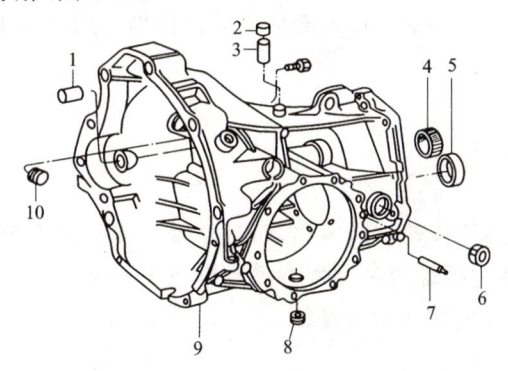

图 3-21 变速器壳体的分解
1—启动机衬套;2—防护罩;3—通气管;4—输入轴滚针轴承;5—输出轴前轴承外圈;
6—注油螺塞;7—圆柱销;8—放油螺塞;9—变速器壳体;10—离合器分离叉轴右衬套

①拆下分离轴,取下注油螺塞。
②拆下差速器。
③依次拆下输入轴的密封圈、挡油圈、滚针轴承。
④取下输出轴前轴承外圈的固定圆柱销、前轴承的外环。

2.变速器的检修

(1)变速器齿轮的检修
变速器齿轮常见的损伤形式有以下几种:
①轮齿磨损
变速器齿轮在正常的工作条件下,齿面呈现出均匀的磨损,要求沿齿长方向磨损不应超过原齿长的 30%(在齿高 2/3 处测量);齿厚磨损不应超过 0.40 mm;齿轮啮合面积不低于齿面的 2/3;运转齿轮啮合间隙一般应为 0.15~0.26 mm,使用限度为 0.80 mm;接合齿轮啮合间隙应为 0.10~0.15 mm,使用限度为 0.60 mm。可以用百分表或压扁软金属丝法测量。

如果超过极限,应成对更换。

②轮齿破碎

轮齿破碎主要是由于齿轮啮合间隙不符合要求、轮齿啮合部位不当或工作中受到较大的冲击载荷所致。若轮齿边缘有不大于 2 mm 的微小破碎,可用油石修磨后继续使用;若超过这个范围或有三处以上微小破碎,则应成对更换。

③常啮合齿轮端面磨损

常啮合斜齿端面应有 0.10～0.30 mm 的轴向间隙,以保证齿轮良好运转,若齿端磨损起槽,更换即可。

(2)变速器壳体的检修

变速器壳体是变速器总成的基础件,用以保证变速器中各零件的正确位置。其常见的损伤有:

①轴承座孔的磨损

壳体的轴承座孔磨损会破坏其与轴承的装配关系,直接影响变速器输入轴、输出轴的相对位置。轴承与座孔的配合间隙应为 0～0.03 mm,最大使用极限为 0.10 mm。否则应更换壳体或修复轴承座孔镶套。

②壳体螺纹孔的损伤

注油螺塞孔、放油螺塞孔的螺纹以及壳体之间连接螺栓螺纹孔也易损伤,可采用镶螺塞修复。

(3)变速器轴的检修

变速器轴常见的损伤有:

①轴颈磨损

轴颈磨损过大,不但会使齿轮轴线偏移,而且会带来齿轮啮合间隙的改变,造成传动时发出噪声。滚子轴承所在过盈配合处轴颈磨损应不大于 0.02 mm;滚针轴承配合处轴颈磨损不大于 0.07 mm,否则应更换或镀铬修复。

②键齿磨损

当键齿磨损超过 0.25 mm 时或与原键槽配合间隙超过 0.40 mm 时,齿轮的接合齿圈、接合套与键齿轴配合间隙大于 0.30 mm 时,半圆键与轴颈键槽间隙超过 0.08 mm 时,键齿轴或有键槽的轴应修复或更换。

③变速器轴弯曲

用顶针顶住变速器轴两端的顶针孔,利用百分表检查轴的径向跳动,其偏差应小于 0.10 mm。超过应进行压力校正修复。

(4)同步器的检修

①锁环式惯性同步器的检修

a.锁环的锥面角的检测。锁环的锥面角为 6°～7.5°,在使用中,如锥面角变形增大则不能迅速同步,应及时更换。

b.同步锁环缺口与滑块的配合。同步器在未取得完全同步之前,同步锁环键齿与啮合套齿锁止面正常接触时,滑块紧靠同步锁环缺口的一侧,在另一侧形成滑块与缺口的间隙应为同步锁环齿厚的 1/2,也就是 1/4 齿距。否则将破坏相关齿的对准作用,引起换挡困难。

c.被同步的齿轮与同步器齿轮毂应有 0.15～0.20 mm 的止推间隙,过紧、过松都将引起同步不良的故障。

②锁销式惯性同步器的检修

锁销式惯性同步器主要损伤为锥环、锥盘磨损,当锥环斜面上的螺纹槽磨损至0.10 mm时,应更换。

3.变速器的装配

变速器的装配可按拆卸的相反顺序进行,具体可按下列顺序进行装合:输入轴齿轮的装合→输出轴与齿轮的装合→变速器轴承支座的装合→变速器后盖的装合→变速器整体的装合→变速器上车的装合→变速器操纵机构的装合。

4.变速器操纵系统的检查

检查各挡齿轮啮合是否平滑,检查的具体步骤如下:

(1)挂入第一挡,将上变速杆向左推至缓冲垫,然后将其缓慢松开,上变速杆朝右返回,检查返回行程是否有 5~10 mm。

(2)挂入第五挡,将上变速杆向右推至缓冲垫,然后将其缓慢松开,上变速杆朝左返回,检查返回行程是否有 5~10 mm。

(3)如果达到上述相等压缩距离,再调节变速控制系统,变速质量也不会再有任何改善,则应进行调整。

> **思考题**

1.变速器有何功用?说说其变速和变向的原理。
2.两轴式和三轴式变速器各有何特点?
3.变速器的操纵机构有哪几种类型?其定位锁止装置的作用是什么?
4.同步器的作用是什么?有哪些类型?
5.分动器的作用是什么?对分动器操纵装置的要求是什么?
6.分析变速器挂挡困难、跳挡、乱挡的故障现象、原因及排除方法。

学习情境 4

自动变速器的维修

任务 4.1　自动变速器传动部分的结构与维修

能力目标

- 会拆装和维修自动变速器。
- 能够注重安全和环保。

知识目标

- 了解自动变速器的类型、组成和特点。
- 掌握液力变矩器、齿轮变速传动装置的结构和工作原理。
- 掌握液力变矩器、齿轮变速器的检测与维修。

素质目标

- 通过对自动变速器的维修作业和案例分析,引导学生知难而上,培养分析问题和解决问题的能力。

相关知识

自动变速是指在驾驶员根据路况选择正确的挡位后,变速器能根据车辆行驶状况自动地改变传动比。自动变速器具有操作方便、换挡平稳、乘坐舒适、过载保护性好等优点。

自动变速器技术在汽车上的应用主要有以下三种形式:液力自动变速器(简称 AT)、电控机械式自动变速器(简称 AMT)和无级自动变速器(简称 CVT)。

与手动变速器相比,自动变速器的缺点是结构较复杂、制造困难、成本高。另外,液力自动变速器的突出缺点是传动效率不高。随着技术的不断进步,通过与发动机的匹配优化、液力变矩器锁止离合器的应用、控制换挡点、增加挡位数等措施,目前液力自动变速器的传动效率已接近手动变速器的水平。

一、自动变速器的组成和功用

自动变速器如图 4-1 所示。

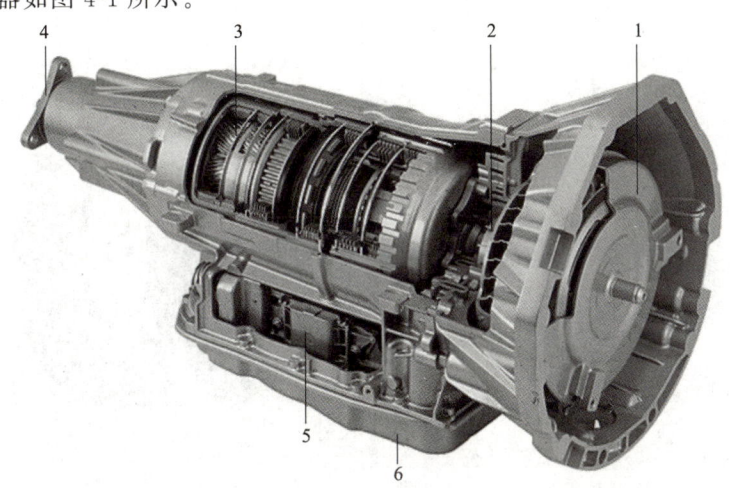

图 4-1 自动变速器
1—液力变矩器;2—油泵;3—齿轮变速机构;4—输出轴;5—油底壳;6—液压控制系统

自动变速器由液力变矩器、齿轮变速传动装置、液压控制系统、电子控制系统等组成,此外还有油冷却装置和滤清装置。

自动变速器各部分的功用如下:

1.液力变矩器

液力变矩器位于自动变速器的最前端,它安装在发动机的飞轮上,其作用是利用液力传递的原理,将发动机的动力传给自动变速器的输入轴;它还能缓冲发动机及传动系的扭转振动,使发动机转动平稳;它同时还驱动液压控制系统的油泵。

2.齿轮变速传动装置

它是自动变速器的主要组成部分,包括齿轮变速机构和换挡执行机构。换挡执行机构可以使齿轮变速机构处于不同的挡位,以实现不同的传动比,从而获得适当的转矩和转速。

3.液压控制系统

液压控制系统由油泵、各种控制阀、蓄压器、液压油散热器及液压管路组成。其作用是产生和调节油压,并在操纵手柄和电子控制系统的控制下将液压油送至换挡执行机构,实现换挡;此外,它还要向液力变矩器提供液压油,将变矩器中的高温液压油送至散热器进行冷却。

4.电子控制系统

电子控制系统由各种传感器、电子控制单元(ECU)、各种电磁阀、各种开关及指示装置等组成。其作用是根据传感器测得的汽车行驶状况和发动机工况,经过计算、比较处理后,根据预先编制的控制程序发出控制信号,通过控制电磁阀来操纵液压控制阀的工作,实现自动换挡控制、锁止离合器控制等。

二、液力变矩器

1.液力变矩器的构造与工作原理

液力变矩器的构造如图 4-2 所示。

图 4-2 液力变矩器的构造

1—驱动毂;2—泵轮;3—导轮及单向离合器;4—涡轮;5—离合器总成;6—前壳体;7—轴承;8—焊接的毂

液力变矩器由壳体、泵轮、涡轮、导轮及单向离合器等组成。壳体安装在发动机飞轮上,泵轮和壳体焊接在一起,随发动机曲轴一同旋转,是液力变矩器的主动部分;涡轮和输出轴连接在一起,是液力变矩器的从动部分。泵轮和涡轮互不接触,两者之间有一定的间隙(3~4 mm)。导轮位于泵轮和涡轮之间,通过单向离合器支承在固定于变速器壳体的导轮固定套上,并与泵轮和涡轮保持一定的轴向间隙。发动机运转时带动液力变矩器的壳体和泵轮与之一同旋转,泵轮内的液压油在离心力的作用下由泵轮叶片外缘冲向涡轮,并沿涡轮叶片流向导轮,再经导轮叶片流回泵轮叶片内缘,形成循环的液流。液压油在循环流动的过程中将发动机的输出扭矩传给涡轮。

导轮的作用是增大涡轮上的输出扭矩。由于涡轮叶片下缘流向导轮的液压油仍有相当大的冲击力,只要将泵轮、涡轮和导轮的叶片设计成一定的形状和角度,就可以利用上述冲击力来提高涡轮的输出扭矩。

发动机运转,通过液力变矩器壳体带动泵轮转动,泵轮内的液压油依靠离心力向外喷出,高速喷出的液压油冲击静止的涡轮使其转动。导轮叶片截住离开涡轮的液压油,改变其方向,使其冲击泵轮的叶片背部,给泵轮一个额外的推力,使得液力变矩器能有效地增大涡轮的输出扭矩。

当汽车起步时,如图 4-3(a)所示,泵轮与涡轮之间的转速差较大,沿涡轮叶片流动的工作液速度(涡流速度)A 也较大,在涡轮旋转速度(环流速度)B 的影响下,速度 A 的方向发生偏移,工作液实际上按速度 C 的方向流向导轮,冲击导轮叶片的正面,但由于导轮被单向离合器锁住不转动,因此液体经固定导轮的叶片时流向改变,冲击泵轮的背面,增强泵轮的转动,产生增矩作用。

当涡轮转速随车速的提高而增大时,如图 4-3(b)所示,泵轮与涡轮转速差较小,同涡轮一起同方向转动的液体速度 B 就升高,工作液按速度 C 的方向流向导轮叶片的背面,使导轮叶片对液流起阻挡作用。在这种情况下,单向离合器使导轮与泵轮同方向自由转动。自由转动的导轮对工作液没有反作用力矩,因此这时变矩器不能起增矩的作用。

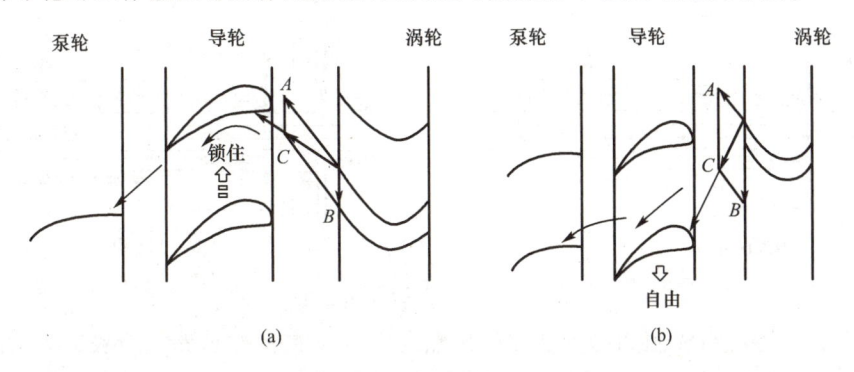

图 4-3 液力变矩器的工作原理

由以上内容可知,当涡轮转速达到泵轮转速的某一给定比例时,导轮就开始与泵轮同一方向转动,这就是所谓的耦合器工作点或耦合点。达到耦合点以后,不再发生扭矩成倍放大效应,变矩器也仅起到普通液力耦合器的作用。

2. 带锁止离合器的液力变矩器

带锁止离合器的液力变矩器的工作过程是:因变矩器的涡轮与泵轮之间存在转速差和液力损失,变矩器的效率不如机械变速器高,故采用变矩器的汽车在正常行驶时的燃油经济性较差。为提高变矩器在高传动比工况下的效率,可采用带锁止离合器的液力变矩器,其构造如图 4-4 所示。

图 4-4 带锁止离合器的液力变矩器的构造
1—锁止离合器;2—涡轮;3—泵轮;4—导轮

锁止离合器的工作原理(图 4-5)是:锁止离合器的主动部分是传力盘和活塞(压盘),它们与泵轮一道旋转。从动部分是装在涡轮轮毂花键上的从动盘。压力油经油道进入后,推动活塞右移,压紧从动盘,即锁止离合器接合,于是泵轮与涡轮接合成一体旋转,变矩器不起作用。当撤除油压时,二者分离,变矩器恢复正常工作。

当汽车起步或在不平路面上行驶时,可将锁止离合器分离,使变矩器起作用,以充分发

(a)锁止状态　　　　　　　　　　　　(b)分离状态

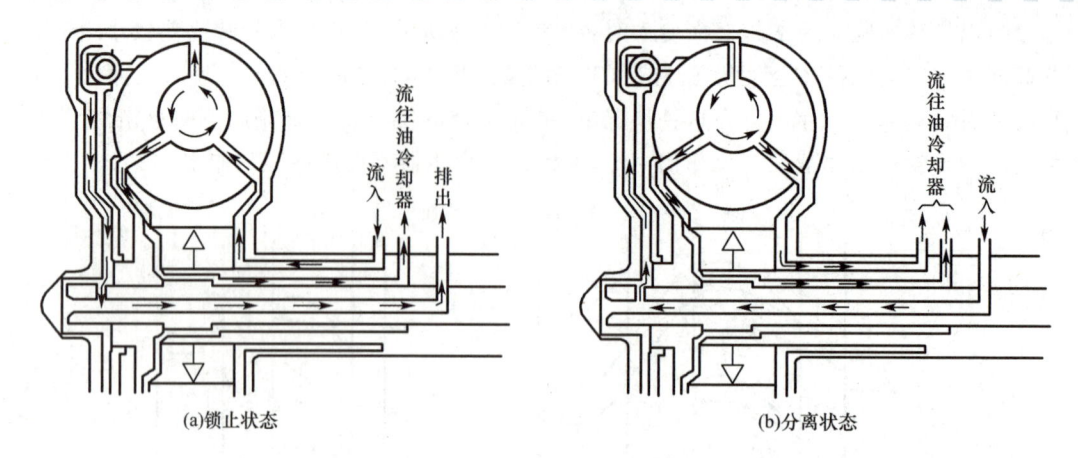

图 4-5　锁止离合器的工作原理

挥液力传动自动适应行驶阻力剧烈变化的优点。当汽车在良好道路上行驶时,应接合锁止离合器,使变矩器的输入轴和输出轴成为刚性连接,即转为直接机械传动。此时,动力传递无须通过液体,从而提高了液力变矩器的传动效率,提高了汽车的行驶速度和燃油经济性。

三、齿轮变速传动装置

液力变矩器虽然能在一定范围内自动、无级地变速。但由于它的增矩作用不够大,远不能满足汽车的使用要求,因此它在自动变速器中的主要作用是使汽车起步平稳,并在换挡时减缓传动系的冲击负荷。汽车在行驶过程中主要是靠自动变速器中的齿轮实现变速的。故汽车上广泛采用在液力变矩器的后面串联一个齿轮变速传动装置,构成液力机械自动变速器。其齿轮变速机构多数为行星齿轮变速机构,也可采用定轴式齿轮变速机构。

自动变速器的齿轮变速传动装置主要由齿轮变速机构和换挡执行机构组成。

1.行星齿轮变速机构的工作原理

行星齿轮变速机构由几排行星齿轮机构组合而成,它是用离合器或制动器控制其构件来实现变速的。

行星齿轮传动具有结构紧凑、质量轻、传动效率高、便于实现在行驶过程中自动换挡等优点,所以含有行星齿轮变速机构的液力机械自动变速器在汽车上得到越来越广泛的应用。

最简单的是单排行星齿轮变速机构,其工作原理如图 4-6 所示。

它包括中心轮(又称太阳轮)1、齿圈 2、行星架 3 和行星轮 4。前三个零件称为行星齿轮机构的三个基本元件。行星轮 4 同时与中心轮 1 和齿圈 2 相啮合,在它们中间起着中间轮(惰轮)的作用。行星轮一般采用一个以上。

根据能量守恒定律,由作用在单排行星齿轮变速机构各元件上的力矩和结构参数,可导出表示单排行星齿轮变速机构一般运动规律的特性方程,即

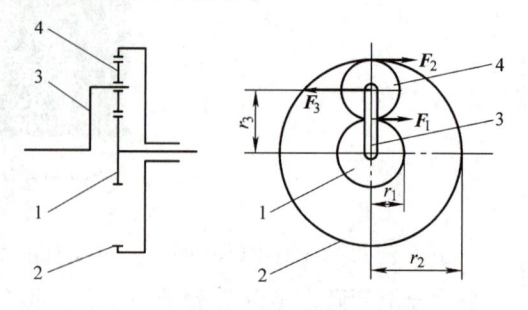

图 4-6　单排行星齿轮变速机构的工作原理
1—中心轮;2—齿圈;3—行星架;4—行星轮

$$n_1 + \alpha n_2 - (1+\alpha)n_3 = 0$$

式中,n_1、n_2、n_3 分别为中心轮、齿圈、行星架的转速;α 为齿圈齿数 z_2 与中心轮齿数 z_1 之比,即 $\alpha = \dfrac{z_2}{z_1}$。

根据行星齿轮变速机构的特性方程式可知,单排齿轮变速机构是一个两自由度机构,为了获得确定的运动,必须约束其中一个自由度。在汽车行星齿轮变速机构中,可用制动器将中心轮、齿圈、行星架三构件中任一构件制动住,或用闭锁离合器将其中两构件闭锁起来,使整个轮系以一定的传动比传递动力。

汽车上所用的行星齿轮变速机构都是由几个行星排组成的,其传动比可根据上述单排行星齿轮机构的特性方程导出。

单排行星齿轮变速机构的传动方案见表 4-1。

表 4-1　　　　　　　　单排行星齿轮变速机构的传动方案

状态	固定件	主动件	从动件	传动比	旋转方向	挡位
1	中心轮	齿圈	行星架	$i = 1 + \dfrac{z_1}{z_2} = 1 + \dfrac{1}{\alpha}$	相同	降速挡
2	中心轮	行星架	齿圈	$i = \dfrac{z_2}{z_1+z_2} = \dfrac{\alpha}{1+\alpha}$	相同	超速挡
3	齿圈	中心轮	行星架	$i = 1 + \dfrac{z_2}{z_1} = 1 + \alpha$	相同	降速挡
4	齿圈	行星架	中心轮	$i = \dfrac{z_1}{z_1+z_2} = \dfrac{1}{1+\alpha}$	相同	超速挡
5	行星架	中心轮	齿圈	$i = -\dfrac{z_2}{z_1} = -\alpha$	相反	倒挡(降速挡)
6	行星架	齿圈	中心轮	$i = -\dfrac{z_1}{z_2} = -\dfrac{1}{\alpha}$	相反	倒挡(超速挡)
7	将任意两基本构件连接在一起			$i = 1$	相同	直接挡
8	中心轮、齿圈、行星架均不固定					空挡
备注	z_1——中心轮齿数;z_2——齿圈齿数;$\alpha = z_2/z_1$					

2. 换挡执行机构的结构

从单排行星齿轮变速传动分析可以知道,要想实现行星齿轮变速传动,就要对行星齿轮变速机构的基本元件进行不同的约束,也就是固定或连接某些基本元件。能对这些基本元件实施约束的机构,就是行星齿轮变速传动装置的换挡执行机构。

行星齿轮变速传动装置的换挡执行机构通常由离合器、制动器和单向离合器三种不同的执行元件组成,它们通过按一定规律对行星齿轮变速机构的某些基本元件进行连接、固定或锁止,让行星齿轮变速机构获得不同的传动比,从而实现挡位的变换。

(1) 离合器

离合器的功用是将输入轴或输出轴与行星齿轮变速机构中的某个基本元件连接起来,或将行星齿轮变速机构中某两个基本元件连接在一起,使之成为一个整体,以传递动力。

在换挡执行机构中采用的离合器多为湿式多片式离合器,它通常由离合器鼓、离合器活塞、回位弹簧、钢片、摩擦片、离合器毂等组成,如图 4-7 所示。

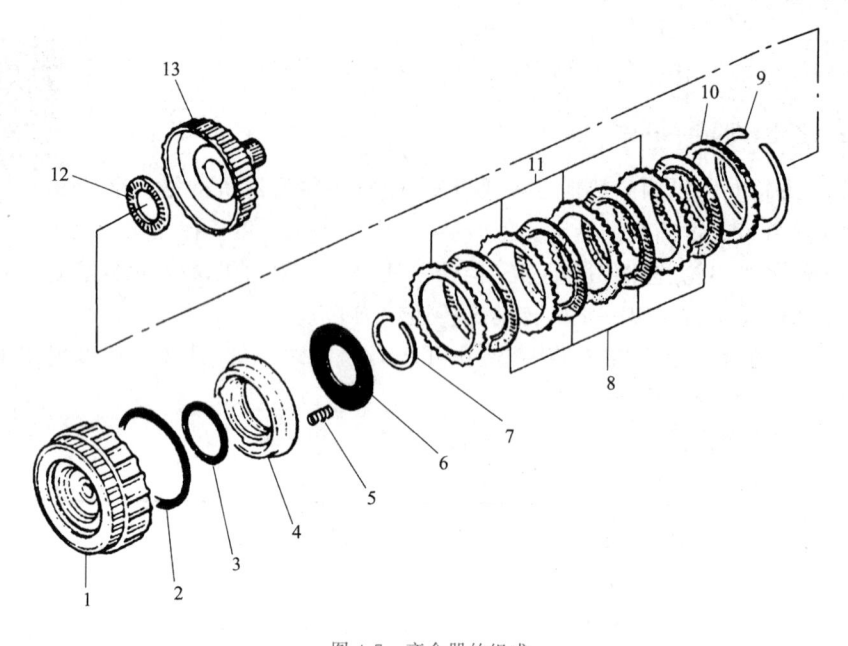

图 4-7 离合器的组成

1—离合器鼓；2、3—密封圈；4—离合器活塞；5—回位弹簧；6—弹簧座；7、9—卡环；
8—摩擦片；10—挡圈；11—钢片；12—止推轴承；13—离合器毂

离合器活塞安装在离合器鼓内，由活塞内外圆的密封圈保证其密封，从而和离合器鼓一起形成一个封闭的环状液压缸，并通过离合器鼓内圆轴颈上的进油孔和液压油道相通。钢片和摩擦片交错排列，两者统称为离合器片。钢片的外花键齿安装在离合器鼓的内花键齿圈上，可沿齿圈键槽做轴向移动；摩擦片由其内花键齿与离合器毂的外花键齿连接，也可沿键槽做轴向移动。

多片式离合器的工作原理如图 4-8 所示。

离合器处于分离状态时，离合器片之间存在一定的轴向间隙，以保证钢片和摩擦片之间无轴向压力。当液压油通过油道进入活塞左腔油室时，液压力克服回位弹簧张力推动活塞右移，使所有钢片、摩擦片压紧，离合器接合。由于钢片和摩擦片之间有很大的摩擦系数，在液压力的作用下产生很大的摩擦力，使从动部分的花键毂连接，转矩经离合器鼓、钢片、摩擦片、花键毂传至行星齿轮机构。当液压油排出时，活塞就会在回位弹簧的作用下压回液压缸的底部，使钢片和摩擦片相互分离，离合器鼓和离合器毂可以朝不同的方向或以不同的转速旋转，此时离合器处于分离状态。

一般在离合器内部只有一条油道，油道设在离合器的中心部位，进油和泄油均要通过该油道。离合器接合时，推动活塞的液压油受到惯性力的作用被甩到液压腔的外壁上。离合器分离时，部分液压油在惯性力的作用下不易排出而滞留在液压腔内，造成离合器没有完全脱开，从而导致钢片和摩擦片间出现不正常滑摩，影响离合器的使用寿命。为了避免这种现象的出现，在离合器的活塞内装有止回球。离合器接合时，液压力使止回球压紧在阀座上，液压腔成为封闭的油腔，离合器可以传递转矩。离合器分离时，随着液压油的排出，液压力下降，止回球与阀座脱开，液压油从阀座处被排出，使离合器迅速分离并完全脱开。

(2) 制动器

制动器的作用是约束行星齿轮机构中某个基本构件，使其不能运动，以获得必要的传动

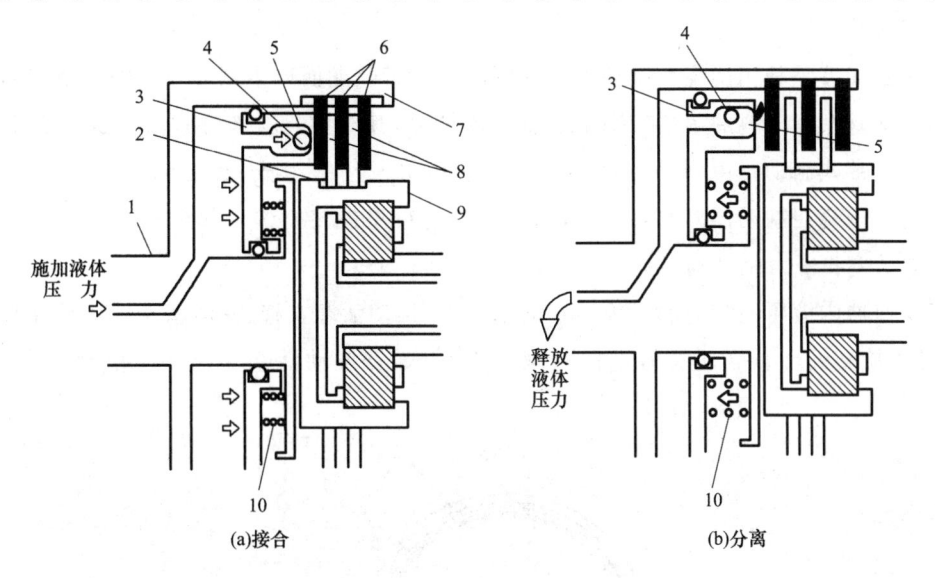

图 4-8 多片式离合器的工作原理

1—驱动轴；2—离合器毂；3—活塞；4—止回球；5—单向阀；6—钢片；
7—离合器鼓；8—摩擦片；9—齿圈；10—回位弹簧

比。目前常用的制动器有湿式多片式制动器和带式制动器。

①湿式多片式制动器

湿式多片式制动器由制动器活塞、回位弹簧、钢片、摩擦片及制动器鼓等组成，其工作原理如图4-9所示。其结构和工作原理与湿式多片式离合器基本相同，只是其钢片通过外花键齿安装在变速器壳体的内花键齿圈上，摩擦片则通过内花键齿和制动器鼓上的外花键槽相连，制动器鼓与行星齿轮机构的元件相连。当液压缸中没有液压油时，制动器鼓可以自由旋转，当液压油进入制动器的液压缸后，通过活塞将钢片和摩擦片压紧在一起，制动器鼓以及与其相连的行星齿轮机构的某一元件被固定住而不能旋转。

钢片、摩擦片均由钢板冲压而成，摩擦片表面有厚度为 0.38～0.76 mm 的摩擦材料层。为保证分离彻底，钢片和摩擦片间必须有足够的间隙，标准间隙范围为 0.25～0.38 mm，可通过选择适当的压盘、卡环及改变摩擦片厚度等方法调整该值。

湿式多片式制动器的工作平顺性较好，还能通过增减摩擦片的片数来满足不同排量发动机的要求，因此近年来在轿车自动变速器中使用得越来越多。

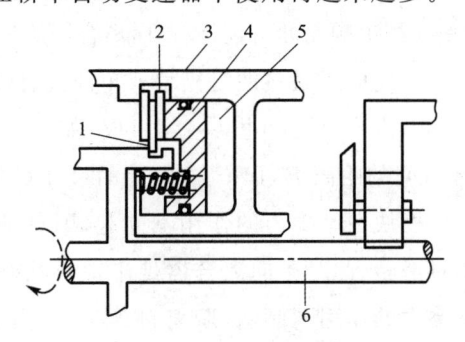

图 4-9 湿式多片式制动器的工作原理

1—摩擦片；2—钢片；3—变速器壳体；4—活塞；5—油缸；6—制动器鼓

②带式制动器

带式制动器是利用围绕在制动器鼓周围的制动带收缩而产生制动效果的。带式制动器是将内侧粘有摩擦材料的制动带围绕在制动器鼓上，其摩擦材料与湿式多片式离合器的摩擦片相同。带式制动器由制动器鼓、制动带、液压缸及活塞组成，其工作原理如图4-10所示。制动带围绕在制动器鼓的圆周上，制动器鼓与行星齿轮机构一起旋转。制动带的一端与制动缸活塞抵靠。活塞通过内、外弹簧安装在连杆上。

当变速器内液压系统的油压施加到活塞上时，推动活塞左移，使活塞连杆移动并收紧制动带，锁止旋转元件。当油液通过控制阀排出时，弹簧推动活塞回位并放松制动带，制动解除。

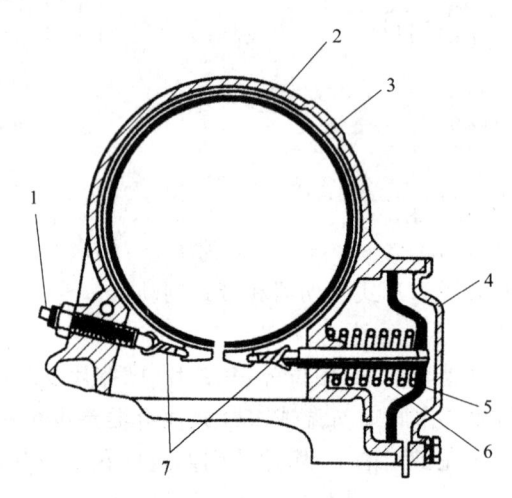

图4-10 带式制动器的工作原理

1—支撑销；2—变速器壳体；3—制动带；4—油缸盖；5—活塞；6—回位弹簧；7—摇臂

(3)单向离合器

单向离合器的作用是单向锁止行星齿轮机构中某个基本元件的旋转。当与之相连接的元件的受力方向与锁止方向相同时，该元件即被固定或连接；当元件的受力方向与锁止方向相反时，该元件即被释放或脱离连接。单向离合器工作时完全是由与之相连的元件的相对运动方向控制的，当与其连接的行星齿轮机构基本元件的相对运动方向发生变化的瞬间，单向离合器就产生接合或脱离，可使换挡平顺无冲击，所以单向离合器的工作不需另外的控制机构。

单向离合器有多种形式，目前应用最多的是楔块式单向离合器。

楔块式单向离合器由外环、内环、滚子（楔块）等组成，如图4-11所示。楔块在A方向上的尺寸A略大于内、外环之间的距离B，而C方向上的尺寸C则略小于B。当外环相对于内环朝顺时针方向旋转时，楔块在摩擦力的作用下立起，因自锁作用而被卡死在内、外环之间，使内环和外环无法相对滑转，此时单向离合器处于锁止状态；当外环相对于内环朝逆时针方向旋转时，楔块在摩擦力的作用下倾斜，脱离自锁状态，内、外环可以相对滑转，此时单向离合器处于自由状态。

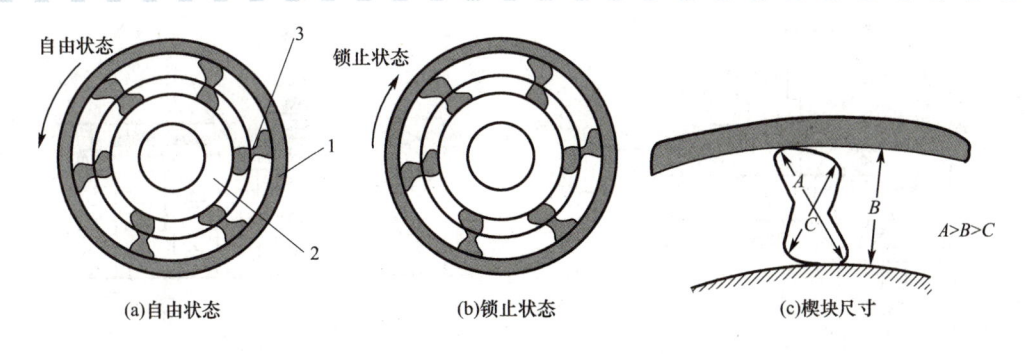

图 4-11 楔块式单向离合器的组成

1—外环；2—内环；3—楔块

四、典型行星齿轮式变速传动装置

1.三速辛普森式行星齿轮变速传动装置

三速辛普森式行星齿轮变速传动装置由辛普森式行星齿轮变速机构和换挡执行机构组成，其中辛普森式行星齿轮变速机构采用双行星排，前、后两个行星排的太阳轮连为一个整体，称为太阳轮组件，前排的行星架和后排的齿圈连为一体，称为前行星架和后齿圈组件，输出轴通常与该组件相连。如图 4-12 所示，三速辛普森式行星齿轮变速机构只有五个独立元件：前齿圈、太阳轮组件、行星齿轮、后行星架、前行星架和后齿圈组件。而换

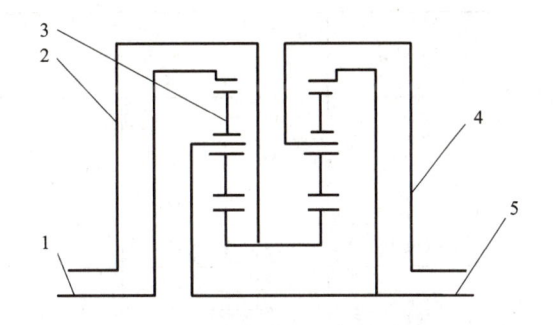

图 4-12 三速辛普森式行星齿轮变速机构

1—前齿圈；2—太阳轮组件；3—行星齿轮；
4—后行星架；5—前行星架和后齿圈组件

挡执行机构包括两个离合器、三个制动器和两个单向离合器。

三速辛普森式行星齿轮变速器的布置如图 4-13(a)所示，其传动原理如图 4-13(b)所示。

装备有自动变速器的汽车，驾驶室内设有操纵手柄，驾驶员根据行驶情况可以选择操纵手柄的各个位置，操纵手柄的动作带动自动变速器电子液压控制系统中手动阀位置的改变，从而可以选定不同的自动换挡范围。就三速辛普森式行星齿轮变速器来说，操纵手柄的位置有六个：P——停车挡位；R——倒挡位；N——空挡位；D——前进挡位；S 或 2——锁定挡位；L 或 1——低挡位。其中，D——前进挡位具有三个挡，可以使自动变速器自动地在 1～3 挡变速。S 或 2——锁定挡位具有两个挡，可以在 1～2 挡变速。L 或 1——低挡位，只允许以 1 挡行驶。

三速辛普森式行星齿轮变速传动装置各挡位与换挡执行机构各元件的关系见表 4-2。

(a)布置　　　　　　　　　　　　(b)传动原理

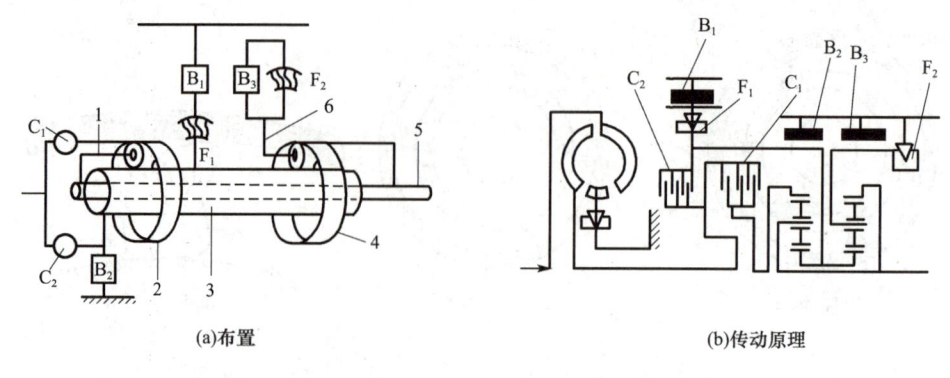

图 4-13　三速辛普森式行星齿轮变速器的布置和传动原理

1—前行星架；2—前齿圈；3—太阳轮组件；4—后齿圈；5—输出轴；6—后行星架；
C_1—前进挡离合器；C_2—倒挡和高挡离合器；B_1—2挡滑行制动器；B_2—2挡强制制动器；
B_3—低挡和倒挡制动器；F_1—2挡单向离合器；F_2—低挡单向离合器

表 4-2　三速辛普森式行星齿轮变速传动装置各挡位与换挡执行机构各元件关系表

操纵手柄位置	挡位	换挡执行元件						
		C_1	C_2	B_1	B_2	B_3	F_1	F_2
D	1	※						※
	2	※		※			※	
	3	※	※					
L(或1)	1	※				※		
S(或2)	1	※						※
	2	※		※	※			
R	倒挡		※			※		
N	空挡							
P	停车挡							

注：※代表元件工作。

三速辛普森式行星齿轮变速传动装置各挡的传动路线分析如下：

(1) D位1挡

如图 4-14 所示，前进挡离合器 C_1 接合，将输入轴与前行星齿圈连接，低挡单向离合器 F_2 锁止，使后行星架不能逆时针方向转动而固定。此挡前后两排行星齿轮机构均参与动力输出。

传动路线为：

输入轴→前进挡离合器 C_1→前行星齿圈→前行星齿轮 $\begin{Bmatrix} →共用太阳轮→后行星齿轮→后齿圈 \\ →前行星架 \end{Bmatrix}$→

输出轴

(2) D位2挡

如图 4-15 所示，前进挡离合器 C_1 接合，将输入轴与前齿圈连接，2挡滑行制动器 B_1 接合，2挡单向离合器 F_1 锁止，使共用太阳轮不能逆时针方向转动而固定。此挡只有前排行星齿轮机构参与动力输出，后排行星齿轮机构处于空转状态。

54

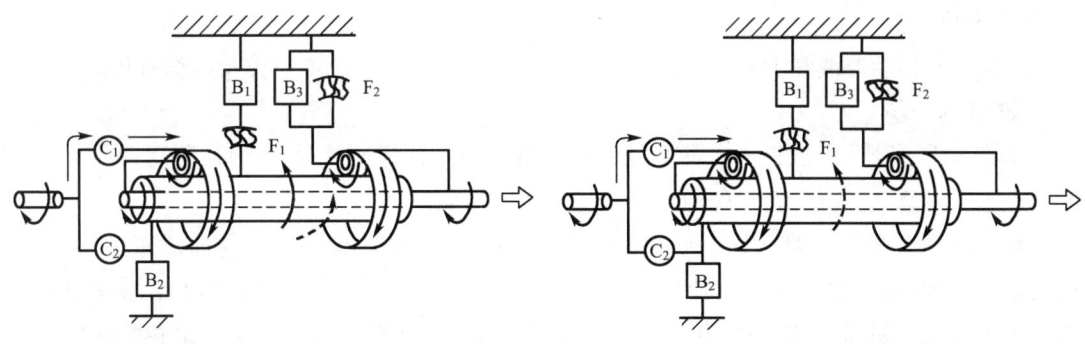

图 4-14　D 位 1 挡传动　　　　　　　　　图 4-15　D 位 2 挡传动

传动路线为：

输入轴→前进挡离合器 C_1→前行星齿圈→前行星齿轮→前行星架→输出轴

注意：在变速器处于 D 位 1 挡或 D 位 2 挡，汽车滑行时，由于低挡单向离合器 F_2 或 2 挡单向离合器 F_1 处于滑转状态，不阻止后行星架或共用太阳轮顺时针方向转动，行星齿轮机构失去反向传递动力的能力，因此，D 位 1 挡和 D 位 2 挡均没有发动机制动作用。

（3）D 位 3 挡

如图 4-16 所示，前进挡离合器 C_1 与倒挡和高挡离合器 C_2 接合，此时前排太阳轮和齿圈均与输入轴连接，故行星架也与它们同速转动，形成直接挡。输入轴动力直接传给输出轴。此挡也只有前排行星齿轮机构参与动力输出，后排行星齿轮机构处于空转状态。

在 D 位 3 挡由于前行星架和后齿圈组件与太阳轮组件被连成一体，此时的行星齿轮变速器具有反向传递动力的能力，在汽车怠速工况滑行时可实现发动机的低速制动作用。

传路线为：输入轴→前进挡离合器 C_1→高挡离合器 C_2→前行星排→太阳轮→后行星排→输出轴

（4）L 位

如图 4-17 所示，前进挡离合器 C_1 接合，将输入轴与前齿圈连接，低挡和倒挡制动器 B_3 接合，后行星架始终被固定。

传动路线与 D 位 1 挡相同。与 D 位 1 挡不同之处是当发动机处于怠速工况时，汽车在惯性作用下滑行，汽车驱动轮通过自动变速器输出轴驱动行星齿轮机构，由于后行星架始终被 B_3 固定，这时反向驱动行星齿轮变速器输入轴以原来的转速转动，从而使与变速器输入轴连接的变矩器涡轮的转速高于与发动机曲轴连接的变矩器泵轮的转速，成为汽车驱动轮通过变矩器反向驱动发动机曲轴的工况，这样就成了发动机怠速运行阻力限制驱动轮的转速，汽车减速，实现了利用发动机制动。

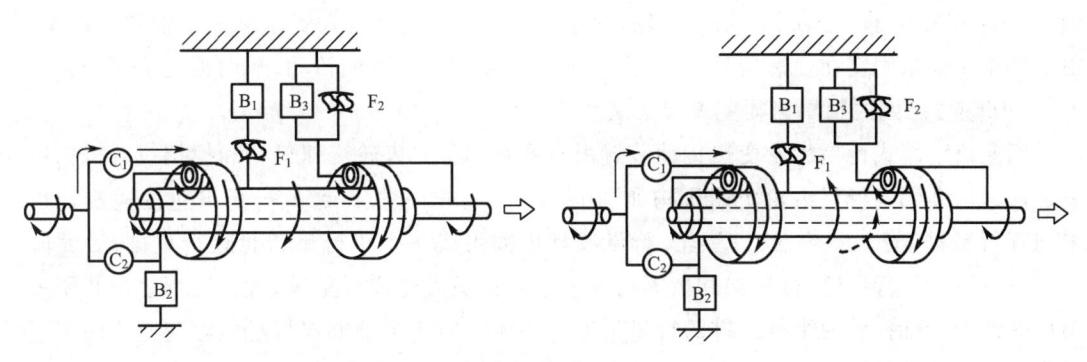

图 4-16　D 位 3 挡传动示意图　　　　　　　　　图 4-17　L 位传动示意图

(5) S 位 1 挡

S 位 1 挡传动路线和 D 位 1 挡的完全相同，具体可参考 D 位 1 挡传动路线分析。

(6) S 位 2 挡

如图 4-18 所示，前进挡离合器 C_1 接合，将输入轴与前齿圈连接，2 挡强制制动器 B_2 和 2 挡滑行制动器 B_1 接合，太阳轮组件始终被 2 挡强制制动器 B_2 固定。

传动路线与 D 位 2 挡相同。与 D 位 2 挡不同之处是发动机处于急速而汽车进行滑行时，汽车驱动轮通过变速器输出轴驱动行星齿轮机构，由于太阳轮组件始终被 B_2 固定，行星齿轮变速器输入轴被反向驱动，仍以原来的转速转动，变矩器涡轮转速高于泵轮的转速，成为汽车驱动轮通过变矩器反向驱动发动机曲轴的工况，所以可利用发动机制动。

(7) R 位

如图 4-19 所示，倒挡和高挡离合器 C_2 接合，将输入轴与太阳轮组件连接，低挡和倒挡制动器 B_3 接合，后行星架始终被固定。传动路线为：

输入轴→倒挡和高挡离合器 C_2→太阳轮组件→后行星轮→后齿圈→输出轴

从各个元件转动方向可以看出，输出轴的转向与输入轴的转向相反，实现了倒挡。此时，由于前齿圈可自由旋转，故前行星排处于自由状态，不参加工作。

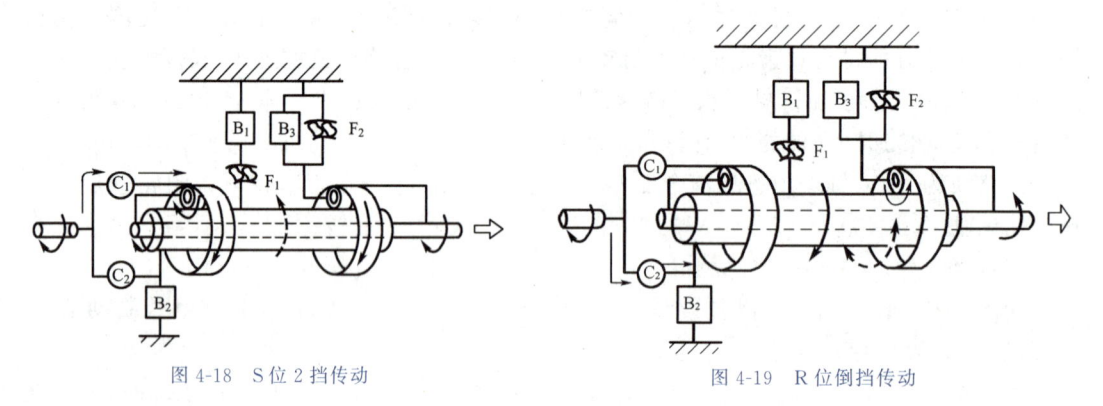

图 4-18　S 位 2 挡传动　　　　图 4-19　R 位倒挡传动

(8) N 位

N 位空挡时，各离合器和制动器均不工作，液力变矩器的动力不能传至行星齿轮变速器，形成空挡。

(9) P 位

当操纵手柄置于 P 位时，行星齿轮变速器内各离合器和制动器均不工作，也就是停车挡。如图 4-20 所示，推动停车闭锁凸轮，使停车闭锁爪上的齿嵌入变速器输出轴的外齿中。由于停车闭锁爪固定在变速器外壳上，所以输出轴也被固定不能转动，从而锁住了驱动轮。

2. 四速拉维娜式行星齿轮变速传动装置

四速拉维娜式行星齿轮变速传动装置由拉维娜式行星齿轮变速机构和换挡执行机构组成。四速拉维娜式行星齿轮变速机构如图 4-21 所示。四速拉维娜式行星齿轮变速机构也采用双行星排：前太阳轮、长行星轮、行星架和齿圈组成一个单行星齿轮式行星排；后太阳轮、短行星轮、长行星轮、行星架和齿圈组成一个双行星齿轮式行星排。前、后行星排共用一个齿圈输出，且前、后两个行星排的行星架连为一体。四速拉维娜式行星齿轮变速传动装置的换挡执行机构包括四个离合器、两个制动器和两个单向离合器。

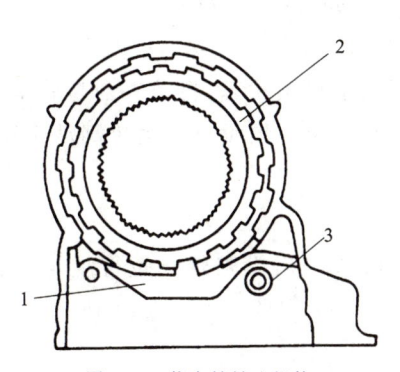

图 4-20 停车挡锁止机构
1—停车闭锁爪；2—输出轴；3—闭锁凸轮

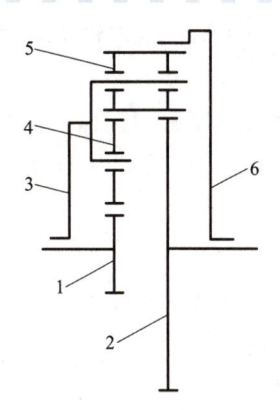

图 4-21 四速拉维娜式行星齿轮变速机构
1—前太阳轮；2—后太阳轮；3—行星架；
4—短行星轮；5—长行星轮；6—齿圈

四速拉维娜式行星齿轮变速传动装置的布置和传动原理分别如图 4-22(a)和图 4-22(b)所示。

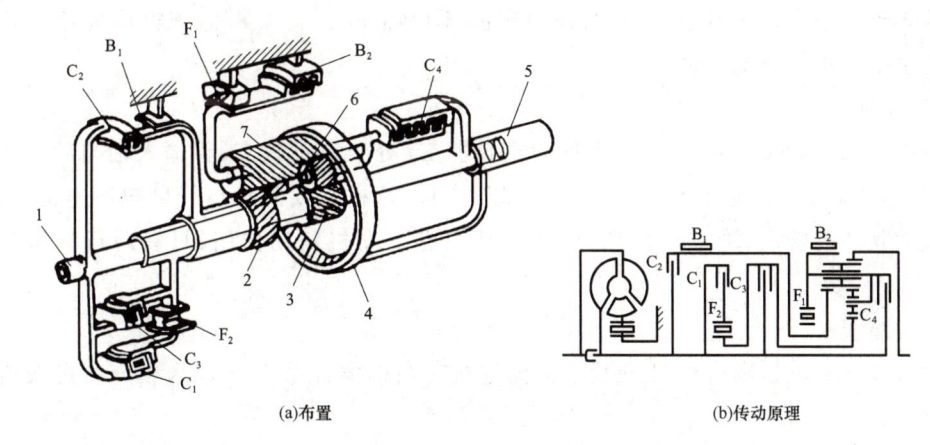

(a)布置　　(b)传动原理

图 4-22 四速拉维娜式行星齿轮变速传动装置的布置和传动原理
1—输入轴；2—前太阳轮；3—后太阳轮；4—齿圈；5—输出轴；6—短行星轮；7—长行星轮；
C_1—前进挡离合器；C_2—倒挡离合器；C_3—前进挡强制离合器；C_4—高挡离合器；B_1—2挡和4挡制动器；
B_2—低挡和倒挡制动器；F_1—低挡单向离合器；F_2—前进挡单向离合器

四速拉维娜式行星齿轮变速传动装置各挡位与换挡执行机构各元件的关系见表 4-3。

表 4-3 四速拉维娜式行星齿轮变速传动装置各挡位与换挡执行机构各元件的关系表

操纵手柄位置	挡位	换挡执行元件							
		C_1	C_2	C_3	C_4	B_1	B_2	F_1	F_2
D	1	※						※	※
	2	※				※			
	3	※			※				※
	4				※	※			
L 或 2、1	1			※			※		
	2			※		※			
	3			※	※				
R	倒挡		※				※		

注：＊代表元件工作。

四速拉维娜式行星齿轮变速传动装置各挡位的传动路线分析如下：

(1) D位1挡

前进挡离合器C_1接合，前进挡单向离合器F_2处于自锁状态，将输入轴与后太阳轮连接，低挡单向离合器F_1处于自锁状态，行星架被固定(D位1挡没有发动机制动作用，只有后行星排参与工作)。

传动路线为：

输入轴→前进挡离合器C_1→前进挡单向离合器F_2→后太阳轮→短行星轮→长行星轮→齿圈→输出轴

(2) D位2挡

前进挡离合器C_1接合，前进挡单向离合器F_2处于自锁状态，将输入轴与后太阳轮连接，2挡和4挡制动器B_1接合，前太阳轮被固定(D位2挡没有发动机制动作用，前后行星排均参与工作)。

传动路线为：

输入轴→前进挡离合器C_1→前进挡单向离合器F_2→后太阳轮→短行星轮→长行星轮→行星架→齿圈→输出轴

(3) D位3挡

前进挡离合器C_1接合，前进挡单向离合器F_2处于自锁状态，将输入轴与后太阳轮连接，高挡离合器C_4也接合，将输入轴与行星架连接，这样后太阳轮与行星架被连接为一体，使齿圈随其一起转动，形成直接挡(D位3挡没有发动机制动作用，只有后行星排参与工作)。

传动路线：

输入轴→前进挡离合器C_1→后太阳轮连接→高挡离合器C_4→输入轴→行星架连接→齿圈

(4) D位4挡

高挡离合器C_4接合，将输入轴与行星架连接，2挡和4挡制动器B_1工作，前太阳轮被固定(D位4挡为超速挡，只有前行星排参与工作)。

传动路线为：

输入轴→高挡离合器C_4→行星架→长行星轮→齿圈→输出轴

(5) L位1挡

前进挡强制离合器C_3接合，将输入轴与后太阳轮连接，低挡和倒挡制动器B_2工作，行星架被固定，传动路线与D位1挡相同。但是由于前进挡单向离合器F_2不起作用，低挡和倒挡制动器B_2又代替了低挡单向离合器F_1的工作，从而使汽车滑行时可以用发动机制动。

(6) L位2挡

前进挡强制离合器C_3接合，将输入轴与后太阳轮连接，2挡和4挡制动器B_1工作，前太阳轮被固定，传动路线与D位2挡相同。但前进挡单向离合器F_2不起作用，使汽车滑行时可以用发动机制动。

(7) L位3挡

前进挡强制离合器C_3接合，将输入轴与后太阳轮连接，高挡离合器C_4也接合，将输入轴与行星架连接,使后太阳轮与行星架一起带动齿圈转动,形成直接挡。传动路线与传动比与 D 位 3 挡相同。

当汽车滑行时,前进挡强制离合器 C_3 与高挡离合器 C_4 都能反向传递动力,所以有发动机制动的作用。

(8) R 位

倒挡离合器 C_2 接合,将输入轴与前太阳轮连接,低挡和倒挡制动器 B_2 接合,行星架被固定(只有前行星排参与工作)。

传动路线为:

输入轴→倒挡离合器 C_2→前太阳轮(顺时针)→长行星轮→齿圈(逆时针)→输出轴

工作任务实施

一、实施条件

1.场地

自动变速器实训室。

2.设备

AT 自动变速器四台。

3.教具与工具

专用及通用工具组四组、示教板、汽车举升机。

二、实施步骤

1.自动变速器的拆卸

从车上拆卸自动变速器前,应关闭点火开关,拆下蓄电池的负极电缆,放掉自动变速器油。

2.自动变速器的解体

(1)壳体和阀体的拆卸:放出传动液,拆卸自动变速器前后壳体、油底壳及阀体。

(2)从变速器前方取下变矩器。

(3)拆除所有安装在自动变速器壳体上的部件。如加油管、挡位开关、车速传感器、输入轴、转速传感器等。

(4)松开紧固螺栓,拆下自动变速器前端的变矩器壳。

(5)拆除输出轴凸缘和自动变速器后端盖,从输出轴上拆下车速传感器转子。

(6)拆下油底壳,松开进油滤网与阀体间的固定螺栓,从阀体上拆下进油滤网。

(7)取下阀体总成,阀体上的螺栓一部分固定在自动变速器壳体,一部分固定在上、下阀体。在拆卸阀体总成时,应先确认阀体与自动变速器壳体之间的固定螺栓。拆卸阀体时,应松开阀四周的固定螺栓,再检查阀体是否松动。若未松动,可将阀体中间的所有螺栓逐个松开少许,直到阀体松动为止,即可找出阀体上所有固定在自动变速器壳体上的固定螺栓。

(8)取出自动变速器壳体油道中的止回阀和弹簧。

(9)用手指按住蓄压器活塞,从蓄压器活塞周围的油孔中吹入压缩空气,将蓄压器活塞吹出,如图 4-23 所示。

3. 油泵的拆卸

拆下油泵周围的固定螺栓,用专用拉具拉出油泵,如图 4-24 所示。

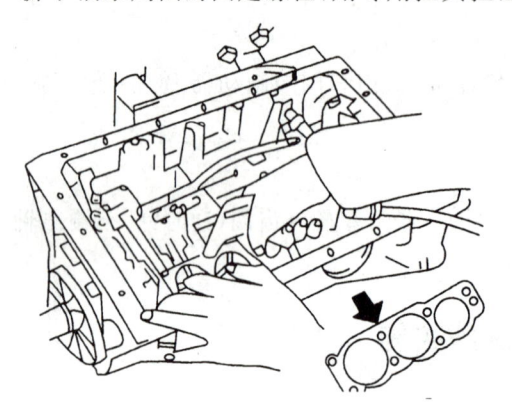

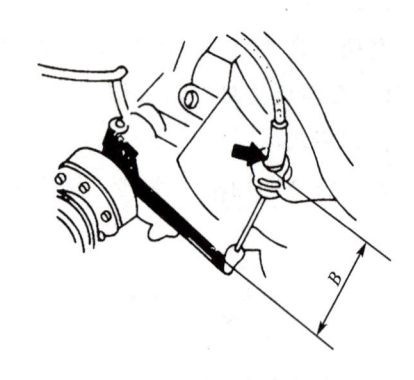

图 4-23　取出蓄压器活塞　　　　　　　图 4-24　用专用拉具拉出油泵

先拆下油泵后端盖轴颈上的密封环,再按照对称交叉的顺序依次松开油泵螺栓,拆开油泵;再用油漆在齿轮和齿圈上做一记号,取出齿轮及齿圈;最后拆下油泵前端盖上的油封。

4. 行星齿轮机构的拆卸

行星齿轮机构的拆卸如图 4-25 所示。从自动变速器上取出超速挡行星架和超速挡离合器组件及超速挡齿圈。拆卸超速挡制动器时,先用旋具拆下超速挡制动器卡环,再取出超速挡制动器钢片和摩擦片。然后拆下超速挡制动器鼓的卡环,松开壳体上的固定螺栓,用拉具拉出超速挡制动器鼓。接着拆卸二挡滑行制动器活塞,从外壳上拆下二挡滑行制动带液压缸缸盖卡环,用手指按住液压缸缸盖,从液压缸进油孔中吹入压缩空气,将液压缸缸盖和活塞吹出,如图 4-26 所示。

取出中间轴、高速挡及倒挡离合器和前进挡离合器组件。拆下二挡滑行制动带销轴,取出制动带,拆下前行星排,取出前齿圈,将自动变速器立起,用木块垫住输出轴,拆下前行星架组件。取出前、后太阳轮组件和二挡单向离合器。拆卸二挡制动器。拆下卡环,取出二挡制动器的所有摩擦片、钢片及活塞衬套。

拆卸输出轴、后行星排和低速挡及制动器组件。拆下卡环,取出输出轴,取出后行星排、前进挡单向离合器、低速挡及倒挡制动器和二挡制动器组件。

5. 自动变速器检修时的要求

(1)拆卸修理时,最好一次只检修一组零部件,分解后的零件用变速器油或煤油清洗,并注意疏通油道和油孔。

(2)新离合器摩擦片或制动带安装前,应在变速器油中浸泡 15 min 以上,装配时所有滑动配合的零件表面和轴承应涂抹变速器油润滑。

(3)确认弹性挡圈正确安装到位。

(4)所有拆卸下的密封垫片和橡胶密封圈、油封均应换新,涂抹变速器油后安装。

(5)拆下的油堵盖、螺塞,安装前清洗吹干后涂密封胶安装。

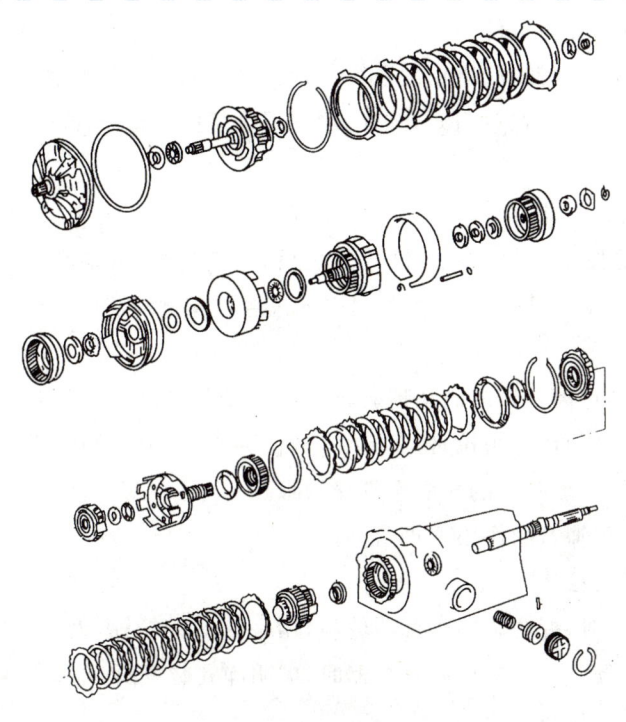

图 4-25　行星齿轮机构的拆卸

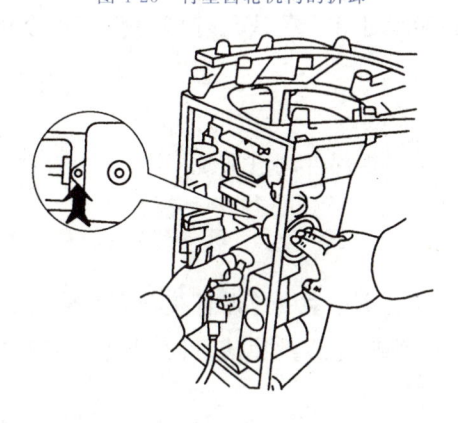

图 4-26　拆卸二挡滑行制动器活塞

(6)拆卸后暴露的油道和油孔及接头,必须用洁净的橡胶塞、橡胶片堵塞或遮掩,防止异物落入。安装前必须用变速器油彻底清洗。

(7)自动变速器修理前,必须关闭点火开关,断开蓄电池负极接地线。

6.自动变速器零件检修

(1)齿轮、轴、轴承和壳体等零部件的检修

自动变速器齿轮、轴、轴承和壳体等零部件,可参照手动变速器类似零件和配合的技术条件检修。

(2)油泵的检修

自动变速器的油泵,可参照发动机润滑系机油泵的技术条件检修。

(3)变矩器总成的检修

变矩器总成以不可解体结构较常见,若诊断变矩器故障,应更换变矩器总成。

(4)离合器或制动器的检修

典型的液力自动变速器,液压控制系统分别控制湿式多片摩擦离合器和带式或湿式多片摩擦制动器等执行元件,在单向离合器的配合下执行换挡动作,改变行星齿轮传动机构的传动比。

湿式多片摩擦离合器或制动器,摩擦片钢板上涂覆有耐磨层,当摩擦片磨损超过 0.10 mm 时,必须更换摩擦片。新摩擦片安装后,应检查主、从动摩擦片之间的间隙,该间隙值为 0.80～1.60 mm,一般是摩擦片数目多的离合器或制动器间隙取较小值,数目少的则取较大值。

检修湿式多片摩擦离合器或制动器时,应更换活塞与缸壁之间和活塞导套上的橡胶密封圈。拆卸活塞时,必须用专用拉具拉动活塞回位弹簧座,取下弹性挡圈;用压缩空气吹出活塞。活塞装配后用 300 kPa 的压缩空气输入液压室中,活塞移动应无卡滞现象。解除空气压力后,活塞在回位弹簧的作用下自由回位。

(5)单向离合器的检修

单向离合器检修时,握住单向离合器轮毂,用手转动齿轮轴,沿发动机旋转方向应转动灵活,逆向时应可靠锁止。分解单向离合器时,应明确安装方向,避免安装错误。

(6)液控滑阀体的检修

液控滑阀体主要进行弹簧尺寸和限位块尺寸的检验。若诊断滑阀无故障,则一般不解体液压控制阀。

7. 自动变速器的组装

自动变速器的组装应在所有零部件均已清洗干净,各离合器、制动器、阀体、油泵等总成已装配好并调整完毕后进行。

组装时,应注意以下几点:

(1)组装自动变速器时,应更换自动变速器各接合面及轴颈上所有密封圈或密封环。

(2)在安装一些小零件时,为防止零件掉落,可在小零件表面涂抹普通润滑脂或凡士林,以便将小零件固定在安装位置上。

(3)在组装过程中,要特别注意各个推力轴承止推垫片和止推垫圈的位置和方向。

思考题

1. 简述自动变速器的结构组成。
2. 自动变速器有哪些特点?
3. 简述液力变矩器的结构和工作原理。
4. 辛普森式行星齿轮变速传动装置有哪些特点?
5. 简述离合器的结构特点和工作原理。
6. 简述单向离合器的作用。
7. 简述拉维娜式行星齿轮变速传动装置的结构特点。

任务 4.2　自动变速器控制系统原理与维修

能力目标

- 电子控制系统的组成、原理及 TCU、ECU 功能描述。
- 电子控制系统的维修。

知识目标

- 会进行自动变速器故障自诊断和电子元件的检测。
- 会根据说明书进行自动变速器相关试验。
- 会使用检测设备和工具。
- 能够注重安全和环保。

相关知识

一、自动变速器的控制系统

自动变速器的控制系统主要由动力源、控制机构和执行机构三部分组成。动力源是指液力变矩器泵轮驱动的液压泵，主要用于向控制机构和执行机构提供压力油以实现换挡，向液力变矩器提供冷却补偿油，向行星齿轮机构提供润滑油。执行机构是指各离合器、制动器及其伺服装置。控制机构主要有主油路系统、换挡信号系统、换挡控制系统和缓冲安全系统。根据换挡信号系统与换挡阀采用的是全液压元件还是电子控制元件，控制机构分为全液压控制式和电子控制式（图 4-27）两种类型。本书重点介绍电子控制式。

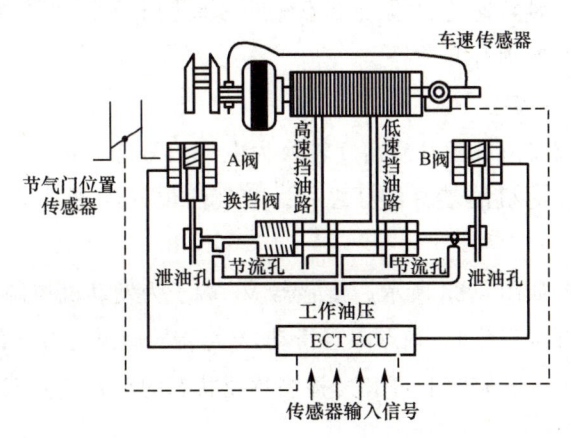

图 4-27　电子控制式自动变速器

随着电子控制技术的发展，现代汽车自动变速器在液压控制的基础上广泛采用电子控制系统。电子控制系统由输入装置、电子控制单元 ECU 和执行器等组成，如图 4-28 所示。

ECU是整个控制系统的控制中心,它根据安装在发动机、自动变速器及汽车上的各传感器测得的发动机转速、车速、节气门阀开度、自动变速器油温等参数,进行分析运算,再根据各个控制开关送来的驾驶员的操作指令,按ECU内设定的控制程序向各个电磁阀发出控制信号,以操纵阀板中各种控制阀的工作,从而最终实现对自动变速器的控制。

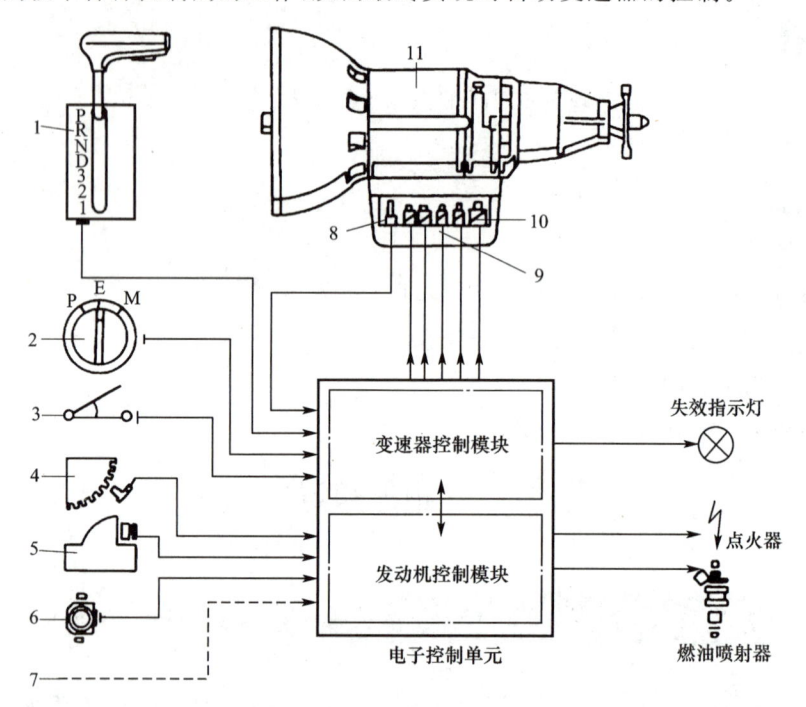

图4-28 电控自动变速器的组成及电气元件作用关系

1—换挡操纵手柄;2—模式开关;3—点火开关;4—发动机转速传感器;5—空气流量传感器;6—节气门阀开关;
7—备用输入信号;8—车速传感器;9—电磁阀;10—压力调节器;11—自动变速器

1.输入装置

自动变速器电子控制系统的输入装置包括多个传感器和开关,常用的有节气门位置传感器、车速传感器、输入轴转速传感器、油温传感器、超速挡开关、模式开关、空挡或停车挡启动开关、强制降挡开关、制动灯开关等。

(1)节气门位置传感器

节气门位置传感器将节气门开启角度转换为电压信号送至电子控制单元,将其作为决定换挡点和变矩器锁止时机的基本信号之一。节气门位置传感器安装在发动机节气门体上,并与节气门联动。

节气门位置传感器如图4-29所示。传感器V_C端子为发动机控制单元送来的稳压5 V的电源。当节气门阀开度变化时,触点跟着滑动,V_{TA}端子输出与节气门阀开度变化成比例的电压信号到ECU中。当节气门全闭时,检测怠速状态的动触点使IDL和E_2两个端子接通,从而输出怠速状态信号。

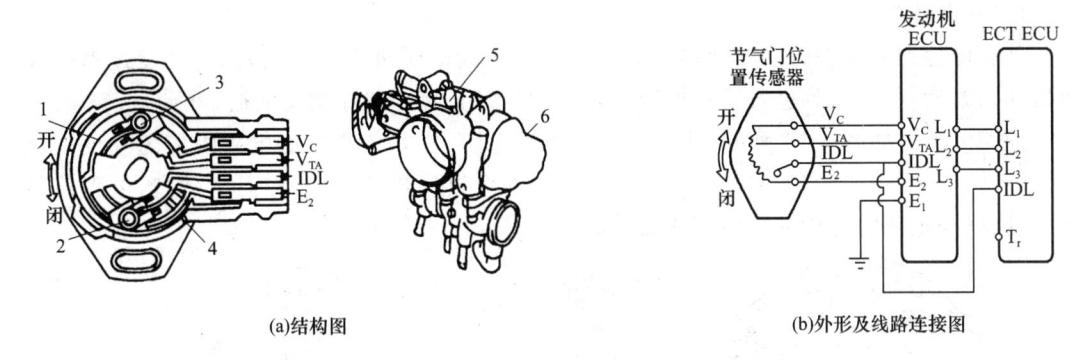

图 4-29 节气门位置传感器
1—电阻膜;2—怠速信号用动触点;3—节气门阀开度信号用动触点;
4—绝缘部分;5—节气门阀体;6—节气门位置传感器

（2）车速传感器

车速传感器用于产生信号频率与车速成正比的电信号,并输入自动变速器的 ECU,作为确定换挡点和变矩器锁止时刻的基本依据之一。车速传感器常用的有光电式、舌簧开关式、电磁感应式等。电磁感应式车速传感器的安装位置和工作原理如图 4-30 所示。

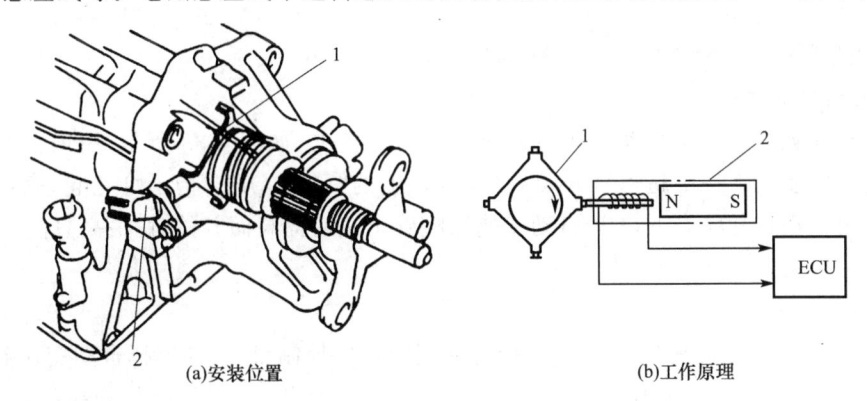

图 4-30 电磁感应式车速传感器
1—转子;2—车速传感器

电磁感应式车速传感器主要由信号转子、永久磁铁和信号线圈等组成。信号转子上带有凸轮,当其转动时,信号转子与信号线圈铁芯之间的气隙发生周期性变化,通过信号线圈的磁通也发生变化,随着磁通的变化,在信号线圈上就会产生感应电压。车速越高,输出轴转速就越高,感应电压的脉冲频率也就越高。ECU 按照单位时间内感应出的电压脉冲频率计算输出轴转速,然后换算成车速。

（3）输入轴转速传感器

输入轴转速传感器安装在行星齿轮变速器的输入轴或与输入轴连接的离合器鼓附近的壳体上,如图 4-31 所示,用于检测输入轴转速,并将信号送入 ECU,以便精确地控制换挡过程。ECU 将输入轴转速信号与来自发动机控制系统的发动机转速信号进行比较,计算出变矩器的传动比,使锁止离合器的锁止控制、主油路压力控制、换挡控制等得到进一步的优化,以改善汽车的行驶性能。ECU 还可以将这一传感器的信号和车速传感器信号进行比较,以判断换挡执行元件有无打滑。

65

（4）油温传感器

油温传感器安装在自动变速器油底壳内或液压阀的阀板上，用于检测自动变速器中变速器油的温度，作为电脑进行换挡控制、油压控制、锁止离合器控制的依据。

油温传感器如图 4-32 所示，其内部有一热敏电阻，它是依靠热敏电阻阻值随温度变化而变化这一特性来检测油温的。通常使用负温度系数的热敏电阻，即温度越高，电阻值越小，电脑根据阻值的变化计算出变速器油的温度。

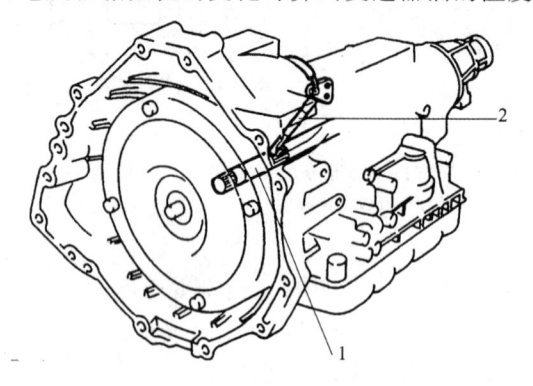

图 4-31 输入轴转速传感器的安装位置
1—行星齿轮变速器的输入轴；2—输入轴转速传感器

图 4-32 油温传感器

（5）超速挡开关

超速挡开关通常位于自动变速器的换挡操纵手柄上，如图 4-33 所示，用来控制自动变速器超速挡的使用。按下超速挡开关后，仪表盘上的"O/D OFF"指示灯亮起，表示限制超速挡的使用。在这种状态下，4 挡自动变速器随着车速的提高而升挡时，最高只能升入3 挡，不能升入超速挡。

（6）模式开关

模式开关又称为程序开关，用于选择自动变速器的控制模式，即选择自动变速器的换挡规律，以满足不同路况的使用要求，如图 4-34 所示。换挡规律不同，提供的换挡点也不同。常见的自动变速器的控制模式有动力模式和常规模式，有的车型有经济模式、运动模式、雪地模式、手动模式可供选择。

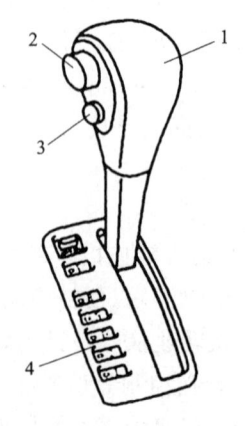

图 4-33 自动变速器的换挡操纵手柄
1—换挡操纵手柄；2—锁止按钮；
3—超速挡开关；4—手柄位置指示灯

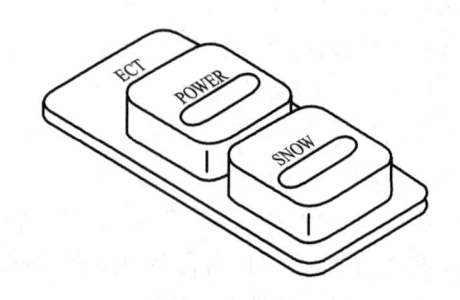

图 4-34 模式开关

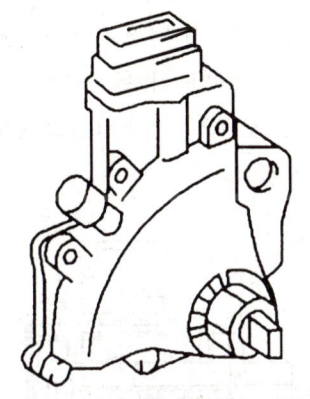

(7)空挡或停车挡启动开关

空挡或停车挡启动开关位于自动变速器手动阀摇臂轴上或换挡操纵手柄下方,用于检测换挡操纵手柄的位置。它同时还控制发动机启动电动机,以确保只有当换挡操纵手柄位于停车挡或空挡位置时发动机才能启动。空挡或停车挡启动开关由几个触点组成,如图 4-35 所示。当换挡操纵手柄位于不同位置时,相应的触点被接通。ECU 根据被接通的触点测得换挡操纵手柄的位置,从而按照不同的程序控制自动变速器的工作。此外,空挡或停车挡启动开关还控制着仪表盘上或换挡操纵手柄旁边的手柄位置指示灯。

(8)强制降挡开关

强制降挡开关主要用来检测加速踏板打开的程度。如图 4-36 所示,当加速踏板超过节气门全开位置时,强制降挡开关接通,并向电控单元输送信号,这时电控单元按其内存设置的程序控制换挡,并使变速器降一个挡位,以提高汽车的加速性能。

图 4-35 空挡或停车挡启动开关

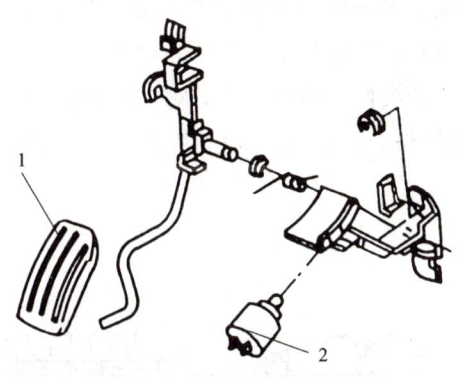

图 4-36 加速踏板和强制降挡开关
1—加速踏板;2—强制降挡开关

(9)制动灯开关

制动灯开关用以判断制动踏板是否被踩下。当制动踏板被踩下时,制动灯开关输送信号给 ECU,ECU 便取消锁止离合器的接合,保证车辆的稳定行驶。制动灯开关安装在制动踏板支架上,如图 4-37 所示。

2.主要电磁阀的结构和工作原理

电磁阀安装在自动变速器油底壳中的控制阀体上,ECU 通过各种电磁阀来实现对自动变速器的控制。

(1)换挡电磁阀

换挡电磁阀由电磁线圈、衔铁、回位弹簧、阀芯等组成,如图 4-38(a)所示,其作用是在 ECU 的控制下改变作用在换挡阀上的控制油压,以实现自动换挡。电磁阀的电磁线圈在 ECU 的控制下通电时,电磁力使阀芯上移,打开泄油孔,使控制油压降低,如图 4-38(b)所示;电磁线圈断电时,回位弹簧使阀芯下移,关闭泄油孔,使控制油压升高,如图 4-38(c)所示。

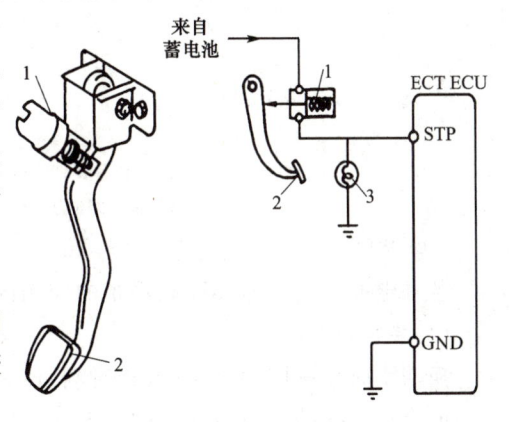

图 4-37 制动灯开关及其连接线路
1—制动灯开关;2—制动踏板;3—制动灯

(a)　　　　　　　(b)　　　　　　　(c)

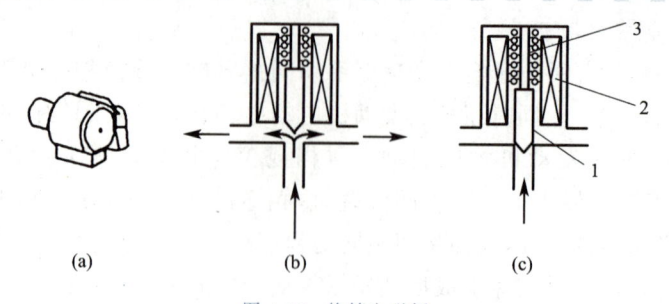

图 4-38　换挡电磁阀

1—阀芯和衔铁；2—电磁线圈；3—回位弹簧

(2)油压电磁阀

油压电磁阀是一种脉冲线性电磁阀，由电磁线圈、衔铁、滑阀、回位弹簧等组成，如图 4-39 所示，其作用是在 ECU 的控制下产生节气门阀油压。控制油压电磁阀工作的电信号是一个固定频率的脉冲电信号。油压电磁阀在脉冲电信号的作用下不断反复地开启和关闭泄油孔，ECU 通过改变每个脉冲周期内电流接通和断开的时间比率（占空比），改变油压电磁阀开启和关闭的时间比率，以控制油路的压力。占空比愈大，经油压电磁阀泄出的液压油愈多，油路压力就愈低；反之，占空比愈小，油路压力就愈高。

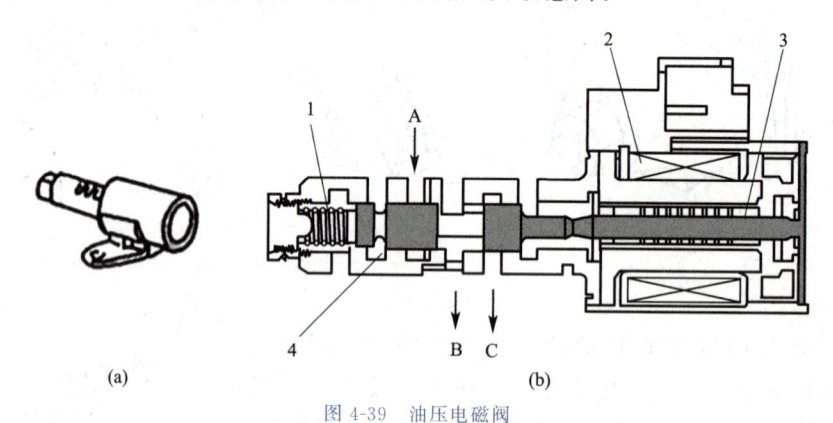

(a)　　　　　　　(b)

图 4-39　油压电磁阀

1—回位弹簧；2—电磁线圈；3—衔铁；4—滑阀；
A—主油路油压；B—节气门阀油压；C—泄油孔

3.电控自动变速器的控制功能

各种电控自动变速器控制系统的控制内容和控制方式不完全相同，主要控制功能如下：

(1)换挡正时控制

换挡正时控制即换挡点（换挡时刻）控制，也就是在汽车达到某一车速时，让自动变速器升挡或降挡。换挡点由节气门阀开度和车速决定。换挡车速与节气门阀开度的关系称为换挡规律。图 4-40 所示为换挡操纵手柄处于 D 挡时常规驾驶模式与动力驾驶模式的换挡规律。

当换挡操纵手柄在前进挡时且节气门阀开度相同时，动力驾驶模式各挡升挡及降挡车速都要比常规驾驶模式升挡及降挡车速高，即在发动机转速相对较高时才能换入高一挡，也就是延迟升挡。升挡车速越高，加速动力性越好；降挡时亦然。反之，升挡车速越低，燃油经济性越好。

在选定换挡模式后，ECU 按照换挡模式的程序，根据车速传感器输入的车速信号和节

(a)常规驾驶模式

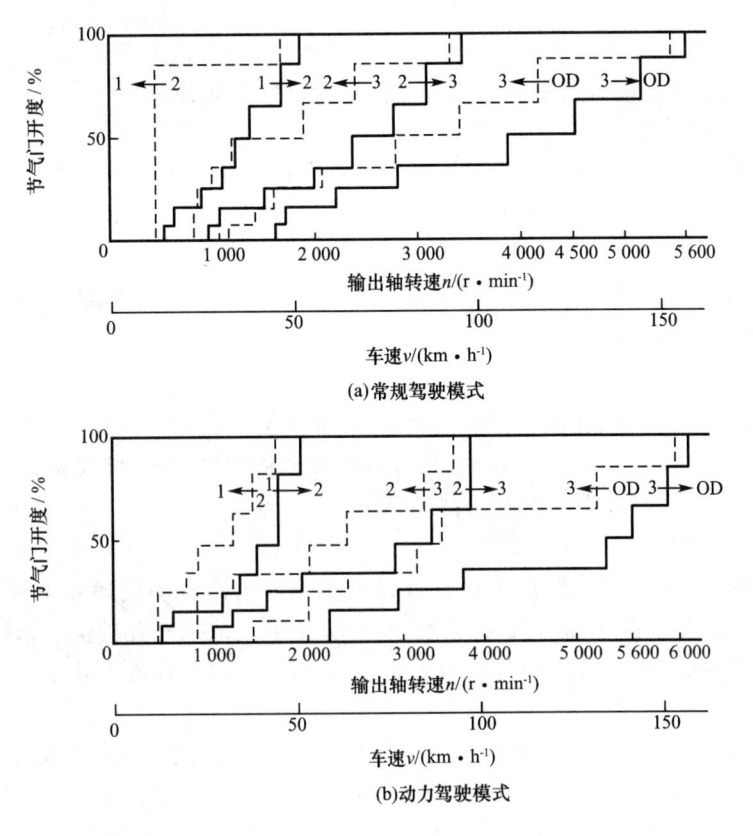

(b)动力驾驶模式

图 4-40　换挡规律

气门位置传感器输入的节气门阀开度信号,控制换挡电磁阀线圈电流的通或断。用这种方法,ECU 即可控制换挡阀,使其切换行星齿轮装置中的离合器、制动器的油路,实现升挡或降挡。

(2)锁止离合器的控制

在发动机和 ECT 的 ECU 存储器中,已存入了每种行驶方式(不同挡位、不同换挡模式)下锁止离合器的工作程序,依照这种程序,ECU 可根据车速信号和节气门阀开度信号使锁止电磁阀接通或断开,从而控制锁止时间。

锁止系统工作时,升挡或降挡期间,ECU 会把锁止电磁阀电路暂时切断,以减小换挡冲击。

此外,只要发生下述四种情况之一,ECU 都将切断锁止电磁阀电路,强制锁止离合器分离:制动开关接通;节气门位置传感器的"IDL"触点接通(节气门全闭);冷却液温度低于 70 ℃;巡航控制计算机系统正在工作,实际车速低于其预置车速,但高于 10 km/h。

(3)自动模式选择控制

新型的电控自动变速器控制系统的 ECU 都具有一定的智能控制功能,能进行自动模式选择控制。ECU 通过各个传感器测得汽车的行驶情况和驾驶员的操作方式,经过运算分析,自动选择采用经济模式、普通模式或动力模式进行换挡控制,以满足不同的驾驶操作要求。

电脑在进行自动模式选择控制时,主要参考换挡操纵手柄的位置及加速踏板被踩下的速率,以判断驾驶员的操作目的,自动选择控制模式。

(4) 改善换挡感觉的控制

ECU可以采用多种方法来控制自动变速器的换挡过程,以改善换挡感觉,提高汽车的乘坐舒适性。目前常见的改善换挡感觉的控制功能有以下几种：

①换挡油压控制

在升挡或降挡的瞬间,通过油路压力电磁阀适当降低主油路油压,以减小换挡冲击,改善换挡感觉。

②转矩控制

在换挡的瞬间,通过延迟发动机的点火时刻或减少喷油量,暂时减小发动机的输出转矩,以减小换挡冲击和输出轴的转矩波动。

③N-D换挡控制

在换挡操纵手柄由停车挡或空挡(P或N)位置换至前进挡或倒挡(D或R)位置,或相反地由D位或R位换至P位或N位时,通过调整发动机的喷油量,将发动机的转速变化减至最低限度,以减小换挡冲击和车身后部的下沉。

(5) 故障自诊断和失效保护

电控自动变速器的ECU在汽车行驶过程中不停地监测自动变速器电控系统的工作,一旦发现某个传感器或执行器有故障、工作不正常,立即采取以下几种保护措施：

①在汽车行驶时,仪表盘上的自动变速器故障警告灯亮起,提醒驾驶员立即将汽车送至维修厂检修。

②将检测到的故障内容以故障码的形式储存在ECU的存储器中,在维修时,检修人员可以将储存在ECU内的故障码读出,为查找故障部位提供可靠的依据。

③按设定的失效保护程序控制自动变速器的工作,保持汽车的基本行驶能力。在这种工作状态下,自动变速器的性能或多或少地受到影响。

二、自动变速器的检查与试验

1. 自动变速器的基本检查与调整

自动变速器在进行故障诊断或各种试验检查前,首先应进行基本检查和调整。其检查和调整项目如下：

(1) 油质油量检查

汽车在平坦路面上,油温在50～90 ℃时,油面应在油尺指示的正确高度范围内。变速器油应无烧焦异味,色泽正常,用手捻润滑油有黏滞感、无杂质。变速器外部及油路连接处无滴漏。

(2) 变速杆(换挡操纵手柄)位置的调整

变速杆由驾驶员操纵,一般有六个位置供驾驶员选择,分别为驻车挡位、倒挡位、空挡位、正常前进挡位和两个强制锁定前进挡位,其代号依次是P、R、N、D、2或S、1或L。

变速杆位置调整方法是：松动变速杆与变速器手动阀摇臂的连杆上的螺母；将变速杆朝P位推到底后,拉回到N位；在稍将变速杆向R位方向推靠的同时,拧紧连杆螺母。变速杆位置调整如图4-41所示。

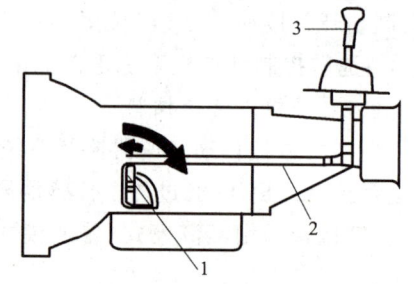

图4-41 变速杆位置调整

1—手动阀摇臂；2—连杆；3—变速杆

(3)空挡启动开关位置调整

装有自动液力变速器的汽车,发动机只能在变速杆处于 N 位或 P 位时方能启动。空挡启动开关即起此控制作用。调整时,松开空挡启动开关固定螺栓;将变速杆置于 N 位;移动空挡启动开关,使开关上的槽口对准变速器壳上的空挡基准刻线;紧固空挡启动开关固定螺栓。

(4)发动机怠速检查调整

发动机在正常热状态,变速器变速杆处于 N 位,且关闭空调器等附属用电设备的条件下,怠速转速应在规定转速范围内。正常怠速转速一般规定为 650~750 r/min。若怠速转速不符合规定,则应予以调整。

2.手动换挡试验

手动换挡试验是人为地使电控自动液力变速器脱离电子控制单元的控制,由检验人员手动进行换挡试验,以此辨别区分电控单元和液压、机械系统故障。但手动换挡试验只对电控自动液力变速器进行,重点检验变速杆位于正常前进挡位和强制锁定前进挡位时变速器的工作状态。

试验步骤如下:

(1)脱开电子控制自动变速器的所有换挡电磁阀线束插接器。

(2)启动发动机,将变速杆拨至不同的位置,然后做道路试验(可将驱动轮悬空,进行台架试验)。

(3)观察发动机转速和车速的对应关系,以判断自动变速器所处的挡位。

(4)若变速杆位于不同位置时自动变速器所处的挡位与表 4-4 所示挡位相同,则说明电子控制自动变速器的阀体及换挡执行元件工作基本正常;否则,说明自动变速器的阀体或换挡执行元件有故障。

(5)试验结束后,接上电磁阀线束插接器。

(6)清除电脑中的故障码,防止因脱开电磁阀线束插接器而产生的故障码保存在电脑中,影响自动变速器的故障自诊断工作。

进行手动变速试验,变速杆在 L 位时变速器应以 1 挡运行;在挡位 S 时应以 2 挡运行;在 D 位时则应以 4 挡运行。这种试验结果表明自动液力变速器机械和液压系统技术状态良好。若在某一挡位工作异常,就应做机械试验,诊断机械或液压系统的哪一具体部位存在故障。若手动试验正常,而实际工作异常,故障就只可能发生在电控系统。

3.自动变速器的试验

液控或电控自动液力变速器机械或液压系统存在故障时,以及在检修后验证修理质量时,均要做机械试验。机械试验项目较多,可根据需要单独进行某项试验,检验某部件修理质量。有些部件的修理质量或故障的检验,需做多项相关试验,通过分析试验结果才能验证。

在自动液力变速器使用维修手册中,一般给出了自动液力变速器速度调压阀调整压力、主油路压力、迟滞时间、发动机失速转速、怠速转速等技术参数。机械试验则依据技术参数通过液压试验、失速试验、时滞试验、道路试验和变矩器试验,检验液压系统和机械系统修理质量。

(1)液压试验

液压试验是在自动液力变速器工作时,通过测量液压控制系统各回路的压力来判断各元件的功能是否正常,目的是检查液压控制系统各管路及元件是否漏油及各元件(如液力变矩器、蓄压器等)是否工作正常,是判别故障在液压控制系统还是在机械系统的主要依据。

①液压试验前的准备

a.汽车行驶至发动机及自动液力变速器达到正常工作温度。

b.准备一个量程为 2 MPa 的压力表。

c.找出自动液力变速器各个油路的测压孔位置。通常在自动变速器外壳上有几个用方头螺塞堵住的测压孔。《自动变速器维修手册》上标有测压孔的位置;若没有《自动变速器维修手册》作为参考,可用举升器将汽车升起,在发动机运转时分别将各个测压孔螺塞松开少许,观察各测压孔在换挡操纵手柄位于不同挡位时是否有压力油流出,以此判断该测压孔与哪一油路相通,从而找出各个油路测压孔的位置。具体方法如下:

- 不论换挡操纵手柄位于前进挡或倒挡时都有压力油流出的,为主油路测压孔。
- 只有换挡操纵手柄位于前进挡时才有压力油流出的,为前进挡油路测压孔。
- 只有换挡操纵手柄位于倒挡时才有压力油流出的,为倒挡油路测压孔。

②主油路油压测试方法

测试主油路油压时,应分别测出前进挡和倒挡的主油路油压。

a.前进挡主油路油压测试方法

- 拆下自动变速器壳体上的主油路测压孔或前进挡油路测压孔螺塞,接上油压表。
- 启动发动机,将换挡操纵手柄拨至前进挡(D)位置。
- 读出发动机怠速运转时的油压,该油压即怠速工况下的前进挡主油路油压。
- 用左脚踩紧制动踏板,同时用右脚将加速踏板完全踩下,在失速工况下读取油压,该油压即失速工况下的前进挡主油路油压。
- 将换挡操纵手柄拨至空挡(N)或停车挡(P)位置,让发动机怠速运转 1 min 以上。
- 将换挡操纵手柄拨至各个前进低挡(S、L 或 2、1)位置,重复上述步骤,读出各个前进低挡在怠速工况和失速工况下的主油路油压。

b.倒挡主油路油压测试方法

- 拆下自动变速器壳体上的主油路测压孔或倒挡油路测压孔螺塞,接上油压表。
- 启动发动机,将换挡操纵手柄拨至倒挡(R)位置。
- 在发动机怠速运转工况下读取油压,该油压即为怠速工况下的倒挡主油路油压。
- 用左脚踩住制动踏板,同时用右脚将加速踏板完全踩下,在发动机失速工况下读取油压,该油压即为失速工况下的倒挡主油路油压。
- 将换挡操纵手柄拨至空挡(N)位置,让发动机怠速运转 1 min。将测得的主油路油压与标准值进行比较,不同车型自动变速器的主油路油压不完全相同。

(2)失速试验

在前进挡或倒挡位置踩住制动踏板并完全踩下加速踏板时,发动机处于最大转矩工况,而此时自动变速器的输出轴及输入轴都静止不动,液力变矩器的涡轮也因此静止不动,只有液力变矩器壳体及泵轮随发动机一同转动,这种工况称为失速工况,此时的发动机转速称为失速转速。

失速试验是检查发动机功率大小、液力变矩器性能好坏及自动变速器中有关换挡执行元件的工作是否正常的一种常用方法。它用来诊断可能的机械故障部位,如离合器、制动器的磨损情况等。因为该试验有一定风险,所以应谨慎操作。

①失速试验前的准备工作

a.让汽车行驶至发动机和自动变速器均达到正常工作温度。

b.检查汽车的脚制动和手制动,确认其性能良好。

c.检查自动变速器油面高度,应正常。

②失速试验方法和步骤

a.将汽车停放在宽阔的水平地面上,前、后车轮用三角木块塞住。

b.用手制动器或脚制动器把车辆刹住。

c.检查自动变速器的油温,应该在50~80℃,油面高度应该正常(冷车应在试验前使其升温)。

d.启动发动机,将换挡操纵手柄拨入前进挡(D)位置。

e.在左脚踩紧制动踏板的同时,用右脚将加速踏板踩到底,在发动机转速不再升高时,迅速读取此时的发动机转速,立即松开加速踏板。

f.将换挡操纵手柄拨入停车挡(P)或空挡(N)位置,让发动机怠速运转1 min,以防止油温过高而变质。

g.将换挡操纵手柄拨入其他挡位(R、S、L或2、1),做同样的试验。由于在失速工况下,发动机的动力全部消耗在液力变矩器内自动变速器的内部摩擦损耗上,油温会急剧上升,因此在失速试验中,从加速踏板踩下到松开的整个过程的时间不得超过5 s,试验次数不得多于3次,否则会使自动变速器油温过高而变质,甚至损坏密封圈等零件。

在一个挡位的试验完成之后,不要立即进行下一个挡位的试验,要等油温下降之后再进行。试验结束后不要立即熄灭发动机,应将换挡操纵手柄拨入空挡(N)或停车挡(P)位置,让发动机怠速运转数分钟,以便让自动变速器油温降至正常。如果在试验中发现驱动轮因制动力不足而转动,应立即松开加速踏板,停止试验。

不同挡位失速工况下发动机转速不正常的原因见表4-4。

表4-4　不同挡位失速工况下发动机转速不正常的原因

换挡操纵手柄位置	失速工况下发动机转速	故障原因
所有位置	过高	主油路油压过低 前进挡和倒挡的换挡执行元件打滑 低挡和倒挡制动器打滑
所有位置	过低	发动机动力不足 液力变矩器导轮的单向超越离合器打滑
仅在D位	过高	前进挡油路油压过低 前进挡离合器打滑
仅在R位	过高	倒挡油路油压过低 倒挡和高挡离合器打滑

(3)时滞试验

在发动机息速运转时将换挡操纵手柄从空挡(N)位置拨至前进挡(D)或倒挡(R)位置后,需要有一段短暂时间的迟滞或延时才能使自动变速器完成挡位的接合(此时汽车会产生一个轻微的振动),这一短暂的时间称为自动变速器换挡的迟滞时间。

时滞试验就是测出自动变速器的迟滞时间,根据迟滞时间的长短来判断主油路油压及换挡执行元件的工作是否正常。迟滞时间的大小取决于自动变速器油路油压、油路密封情况以及离合器和制动器的磨损情况。

时滞试验的步骤和试验方法如下:

①让汽车行驶,使发动机和自动变速器达到正常工作温度。

②将汽车停放在水平地面上,拉紧手制动。

③检查发动机息速。如不正常,应按标准予以调整。

④将自动变速器换挡操纵手柄从空挡(N)位置拨至前进挡(D)位置,用秒表测量从拨动换挡操纵手柄开始到感觉到汽车振动为止所需的时间,称为N→D迟滞时间。

⑤将换挡操纵手柄拨至空挡(N)位置,让发动机息速运转 1 min 之后,再重复做一次同样的试验。

⑥做三次试验,取其平均值。

⑦按照上述方法,将换挡操纵手柄由空挡(N)位置拨至倒挡(R)位置,以测量 N→R 迟滞时间。

大部分自动变速器 N→D 迟滞时间小于 1.0～1.2 s,N→R 迟滞时间小于 1.2～1.5 s。若 N→D 迟滞时间过长,则说明主油路油压过低、前进挡离合器摩擦片磨损过甚或前进挡单向超越离合器工作不良;若 N→R 迟滞时间过长,则说明倒挡主油路油压过低,倒挡离合器或倒挡制动器磨损过甚或工作不良。

(4)道路试验

道路试验用以检验各制动器、离合器是否打滑,并观察换挡情况。道路试验是诊断、分析微机控制自动变速器故障的最有效手段之一。

4.自动变速器电子元件的检测

在自动变速器电子元件的检测中,由于在电控发动机中对节气门位置传感器已有详细的介绍,此处不再介绍。

(1)车速传感器的检测

用万用表测量车速传感器两接线端之间的电阻是否符合要求,如图 4-42 所示。用手转动悬空的驱动轮,同时用万用表测量车速传感器两接线柱之间有无脉冲感应电压。若万用表指针有摆动,则说明传感器有输出脉冲,其工作正常,否则,应更换传感器。

(2)输入轴转速传感器的检测

测量输入轴转速传感器输出脉冲时,应将传感器拆下,用一根铁棒或一块磁铁迅速靠近或离开传感器,同时用万用表测量传感器两接线柱之间有无脉冲感应电压,如图 4-43 所示。如没有感应电压或感应电压很微弱,则说明传感器有故障,应更换。

图 4-42 车速传感器的检测　　　　　　　图 4-43 输入轴转速传感器的检测

(3) 油温传感器的检测

拆下油温传感器,将传感器置于有水的烧杯中,加热烧杯中的水,同时测量在不同温度下传感器两接线端之间的电阻,如图 4-44 所示。将测量的电阻值与标准值相比,如果与标准值不符,则应更换传感器。

(4) 挡位开关的检测

拔下挡位开关的线束插接器,将手动阀摇臂拨至各个挡位,同时用万用表测量挡位开关线束插座内各插孔之间的导通情况,如图 4-45 所示。将测量结果与标准值进行比较,如有不符,就应重新调整挡位开关。

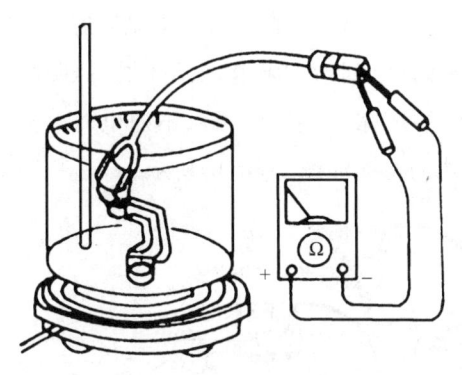

图 4-44 油温传感器的检测　　　　　　　图 4-45 挡位开关的检测

(5) 超速挡开关的检测

拆下超速挡开关接线器,用万用表欧姆挡检测超速挡开关端子 1、2 之间的电阻,如图 4-46 所示。正常情况是:超速挡开关置于 ON 位置时,电阻无穷大;置于 OFF 位置时,电阻为 0。

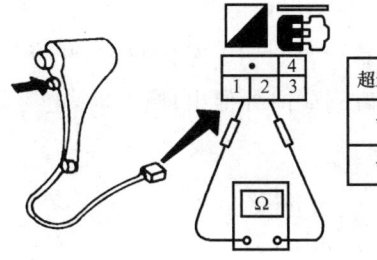

超速挡开关位置	导通性
*"ON" 时	不通
*"OFF" 时	通

图 4-46 超速挡开关的检测

(6) 强制降挡开关的检测

将点火开关置于 ON 位置,在加速踏板完全踩下或松开时,测量发动机和 ECT 的 ECU 端子 KD 与车身接地之间的电压,如图 4-47 所示。加速踏板完全踩下时,电压小于 1 V;加速踏板松开时,电压应为 10~14 V。

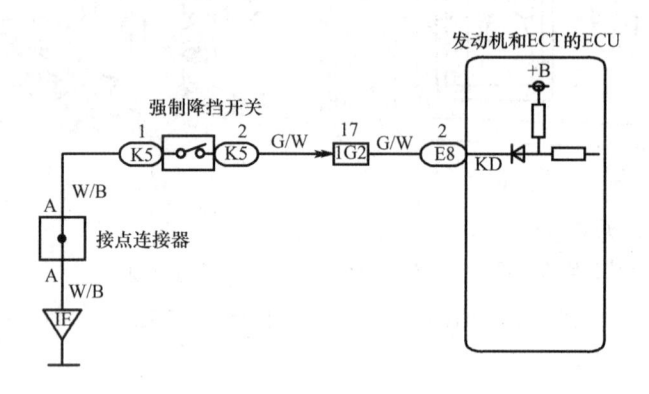

图 4-47 强制降挡开关的检测

(7) 电磁阀检测

电磁阀的检测可分成两部分进行,一部分是检测电磁线圈,另一部分是检测电磁阀的机械运动是否顺畅。

用万用表检测电磁线圈的方法为:用举升机将车辆升起,拆下自动变速器油底壳,脱开电磁阀连接器,用万用表欧姆挡测量电磁阀与车身接地之间的电阻值,如图 4-48(a) 所示。

对开关式电磁阀,在其进油口端施加 490 kPa 的压缩空气。电磁阀不通电时,应不漏气;通电时,气应畅通。开关式电磁阀机械运动性能的检测如图 4-48(b) 所示。

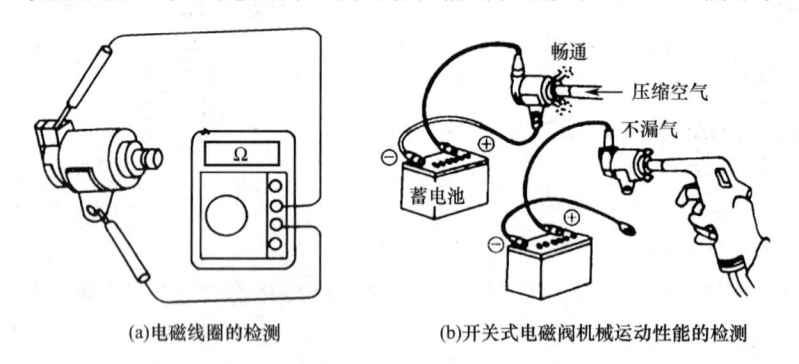

图 4-48 电磁阀的检测

对脉冲式电磁阀,在蓄电池正极串联一个 8~10 W 的灯泡,并将其接于电磁阀的一端。当将蓄电池另一端与电磁阀接通时,电磁阀应向外伸出;断开时,电磁阀应缩回。脉冲式电磁阀机械运动性能的检测如图 4-49 所示。

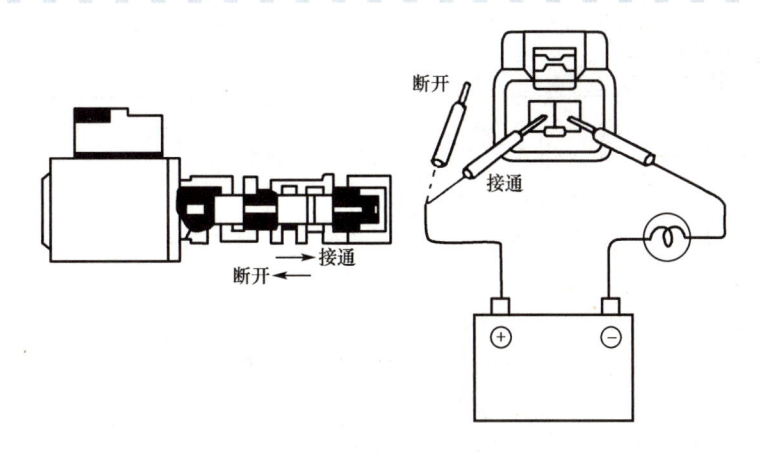

图 4-49　脉冲式电磁阀机械运动性能的检测

工作任务实施

一、实施条件

1.场地

自动变速器实验室。

2.设备

故障诊断仪、数字万用表、装有自动变速器的轿车或试验台架。

3.教具与工具

维修手册、液压表、油管、接头、秒表、常用工具。

二、实施步骤

1.自动变速器的故障诊断和主要电子元件的检测

(1)自动变速器故障码和数据流的读取

将故障诊断仪与汽车故障诊断插口连接好,正确安装后进行车辆识别代码的选择,输入相关代码后,开始对车辆进行测试。通过选择自动变速器测试功能,根据仪器的提示操作,完成故障码和数据流的读取和相关资料的查询。

(2)自动变速器主要电子元件的检测

参照前面"二、自动变速器的检查与试验"中"4.自动变速器电子元件的检测"中的相关内容和方法进行。

2.自动变速器的检查与试验

(1)自动变速器的基本检查

参照前面"二、自动变速器的检查与试验"中的"1.自动变速器的基本检查与调整"中的相关内容和方法进行。

(2)自动变速器的试验

参照前面"二、自动变速器的检查与试验"中"3.自动变速器的试验"中的相关内容和方法以及自动变速器使用维修手册进行。

思考题

1. 液力变矩器由哪几部分组成？分析其工作原理和特性。
2. 锁止离合器的作用是什么？如何控制其工作？
3. 辛普森式行星齿轮变速传动装置的特点是什么？拉维娜式行星齿轮变速传动装置的特点是什么？
4. 单个行星排如何实现不同的传动比？
5. 自动变速器的液压控制系统和电子控制系统各由哪几部分组成？
6. 常用的液压泵有几种类型？说明其工作原理。
7. 电控自动变速器的输入装置有哪些？作用是什么？
8. 自动变速器的控制内容有哪些？
9. 自动变速器的基本检查和调整项目有哪些？
10. 自动变速器打滑的现象和原因是什么？如何排除？
11. 自动变速器频繁跳挡的现象和原因是什么？如何排除？
12. 自动变速器试验的项目有哪些？各试验的目的是什么？
13. 如何检测自动变速器的传感器和开关？

任务 4.3 无级变速器（CVT）的结构认识

能力目标

- 会拆装和检测无级变速器。
- 能够描述无级变速器的工作原理。
- 能够注重安全和环保。

知识目标

- 了解无级变速器的类型、组成和特点。
- 了解无级变速器的检测与维修方法。
- 掌握无级变速器的结构和工作原理。

相关知识

一、无级变速器（CVT）简介

无级变速器是传动比可以在一定范围内连续变化的变速器，简称 CVT（英文

Continuously Variable Transmission 的缩写)。它通过传动带和工作直径可变的主、从动轮相配合来传递动力,可以实现传动比的连续改变,从而得到传动系统与发动机工况的最佳匹配,最大限度地利用发动机的特性,提高汽车的动力性和燃油经济性,在汽车上的应用越来越多。目前常见的无级变速器是金属带式无级变速器。

无级变速器主要由主动带轮、从动带轮、V 形传动钢带等组成。主动带轮与从动带轮的槽宽是可变的,都是由两个圆锥盘组合而成的。每对圆锥盘中各有一个与变速器主动轴或从动轴相连接的固定圆锥盘和一个可以在液压活塞控制下轴向滑动的滑动圆锥盘,通过滑动圆锥盘可以改变带轮的工作直径。V 形传动钢带嵌套在主动带轮、从动带轮上。当两带轮之一的滑动圆锥盘向内靠拢、直径变大时,由于传动带长度不可改变,因此另一带轮的滑动圆锥盘便向外移动,带轮直径相应减小,如此便可以提供无数的传动比,实现无级传动。无级变速器的简单工作原理如图 4-50 所示。

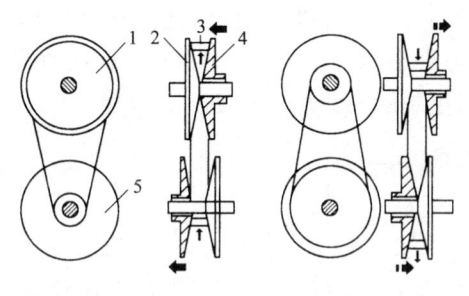

图 4-50 无级变速器的简单工作原理

1—主动带轮;2—固定圆锥盘;3—V 形传动钢带;4—滑动圆锥盘;5—从动带轮

早期的无级变速器采用 V 形橡胶带和双 V 形橡胶带。由于橡胶带式 CVT 存在一系列的缺陷,如功率有限(转矩局限于 135 N·m 以下),离合器工作不稳定,液压泵、传动带和夹紧机构的能量损失较大等,因而没有被汽车行业普遍接受。目前在中小型轿车上使用的电控无级变速器(ECVT)采用金属三角传动带作为减速传力元件。该金属三角传动带为柔性金属传动带,由 10 层 0.2 mm 左右的钼合金薄钢带串上数百片 V 形钢片构成,如图 4-51 所示。这种金属传动带可以承受相当大的拉力和侧向压力。

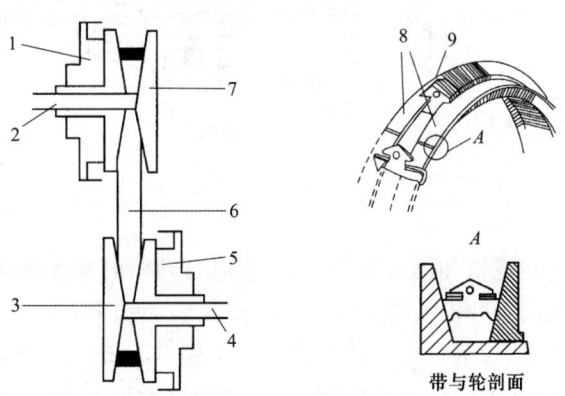

图 4-51 ECVT 的金属传动带和带轮结构

1—主动液压缸;2—主动轴;3—从动带轮装置;4—从动轴;5—从动液压缸;
6—金属传动带;7—主动带轮装置;8—柔性钢带;9—楔形金属块

二、无级变速器（CVT）的工作原理

在无级变速器上，钢带套装在带轮上。电控单元通过液压装置改变带轮直径，可实现传动比的无级变化。现在的电控无级变速器（ECVT）可以实现全程无级变速，始终使变速器保持最佳传动比，并使之平滑过渡，从而获得非常好的汽车行驶性能。

1. 控制系统的组成

ECVT 的电液控制系统工作原理如图 4-52 所示，电控无级变速器由电子控制单元 ECU、液压控制单元等组成。变速器传动比由 ECU 根据发动机节气门开度信号和主动带轮转速确定，变速器可变槽宽的主、从动带轮依靠滑动圆锥盘一侧的伺服缸进行调节。系统控制包括电磁离合器的控制和金属传动带变速控制。ECU 根据发动机的转速、车速、节气门位置、换挡控制器（一般仅有 P、R、N、D 挡选择）信号控制电磁离合器，以及控制带轮上液压伺服缸的压力，实现无级变速。在最高传动比（低挡）时控制压力最大，约 2.2 MPa；在最低传动比（高挡）时控制压力最小，约 0.8 MPa。由于传动比的改变仅受节气门开度信号和主动带轮转速的控制，因而控制的灵活性相对受到了限制。

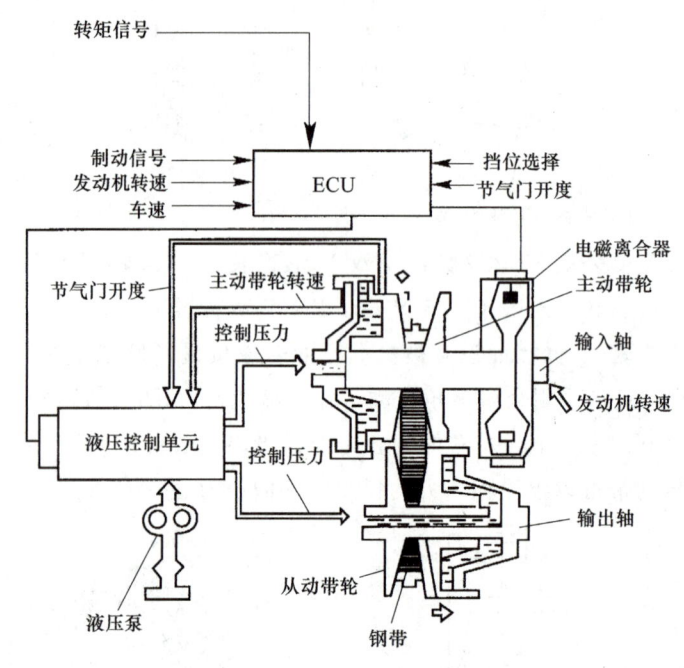

图 4-52 ECVT 的电液控制系统工作原理

2. 控制原理

ECVT 的电子控制逻辑如图 4-53 所示。它以发动机的输入转速作为反馈信号，以节气门位置开度、换挡控制、行驶模式等作为 ECU 控制输入信号，经 ECU 分析、计算并发出指令来控制带轮的液压压力、调节传动比。这是一个输入和输出转速都能自动检测的闭环电子控制系统，它根据发动机的转速和转矩的大小，确定施加到主、从动带轮上的液压力，并由发动机转速（对应于主动带轮转速）构成转速反馈闭环控制，由转速的偏差信号决定升挡或降挡变速，并输出控制信号到电液比例控制阀，控制作用在主、从动带轮上的液压伺服缸的压力，从而实现转速的连续变化。

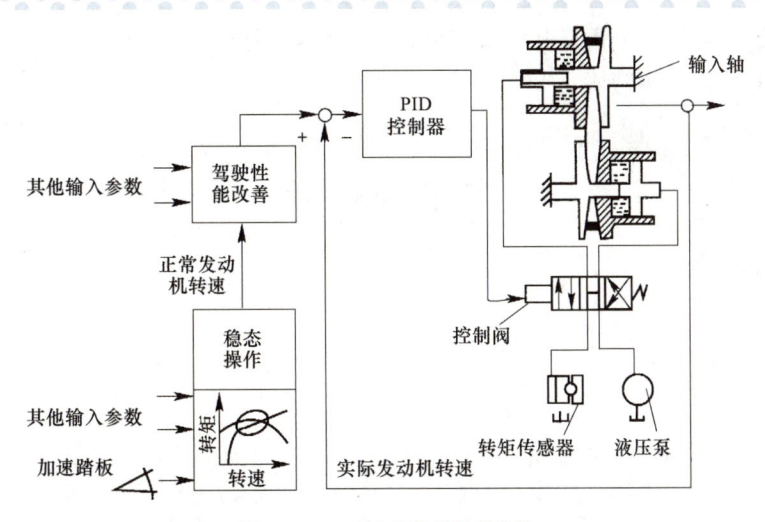

图 4-53　ECVT 的电子控制逻辑

三、无级变速器（CVT）的特点

CVT 最大的特点是无级控制输出速比,在行驶中能达到行云流水的感觉。驾乘人员感觉不到换挡冲击,动力衔接连贯。这样在行驶时改善了舒适性,加速也会比自动变速器快。由于行驶中减少了转速的不必要波动,对省油也大有好处。CVT 的主要特点如下:

1.燃油经济性

CVT 可以在相当宽的范围内实现无级变速,从而获得传动系统与工况的最佳匹配,提高整车的燃油经济性。

2.动力性

汽车的后备功率决定了汽车的爬坡能力和加速能力。汽车的后备功率愈大,汽车的动力性愈好。由于 CVT 的无级变速特性,能够获得后备功率最大的传动比,所以 CVT 的动力性能明显优于机械变速器(MT)和自动变速器(AT)。

3.传动效率

CVT 系统有很宽的传动比,介于 2.400 和 0.395 之间,相对于传统的变速器,具有较高的灵活性,加速更加顺畅。一般来说,CVT 变速器的动力传输快、流失少,所以起步快,加速连贯性非常好,相当顺滑,没有什么突兀感。传动效率稳定并高达 94%～96%。

4.排放性

CVT 的速比工作范围宽,能够使发动机以最佳工况工作,从而改善了燃烧过程,降低了废气的排放量。

5.可靠性与寿命

CVT 的可靠性与寿命主要取决于金属带传动工作组件和控制系统。它的系统质量高,使用可靠。采用高强度优质材料、精密制造技术与无限寿命设计方法设计和制造的金属带工作组件可达到与发动机相同的寿命。

6.制造成本

CVT 系统结构简单,零部件数目比 AT 少很多,一旦汽车制造商开始大规模生产,CVT

的成本将会比 AT 小。由于采用该系统可以节约燃油,随着大规模生产以及材料的革新,CVT 零部件的生产成本将降低 20%～30%。

工作任务实施

一、实施条件

1. 场地

自动变速器实训室。

2. 设备

日产 CVT、本田 CVT 或丰田 CVT 若干台。

3. 教具与工具

专用及通用工具、示教板。

二、实施步骤

1. CVT 的拆卸

参照本教材自动变速器的拆卸。

2. CVT 的解体

(1) 从变速器前方取下变矩器。

(2) 拆除所有安装在 CVT 壳体上的部件,如加油管、挡位开关、车速传感器、输入轴、转速传感器等。

(3) 松开紧固螺栓,拆下 CVT 前端的变矩器壳。

(4) 拆除输出轴凸缘和 CVT 后端盖,从输出轴上拆下车速传感器转子。

(5) 拆下油底壳,松开进油滤网与阀体间的固定螺栓,从阀体上拆下进油滤网。

(6) 取下阀体总成,阀体上的螺栓一部分固定在 CVT 壳体上,一部分固定在上下阀体上。在拆卸阀体总成时,应先确认阀体与自动变速器壳体之间的固定螺栓。拆卸阀体时,应先松开阀四周的固定螺栓,再检查阀体是否松动。若未松动,可将阀体中间的螺栓逐个松开少许,直到阀体总成松动为止,即可找出阀体上所有固定在 CVT 壳体上的固定螺栓。

(7) 观察 CVT 带轮总成和钢带的结构特点。

3. CVT 的装配

CVT 的组装应在所有零部件均已清洗干净,各离合器、制动器、阀体、油泵等总成已装配好并调整完毕后进行。组装时,应注意以下几点:组装 CVT 时,应更换 CVT 各接合面及轴颈上所有密封圈或密封环。在安装一些小零件时,为防止零件掉落,可在小零件表面涂抹普通润滑脂或凡士林,以便将小零件固定在安装位置上。在组装过程中,要特别注意各个推力轴承止推垫片和止推垫圈的位置和方向。

4. 电子液压控制系统的检修

少数 CVT 的液压控制系统是可以直接通过油压试验来检查故障原因的(例如派力奥变速器装有油压检测孔)。大多数 CVT 的液压控制系统是通过油压传感器来反映变速器内部工作油压的,因此必须使用专用检测仪器通过读取汽车运行状态下的动态数据来进一步确认故障信息。对于液压控制元件(阀体)和液压执行元件(离合器或制动器),可进行液压测试和解体检查。

CVT 电子控制系统的故障检修与其他电子控制自动变速器的故障检修几乎是一样的,可通过专用检测仪器做故障码的分析、动态数据流的分析、波形分析、电脑电路以及网络数据通信的分析。同时可对电子元件(传感器、开关、电磁阀)进行元件测试和对比试验等来进行故障排除。

5.机械元件的检修

对于 CVT 机械元件的检修,只能做解体检查。

6.维护工作

(1)维护说明

①日常维护时需目测检查 CVT 有无渗漏。

②轿车每行驶 60 000 km 需要检查 CVT 及主减速器润滑油油位,必要时添加润滑油。

③轿车每行驶 60 000 km 或 4 年需更换自动变速器油(简称 ATF)。

(2)ATF 的检查、更换

①检测的前提条件

a.变速器不允许处于紧急运转状态。

b.车辆必须处于水平位置。

c.发动机必须处于怠速运转。

d.必须关掉空调和暖风。

e.开始检查前,ATF 的温度不允许超过 30 ℃,必要时先冷却变速器。

②ATF 加注条件

在车辆诊断、测量和信息系统上读取 ATF 温度,变速器温度在 30～35 ℃时进行操作。

a.发动机处于怠速运转。

b.车辆必须处于水平位置。

③更换 ATF

a.打开变速器底部放油螺栓,将旧的 ATF 排出。

b.将变速器底部的 ATF 加注螺栓打开,利用专用 ATF 加注器将新的 ATF 加入变速器内部。

c.踩下制动器,在所有挡位(P、R、N、D 挡)上停留一遍,并且在每一个位置上发动机怠速运转约 2 s。

d.最后将选挡杆置于 P 位置,当 ATF 从加注孔(油面高度检查孔)溢出即可。

思考题

1.叙述无级变速器的特点。

2.简述无级变速器的检修流程。

3.结合老师提供的 CVT 模型,说说无级变速器的基本组成和工作原理。

任务 4.4　双离合器自动变速器的结构认识

能力目标

◆ 会拆装和检测双离合器自动变速器。
◆ 能够描述双离合器自动变速器的工作原理。
◆ 能够注重安全和环保。

知识目标

◆ 了解双离合器自动变速器的类型、组成和特点。
◆ 了解双离合器自动变速器的检测与维修方法。
◆ 掌握双离合器自动变速器的结构和工作原理。

相关知识

一、双离合器自动变速器简介

双离合器自动变速器也叫 DSG 直接换挡变速器。双离合器自动变速器是基于手动变速器发展而来的,其工作原理是将变速器挡位按奇、偶数分开布置,分别与两个离合器连接,通过切换两个离合器的工作状态,就可以完成换挡动作。

典型六挡双离合器自动变速器如图 4-54 所示。双离合器自动变速器有两组离合器,前进挡、倒挡每个挡位都有同步器操作模式,也可以实现手动、自动一体换挡模式。

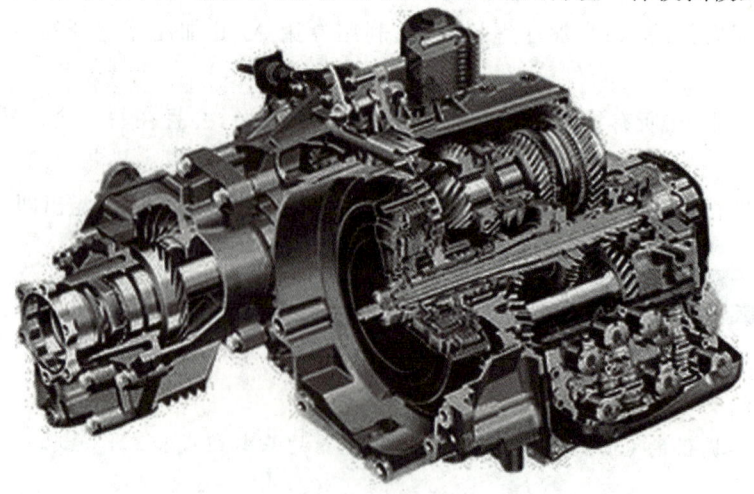

图 4-54　六挡双离合器自动变速器

与传统的手动变速器相比,DSG 使用更方便,因为它其实也是一个手动变速器,只是使用了 DSG 的新技术,使得手动变速器具备自动功能,而大大改善了汽车的燃油经济性,因而比手动变速器换挡更快速、顺畅,动力输出不间断。基于 DSG 的特性及操作模式,DSG 系统能带给驾驶者犹如驾驶赛车般的感受。另外,它消除了手动变速器在换挡时的扭矩中断感,使驾驶更灵敏。基于其使用手动变速器作为基础及其独特的设计,DSG 能抵御高达 350 N·m 以上的扭矩。

二、双离合器自动变速器的特点和类型

1.特点

(1)优点

①双离合器自动变速器的换挡时间非常短,比手动变速器的速度还要快,不到 0.2 s 即可换挡完成。

②双离合器自动变速器因为消除了扭矩的中断,也就是让发动机的动力一直在利用,而且始终在最佳的工作状态,所以能够大量节省燃油。相比传统的行星齿轮式自动变速器,它更有利于提升燃油经济性,油耗大约能够降低 15%。

③因为换挡速度快,所以双离合器自动变速器的每次换挡都非常平顺,顿挫感已经小到了人体很难察觉的地步。

④在换挡过程中,几乎没有扭矩损失。

⑤当高挡齿轮已处于预备状态时,升挡速度极快,达到惊人的 8 ms。

⑥无论加速踏板或者运转模式处于何种状况,换挡时间可达 600 ms(从奇数挡降到奇数挡,或者从偶数挡降到偶数挡时,耗时约为 900 ms,例如从 5 挡降到 3 挡)。

(2)缺点

①双离合器自动变速器的结构复杂,制造工艺要求也比较高,所以成本也是比较高的。

②虽然在可以承受的扭矩上,双离合器自动变速器已经绝对能满足一般车辆的要求,但是使用激烈时还是不够的。

③由于电控系统和液压系统的存在,双离合器自动变速器的效率仍然不及传统手动变速器,特别是用于传递大扭矩的湿式双离合器自动变速器更是如此。

④当需要切换的挡位并未处于预备状态时,换挡时间相对较长,在某些情况下甚至超过 1 s。

⑤早期的双离合器自动变速器可靠性欠佳。

2.类型

双离合器自动变速器根据其离合器类型有湿式双离合器自动变速器和干式双离器自动变速器。从工作原理和基本构造上看,干式双离合器自动变速器与湿式双离合器自动变速器并没有本质上的差别,不同之处在于双离合器摩擦片的冷却方式:湿式双离合器的两组离合器片在一个密封的油槽中,通过浸泡着离合器片的变速器油吸收热量,而干式双离合器的摩擦片则没有密封油槽,需要通过冷风散热。

三、双离合器自动变速器的结构与工作原理

1.双离合器自动变速器的结构

双离合器自动变速器的结构如图4-55所示。

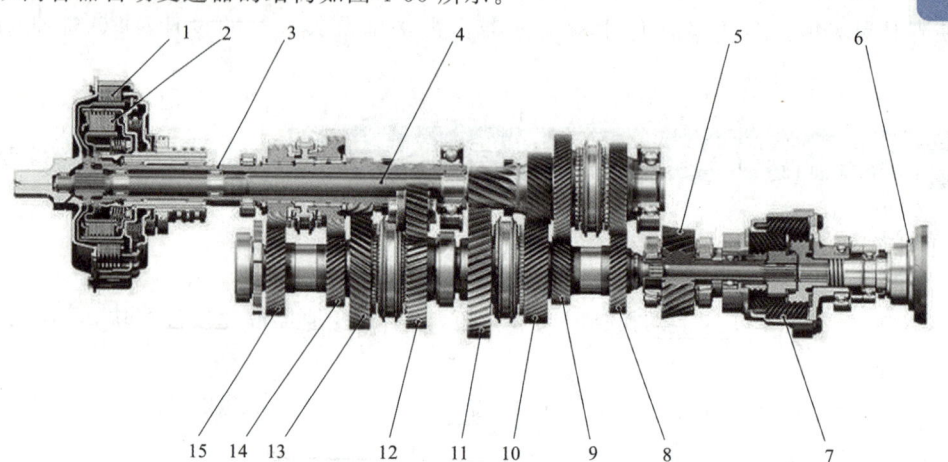

图4-55 双离合器自动变速器的结构图

1—离合器1；2—离合器2；3—输入轴2；4—输入轴1；5—输出至前轴差速器；6—输出至后轴差速器；7—中央差速器；8—5挡齿轮；9—7挡齿轮；10—3挡齿轮；11—1挡齿轮；12—倒挡齿轮；13—2挡齿轮；14—6挡齿轮；15—4挡齿轮

双离合器自动变速器有两根同轴心的输入轴，输入轴1装在输入轴2里面。输入轴1和离合器1相连，输入轴1上的齿轮分别和1挡齿轮、3挡齿轮、5挡齿轮相啮合；输入轴2是空心的，和离合器2相连，输入轴2上的齿轮分别和2挡齿轮、4挡齿轮、6挡齿轮相啮合；倒挡齿轮通过中间轴齿轮和输入轴1的齿轮啮合。也就是说，离合器1控制1挡、3挡、5挡和倒挡，在汽车行驶中一旦用到1挡、3挡、5挡或倒挡中任何一挡时，离合器1是接合的；离合器2控制2挡、4挡、6挡，在汽车行驶中一旦用到2挡、4挡或6挡中任何一挡时，离合器2接合。

多片湿式双离合器的结构和液压式自动变速器中的离合器相似，但是尺寸要大很多。ECU通过电磁阀来控制作用在液压缸内的油压，该油压推动活塞压紧离合器。2个离合器的工作状态是相反的，不会发生2个离合器同时接合的情形。

双离合变速器的挡位转换是由挡位选择器来控制的，挡位选择器实际上是个液压马达，推动拨叉就可以进入相应挡位，由液压控制系统来控制它们的工作。在液压控制系统中有6个油压调节电磁阀，用来调节2个离合器和4个挡位选择器中的油压，还有5个开关电磁阀，分别控制挡位选择器和离合器的工作。

2.双离合器自动变速器的工作原理

双离合器自动变速器的工作原理如图4-56所示。

在图中，1、3、5、倒挡与离合器1连接在一起，2、4、6挡连接在离合器2上。当车辆以某一个挡位运行时，下一个即将进入运行的挡位可以始终处于啮合状态；当达到下一个挡位的换挡点时，只需将正处于接合状态的离合器分离，将处于分离状态的离合器接合，即切换两个离合器的工作状态，完成换挡动作。由于在两个离合器的切换过程中只会使发动机动力传递出现一个减弱的过程，而不需要完全切断动力传递，因此，双离合器自动变速器实现的是动力换挡，其换挡过程与AT的换挡过程基本类似。

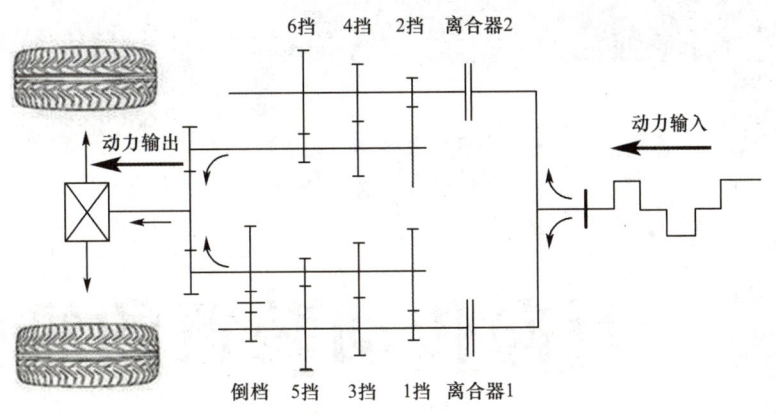

图 4-56　双离合器自动变速器的工作原理

工作任务实施

一、实施条件

1.场地

自动变速器实训室。

2.设备

大众 DQ200 型、DQ250 型汽车双离合器自动变速器。

3.教具与工具

专用及通用工具、示教板。

二、实施步骤

1.DQ200 型、DQ250 型汽车双离合器自动变速器的拆卸

参照本教材自动变速器的拆卸。

2.自动变速器的解体

(1)用专用工具从变速器前方取下双离合器总成。

(2)拆除所有安装在自动变速器壳体上的部件。如加油管、挡位开关、车速传感器、输入轴、转速传感器等。

(3)拆下油底壳,松开进油滤网与阀体间的固定螺栓,从阀体上拆下进油滤网。

(4)拆下换挡执行机构。

(5)分解双离合器自动变速器齿轮变速机构。

思考题

1.叙述双离合器自动变速器的基本组成和工作原理。

2.叙述双离合器自动变速器的特点。

学习情境 5

万向传动装置的维修

能力目标

- 会维修万向传动装置。
- 掌握正确的万向传动装置的拆装、检修方法。
- 能编制万向传动装置的维修方案和计划。
- 会用检测设备和工具。
- 能够注重安全和环保。

知识目标

- 理解万向传动装置的功用及在汽车上的应用。
- 掌握万向传动装置的拆装、维修。

素质目标

- 通过对万向传动装置的维修作业,培养学生不怕脏、不怕累、不怕苦的职业素养。培养精益求精的工匠精神和艰苦奋斗的品质。

相关知识

一、万向传动装置的功用、组成及应用

1.功用

万向传动装置在汽车上有很多应用,结构也稍有不同,但其功用都是一样的,即在轴线相交且相互位置经常发生变化的两转轴之间传递动力。

图 5-1 中的 2 为位于变速器与驱动桥之间的万向传动装置,这是其在汽车中最常见的应用。由于汽车布置、设计等原因,变速器输出轴和驱动桥输入轴不可能在同一轴线上,并且变速器虽然是安装在车架(车身)上,可以认为位置是不动的,但驱动桥会由于悬架的变形而引起其位置经常发生变化,所以在变速器和驱动桥之间装有万向传动装置正好可以满足这些使用、设计的要求。

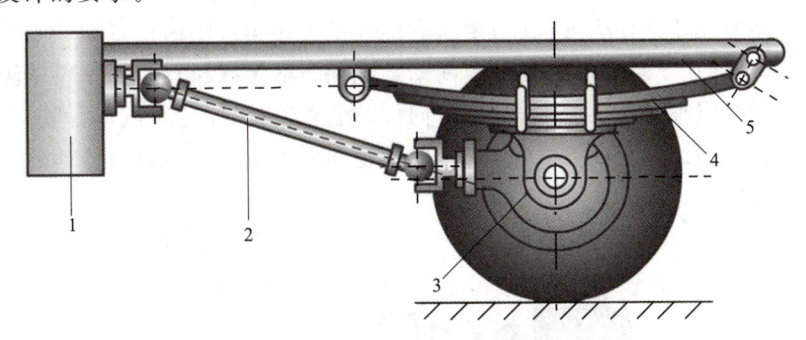

图 5-1 万向传动装置的安装位置
1—变速器;2—万向传动装置;3—驱动桥;4—后悬架;5—车架

2.组成

万向传动装置一般由万向节和传动轴组成,对于传动距离较远的分段式传动轴,为了提高传动轴的刚度,还设置有中间支承,如图 5-2 所示,2、3、4、5 组成了万向传动装置。

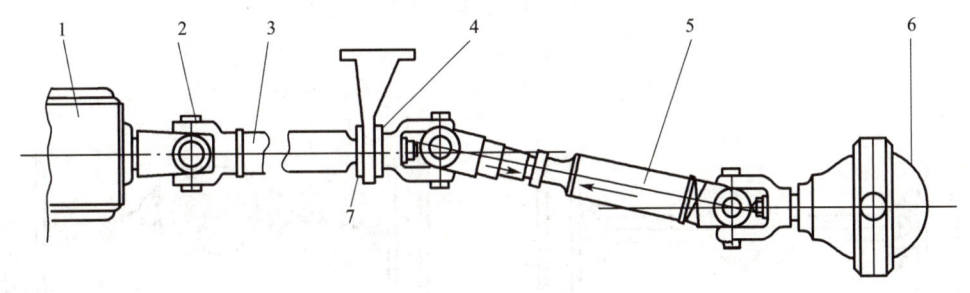

图 5-2 万向传动装置构件的安装位置
1—变速器;2—万向节;3、5—传动轴;4—中间支承;6—驱动桥;7—球轴承

3.应用

万向传动装置在汽车上的应用主要有以下几个方面:

(1)变速器与驱动桥之间(4×2 汽车),如图 5-3 所示。一般汽车的变速器、离合器与发动机三者合为一体装在车架上,驱动桥通过悬架与车架相连。在负荷变化及汽车在不平路面行驶时引起的跳动,会使驱动桥输入轴与变速器输出轴之间的夹角和距离发生变化。因此,要在两轴之间传递动力,不能采用刚性连接,必须设置由两个万向节和一根传动轴组成的万向传动装置。

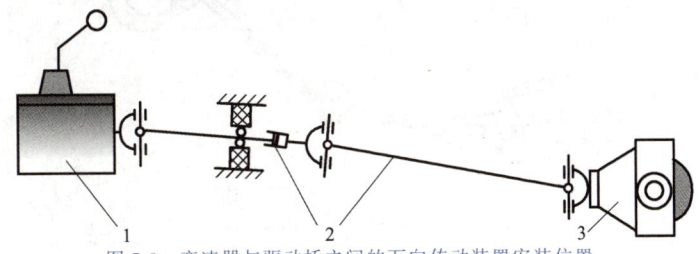

图 5-3 变速器与驱动桥之间的万向传动装置安装位置
1—变速器;2—万向传动装置;3—驱动桥

89

（2）变速器与分动器、分动器与驱动桥之间（越野汽车），如图5-4所示。当变速器与分动器或分动器与驱动器之间分开布置时，虽然它们都支承在车架上，且轴线也可以设计成重合，但为了消除车架变形及制造、装配误差等引起的其轴线同轴度误差对动力传递的影响，须装有万向传动装置。

（3）转向驱动桥和断开式驱动桥中，分别如图5-5、图5-6所示。对于转向驱动桥，前轮既是转向轮又是驱动轮。作为转向轮，要求它能在最大转角范围内任意偏转某一角度；作为驱动轮，则要求半轴在车轮偏转过程中不间断地把动力从主减速器传到车轮。因此，转向驱动桥的半轴不能制成整体而要分段，且用万向传动装置连接，以适应汽车行驶时半轴各段的交角不断变化的需要。对于断开式驱动桥，驱动轮和驱动桥之间用万向传动装置连接，以适应汽车行驶的需要。

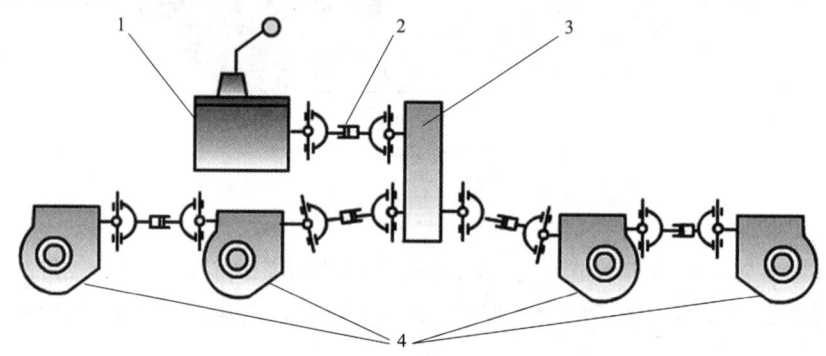

图5-4 变速器与分动器、分动器与驱动桥之间的万向传动装置安装位置
1—变速器；2—万向传动装置；3—分动器；4—驱动桥

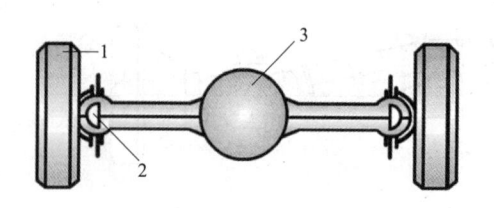

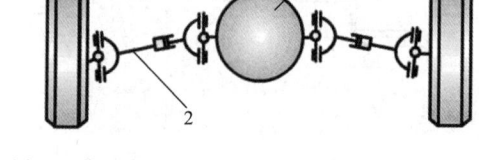

图5-5 转向驱动桥内、外半轴之间的万向传动装置安装位置
1—转向驱动轮；2—万向传动装置；3—驱动桥

图5-6 断开式驱动桥半轴之间的万向传动装置安装位置
1—驱动轮；2—万向传动位置；3—驱动桥

（4）转向机构的转向轴和转向器之间，如图5-7所示。汽车转向操纵机构中，有些汽车的转向操纵机构受整体布置的限制，转向盘轴线与转向器输入轴轴线不能重合，因此转向操纵机构中也常采用万向传动装置，有利于转向机构的总体布置。

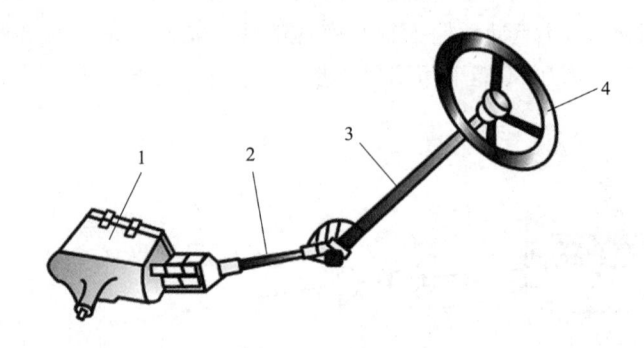

图5-7 转向机构的转向轴和转向器之间的万向传动装置安装位置
1—转向器；2—万向传动装置；3—转向管柱；4—转向盘

二、万向节

在汽车上使用的万向节可以从不同的角度分类。按其在扭转方向上是否有明显的弹性,可分为刚性万向节和柔性万向节。刚性万向节按其速度特性分为不等速万向节(常用的为十字轴式)、准等角速万向节(双联式和三销轴式)、等角速万向节(包括球叉式和球笼式)。目前在汽车上应用较多的是十字轴式刚性万向节和等角速万向节。十字轴式刚性万向节主要用于发动机前置、后轮驱动的变速器与驱动桥之间,等角速万向节主要用于发动机前置、前轮驱动的内、外半轴之间。

1.十字轴式刚性万向节

图 5-8 所示为载货汽车十字轴式刚性万向节。它允许相邻两轴的最大交角为 15°～20°。两个万向节叉轴分别与主、从动轴相连,两个万向节叉上的孔分别活套在十字轴的两对轴颈上。这样,当主动轴转动时,从动轴既可随之转动,又可绕十字轴中心在任意方向摆动。为了减少摩擦损失,提高传动效率,在十字轴轴颈和万向节叉孔之间装有由滚针和套筒组成的滚针轴承,并用轴承盖定位、螺钉紧固,然后用锁片将螺钉锁紧,以防止轴承在离心力作用下从万向节叉内脱出。

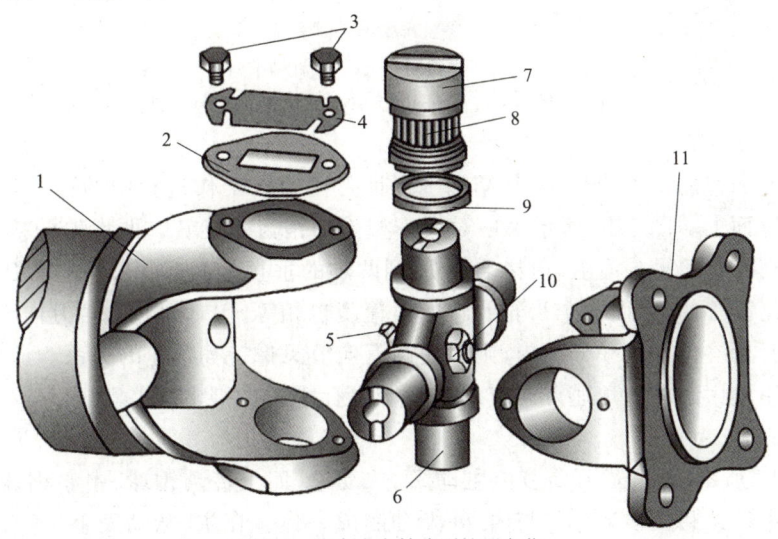

图 5-8 汽车十字轴式刚性万向节
1、11—万向节叉;2—轴承盖;3—螺钉;4—锁片;5—油嘴;6—十字轴;
7—套筒;8—滚针;9—油封;10—安全阀

为了润滑轴承,十字轴内钻有油道,且与油嘴、安全阀相通。润滑油道及密封装置如图 5-9 所示。为避免润滑脂流出及尘垢进入轴承,十字轴轴颈的内端套装着油封。安全阀的作用是当十字轴内腔润滑脂压力超过允许值时,安全阀打开,润滑脂外溢,使油封不会因油压过高而损坏。

十字轴式刚性万向节的损坏是以十字轴轴颈和滚针轴承的磨损为标志的,因此润滑与密封直接影响万向节的使用寿命。为了提高密封性能,近年来在十字轴式刚性万向节中多采用橡胶油封。实践证明,橡胶

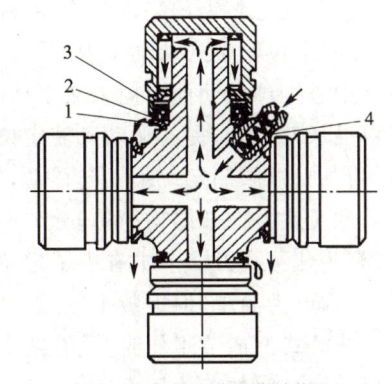

图 5-9 润滑油道及密封装置
1—油封挡盘;2—油封;3—油封座;4—油嘴

油封的密封性能远优于老式的毛毡或软木垫油封。当用注油枪向十字轴内腔注入润滑脂而使内腔油压大于允许值时,多余的润滑脂便从橡胶油封内圆表面与十字轴轴颈接触处溢出,故在十字轴上无须安装安全阀。

万向节中常见的滚针轴承的轴向定位方式,除上述盖板方式外,还应用内、外挡圈定位方式,分别如图5-10(a)、(b)所示。其特点是工作可靠,零件少,结构简单。

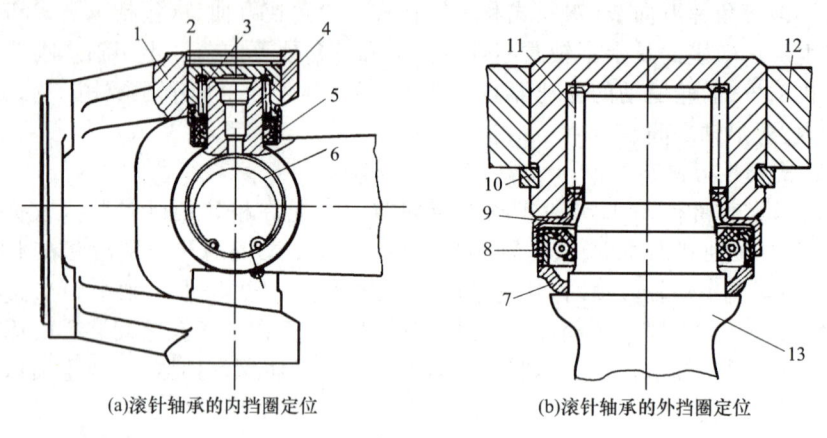

(a)滚针轴承的内挡圈定位　　(b)滚针轴承的外挡圈定位

图 5-10 滚针轴承的轴向定位方式
1、12—万向节叉;2、6—内挡圈;3、11—滚针轴承;4、13—十字轴;
5、8—橡胶油封;7—油封挡盘;9—油封座;10—外挡圈

2.等角速万向节

等角速万向节的基本原理是:从结构上保证万向节在工作过程中的传力点永远位于两轴交角的平分面上。图5-11所示为一对大小相同的锥齿轮旋转。两齿轮的接触点 P 位于两齿轮轴线交角 α 的平分面上,由接触点 P 到两轴的垂直距离都等于 r。在 P 点处两齿轮的圆周速度是相等的,因而两个齿轮旋转的角速度也相等。与此相似,若万向节的传力点在其交角变化时始终位于角平分面内,则可使两万向节叉保持等角速的关系。

目前采用较广泛的等角速万向节的结构形式有球叉式和球笼式。

(1)球叉式万向节

如图5-12所示,球叉式万向节由主动叉、从动叉、四个传动钢球、中心钢球、定位销、锁止销组成。主动叉和从动叉分别与内、外半轴制成一体。在主、从动叉上,各有四个曲面凹槽,装合后形成两个相交的环形槽作为钢球滚道。四个传动钢球放在槽中,中心钢球放在两叉中心的凹槽内,以定中心。

为顺利地将钢球装入槽内,在中心钢球上铣出一个凹面,凹面中央有一个深孔。装合时,先将定位销装入从动叉内,放入中心钢球,然后在两球叉凹槽中陆续装入三个传动钢球,再将中心钢球的凹面对向未放钢球的凹槽,以便装入第四个传动钢球,而后再将中心钢球的孔对准从动叉孔,提起从动叉使定位销插入球孔中,最后将锁止销插入从动叉上与定位销垂直的孔中,以限制定位销轴向移动,保证中心钢球的位置正确。

球叉式万向节结构简单,允许最大交角为 32°~33°,一般应用于转向驱动桥中。近年来,有些球叉式万向节中省去了定位销和锁止销,中心钢球上也没有凹面,靠压力装配。这样,结构更为简单,但拆装不便。

球叉式万向节工作时,只有两个钢球传力,反转时,则由另两个钢球传力。因此,钢球与曲面凹槽之间的单位压力较大,磨损较快,影响使用寿命。

学习情境 5　万向传动装置的维修

图 5-12　球叉式万向节
1—从动叉；2—锁止销；3—定位销；
4—中心钢球；5—传动钢球；6—主动叉

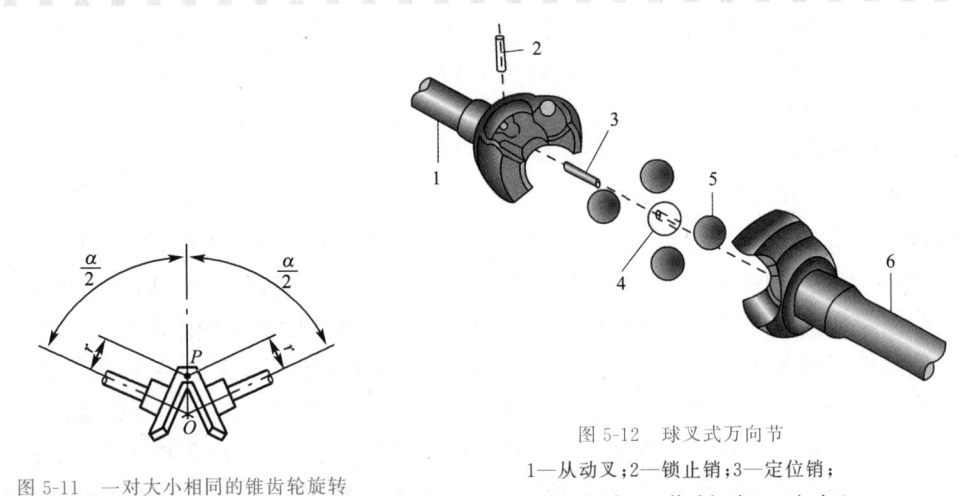

图 5-11　一对大小相同的锥齿轮旋转

(2)球笼式万向节

球笼式万向节按其内、外滚道结构不同又分为 RF 型球笼式万向节、VL 型球笼式万向节及球笼式双补偿万向节。这里只介绍前两种。

①RF 型球笼式万向节

RF 型球笼式万向节简称 RF 节，如图 5-13 所示，它由六个钢球、星形套(内滚道)、球形壳(外滚道)和保持架(球笼)等组成。星形套以内花键与主动轴相连，其外表面有六条凹槽，形成内滚道。球形壳的内表面有相应的六条凹槽，形成外滚道。六个钢球分别装在各条凹槽中，并由保持架使之保持在一个平面内。动力由主动轴经钢球、球形壳输出。

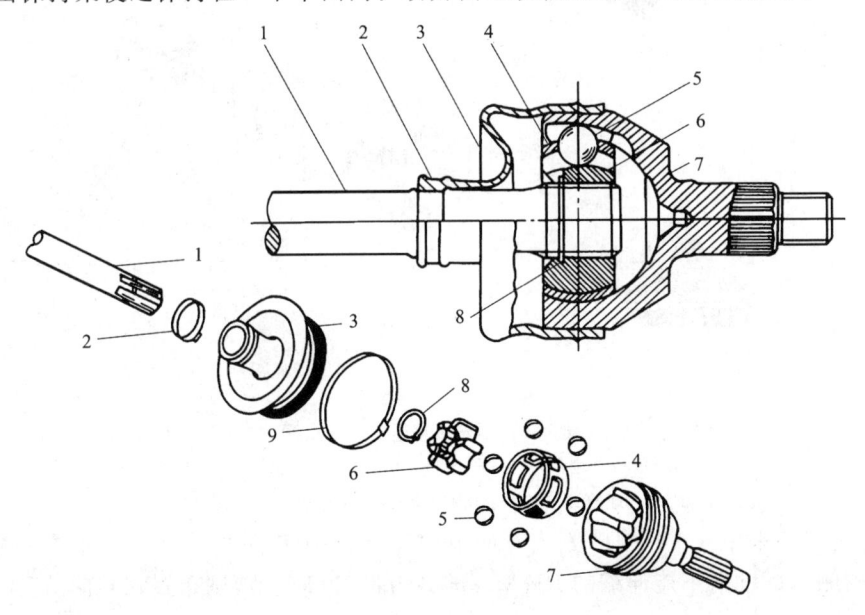

图 5-13　RF 型球笼式万向节
1—主动轴；2,9—钢带箍；3—外罩；4—保持架(球笼)；5—钢球；6—星形套(内滚道)；7—球形壳(外滚道)；8—卡环

RF 型球笼式万向节工作时六个钢球都参与传力，故承载能力强，磨损小，寿命长。它被广泛应用于各种型号的转向驱动桥和独立悬架的驱动桥。

RF 型球笼式万向节在两轴最大交角达 47°的情况下，仍可传递转矩，且在工作时，无论传动方向如何,六个钢球全部传力。与球叉式万向节相比,其承载能力强,结构紧凑,拆装方便,因此应用越来越广泛。例如,国产红旗牌 CA7220 型、捷达、桑塔纳、夏利等轿车,其前转向驱动桥的转向节处均采用这种球笼式等角速万向节。

②VL 型球笼式万向节

VL 型球笼式万向节又称为伸缩型万向节,简称 VL 节。图 5-14 所示为轿车转向驱动桥半轴内万向节(靠近主减速器处)所采用的 VL 型球笼式万向节。其内、外滚道为圆筒形,且内、外滚道不与轴线平行,而是以相同的角度相对于轴线倾斜,装合后,同一周向位置内、外滚道的倾斜方向刚好相反,即对称交叉,而钢球则处于内、外滚道的交叉部位。当内半轴与中半轴以任意夹角相交时,所有传力钢球都位于轴间交角的平分面上,从而实现等角速传动。在传递转矩过程中,星形套(内滚道)与球形壳(外滚道)可以沿轴向相对移动,故可省去其他万向传动装置中必须有的滑动花键。这不仅使结构简化,而且由于球形壳(外滚道)和星形套(内滚道)间的轴向相对移动是通过钢球沿内、外滚道滚动来实现的,与滑动花键相比,其滑动阻力小,最适用于断开式驱动桥。

图 5-14 轿车转向驱动桥半轴内万向节所采用的 VL 型球笼式万向节
1—防尘罩;2—刚带箍;3—外罩;4—球形壳(外滚道);5—密封垫;
6—球笼;7—星形套(内滚道);8—中半轴;9—钢球

上述轿车所采用的 VL 型球笼式万向节(VL 节),在转向驱动桥中均布置在靠主减速器一侧(内侧),而轴向不能伸缩的 RF 型球笼式万向节(RF 节)则布置在转向节处(外侧)。

三、传动轴

1.功用

传动轴是万向传动装置中的主要传力部件。通常用来连接变速器(或分动器)和驱动桥,在转向驱动桥和断开式驱动桥中,则用来连接差速器和驱动车轮。

2.构造

传动轴有实心轴和空心轴之分。为了减轻传动轴的质量,节省材料,提高轴的强度、刚度,传动轴多为空心轴,一般用厚度为 1.5~3.0 mm 的薄钢板卷焊而成,超重型货车则直接采用无缝钢管。在转向驱动桥、断开式驱动桥或微型汽车的万向传动装置中,通常将传动轴制成实心轴。

图 5-15 所示为载货汽车的万向传动装置,因传动轴过长时,自振频率降低,易产生共振,故将其分成两段并加中间支承。前段称中间传动轴(图 5-15 上部所示),后段称主传动轴(图 5-15 下部所示)。中间传动轴 4 前端焊有万向节叉,后端焊有花键轴,其上套装带内花键的凸缘盘;主传动轴 16 前端焊有花键轴,其上安装滑动叉 13,并在花键轴上可轴向滑动,适应变速器与驱动桥相对位置的变化,滑动部位用润滑脂润滑。主传动轴 16 前端和滑动叉 13 间用橡胶伸缩套防漏、防水、防尘,滑动叉 13 前端装有带小孔的堵盖 12,以保证花键部位伸缩自由。

传动轴在高速旋转时,由于离心力作用将产生剧烈振动。因此,当传动轴与万向节装配后,必须满足动平衡要求。在质量轻的一侧补焊平衡片,使其不平衡量不超过规定值。图 5-15 中的零件 3 即平衡用的平衡片。

平衡后,为防止装错位置和破坏平衡,在万向节滑动叉 13 与主传动轴 16 上刻上装配位置标记 21,以便拆卸后重装时保持二者的相对角位置不变。为保持平衡,橡胶伸缩套上两个带箍的开口销应装在间隔 180°位置上,万向节的螺钉、垫片等零件不应随意改换规格。为方便加注润滑脂,万向传动装置的润滑脂嘴应在一条直线上,且万向节上的润滑脂嘴应朝向传动轴。

四、中间支承

1.功用

传动轴分段时需加中间支承,中间支承通常装在车架横梁上,能补偿传动轴轴向和角度方向的安装误差,以及汽车行驶过程中因发动机窜动或车架变形等引起的位移。

2.结构

普通中间支承通常用弹性元件来满足上述要求,它主要由轴承、带油封的轴承盖、支架和使轴承与支架间成弹性连接的弹性元件所组成。常见的类型有双列圆锥滚子轴承式中间支承(图 5-16)、蜂窝软垫式中间支承、摆动式中间支承以及中间支承轴式中间支承等。

某些汽车的中间传动轴采用蜂窝软垫式中间支承(图 5-16)与车架相连接。轴承可在轴承座内滑动,轴承座装在蜂窝形橡胶垫内,通过 U 形支架固定在车架横梁上。由于蜂窝形橡胶垫的弹性作用,能补偿上述安装误差和行驶中出现的位移。此外,还可吸收振动并减少噪声传导。蜂窝软垫式中间支承结构简单,效果良好,故应用较广泛。

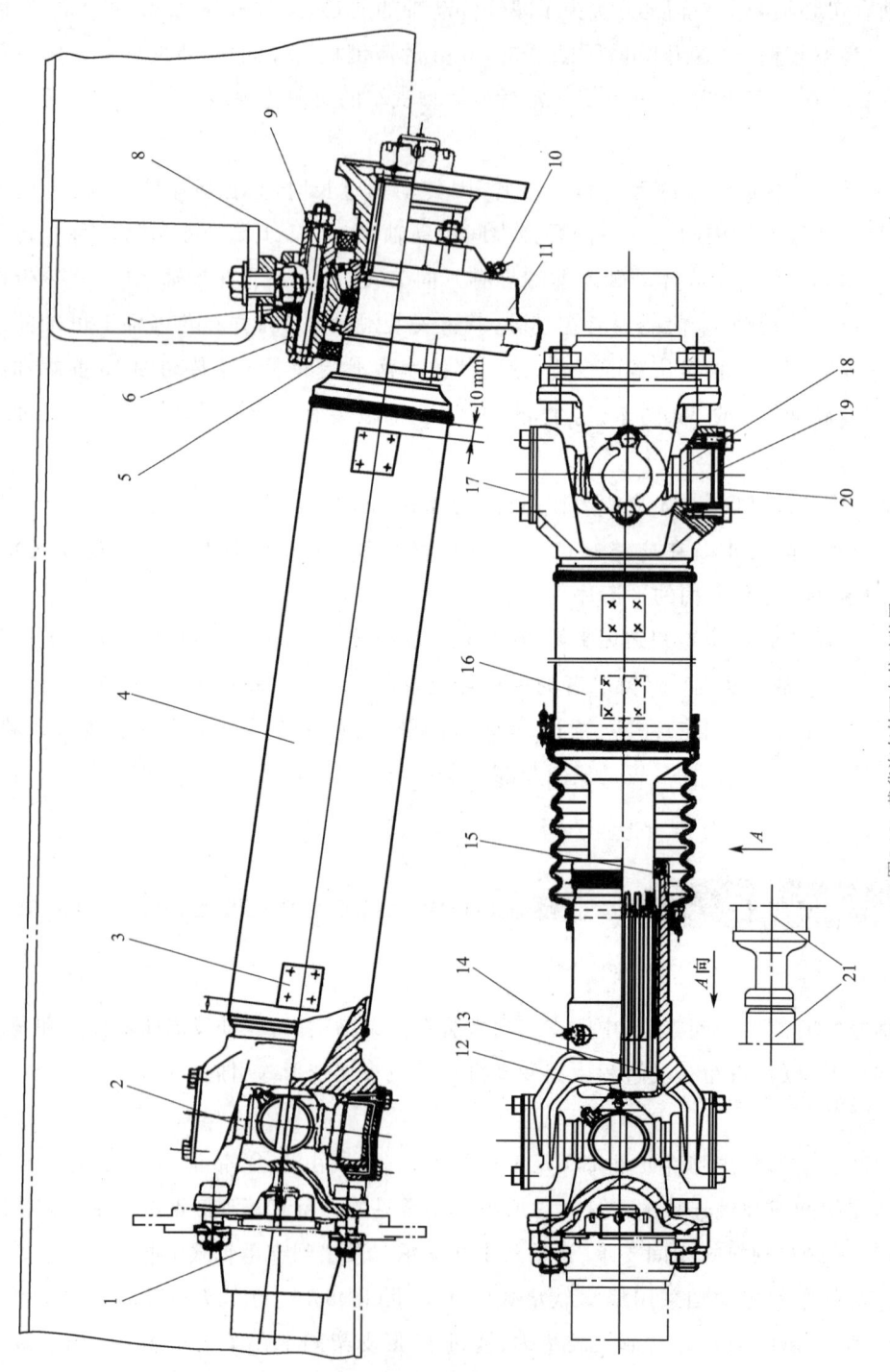

图5-15 载货汽车的万向传动装置

1—凸缘叉；2—万向节十字轴；3—平衡片；4—中间传动轴；5、15—中间支承油封；6—中间支承前盖；7—橡胶垫圈；8—中间支承后盖；9—双列圆锥滚子轴承；10、14—润滑脂嘴；11—支架；12—堵盖；13—滑动叉；16—主传动轴；17—中间支承轴承盖；18—锁片；19—万向节滚针轴承；20—滚针轴承油封；21—装配位置标记

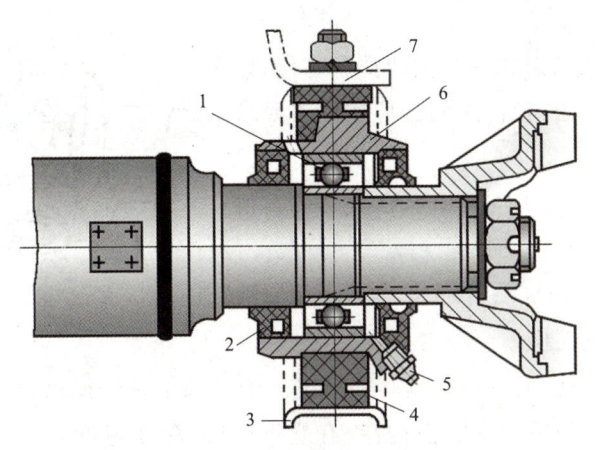

图 5-16 汽车中间传动轴的蜂窝软垫式中间支承

1—轴承；2—油封；3—U形支架；4—蜂窝形橡胶垫；5—注油嘴；6—轴承座；7—车架横梁

工作任务实施

一、实施条件

(1)载货汽车的万向传动装置。

(2)常用拆装工具、量具及专用工具等。

(3)维修手册。

二、实施步骤

1.十字轴式刚性万向节拆装、检修

(1)拆卸

打开锁片的锁爪，拆下轴承盖固定螺栓，取下锁片和轴承盖。用手推出轴承套筒及滚针。对于较紧的轴承，可用手握住传动轴或伸缩套，用锤子敲击万向节叉，使十字轴撞击轴承套筒，震出滚针，如图 5-17 所示。

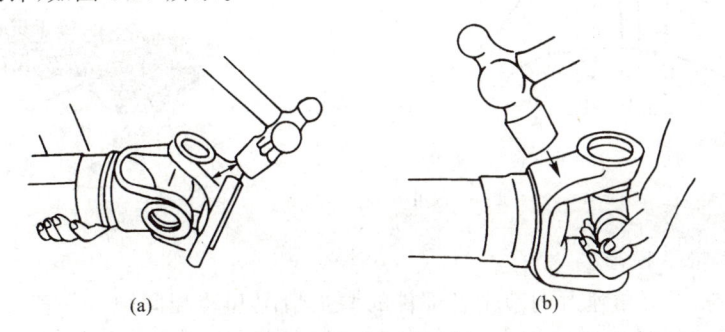

图 5-17 锤击拆卸十字轴式刚性万向节

(2)装配

按照与拆卸相反的顺序进行装配，如图 5-18 所示。

(3)检修

万向节分解完成后,需要用汽油清洗各零件,以便暴露出零件的损伤、磨损情况,而且应按以下要求检查和修复:

①检查万向节叉和十字轴,如果有裂纹或其他严重损伤,应更换。

②检查滚针轴承,如果滚针断裂、油封失效、轴承内圈有疲劳剥落,应更换。

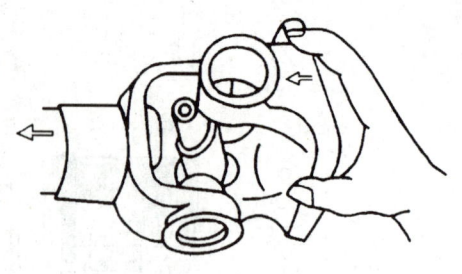

图 5-18 装配十字轴式刚性万向节

③检查十字轴轴颈磨损、压痕、剥落等情况。十字轴轴颈轻微磨损、有轻微压痕或轻微剥落,仍可继续使用。如果轴颈磨损过甚、有严重压痕(深度超过 0.1 mm)或严重剥落,应更换。

④检查十字轴与轴承的最小配合间隙,应符合原厂规定。最大配合间隙应符合表 5-1 的规定。

表 5-1　　　　　　　　　十字轴与轴承的配合间隙　　　　　　　　　mm

十字轴轴颈直径	<18	18~23	>23
最大配合间隙	应符合原厂规定	0.10	0.14

⑤按照图 5-19 所示方法检查十字轴轴承装入万向节叉后的松紧程度和轴向间隙。轴向间隙:剖分式轴承孔为 0.10~0.50 mm;整体式轴承孔为 0.02~0.25 mm,轿车为 0~0.05 mm。

⑥万向节装配完毕后,可用手扳动十字轴进行检验,如图 5-20 所示,以转动自如没有松旷感觉为合适。若装配过紧或过松,应查明原因,必要时应拆检或重新装配。

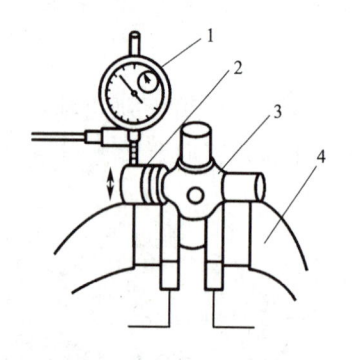

图 5-19 万向节轴承与十字轴的配合间隙的检查
1—百分表;2—万向节轴承;3—十字轴;4—台钳

图 5-20 十字轴与轴承的配合间隙的检查

2.等角速万向节检修

主要检查内、外等角速万向节中各部件的磨损情况和装配间隙。一般外等角速万向节酌情单件更换。内等角速万向节如某部件磨损严重,则应整体更换。

外等角速万向节的六个钢球要求有一定的配合公差,并与星形套(内滚道)一起组成配合件。检查轴、球笼、星形套(内滚道)与钢球有无凹陷与磨损。若万向节间隙过大,需更换万向节。

内等角速万向节的检修要检查球形壳(外滚道)、星形套(内滚道)、球笼及钢球有无凹陷与磨损,如磨损严重则应更换。内等角速万向节只能整体调换,不可单个更换。

防尘罩及卡箍、弹簧挡圈等损坏时,应予以更换。

3.传动轴检修

传动轴的主要损伤形式有弯曲、凹陷和裂纹等。主要检修以下几个方面:

(1)目视检查传动轴轴管,不得有裂纹及严重的凹瘪,否则应更换传动轴。

(2)检查传动轴弯曲程度(径向圆跳动公差),如图 5-21 所示,用 V 形铁水平架起传动轴并旋转,用百分表在轴的中间部位测量。径向圆跳动公差应符合表 5-2 的规定(轿车传动轴径向圆跳动公差应比表 5-2 中相应减小 0.20 mm),否则应校正或更换传动轴。

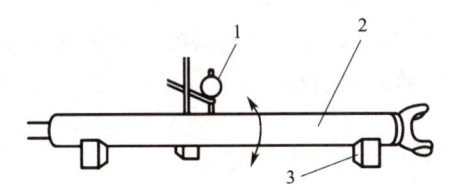

图 5-21 检查传动轴的弯曲度
1—百分表;2—传动轴;3—V 形铁

表 5-2　　　　　传动轴轴管的径向圆跳动公差　　　　　mm

轴 长	<600	600～1 000	>1 000
径向圆跳动公差	0.60	0.80	1.00

(3)检查中间传动轴支承轴颈的径向圆跳动公差,其不应超过 0.10 mm。否则应镀铬修复或更换。

(4)检查传动轴花键、滑动叉花键、凸缘叉与所配合花键套的间隙,如图 5-22 所示。轿车应不大于 0.15 mm,其他类型的汽车应不大于 0.30 mm,装配后应能滑动自如。若超差,则应更换传动轴或滑动叉。

(5)传动轴管焊接组合件:传动轴管焊接组合件经修理后,原有的动平衡已不复存在,因此,传动轴管焊接组合件(包括滑动套)应重新进行动平衡试验。传动轴两端任一端的动不平衡量规定:轿车应不大于 10 g·cm;其他车型应不大于表 5-3

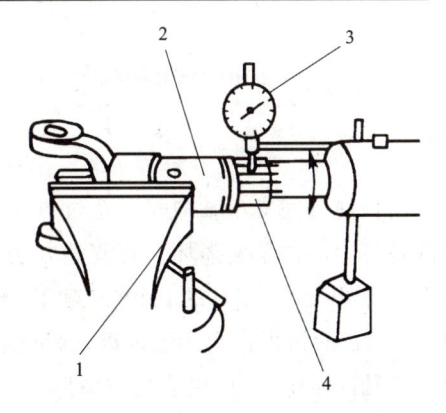

图 5-22 检查传动轴花键、滑动叉花键、凸缘叉与所配合花键套的间隙
1—台钳;2—花键套;3—百分表;4—传动轴花键

中的规定。传动轴管焊接组合件的平衡可在轴管的两端加焊平衡片,每端最多不得多于 3 片。

表 5-3　　　　　传动轴管焊接组合件的允许动不平衡量　　　　　g·cm

传动轴管外径	<58	58～80	>80
允许动不平衡量	30	50	100

4.中间支承检修

中间支承的常见故障是橡胶老化和轴承磨损所引起的振动和异响等。

(1)拆下中间支承前,检查中间支承的橡胶垫环是否开裂、油封磨损是否过甚而失效、轴承松旷或内孔磨损是否严重。如图 5-23 所示,可以在中间支承周围摇动传动轴,检查中间支承轴承的松旷程度。如果中间支承轴承较松旷,应更换新的中间支承。

(2)分解后,可进一步检查中间支承轴承的旋转是否灵活,并检查轴承的轴向和径向间隙是否符合原厂规定。

(3)中间支承轴承经使用磨损后,需及时检查和调整其径向间隙和轴向间隙,以恢复其良好的技术状况,如图 5-24 所示。其传动系中间支承为双列圆锥滚子轴承,有两个内圈和一个外圈,两个内圈中间有一个隔套,供调整轴向间隙用。

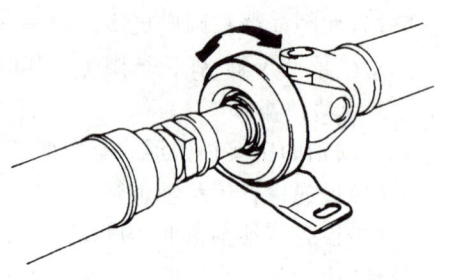

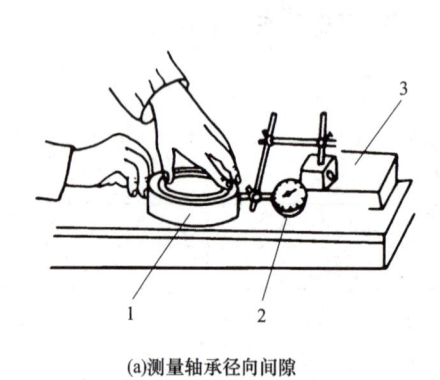

图 5-23 摇动传动轴以检查中间支承

(a)测量轴承径向间隙   (b)测量轴承轴向间隙

图 5-24 中间支承轴承径向间隙和轴向间隙的检测
1、6—轴承;2、4—百分表;3—检验平板;5—平铁板;7—垫块

磨损使中间支承轴向间隙超过 0.30 mm 时,将引起中间支承发响和传动轴严重振动,导致各传力部件早期损坏。其调整方法是:拆下凸缘和中间轴承,将调整隔板适当磨薄,传动轴承在不受轴向力的自由状态下,轴向间隙为 0.15～0.25 mm,装配好后用 195～245 N·m 的扭矩拧紧凸缘螺母,保证轴承轴向间隙在 0.05 mm 左右,即转动轴承外圈而无明显的轴向游隙为宜,最后从润滑脂嘴注入足够的润滑脂,以减小磨损。

思考题

1. 汽车传动系中为什么要设有万向传动装置?该装置由哪几部分组成?
2. 试分析十字轴式刚性万向节传动的不等速性。
3. 十字轴式刚性万向节的滚针轴承在工作中其滚针做何种运动?
4. 球叉式与球笼式等角速万向节在应用上有何差别?为什么?
5. 试分析三轴驱动越野汽车的中、后桥两种驱动形式的优、缺点。
6. 前转向驱动桥中,靠传动器侧布置的伸缩型球笼式万向节(VL 节)可否去掉?VL 节与 RF 节的位置可否对调?为什么?

学习情境 6

驱动桥总成的维修

任务 6.1　主减速器和差速器的维修

能力目标

- 会维修汽车主减速器和差速器。
- 能编制汽车主减速器和差速器的维修方案和计划。
- 能对各种车型主减速器和差速器进行维修。
- 会用检测设备和工具。
- 能够注重安全和环保。

知识目标

- 掌握主减速器和差速器的功用。
- 了解主减速器的类型。
- 掌握常见主减速器和差速器的结构及调整方法。

素质目标

- 通过对驱动桥总成的维修作业，培养细心、耐心、持之以恒和艰苦奋斗的意志品质以及精益求精的工匠精神。

相关知识

一、驱动桥的组成

驱动桥一般由主减速器、差速器、半轴、桥壳等组成，如图 6-1 所示。

图 6-1 汽车后驱动桥
1—半轴；2—差速器；3—主减速器主动齿轮；4—半轴；
5—半轴套管；6—主减速器壳体；7—主减速器从动齿轮

发动机的动力传到驱动桥后，首先传到主减速器，在这里将转矩放大并降低转速后，经差速器分配给左、右半轴，最后通过半轴外端的凸缘传到驱动车轮的轮毂。驱动桥的主要零部件都在驱动桥桥壳中。桥壳由主减速器壳和半轴套管组成。

二、驱动桥的功用

驱动桥的功用是将万向传动装置传来的动力经降速增扭、改变动力传递方向（发动机纵置时）后，分配到左、右驱动轮，使汽车行驶，并允许左、右驱动轮以不同的转速旋转。

三、驱动桥的分类

按照悬架结构的不同，驱动桥可以分为整体式驱动桥和断开式驱动桥。

1.整体式驱动桥

整体式驱动桥又称为非断开式驱动桥，如图 6-1 所示，它与非独立悬架配用。驱动桥壳为一刚性的整体，驱动桥两端通过悬架与车架或车身连接，左、右半轴始终在一条直线上，即左、右驱动轮不能相互独立地跳动。这种结构多用于汽车的后桥上。

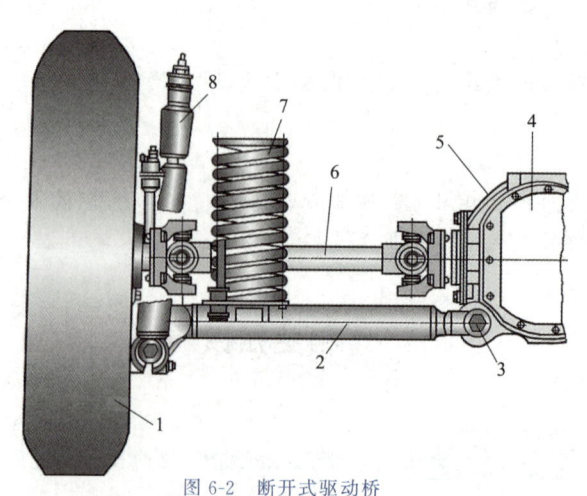

图 6-2 断开式驱动桥
1—驱动轮；2—摆臂；3—摆臂轴；4—主减速器；
5—驱动桥壳；6—半轴；7—弹性元件；8—减振器

2.断开式驱动桥

断开式驱动桥如图 6-2 所示,与独立悬架配用。其主减速器固定在车架或车身上,驱动桥壳制成分段并用铰链连接,半轴也分段并用万向节连接。驱动桥两端分别用悬架与车架或车身连接。这样,两侧驱动轮及驱动桥壳可以彼此独立地相对于车架或车身上下跳动。

四、主减速器

1.主减速器的功用

(1)将万向传动装置传来的发动机的转矩传给差速器。
(2)在动力的传递过程中将转矩增大并相应降低转速。
(3)对于纵置式发动机,还要将转矩的旋转方向改变 90°。

2.主减速器的类型

为满足不同的使用要求,主减速器的结构形式也有所不同,但都是由齿轮机构、支承调整装置和主减速器壳构成的,其主要类型见表 6-1。

表 6-1　　　　　　　　　　　　　主减速器的类型

分类方式	类　　型
按参加减速传动的齿轮副数目分类	单级式主减速器
	双级式主减速器(若将双级式主减速器的第二级齿轮传动设置在两侧驱动轮处,则实际上成为独立部件,称为轮边主减速器)
按主减速器传动比数量分类	单速式主减速器(只有一个固定的传动比)
	双速式主减速器(有两个传动比供驾驶员选择)
按齿轮副结构形式分类	圆柱齿轮式(又可分为定轴轮系式和行星轮系式)主减速器
	圆锥齿轮式(又可分为螺旋锥齿轮式和准双曲面锥齿轮式)主减速器

目前,在轿车中主要是应用单级式主减速器,简称单级主减速器。

3.单级主减速器

单级主减速器具有结构简单、体积小、质量轻和传动效率高等优点。一般应用在轿车和轻、中型货车上。

当发动机横向布置时,由于主减速器主动齿轮轴线与差速器轴线平行,因此主减速器采用一对斜齿圆柱齿轮传动即可,无须改变动力的传递方向。而在发动机纵向布置的汽车上,由于需要改变动力传递方向(一般为 90°),因此主减速器都采用一对圆锥齿轮传动。

图 6-3 所示为轿车单级主减速器,图 6-4 所示为轿车主减速器和差速器的零件分解图。由于发动机纵向前置、前轮驱动,整个传动系都集中布置在汽车前部,因此其主减速器装于变速器壳体内,没有专门的主减速器壳体。因为省去了变速器到主减速器之间的万向传动装置,所以变速器输出轴即主减速器主动轴。

图 6-3 中,各符号含义如下:
s_1——调整垫片(从动锥齿轮一侧)厚度;
s_2——调整垫片(与从动锥齿轮相对的一侧)厚度;
s_3——调整垫片(主动锥齿轮一侧)厚度;
r——与理论上的尺寸 R 成比例的偏差(偏差 r 用 1/100 mm 表示,例如,25 表示 $r=0.25$ mm);
R——主动锥齿轮理论上的尺寸($R=50.7$ mm)。

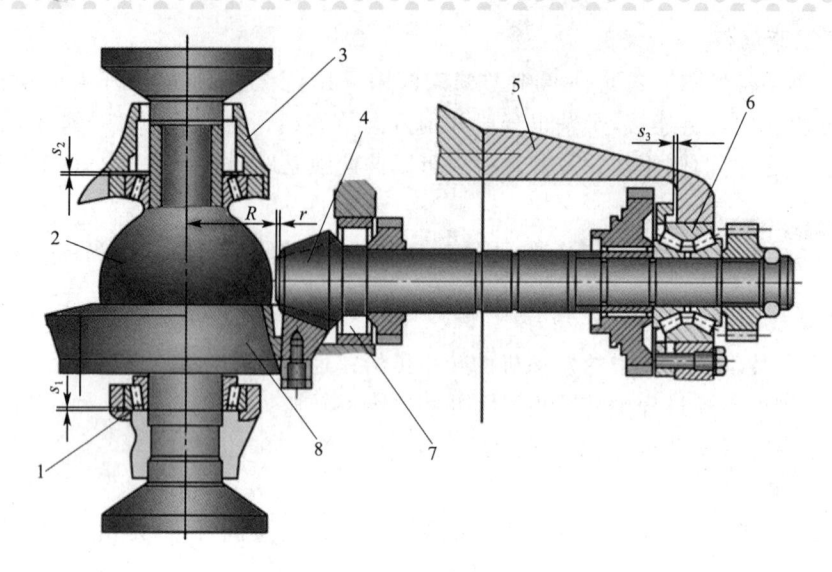

图 6-3 轿车单级主减速器

1—圆锥滚子轴承；2—差速器；3—变速器前壳体；4—主动锥齿轮；5—变速器后壳体；
6—双列圆锥滚子轴承；7—圆柱滚子轴承；8—从动锥齿轮

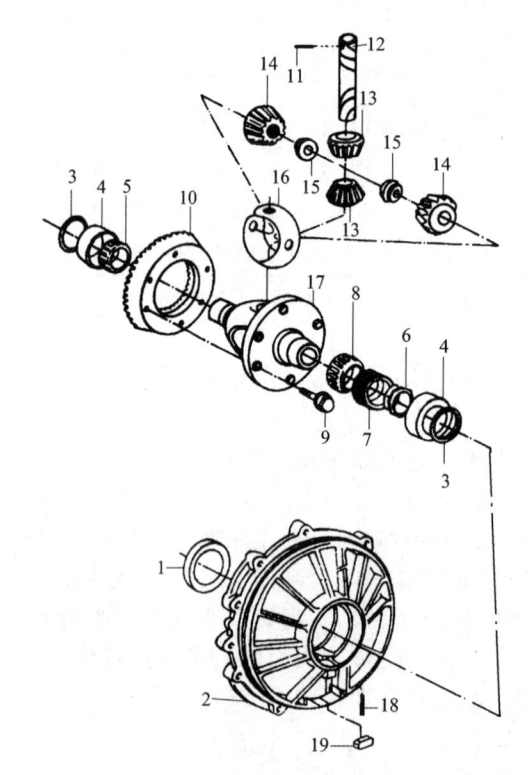

图 6-4 轿车主减速器和差速器的零件分解图

1—密封圈；2—主减速器盖；3—从动锥齿轮的调整垫片；4—轴承外座圈；5、8—差速器轴承；6—锁紧套筒；
7—车速表主动齿轮；9—螺栓(拧紧力矩为 70 N·m)；10—从动锥齿轮；11—夹紧销；12—行星齿轮轴；
13—行星齿轮；14—半轴齿轮；15—螺纹套；16—复合式止推垫片；17—差速器壳；18—磁铁固定销；19—磁铁

主减速器由一对准双曲面锥齿轮组成,主动锥齿轮的齿数为9,从动锥齿轮的齿数为40,其传动比为4.444。主动锥齿轮与变速器输出轴制为一体,用双列圆锥滚子轴承和圆柱滚子轴承支承在变速器壳体内,属于悬臂式支承。环状的从动锥齿轮靠凸缘定位,并用螺栓与差速器壳连接。差速器壳由一对圆锥滚子轴承支承在变速器壳体上。

五、差速器

1.差速器的功用

差速器的功用是将主减速器传来的动力传给左、右半轴,并在必要时允许左、右半轴以不同转速旋转,使左、右驱动轮相对于地面纯滚动,而不是滑动。

如图6-5所示,汽车行驶过程中,车轮相对于路面有两种运动状态:滚动和滑动。滑动又有滑转和滑移两种。设车轮中心相对于路面的速度为v,车轮旋转转速为ω,车轮滚动半径为r。如果$v=\omega r$,则车轮对路面的运动为纯滚动,这是最理想的运动状态;如果$\omega>0$,$v=0$,则车轮的运动为纯滑转;如果$v>0$,$\omega=0$,则车轮的运动为纯滑移。

当汽车转弯行驶时,内、外两侧车轮中心在同一时间内移过的曲线距离显然不同,即外侧车轮移过的距离大于内侧车轮移过的距离,如图6-6所示。若两侧车轮都固定在同一刚性转轴上,两轮转速相等,则此时外轮必然是边滚动边滑移,内轮必然是边滚动边滑转。

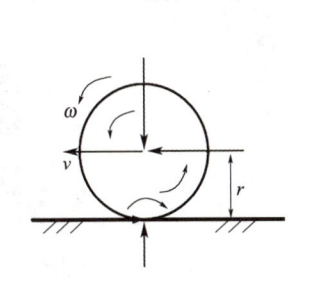

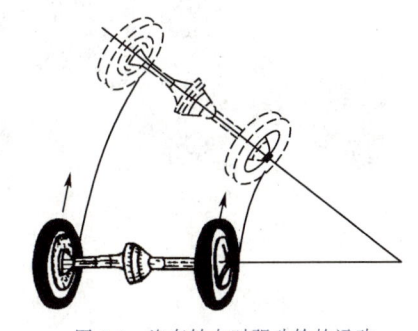

图6-5 汽车驱动轮的运动　　图6-6 汽车转向时驱动轮的运动

同样,汽车在不平路面上直线行驶时,两侧车轮实际移过的曲线距离也不相等。因此在转速相同的条件下,在高低起伏较显著的路面上运动的一侧车轮是边滚动边滑移,另一侧车轮则是边滚动边滑转。即使路面非常平直,但由于轮胎制造尺寸误差,磨损程度不同,承受的载荷不同或充气压力不等,各个轮胎的滚动半径实际上不可能相等。因此,只要各车轮转速相等,车轮对路面的滑动就必然存在。车轮对路面的滑动不仅会加速轮胎磨损,增加汽车的动力消耗,而且可能导致转向和制动性能的恶化。所以,在正常行驶条件下,应使车轮尽可能不发生滑动。为此,在汽车结构上,必须保证各个车轮(尤其是驱动轮)有可能以不同转速旋转,差速器的作用就在于此。

2.差速器的结构和工作原理

差速器按其用途可分为轮间差速器和轴间差速器。轮间差速器装在同一驱动桥两侧驱动轮之间,而轴间差速器装在各驱动桥之间。

无论是轮间差速器还是轴间差速器,按其工作特性均可分为普通差速器和防滑差速器两大类。

这里仅以普通齿轮差速器为例介绍差速器的结构。

(1) 普通齿轮差速器的结构

普通齿轮差速器有锥齿轮和柱齿轮两种,由于锥齿轮差速器结构简单、紧凑,工作平稳,因此,目前应用最为广泛。

图6-7所示为行星锥齿轮差速器,它由行星锥齿轮4和9、行星锥齿轮轴11(十字轴)、半轴锥齿轮3和5、半差速器壳1和6、半轴锥齿轮推力垫片2和8、螺栓7及行星锥齿轮垫片10组成。主减速器从动锥齿轮用螺栓固定在半差速器壳1的凸缘上,十字轴11的两个轴颈嵌在两个半差速器壳端面半圆槽所形成的孔中,行星锥齿轮4和9分别松套在四个轴颈上,两个半轴锥齿轮分别与行星锥齿轮啮合,以其轴颈支承在差速器壳中,并以花键孔与半轴连接。行星锥齿轮背面和差速器壳的内表面均制成球面,以保证行星锥齿轮的对中性,使其与两个半轴锥齿轮能正确啮合,行星锥齿轮和半轴锥齿轮的背面与差速器壳之间装有半轴锥齿轮推力垫片和行星锥齿轮垫片,用以减轻摩擦,降低磨损,提高差速器的使用寿命,同时还可以用来调整齿轮的啮合间隙。

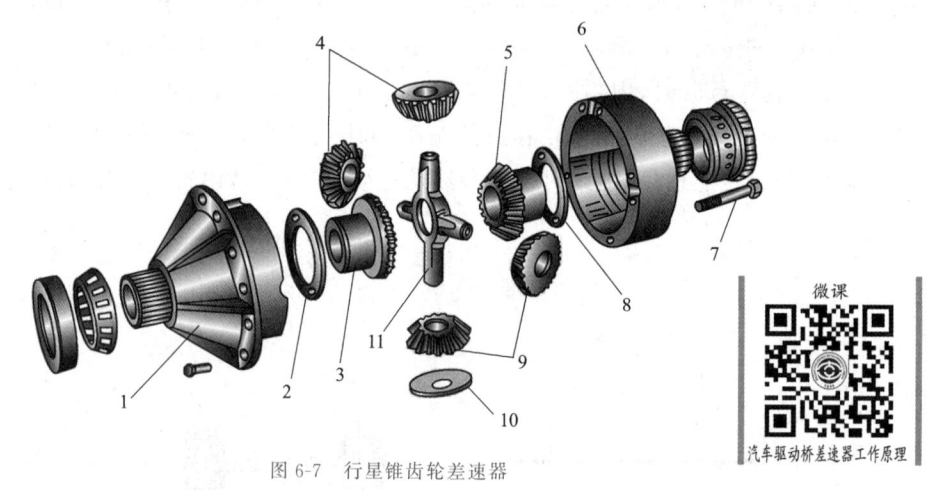

图6-7 行星锥齿轮差速器

1、6—半差速器壳;2、8—半轴锥齿轮推力垫片;3、5—半轴锥齿轮;4、9—行星锥齿轮;
7—螺栓;10—行星锥齿轮垫片;11—行星锥齿轮轴(十字轴)

注意:差速器壳的十字轴孔是在左、右壳装合后加工而成的,装配时不能周向错位。

差速器靠主减速器壳内的润滑油来润滑,因此差速器上开有供润滑油进出的孔,为了保证行星锥齿轮和十字轴轴颈之间的润滑,在十字轴轴颈上铣有平面,并在行星锥齿轮的齿间钻有油孔与其中心孔相通。同样,半轴锥齿轮上也钻有油孔,与其背面相通,以加强背面与差速器壳之间的润滑。工作时,主减速器的动力传至差速器壳,依次经十字轴、行星锥齿轮、半轴锥齿轮传给半轴,再由半轴传给车轮。

中型以下的货车或轿车上,因传递的转矩较小,故可采用两个行星锥齿轮,相应的行星锥齿轮轴是一根直轴。图6-8所示为轿车的差速器,它由差速器壳9、行星锥齿轮轴5、两个行星锥齿轮4、两个半轴锥齿轮2、复合式推力垫片1等组成。差速器壳为一整体框架结构。行星锥齿轮轴5装入差速器壳后用止动销6定位,行星锥齿轮4和半轴锥齿轮2背面制成球面。其背面的推力垫片与行星锥齿轮背面的推力垫片制成一个整体,称为复合式推力垫片。螺纹套3用来紧固半轴锥齿轮。差速器通过一对圆锥滚子轴承7支承在变速器壳体中。

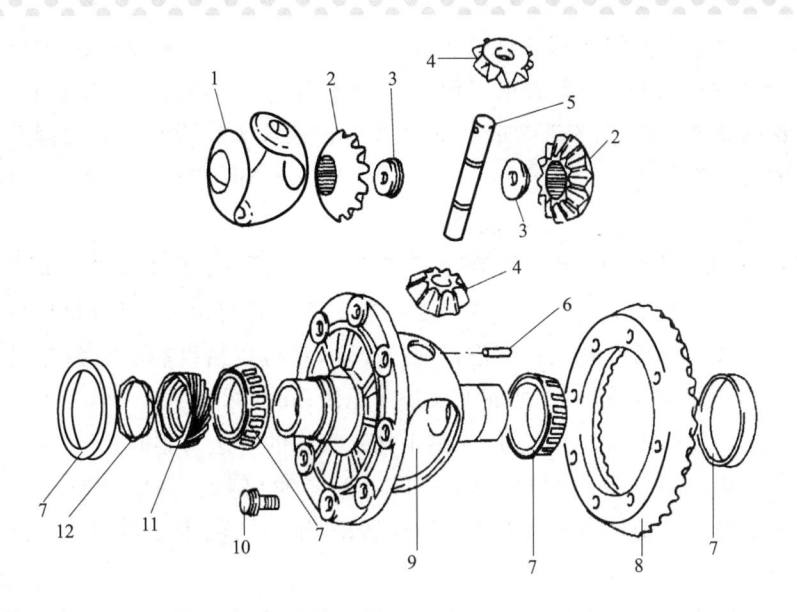

图 6-8 轿车的差速器

1—复合式推力垫片;2—半轴锥齿轮;3—螺纹套;4—行星锥齿轮;5—行星锥齿轮轴;6—止动销;7—圆锥滚子轴承;8—主减速器从动锥齿轮;9—差速器壳;10—螺栓;11—车速表齿轮;12—车速表齿轮锁紧套筒

(2)差速器的工作原理

差速器中各元件的运动关系可用图 6-9 来说明。对称式锥齿轮差速器是一种行星锥齿轮机构。差速器壳 3 与主减速器从动锥齿轮 6 固连在一起,故为主动件,设其转速为 n_0;行星锥齿轮轴 5 与差速器壳 3 固连成一体,形成行星架;半轴锥齿轮 1 和 2 为从动件,其转速分别为 n_1 和 n_2。A、B 两点分别为行星锥齿轮 4 与半轴锥齿轮 1 和 2 的啮合点。行星锥齿轮的中心点为 C,A、B、C 三点到差速器旋转轴线的距离均为 r。

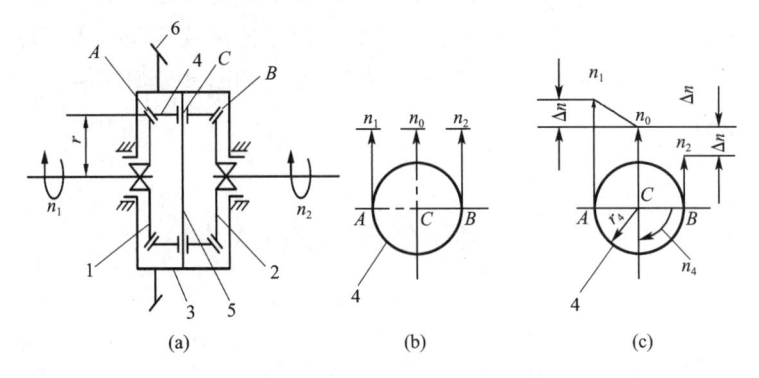

图 6-9 差速器的工作原理

1、2—半轴锥齿轮;3—差速器壳;4—行星锥齿轮;5—行星锥齿轮轴;6—主减速器从动锥齿轮

汽车直线行驶时,此时两侧驱动轮所受到的地面阻力相同,并经半轴、半轴锥齿轮反作用于行星锥齿轮两啮合点 A 和 B,如图 6-9(a)所示。这时行星锥齿轮相当于等臂杠杆,即行星锥齿轮不自转,只随差速器壳和行星锥齿轮轴一起公转,两半轴无转速差,即 $n_1=n_2=n_0$,$n_1+n_2=2n_0$,差速器不起差速作用。

汽车转向行驶时,此时两侧驱动车轮所受到的地面阻力不同。如果车辆右转,右侧(内侧)驱动车轮所受的阻力大,左侧(外侧)驱动车轮所受的阻力小。这两个阻力经半轴、半轴锥齿轮反作用于行星锥齿轮两啮合点 A 和 B，如图 6-9(b)、图 6-9(c)所示，使行星锥齿轮除了随差速器壳公转外还沿顺时针方向自转，设自转转速为 n_0，则左半轴锥齿轮的转速增大，右半轴锥齿轮的转速降低，且左半轴锥齿轮增大的转速等于右半轴锥齿轮降低的转速。设半轴锥齿轮的转速变化为 Δn，则 $n_1 = n_0 + \Delta n$，$n_2 = n_0 - \Delta n$，即汽车右转时，左侧（外侧）车轮转得快，右侧（内侧）车轮转得慢，实现纯滚动，此时依然有 $n_1 + n_2 = 2n_0$。

因此，两半轴锥齿轮直径相等的对称式锥齿轮差速器的运动特性方程为：$n_1 + n_2 = 2n_0$。它表明左、右两侧半轴锥齿轮的转速之和为差速器壳转速的 2 倍，而与行星锥齿轮转速无关。因此在汽车转弯行驶或在其他行驶情况下，都可以借助行星锥齿轮以相应转速自转，使两侧驱动车轮以不同转速在地面上滚动而无滑动。

由运动特性方程还可知：①当任何一侧半轴锥齿轮的转速为零时，另一侧半轴锥齿轮的转速为差速器壳转速的 2 倍；②当差速器壳转速为零时（例如，用中央制动器制动传动轴时），若一侧半轴锥齿轮受其他外来力矩作用而转动，则另一侧半轴锥齿轮即以相同转速反向转动。

上述普通对称式锥齿轮差速器转矩等量分配特性对于汽车在平整路面上直线或转弯行驶时，都是适用的。但当汽车在坏路面上行驶时，却严重影响了其通过能力。例如，当汽车的一个驱动车轮接触到泥泞或冰雪路面时，此时在泥泞路面上的车轮原地滑转，而在平整路面上的车轮静止不动。这是因为在泥泞路面上车轮与路面之间附着力很小，路面只能对半轴作用很小的反作用转矩，虽然另一车轮与好路面间的附着力较大，但因对称式锥齿轮差速器具有转矩平均分配的特性，使这一个车轮分配到的转矩只能与传到滑转的驱动轮上的很小的转矩相等，致使总的牵引力不足以克服行驶阻力，汽车便不能前进。

为了提高汽车在不平路面上的通过能力，可采用各种形式的防滑差速器。其共同出发点都是在一个驱动轮滑转时，设法使大部分转矩甚至全部转矩传给不滑转的驱动轮，以充分利用这一侧驱动轮的附着力而产生足够的牵引力，使汽车能继续行驶。为实现上述要求，最简单的办法是在对称式锥齿轮差速器上设置差速锁，当一侧驱动轮滑转时，可利用差速锁使差速器不起差速作用。

工作任务实施

一、实施条件

（1）轿车主减速器和差速器总成。
（2）工作台。
（3）常用拆装工具。

二、实施步骤

1. 主减速器的拆装

（1）拆卸变速器，将其固定在支架上。拆下轴承支座和后盖。取下车速里程表的传感器，如图 6-10 所示。

(2)锁住传动轴(半轴),拆下紧固螺栓,如图 6-11 所示。

图 6-10　取下车速里程表的传感器　　　　图 6-11　拆下紧固螺栓

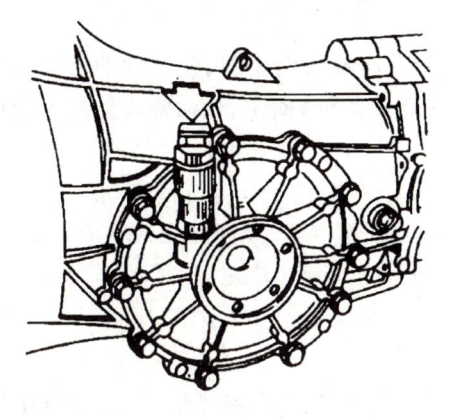

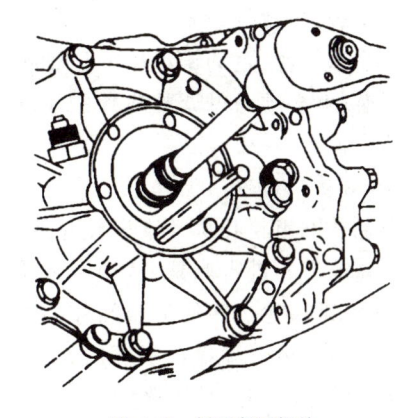

(3)取下传动轴。取下车速里程表的主动锥齿轮导向器和齿轮。拆下主减速器盖,如图 6-12 所示。

(4)从变速器壳体上取下差速器。用铝质的夹具将差速器壳固定在台虎钳上,拆下从动锥齿轮的紧固螺栓。

注意:从动锥齿轮的紧固螺栓是自动锁紧的,一经拆卸就必须更换。

(5)取下从动锥齿轮,如图 6-13 所示。

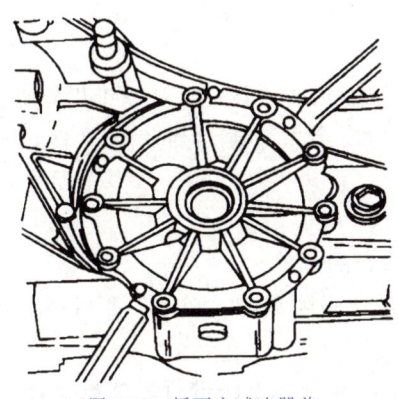

图 6-12　拆下主减速器盖　　　　图 6-13　取下从动锥齿轮

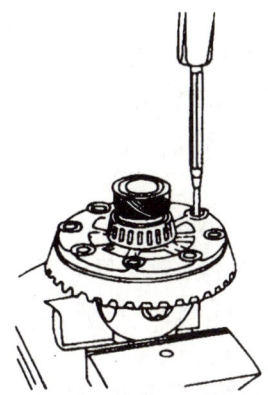

2.主减速器的调整

主动锥齿轮和从动锥齿轮的调整正确与否,对于主减速器的使用寿命和运转平稳性起着决定性作用,主减速器和差速器总成拆装后,特别是更换某些零部件后,必须通过精确的测量、计算,选出合适的调整垫片;通过改变垫片的厚度来轴向移动变速器输出轴上的主动锥齿轮,使啮合印痕在最佳位置;通过改变垫片的厚度来轴向移动从动锥齿轮,使啮合间隙在规定的公差范围内。

从动锥齿轮和主动锥齿轮总成的调整部位如图 6-4 所示。与理论上的尺寸 R 成比例的偏差 r 在生产过程中已经测量好了,并把它刻在从动锥齿轮的外侧。主动锥齿轮和从动锥齿轮只能一起更换。

根据零件的排列情况,会出现"间隙",这在调整主动锥齿轮和从动锥齿轮时应该考虑。因此,在拆卸变速器之前,最好测量齿面的平均间隙以及偏差 r。只要修理影响到主动锥齿轮和从动锥齿轮位置的零部件,必须重新测定调整垫片厚度 s_1、s_2 和 s_3。

(1) 主动锥齿轮的调整

只要轴承座、主动锥齿轮的后轴承、一挡齿轮的滚针轴承外座圈、输出轴的后轴承外座圈被更换,就必须通过调整垫片的厚度 s_3 来调整主动锥齿轮,使主、从动锥齿轮的啮合印痕在最佳位置。

(2) 从动锥齿轮的调整

当主动锥齿轮和从动锥齿轮总成、变速器壳体、主减速器盖、差速器壳或轴承更换时,必须对从动锥齿轮进行调整,从动锥齿轮的调整包括从动锥齿轮(差速器)轴承预紧度的调整和主、从动锥齿轮之间的啮合间隙的调整。

① 从动锥齿轮轴承预紧度的调整

从动锥齿轮轴承预紧度的调整也称为从动锥齿轮调整垫片总厚度的调整,通过垫片的调整使从动锥齿轮(差速器)转动自如,且轴向推动无间隙。

② 从动锥齿轮和主动锥齿轮啮合间隙的调整

啮合间隙的调整是通过移动从动锥齿轮实现的。

(3) 锥齿轮啮合的调整

锥齿轮啮合的调整与锥齿轮的类型有关。对于准双曲面锥齿轮,啮合印痕的调整是通过移动主动锥齿轮,啮合间隙的调整是通过移动从动锥齿轮。

对于螺旋锥齿轮,啮合印痕的调整是按照"大进从、小出从、顶进主、根出主"的方法进行的,啮合印痕合适后若间隙不符,则通过轴向移动另一锥齿轮进行调整。

(4) 主减速器调整总结

主减速器的调整包括主动锥齿轮的调整和从动锥齿轮的调整;主、从动锥齿轮啮合印痕和啮合间隙的调整等项目。主减速器的调整质量是决定主减速器锥齿轮副使用寿命的关键。

(5) 主减速器调整注意事项

① 要先进行轴承预紧度的调整,再进行锥齿轮啮合的调整。

② 锥齿轮啮合调整时,啮合印痕调整为首要,啮合间隙调整为次要,否则将加剧齿轮磨损。

③ 主、从动锥齿轮轴承的预紧度必须按原厂规定的数值和方法进行调整与检查,在主减速器调整过程中,轴承的预紧度不得变更,始终都应符合原厂规定值。

④ 在保证啮合印痕合格的前提下,调整啮合间隙,且啮合印痕、啮合间隙和啮合间隙的变化量都必须符合技术条件,否则成对更换齿轮副。

3. 主减速器壳检修

(1) 壳体应无裂损,各部位螺纹的损伤不得多于两牙。否则应更换。

(2) 差速器左、右轴承孔同轴度公差为 0.10 mm。

(3) 圆柱主动齿轮轴承(或侧盖)孔轴线及差速器轴承孔轴线对减速器壳前端面的平行度公差:当轴线长度在 200 mm 以上时,其值为 0.12 mm;当轴线长度小于或等于 200 mm 时,其值为 0.10 mm。

(4) 主减速器壳纵轴线对横轴线的垂直度公差:当纵轴线长度在 300 mm 以上时,其值为 0.16 mm;当纵轴线长度小于或等于 300 mm 时,其值为 0.12 mm;纵、横轴线应位于同一平面(双曲线齿轮结构除外),其位置度公差为 0.08 mm。

(5)主减速器壳与侧盖的配合及圆柱主动齿轮轴承与减速器壳(或侧盖)的配合应符合原设计规定。

4.差速器的拆装

(1)拆卸

①拆卸变速器,拆下差速器。拆下差速器轴承(与从动锥齿轮相对的一边),如图 6-14 所示。

②拆下另一侧差速器轴承,如图 6-15 所示。同时取下车速表主动锥齿轮和锁紧套筒。

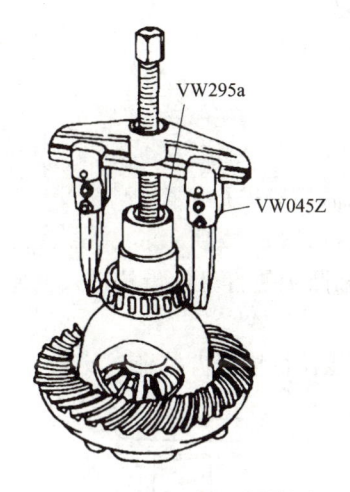

图 6-14 拆下一侧差速器轴承 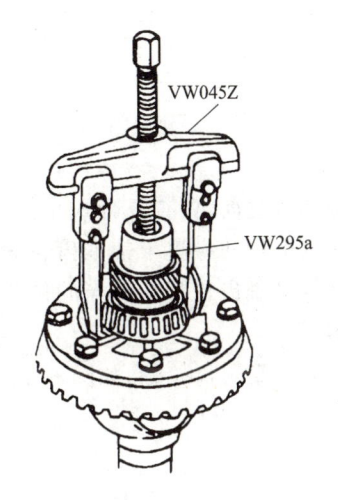　　　图 6-15 拆下另一侧差速器轴承

③拆下变速器侧面的密封圈,如图 6-16 所示。

④从主减速器盖上拆下差速器轴承的外座圈和厚度为 s_1 的调整垫片,如图 6-17 所示。

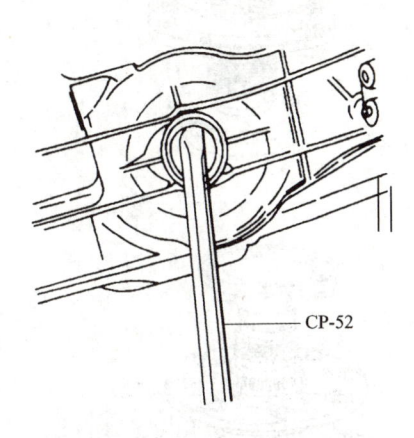

图 6-16 拆下变速器侧面的密封圈 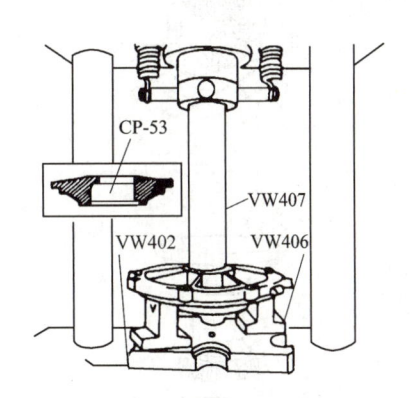　　　图 6-17 拆下差速器轴承的外座圈和厚度为 s_1 的调整垫片

⑤从变速器壳体上拆下差速器轴承的外座圈和厚度为 s_2 的调整垫片,如图 6-18 所示。

注意:当更换差速器轴承时,轴承外座圈须一起更换,同时必须计算出从动锥齿轮的调整垫片的厚度 s_1 和 s_2。

⑥拆卸变速器,拆下差速器,拆下从动锥齿轮。拆下行星锥齿轮轴的止动销,如图 6-19 所示。

⑦取下行星锥齿轮轴,再取下行星锥齿轮和半轴锥齿轮。

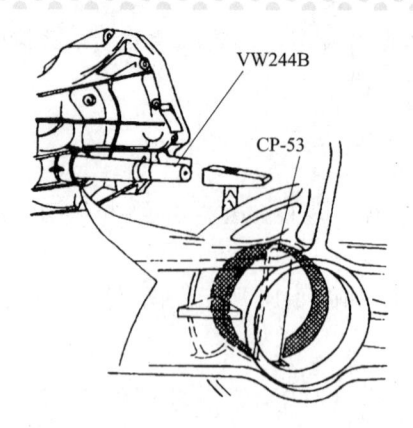

图 6-18 拆下另一侧差速器轴承的外座圈和厚度为 s_2 的调整垫片

（2）安装

①在安装之前，检查复合式止推垫片是否损坏，如需要应进行更换。

②通过半轴凸缘将半轴锥齿轮固定在差速器壳上，如图 6-20 所示。

③将行星锥齿轮放在适当的位置上，接着转动半轴凸缘使行星锥齿轮进入差速器壳，如图 6-21 所示。

④装上行星锥齿轮轴，如图 6-22 所示。将止动销装在行星锥齿轮轴上。

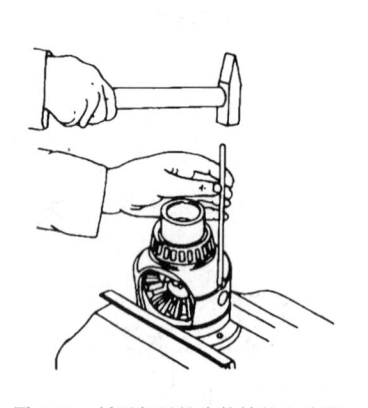

图 6-19 拆下行星锥齿轮轴的止动销

图 6-20 安装半轴锥齿轮

图 6-21 安装行星锥齿轮

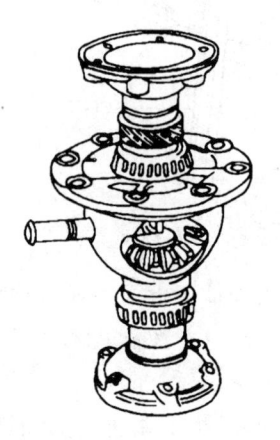

图 6-22 安装行星锥齿轮轴

⑤先取下差速器半轴凸缘。加热至120 ℃,将从动锥齿轮装在差速器壳上。将差速器装在变速器壳体内。装上半轴凸缘,再安装变速器。

5.差速器检修

(1)若差速器壳产生裂纹,则应更换。

(2)差速器壳与行星锥齿轮、半轴锥齿轮垫片的接触面应光滑,无沟槽。如有小的沟槽可用砂纸打磨,并更换半轴锥齿轮垫片。

(3)行星锥齿轮、半轴锥齿轮不得有裂纹,工作表面不得有明显斑点、脱落和缺损,否则应更换。

(4)差速器壳与轴承、差速器壳与行星锥齿轮轴的配合应符合原厂规定。

思 考 题

1.对照实物或图片说明常见主减速器的结构组成。
2.叙述主减速器的调整内容和方法。
3.针对某常见汽车主减速器的实物或图片,说明主减速器如何调整。
4.对照实物和图片说明普通锥齿轮差速器各零部件的名称及连接关系。
5.对照实物和图片说明普通锥齿轮差速器在直线行驶和转向行驶时的工作原理。
6.叙述防滑差速器的基本原理。

任务6.2 半轴和桥壳的维修

能力目标

- 会检修半轴和桥壳。
- 能编制汽车半轴和桥壳的检修方案和计划。
- 能对各种车型半轴和桥壳进行维修。
- 会用检测设备和工具。
- 能够注重安全和环保。

知识目标

- 了解半轴的支承形式。
- 掌握半轴的维修。
- 了解桥壳的功用。
- 掌握桥壳的维修。

相关知识

一、半轴

1. 半轴的功用和构造

(1) 功用

半轴的功用是将差速器传来的动力传给驱动轮。因其传递的转矩较大,常制成实心轴。如果半轴断裂,则汽车无法起步、行驶。

(2) 构造

半轴的结构因驱动桥结构形式的不同而异。整体式驱动桥中的半轴为刚性整轴。而转向驱动桥和断开式驱动桥中的半轴则分段并用万向节连接。半轴内端一般制有外花键,与半轴齿轮连接。半轴外端有的直接在轴端锻造出凸缘盘;也有的制成花键,与单独制成的凸缘盘滑动配合;还有的制成锥形,并通过键和螺母与轮毂固定连接。

2. 支承形式

半轴的受力情况,由半轴与驱动轮的轮毂在桥壳上的支承形式而定。现代汽车常采用全浮式半轴支承和半浮式半轴支承两种形式。

(1) 全浮式半轴支承

图 6-23 所示为全浮式半轴支承。半轴外端锻造有半轴凸缘,用螺栓紧固在轮毂上,轮毂用一对圆锥滚子轴承支承在半轴套管上,半轴套管与空心梁压配成一体,组成驱动桥壳。这种支承形式,半轴与桥壳没有直接联系。半轴内端用花键与半轴齿轮套合,并通过差速器壳支承在主减速器壳的座孔中。

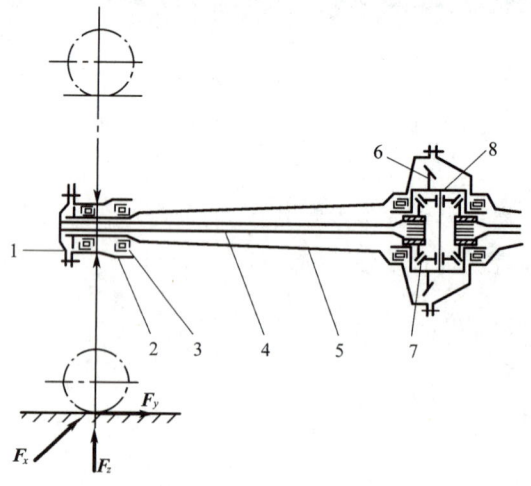

图 6-23 全浮式半轴支承

1—半轴凸缘;2—轮毂;3—圆锥滚子轴承;4—半轴;5—桥壳;6—从动锥齿轮;7—半轴齿轮;8—差速器壳

这种半轴支承形式,路面对驱动轮作用力反映到车桥上的情况是:除切向反力 F_x 作为该轮的牵引力传到半轴使半轴受扭矩外,切向反力 F_x、垂直反力 F_z、侧向反力 F_y 以及由它们所产生的弯矩,都经两轴承直接传到桥壳上,由桥壳承受。半轴只在两端承受扭矩,不承受其他任何反力和弯矩,所以称为全浮式半轴支承。

全浮式支承的半轴易于拆装,只需拧下半轴凸缘上的轮毂螺栓,即可将半轴抽出,而车轮和桥壳照样能支持住汽车。这种支承形式广泛应用于各种类型的货车上。

(2)半浮式半轴支承

图 6-24 所示为半浮式半轴支承。半轴外端制成锥形,锥面上铣有键槽,最外端制有螺纹。轮毂以其相应的锥孔与半轴上锥面配合,并用键连接,再用锁紧螺母紧固。半轴用一个圆锥滚子轴承直接支承在桥壳凸缘的座孔内。车轮与桥壳之间无直接联系,而支承于悬伸出的半轴外端。因此,地面作用于车轮的各种反力都需经半轴外端的悬伸部分传给桥壳,使半轴外端不仅要承受转矩,而且还要承受各种反力及其形成的弯矩。半轴内端通过花键与半轴齿轮连接,不承受弯矩,故称这种支承形式为半浮式半轴支承。

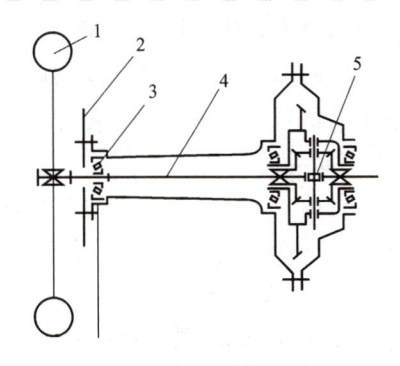

图 6-24 半浮式半轴支承
1—车轮;2—轴承盖;3—轴承;
4—半轴;5—止推垫块

半浮式半轴支承结构简单,但半轴受力情况复杂且拆装不便,多用于反力、弯矩较小的各类轿车上。

二、桥壳

1.桥壳的功用

驱动桥壳的功用是安装并保护主减速器、差速器和半轴等,使左、右驱动车轮的轴向相对位置固定;并通过悬架或轮毂的安装使左右驱动轮的相对位置得以固定;和从动桥一起支承汽车悬架以上各部分重量,承受驱动轮传来的反力和力矩,并在驱动轮与悬架之间传力。

由于桥壳承受较复杂的载荷,因此要求桥壳应具有足够的强度和刚度,质量小,便于制造,还要便于主减速器的拆装和调整。

2.桥壳的类型

驱动桥壳从结构上分为整体式桥壳和分段式桥壳两类。一般多采用整体式桥壳。

(1)整体式桥壳

整体式桥壳因制造方法不同又有多种形式,常见的有整体铸造、中段铸造压入钢管、钢板冲压焊接等形式。图 6-25 所示为载货汽车的整体铸造式驱动桥壳安装位置。空心的桥壳用球墨铸铁铸成,两端压入无缝钢管制成的半轴套管,并用止动螺钉限定位置。半轴套管

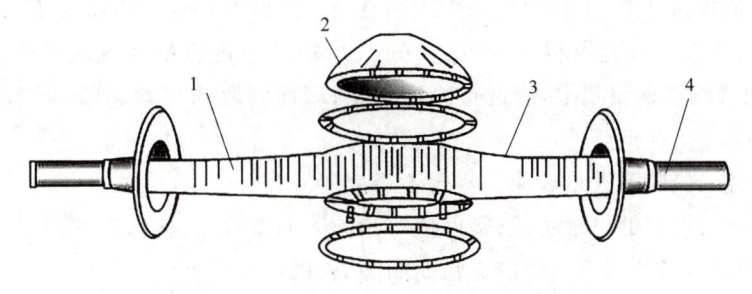

图 6-25 载货汽车的整体铸造式驱动桥壳安装位置
1、3—桥壳;2—后盖;4—半轴套管

露出部分安装轮毂轴承,端部制有螺纹,用于安装轮毂轴承调整螺母和锁紧螺母。凸缘盘用来固定制动底板,桥壳的端部加工有油封颈,和轮毂油封配合以密封轮毂空腔,防止润滑脂外溢。桥壳后端面的大孔可用来检查主减速器的技术状况,平时用后盖封住。后盖上有螺塞,用以检查油面高度。

这种整体铸造式桥壳刚度大,强度高,易铸成等强度梁形状,但因质量大,铸造质量不易保证,适用于中、重型汽车,更多地用于重型汽车上。

(2)分段式桥壳

分段式桥壳一般由两段组成,也有的由三段甚至多段组成,各段之间用螺栓连接。图 6-26 所示为由两段组成的分段式桥壳,用螺栓连成一体。它主要由铸造的主减速器壳、盖、两段钢制半轴套管组成。分段式桥壳比整体式桥壳易于铸造,加工简便,但拆装、维修主减速器、差速器十分不便,必须把整个驱动桥从汽车上拆卸下来,现已很少应用。

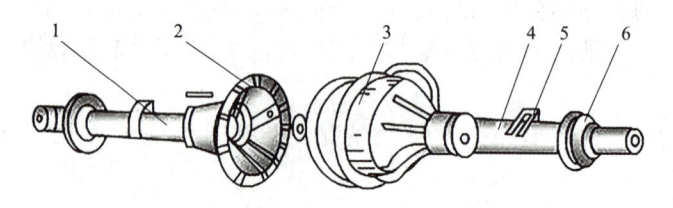

图 6-26 分段式桥壳

1、4—半轴套管;2—盖;3—主减速器壳;5—钢板弹簧座;6—凸缘盘

工作任务实施

一、实施条件

(1)后驱车辆半轴。
(2)卡车或后驱轿车驱动桥壳总成。
(3)常用拆装工具。

二、实施步骤

1.半轴的检修

(1)半轴应进行隐伤检查,不得有任何形式的裂纹存在。

(2)半轴花键应无明显的扭转变形。

(3)以半轴轴线为基准,半轴中段未加工圆柱体径向圆跳动误差不得大于 1.3 mm;花键外圆柱面的径向圆跳动误差不得大于 0.25 mm;半轴凸缘内侧端面圆跳动误差不得大于 0.15 mm。径向圆跳动误差超限,应进行冷压校正;端面圆跳动误差超限,可车削端面进行修正。

(4)半轴花键的侧隙增大量较原厂规定不得大于 0.15 mm。

(5)对前轮驱动汽车的半轴总成(带两侧等角速万向节)还应进行以下作业内容:

①外端球笼式万向节用手检查应无径向间隙,否则应予更换。

②内侧三叉式万向节可沿轴向滑动,但应无明显的径向间隙感,否则应更换。

③防尘套是否有老化破裂,卡箍是否有效可靠。如失效,换新。

2.桥壳的检修

(1)桥壳和半轴套管不允许有裂纹存在,半轴套管应进行探伤处理,半轴花键应无明显的扭曲。各部分螺纹损伤不得超过两个牙,否则应更换。

(2)钢板弹簧座定位孔的磨损不得大于 1.50 mm,超限时先进行补焊,然后按原位置重新钻孔。

(3)整体式桥壳以半轴套管的两内端轴颈的公共轴线为基准,两外端轴颈的径向圆跳动误差超过 0.30 mm 时应进行校正,校正后的径向圆跳动误差不得大于 0.08 mm。

(4)分段式桥壳以桥壳的接合圆柱面、接合平面及另一端内锥面为基准,轮毂的内外轴颈的径向圆跳动误差超过 0.25 mm 时应进行校正,校正后的径向圆跳动误差不得大于 0.08 mm。

(5)桥壳承孔与半轴套管的配合及伸出长度应符合原厂规定,如半轴套管承孔的磨损严重,可将承孔镗至修理尺寸,或更换相应尺寸的半轴套管。

(6)滚动轴承与桥壳的配合应符合原厂规定。如配合处过于松旷,可用刷镀修复轴承孔。

思考题

1. 对照实物或图片说明半轴的支承形式。
2. 叙述桥壳的功用。
3. 叙述半轴、桥壳的检修内容。

任务6.3　手动变速驱动桥及驱动轴的维护

能力目标

◆ 会手动变速驱动桥及驱动轴的维护。

知识目标

◆ 掌握手动变速驱动桥及驱动轴的维护内容及方法。

相关知识

由于目前在轿车中普遍采用发动机前置、前轮驱动的布置方式,所以采用的都是变速驱动桥,即变速器和驱动桥制成一体,省去了传统的发动机前置、后轮驱动布置中的万向传动装置,但在半轴中采用了等角速万向节。本任务介绍手动变速驱动桥及驱动轴的维护项目。

一、变速驱动桥的检查

1. 检查手动变速驱动桥的漏油

检查的重点部位包括壳体的接合面处、轴或里程表从动绳索伸出的区域、油封处、排油塞和加注塞。

检查时一般是将上述部位用干净抹布擦拭干净,行驶一段时间后再检查。

2. 检查手动变速驱动桥的油位

拆下变速驱动桥的加注塞,一般齿轮油的液面高度应加注到从加注孔开始往外溢出为止。

3. 手动变速驱动桥齿轮油的更换

(1)拆下加注塞、排油塞及所带的垫片,将齿轮油排放到规定的容器中。
(2)将油排放干净后,用新垫片重新安装排油塞。
(3)重新加注规定量的齿轮油。
(4)用新垫片重新安装加注塞。

注意:拆下的加注塞和排油塞垫片不能重复使用。

二、驱动轴的检查

1. 检查万向节

转动左、右驱动车轮,万向节处应无异响且车轮转动自如。

2. 检查驱动轴护套

(1)手动搬动车轮,使车轮完全转向一侧,检查驱动轴护套是否有裂纹或其他损坏。
(2)检查护套卡箍是否安装正确且无损坏。
(3)检查护套处是否有油脂渗漏。

工作任务实施

一、实施条件

(1)轿车变速器驱动桥(前驱)总成。
(2)工作台。
(3)常用拆装工具。

二、实施步骤

参照本单元的相关知识。

思考题

1. 实际操作并说明如何进行手动变速驱动桥及驱动轴的维护。
2. 驱动轴的维护项目有哪些?如何进行?

学习领域二
汽车行驶系的维修

学习情境7 车架和车桥的维修

学习情境8 车轮和轮胎的维修

学习情境9 悬架系统的维修

学习情境 7

车架和车桥的维修

能力目标

- ◆ 会维修车架。
- ◆ 能编制车架的维修方案和计划。
- ◆ 会维修转向桥。
- ◆ 会用检测设备和工具。
- ◆ 能够注重安全和环保。

知识目标

- ◆ 了解车架的功用、类型和结构。
- ◆ 掌握车架的维修方法。
- ◆ 掌握转向桥的维修方法。

素质目标

- ◆ 通过对车架和车桥总成的维修作业，培养对维护保养工作认真负责、精益求精的工匠精神。

相关知识

汽车作为一种地面交通运输工具，其行驶系的主要功用是：
(1) 支承汽车的总重量。
(2) 接受由发动机经传动系统传来的转矩，并通过驱动轮与地面之间的附着作用产生驱动力，以保证整车正常行驶。
(3) 传递并支承路面作用于车轮上的各种反力及其所形成的力矩。

(4)尽可能地缓和不平路面对车身造成的冲击和振动,保证汽车平顺行驶。

轮式行驶系一般由车架(或承载式车身)、车桥(前、后车桥)、车轮和悬架(前、后悬架)等组成。车架是全车装配与支承的基础,它将汽车的各相关总成连接成一个整体,并与行驶系共同支承汽车的重量。

一、车架

1.车架的功用

车架俗称"大梁",它是汽车的装配基体,汽车绝大多数的零部件、总成都要安装在车架上。另外,车架不仅承受各零部件、总成的载荷,还要承受汽车行驶时来自路面的各种复杂作用力,如汽车加速、制动时的纵向力,汽车转弯、侧坡行驶时的侧向力,不良路面传来的冲击力等。

车架的功用可以概括为两点:一是支承、连接汽车的各零部件和总成;二是承受来自车上和地面上的各种静、动载荷。

对车架的要求如下:
(1)应满足汽车总布置的要求。
(2)车架应具有足够的强度与适当的刚度,保持其上各总成和部件之间的相对位置。
(3)其质量尽可能小,结构简单。
(4)尽可能降低汽车质心位置和获得较大的转向角,提高汽车行驶的稳定性和机动性,这一点对轿车和客车更为重要。

2.车架的类型和构造

汽车采用的车架有四种类型:边梁式车架、中梁式车架、综合式车架和无梁式车架。目前汽车多采用边梁式车架和无梁式车架。

(1)边梁式车架

图 7-1 所示为载货汽车车架,它由两根纵梁和八根横梁组成,纵梁和横梁之间通过铆接或焊接的方法连接起来。纵梁中部所受弯矩最大,为了使应力分布均匀,同时减小重量,纵

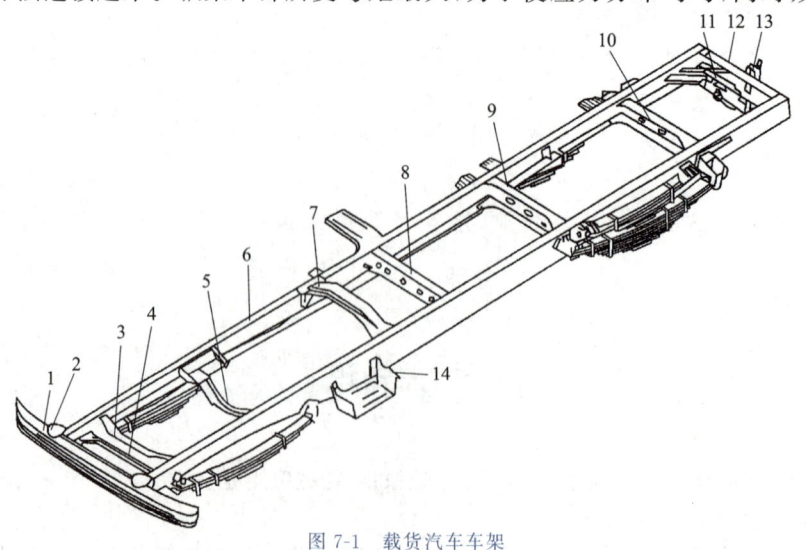

图 7-1 载货汽车车架
1—保险杠;2—挂钩;3—前横梁;4—发动机前悬置横梁;5—发动机后悬置右(左)支架及横梁;
6—纵梁;7—驾驶室后悬置横梁;8—第四横梁;9—后钢板弹簧前支架横梁;
10—后钢板弹簧后支架横梁;11—角撑横梁组件;12—后横梁;13—拖钩;14—蓄电池托架

梁制成中部断面最高的不等高槽形截面梁。每根纵梁上都开有上百个安装其他机件的孔。前横梁上装有冷却液散热器并作为发动机的前悬支座。为降低发动机高度,改善驾驶员的视野,放置发动机的横梁均制成下凹形。在驾驶室后悬置横梁的下面装置传动轴中间支承,并为了满足传动轴安装位置的需要,将该横梁制成拱形,其余横梁都做成简单的直槽形。后横梁的中部装有拖带挂车用的拖钩,因后横梁要承受拖钩传来的很大的作用力,故采用角撑加强。

边梁式车架的纵梁通常用低合金钢板冲压而成。其断面形状有槽形、箱形、Z字形、工字形和管形等,如图7-2所示。根据汽车形式和结构布置的要求,纵梁可以在水平面内或纵向平面内做成弯曲的、等截面或非等截面的。纵梁的形式繁多,有前窄后宽结构、前宽后窄结构和前后等宽结构,还有平行式结构和弯曲式结构。此外,在纵梁上还制有很多装置孔,用以安装脚踏板、车身、转向器和悬架总成及其支架。而横梁不仅用来保证车架的扭转刚度和承受纵向载荷,而且用以支承汽车上的主要部件。

(a)槽形　　(b)箱形　　(c)Z字形　　(d)工字形　　(e)管形

图7-2　车架纵梁的断面形状

(2)中梁式车架

中梁式车架只有一根位于中央而贯穿汽车全长的纵梁,亦称为脊骨式车架,如图7-3所示。中梁的断面可做成管形、槽形或箱形。中梁的前端做成伸出支架,用以固定发动机,而主减速器壳通常固定在中梁的尾端,形成断开式后驱动桥。中梁上悬伸的托架用以支承汽车车身和安装其他机件。若中梁是管形的,则传动轴可在管内穿过。

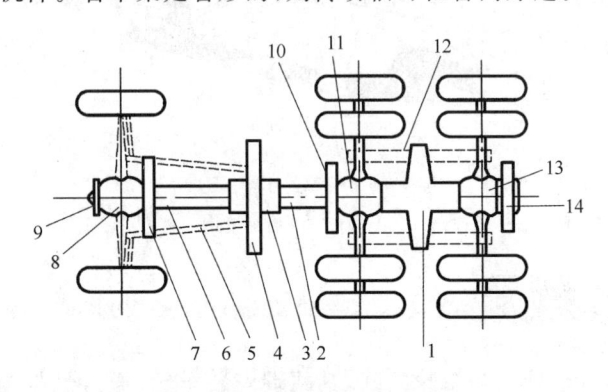

图7-3　中梁式车架
1—连接桥;2—中央脊梁;3—分动器壳;4—驾驶室后部及货箱副梁前部托架;5—前悬架扭杆弹簧;6—前脊梁;7—发动机后部及驾驶室前托架;8—前桥壳;9—发动机前托架;10、14—连接货箱副梁的托架;11—中桥壳;12—后悬架的钢板弹簧;13—后桥壳

中梁式车架的优点:有较好的抗扭转刚度和较大的前轮转向角,在结构上允许车轮有较大的跳动空间,便于装用独立悬架,从而提高了汽车的越野性能;与同吨位的载货汽车相比,

其车架轻,整车质量小,同时质心也较低,故行驶稳定性好;车架的强度和刚度较大;脊梁还能起封闭传动轴的防尘罩作用。中梁式车架的缺点:制造工艺复杂,精度要求高,总成安装困难,维护修理不方便,故目前应用较少。

(3)综合式车架

图 7-4 所示的车架是由边梁式车架和中梁式车架组合构成的,称为综合式车架。车架的前段或后段是边梁式结构,用以安装发动机和后驱动桥;而车架的中段是中梁式结构,其悬伸出来的支架可以固定车身。传动轴从中梁的中间穿过,使之密封防尘。

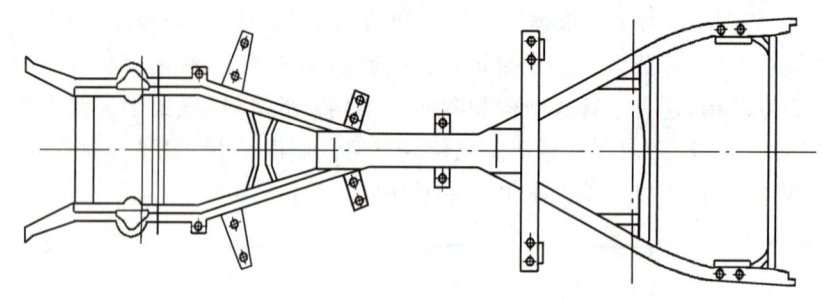

图 7-4 综合式车架

(4)无梁式车架

部分轿车和大型客车取消了车架,而以车身兼代车架的作用,即将所有部件固定在车身上,所有的作用力也由车身来承受,这种车架称为无梁式车架,也可称为承载式车身,目前广泛用于轿车和客车。如现代的轿车均为承载式车身,如图 7-5 所示。

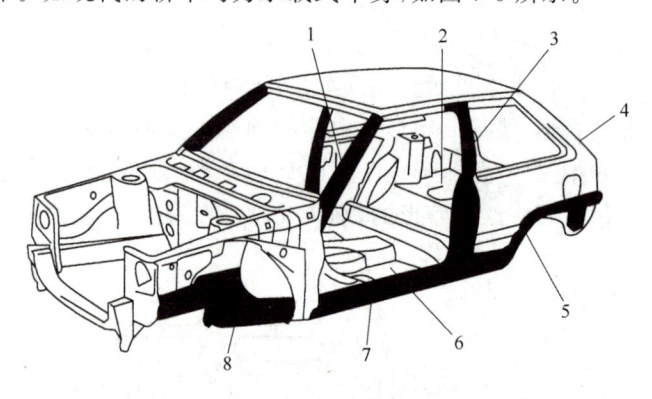

图 7-5 无梁式车架

1—A柱;2—行李舱底板;3—B柱;4—后围侧板;5—后纵梁;6—底板;7—车门栏板;8—前纵梁

二、车桥

车桥(也称车轴)位于悬架与车轮之间,其两端安装车轮,通过悬架与车架(或承载式车身)相连,其功用是传递车架(或承载式车身)与车轮之间的作用力及这些力所产生的力矩。

根据悬架的结构形式,车桥可分为断开式和整体式两种。断开式车桥为活动关节式结构,它与独立悬架配合使用,如图 7-6(a)所示;整体式车桥的中部是一个整体的刚性实心或空心梁(轴),它多与非独立悬架配用,如图 7-6(b)所示。

按照车桥上车轮的运动方式和作用,车桥可分为转向桥、驱动桥、转向驱动桥和支持桥四种类型。其中转向桥和支持桥都属于从动桥。在后轮驱动的汽车中,前桥不仅用于承载,而且兼起转向作用,称为转向桥;后桥不仅用于承载,而且兼起驱动的作用,故称为驱动桥。越野汽车和前轮驱动汽车的前桥,除了承载和转向的作用外,还兼起驱动作用,所以称为转向驱动桥。只起支承作用的车桥称为支持桥。挂车的车桥就是支持桥。

驱动桥已在前面章节中介绍过,支持桥除不能转向外,其他功能和结构与转向桥相同,因此这里主要介绍转向桥和转向驱动桥。

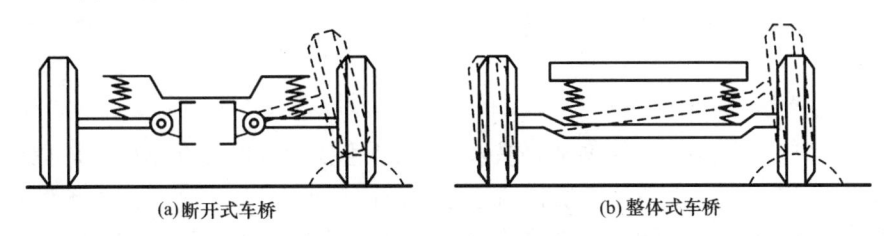

(a)断开式车桥　　(b)整体式车桥

图 7-6　车桥

1.转向桥

转向桥通常位于汽车前部,因此也常称为前桥。转向桥的功用是:通过转向节使车轮可以偏转一定角度,以实现汽车的转向;承受一定的载荷,即转向桥既承受垂直载荷,同时承受纵向力和侧向力以及由这些力产生的力矩;使汽车具有正确的定位角与合适的转向角;使车轮转向的过程中内部件之间的摩擦力尽可能减小,使汽车转向轻便;保证行驶时方向的稳定性。

各种类型汽车的转向桥结构基本相同,主要由前轴(梁)、转向节、主销和轮毂等部分组成,如图 7-7 所示。

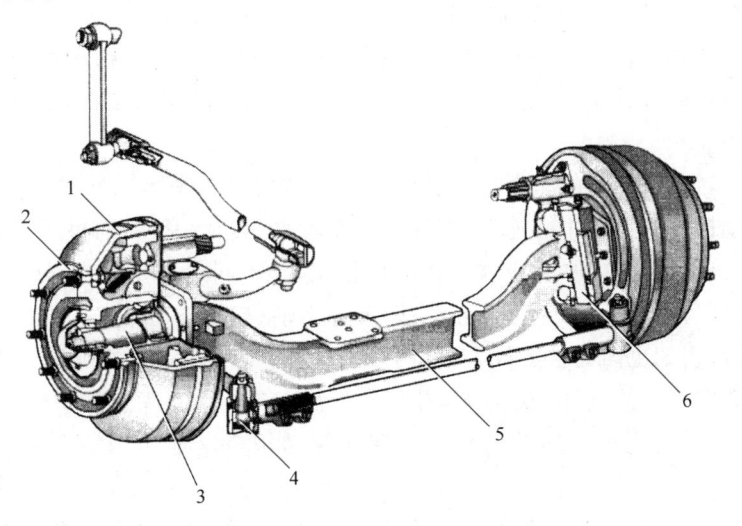

图 7-7　转向桥
1—制动鼓;2—轮毂;3—转向节;4—转向节臂;5—前轴;6—主销

(1)前轴

前轴是转向桥的主体,一般由中碳钢经模锻和热处理而制成。其断面形状一般采用工字形或管形,以提高其抗扭强度,在接近两端的部位各有一个加粗部分呈拳形,其中有通孔,主销即插入此孔内。中部向下弯曲呈凹形,其目的是使发动机位置得以降低,从而降低汽车质心,扩大驾驶员视野,减小传动轴与变速器输出轴之间的夹角。

(2) 转向节

转向节是车轮转向的铰链，它是一个叉形部件。上、下两叉有安装主销的两个同轴孔，转向节轴颈用来安装车轮。转向节上销孔的两耳通过主销与前轴两端的拳形部分相连，使前轮可以绕主销偏转一定角度，从而使汽车转向。为了减轻磨损，转向节销孔内压入青铜衬套，衬套用装在转向节上的油嘴注入润滑脂润滑。为使车轮转向灵活，在转向节下耳与前轴拳形部分之间装有推力滚子轴承。在转向节上耳与拳形部分之间还装有调整垫片，以调整其间的间隙。

(3) 主销

主销的作用是铰接前轴及转向节，使转向节绕着主销摆动以实现车轮的转向。主销的中部切有凹槽，安装时用主销固定螺栓与它上面的凹槽配合，将主销固定在前轴的拳形孔中。主销与转向节上的销孔是动配合，以便实现转向。主销的常见形式如图 7-8 所示。

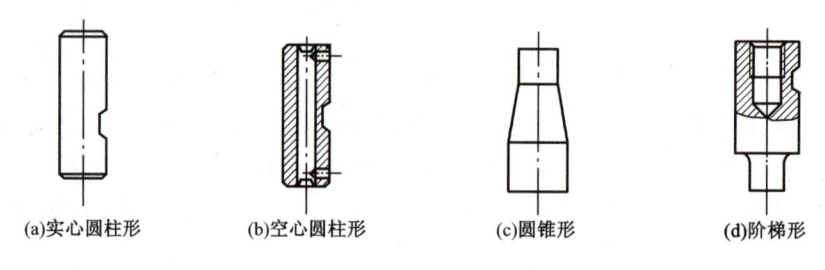

(a) 实心圆柱形　　(b) 空心圆柱形　　(c) 圆锥形　　(d) 阶梯形

图 7-8　主销的常见形式

(4) 轮毂

轮毂是连接制动鼓、车轮轮辐和半轴凸缘的重要零件，一般通过两个圆锥滚子轴承支承在转向节外端的轴颈上。轴承的松紧度可用调整螺母（装于轴承外端）加以调整。轮毂外端用冲压的金属罩盖住，内端装有油封。制动底板与防尘罩一起都固定在转向节上。

2. 转向驱动桥

能实现车轮转向和驱动的车桥称为转向驱动桥，如图 7-9 所示。在结构上，转向驱动桥既具有一般驱动桥所具有的主减速器、差速器及半轴，也具有一般转向桥所具有的转向节壳体、主销和轮毂等。它与单独的驱动桥、转向桥相比，其不同之处是，由于转向的需要，半轴被分为两段，分别为内半轴（与差速器相连接）和外半轴（与轮毂连接），二者用等角速万向节连接起来。同时，主销也因此被分成上、下两段，分别固定在万向节的球形支座上。转向节轴的轴颈部分做成中空的，以便外半轴从中穿过。转向节的连接叉是球状转向节壳体，既满足了转向的需要，又适应了转向节的传力。转向驱动桥广泛地应用在全轮驱动的越野汽车上。

如图 7-10 所示为轿车的前桥总成，采用的是断开式、独立悬架转向驱动桥。车桥上端通过左、右悬架与承载式车身相连接，下端通过左、右下摆臂与固定在车身上的副车架相连接。悬架车轮轴承壳与下摆臂之间通过可移动球形接头连接，从而使前轮固定，并可通过下摆臂上的长孔调整车轮外倾角。为了减小车辆转向时的车身倾斜，在副车架与下摆臂之间还装有横向稳定器。

动力由主减速器、差速器经传动半轴驱动车轮旋转。传动半轴总成如图 7-11 所示。

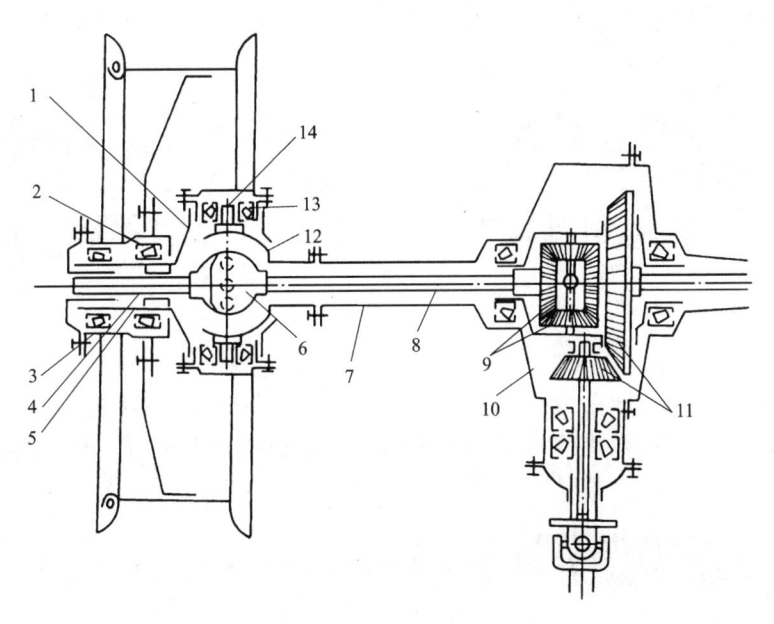

图 7-9 转向驱动桥

1—转向节壳体；2—轮毂轴承；3—轮毂；4—外半轴；5—转向节轴；6—等角速万向节；7—半轴套管；
8—内半轴；9—差速器；10—主减速器壳；11—主减速器；12—球形支座；13—主销轴承；14—主销

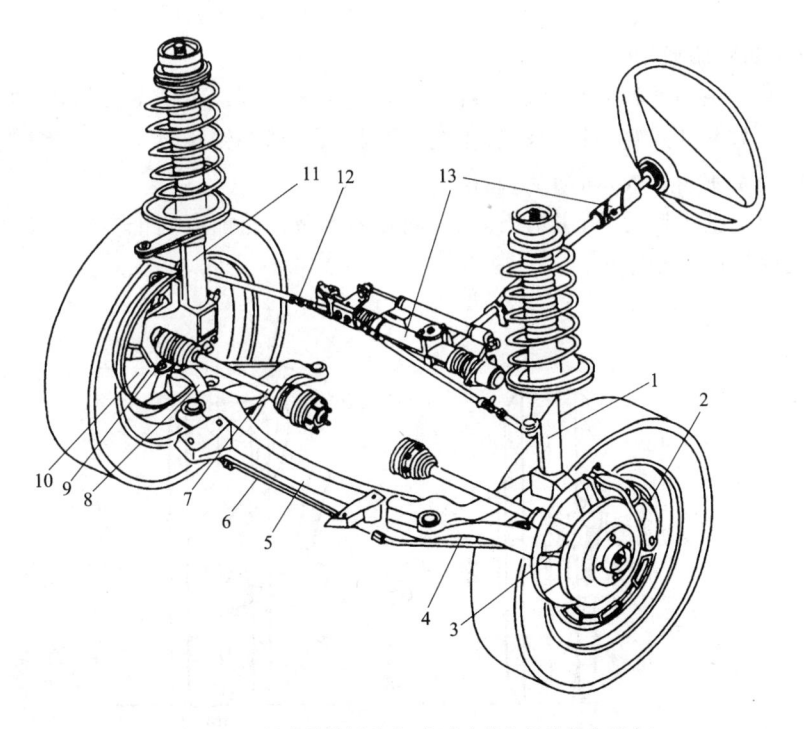

图 7-10 轿车的前桥总成（主减速器和差速器未画出）

1、11—悬架；2—前轮制动器总成；3—制动盘；4、8—下摆臂；5—副车架；6—横向稳定器；
7—传动半轴总成；9—球形接头；10—车轮轴承壳；12—转向横拉杆；13—转向装置总成

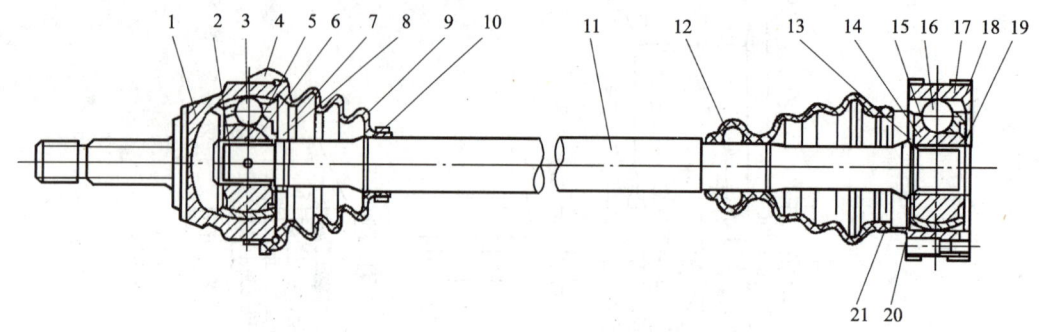

图 7-11 传动半轴总成

1—外万向节球形壳；2、19—卡簧；3、16—钢球；4、10、21—夹箍；5—外万向节球笼；6—外万向节星形套；7—中间挡圈；8、13—碟形弹簧；9、12—橡胶护套；11—花键轴；14—内万向节星形套；15—内万向节球笼；17—内万向节球形壳；18—密封垫片；20—内万向节护盖

三、转向轮定位

为了保持汽车直线行驶的稳定性、操纵的轻便性和减轻轮胎与机件间的磨损，转向轮、转向节和前轴三者之间与车架必须保持一定的相对位置，这种具有一定相对位置的安装称为转向轮定位，也称为前轮定位。正确的前轮定位应做到：可使汽车直线行驶，稳定而不摆动；转向时转向盘上的作用力不大；转向后转向盘具有自动回正功用；轮胎与地面间不打滑以减少油耗；延长轮胎使用寿命。

对于两端装有主销的转向桥，汽车转向时，转向车轮会围绕主销轴线偏转，如图 7-12(a) 所示。但在大多数断开式转向桥中没有主销，采用上、下球头销代替主销，上、下球头销球头中心的连线相当于主销轴线，如图 7-12(b) 所示。

转向轮定位包括主销后倾、主销内倾、转向轮外倾及前轮前束四个参数。现以有主销的转向桥为例说明转向车轮定位。

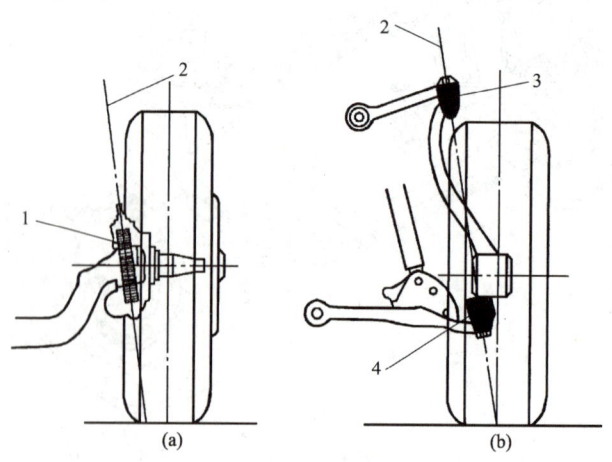

图 7-12 主销的不同形式

1—转向主销；2—转向轴线；3—上球头销；4—下球头销

1.主销后倾
(1)定义

主销装在前轴上以后,在纵向平面内,其上端略向后倾斜,这种现象称为主销后倾。在纵向垂直平面内,主销轴线与汽车支承平面垂线之间的夹角 γ 叫主销后倾角,如图 7-13 所示。

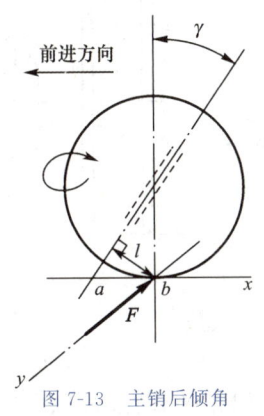

图 7-13 主销后倾角

(2)功用

主销后倾的功用是形成回正力矩,保证汽车直线行驶的稳定性,并使汽车转向后回正操纵轻便。

(3)原理

主销后倾后,它的轴线与路面的交点位于车轮与路面接触点 b 之前,这样 b 点到主销轴线之间就有一段垂直距离 l。若汽车转弯(图 7-14 所示为向右转弯),则汽车产生的离心力将引起路面对车轮的侧向反作用力 F,F 通过 b 点作用于轮胎上,形成了绕主销的稳定力矩 $M=Fl$,其作用方向正好与车轮偏转方向相反,在力矩作用下,使车轮有恢复到原来中间位置的趋势。即使在汽车直线行驶偶尔遇到阻力使车轮偏转时,也有此种作用。主销后倾角越大,车速越高,回正力矩越大,转向轮偏转后自动回正的能力也越强,前轮的稳定性越强,但主销后倾角过大会造成转向盘沉重,一般采用 $\gamma<3°$。有些轿车和客车常使用超低压子午线扁平轮胎,轮胎气压较低,弹性较大,行驶时由于轮胎与地面的接触面中心向后移动,引起稳定力矩增大,故后倾角可以减小到接近于零,甚至为负值(主销前倾)。

(4)主销后倾角的形成

主销后倾角一般是将前轴连同悬架安装在车架上时,使前轴向后倾斜而形成的。

2.主销内倾
(1)定义

主销安装到前轴上后,在横向平面内,其上端略向内倾斜,这种现象称为主销内倾。在横向垂直平面内,主销轴线与汽车支承平面垂线之间的夹角 β 叫主销内倾角,如图 7-14 所示。

(2)功用

主销内倾的功用是使转向轮自动回正,并使转向操纵轻便。

(3)原理

①主销内倾具有使转向轮转向操纵轻便的作用。如图 7-14(a)所示,主销内倾后,主销轴线的延长线与地面交点到车轮中心平面与地面交线的距离 c 减小(在有些维修资料中将距离 c 称为偏置或磨胎半径),转向时,路面作用在转向轮上的阻力对主销轴线产生的力矩

减小，从而可减小转向时驾驶员加在转向盘上的力，使转向操纵轻便，同时还可减小从转向轮传到转向盘上的冲击力。

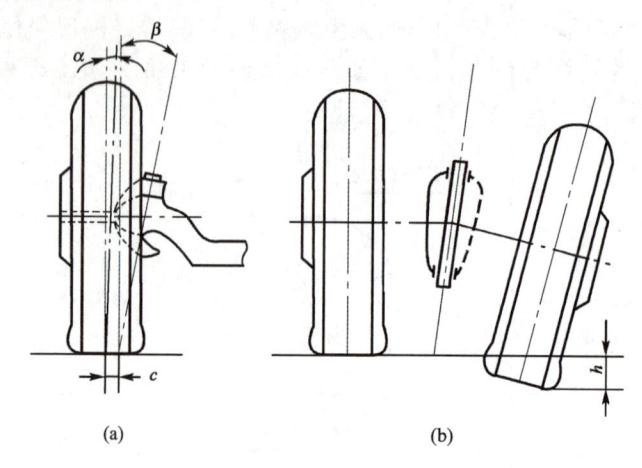

图 7-14 主销内倾角

② 主销内倾具有使转向轮自动回正的作用。如图 7-14(b) 所示，当转向轮在外力作用下绕主销旋转而偏离中间位置时，由于主销内倾，车轮的最低点将陷入路面以下 h 处，即车轮必须将路面压低距离 h 后才能旋转过来，但实际上路面不可能被压低，车轮下边缘不可能陷入路面之下，而是车轮连同整个汽车前部被向上抬起相应高度 h。一旦外力消失，转向轮就会在汽车前部重力作用下自动回正到旋转前的中间位置。主销内倾角 β 越大，转向轮偏转角 α 越大，汽车前部就抬起得越高，转向轮自动回正的作用就越大。

主销内倾角既不宜过大，也不宜过小。主销内倾角 β 过大（偏置 c 减小），转向时，车轮在滚动的同时将与路面产生较大的滑动，增大轮胎与路面的摩擦阻力，这不仅使转向沉重，而且加速了轮胎的磨损，故主销内倾角 β 一般不大于 $8°$，偏置一般为 $40\sim60$ mm；主销内倾角 β 过小（偏置 c 增大），汽车行驶的稳定性和制动稳定性将变差。在一些发动机前置、前轮驱动的轿车上，为了使汽车具有良好的行驶稳定性，特别是制动稳定性，其主销内倾角 β 均较大。

（4）主销内倾角的形成

整体式转向桥的主销内倾角是在制造前轴时将销孔轴线上端向内倾斜而获得的。

总结：主销后倾和主销内倾都有使汽车转向自动回正，保持直线行驶的作用。但主销后倾的回正作用与车速有关，而主销内倾的回正作用几乎与车速无关。因此，高速时主销后倾的回正作用起主导地位，而低速时则主要靠主销内倾起回正作用。此外，直线行驶时前轮偶尔遇到冲击而偏转时，也主要依靠主销内倾起回正作用。

3. 转向轮外倾

（1）定义

转向轮安装在转向节上时，其旋转平面上端向外倾斜，这种现象称为转向轮外倾。转向轮旋转平面与垂直于车辆支承面的纵向平面之间的夹角 α 称为转向轮外倾角，如图 7-15 所示。

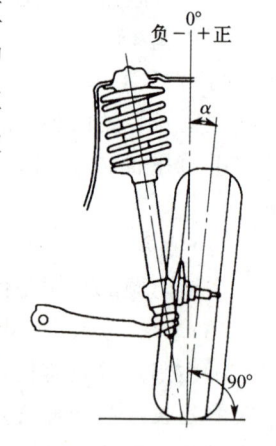

图 7-15 转向轮外倾角

130

(2)功用

转向轮外倾的功用是保证车轮与地面有最大的接触面积,防止轮胎偏磨,提高转向操纵的轻便性。

(3)原理

主销与衬套之间、轮毂与轴承等处都存在着装配间隙,若空车时车轮的安装正好垂直于路面,则满载时上述间隙将发生变化,车桥也因承载而变形,从而引起车轮向内倾斜。车轮内倾将使路面对车轮的垂直反作用力的轴向分力压向轮毂外端的小轴承,使该轴承及其锁紧螺母等件承受的载荷增大,降低了它们的使用寿命,严重时会损坏锁紧螺母而使车轮脱落。为此,安装车轮时预先留有一定的外倾角,以防止上述不良影响。车轮外倾与主销内倾相配合可进一步缩短距离 c,使汽车转向轻便,如图 7-14(a)所示。此外,车轮有一定的外倾角也可以与拱形路面相适应。但车轮外倾角不宜过大,否则会使轮胎产生偏磨损。一般前轮外倾角为1°左右。

目前很多小轿车的外倾角都是负值,这样在汽车转向时可避免车身过分倾斜。

(4)转向轮外倾角的形成

转向轮外倾角是由转向节的结构确定的。当转向节安装到前轴上后,其转向节轴颈相对于水平面向下倾斜,从而使前轮安装后出现前轮外倾。

4.前轮前束

(1)定义

汽车两个前轮安装后,俯视车轮,两个前轮的旋转平面并不完全平行,而是稍微带一些角度,这种现象称为前轮前束,如图 7-16 所示。在通过两前轮中心的水平面内,两前轮前端距离 B 小于两前轮后端距离 A,其差值($A-B$)称为前轮前束值。前端小后端大像内八字一样的称为前束,而后端小前端大像外八字一样的称为后束或负前束。

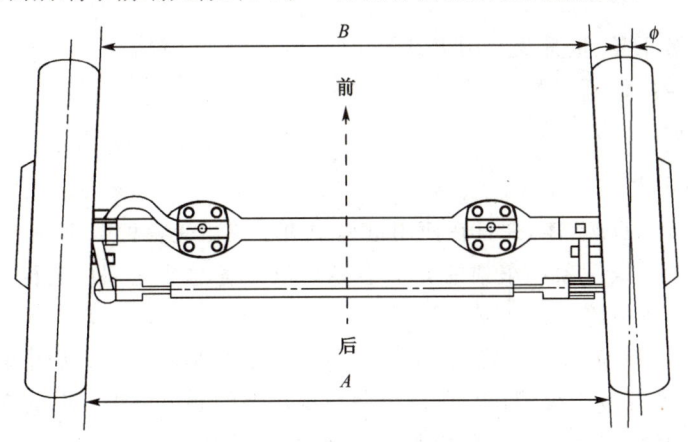

图 7-16 前轮前束

A—两前轮后端距离;B—两前轮前端距离

(2)功用

前轮前束的功用是消除由车轮外倾而引起的前轮"滚锥效应",保证车轮不向外滚动,防止车轮侧滑和减轻轮胎的磨损。

(3)原理

由于车轮外倾,汽车行驶时,两个车轮的滚动类似于两个锥体的滚动,其轨迹不再是直线而是逐渐向各自的外侧滚开,如图 7-17 中的 a 轨迹所示。但因受车桥和转向横拉杆的约束,两侧车轮不可能向外滚开,这样,车轮在路面上滚动行驶的同时又被强制拉向内侧,产生向内的侧滑,从而加剧轮胎的磨损。有了前束,车轮滚动的轨迹是向内侧偏斜的,如图 7-17 中的 b 轨迹所示。只要前束值与车轮外倾角配合适当,车轮向内、外侧滚动的偏斜量就会相互抵消,使车轮每一瞬间的滚动方向都朝着正前方,如图 7-17 中的 c 轨迹所示,从而消除了侧滑,减轻了轮胎的磨损。

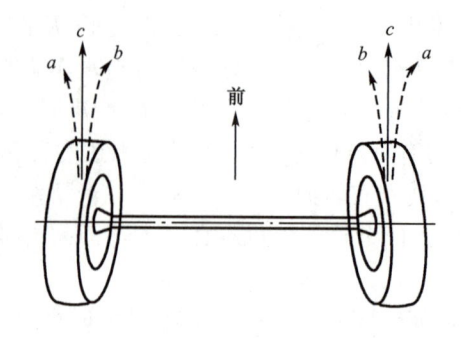

图 7-17 车轮外倾与车轮前束产生的车轮运动轨迹

(4)车轮前束值的形成

前轮前束可通过改变转向横拉杆的长度来调整,一般前束值为 0～12 mm。有的汽车为与负前轮外倾角相配合,其前束值也取负值即负前束。

工作任务实施

一、实施条件

(1)汽车车架和车桥。
(2)常用拆装工具、量具及专用工具等。
(3)四轮定位仪。
(4)维修手册。

二、实施步骤

车架是汽车的装配基体,并且在使用过程中由于要承受各种载荷,所以往往会出现弯曲变形、扭转变形等失效现象。车架的变形会导致汽车各总成之间的装配、连接位置发生变化,使得各系统出现故障。

为了汽车整体布局、安装的需要,车架常要制成各种形状,在形状明显变化的地方往往会由于应力集中而导致裂纹、断裂,所以早期发现车架的裂纹对于汽车的安全非常重要。

恶劣的工作环境往往会使汽车车架锈蚀,路面不平产生的冲击振动会使螺栓、铆钉等连接松动。

以上因素使汽车的检修成为汽车维护的重要工作。

1.车架的检修

(1)外观检查

从外观上检查车架是否有严重的变形、裂纹、锈蚀、螺栓或铆钉松动等现象。

(2)车架变形的检修

车架弯曲的检查可以通过拉线、直尺测量来进行。一般要检测车架上平面和侧平面的直线度误差。如图 7-18 所示为车架纵梁直线度的检测。

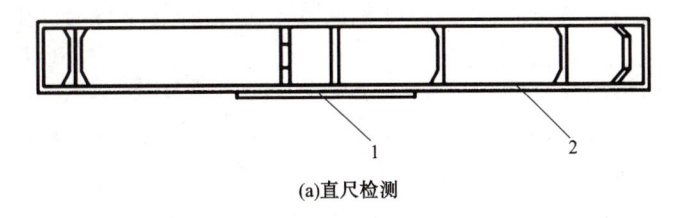

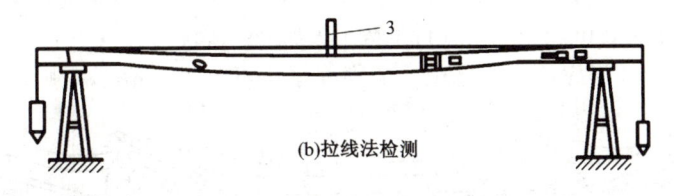

(a)直尺检测

(b)拉线法检测

图 7-18　车架纵梁直线度的检测
1,3—直尺;2—车架

车架扭转通常采用对角线法进行测量。双桥汽车的平行边梁式车架,以钢板弹簧座上钢板销孔的轴线为基准,构成三个矩形框,如图 7-19 所示。测量每个矩形框两条对角线(1 和 2,3 和 4,5 和 6)的长度差及其位置距离误差来判断车架在垂直方向和水平方向上的变形。把这种划分矩形框(Ⅰ、Ⅱ、Ⅲ)的办法俗称为"三段法"。其优点除了定位精度高,测量准确外,还可提高前、后桥的平行度和轴距的准确性。

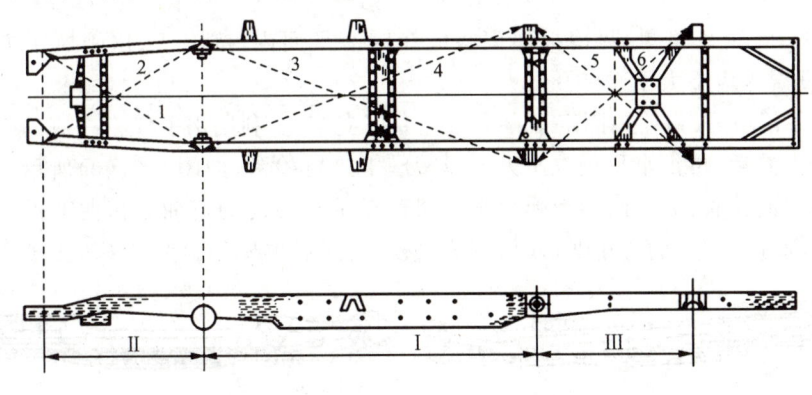

图 7-19　车架钢板弹簧座孔中心距及对角线的检测

2.转向桥的检修

下面以货车为例介绍转向桥的检修。

(1)转向桥的拆卸

解体检修步骤:拆下前轮、制动器鼓及制动底板总成,拆下横、直拉杆,拆除前钢板弹簧U形螺栓,并用小车将转向桥推出,到专用拆装台上将各零件分解。也可在车上拆下转向节等零件,然后再松开钢板弹簧 U 形螺栓,拆下前轴。

拆卸过程中必须注意以下问题:

①车辆支承稳固后才能进行解体。

②合理选用拆卸工具,以保证拆卸质量,提高拆卸效率。

③主销应尽量采用压力机压出,若采用锤击法拆卸,应用铜棒抵住主销。

(2) 前轴的检修

前轴的主要缺陷是易变形、产生裂纹和主销孔、钢板弹簧座与定位孔易磨损。损坏的形式不同,其修理方法也不同。

① 前轴裂纹的检修

将前轴清洗干净后,用磁力擦伤法或浸油敲击法进行检测,出现裂纹时,应更换前轴。

② 钢板弹簧座的检修

用直尺、厚薄规检测,方法如图 7-20 所示。钢板弹簧座的平面度误差应不大于 0.40 mm,超过 0.40 mm 时应进行修磨,或用刨削、铣削等方法进行加工,但钢板弹簧座的厚度减小量应不大于 2 mm,否则,应进行堆焊修复或换用新件。

钢板弹簧座上 U 形螺栓孔及定位孔的磨损量应不大于 1 mm,否则,应进行堆焊修复。

图 7-20 钢板弹簧座平面度误差的检测

③ 前轴变形的检测与校正

前轴的弯扭变形可用前轴检验仪或其他简易方法进行检测。利用前轴检验仪进行检测时,测量快捷方便,精度较高,但需专用仪器,这主要用于生产规模较大的维修企业。对中小型维修企业,一般用直尺、厚薄规、水平仪、试棒、角尺及拉线法等进行检测。常用的检测方法如下:

a. 用直尺、厚薄规检测:两钢板弹簧座应在同一平面内,按图 7-21(a)所示方法进行检测,其平面度误差应不大于 0.80 mm。

b. 用水平仪检测:将前轴固定于台虎钳或专用支架上,利用水平仪将一侧的钢板弹簧座调整成水平。然后,再把水平仪放于另一弹簧座上进行检测,如图 7-21(b)所示。水珠若不在水平仪的中间位置,表明两钢板弹簧座之间存在垂直方向的弯曲或扭曲变形。前轴两钢板弹簧座之间存在明显的弯扭变形时,应予以校正,然后再检测两弹簧座外的变形。

(a)　　　　　　　　　　　　(b)

图 7-21 两钢板弹簧座之间变形的检测

c. 用角尺检测:如图 7-22 所示,安放好角尺,角度应与被测车型主销内倾角相同,当图中工字形平尺与前轴上钢板弹簧座的平面之间的间隙 a、b 过大时,说明前轴弯曲、扭曲量超限;当角尺与芯轴之间有过大的间隙时,说明主销内倾角不符合要求。

d. 用拉线检测:如图 7-23 所示,在前轴主销孔上端中间拉一细线,然后用直尺测量两钢板弹簧座平面与拉线之间的距离。测量值不符合原厂设计值时,表明前轴存在垂直方向的弯曲变形。若拉线偏离钢板弹簧座中心(偏离程度大于 4 mm),表明前轴两端存在水平方向的弯曲或扭曲变形。

前轴的弯曲、扭曲变形的校正,一般在专用液压校正仪上进行,即利用校正仪的液压缸,对前轴的相应部位施加压力或扭力进行校正,如图 7-24 所示。

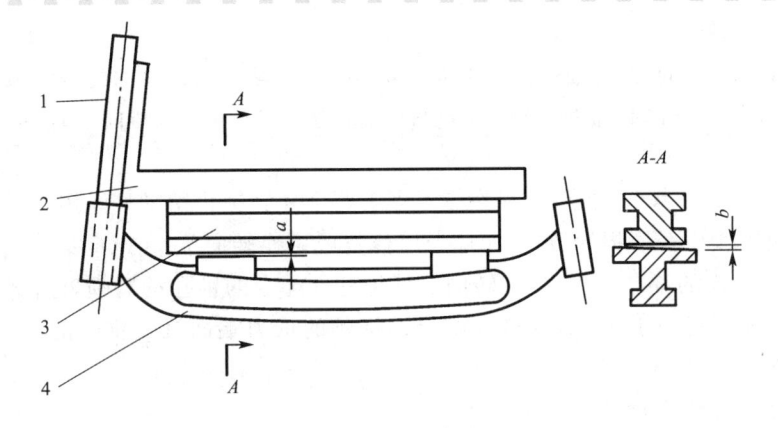

图 7-22　用角尺检测
1—芯轴；2—专用角尺；3—工字形平尺；4—前轴

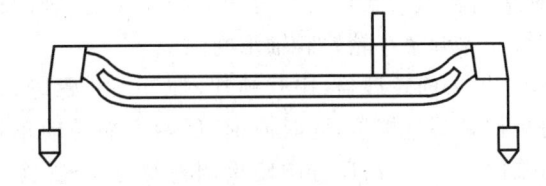

图 7-23　钢板弹簧座与主销孔之间变形的检测

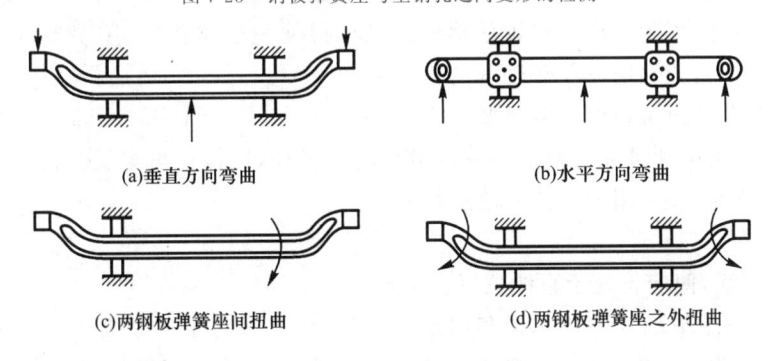

(a)垂直方向弯曲　　(b)水平方向弯曲
(c)两钢板弹簧座间扭曲　　(d)两钢板弹簧座之外扭曲

图 7-24　前轴校正

④前轴主销孔的检修

用游标卡尺测量，前轴主销孔与主销的配合间隙应符合原设计规定，不符合规定要求的，可按修理尺寸进行修理，如可采用镶套法修复(数据可查阅维修手册)。

⑤前轴主销孔上、下端面的检修

前轴主销孔上、下端面在使用过程中会发生磨损，其磨损沟槽应不大于 0.50 mm，否则应修平。前轴主销孔端面修理后，其厚度减少量应不大于 2 mm，否则应堆焊修复或更换新件。

(3)转向节的检修

转向节的主要缺陷是易磨损和产生裂纹。

①裂纹的检验

转向节的油封轴颈处，因其断面的急剧变化，应力集中，是一个典型的危险断面，容易产生疲劳裂纹，以致造成转向节轴疲劳断裂，酿成重大的交通事故。因此，二级维护和修理时必须对转向节轴进行裂纹检验，一旦发现疲劳裂纹，只能更换，不许焊修。检查裂纹最好使用电磁和超声波探伤仪。无该设备时，可采用铜锤敲击法进行检验。

②磨损的检修

a.转向节轴磨损的检修:轴颈直径不大于 40 mm 时,轴颈与轴承的配合间隙为 0.040 mm;轴颈直径大于 40 mm 时,轴颈与轴承的配合间隙为 0.055 mm。转向节轴轴颈磨损超标后应更换新件。

b.转向节轴锁止螺纹的检修:损伤应不多于两个牙。锁止螺母只能用扳手拧入,若能用手拧入,说明螺纹中径磨损导致松旷,应予以修复或更换转向节。

c.转向节上面的锥孔的检修:与转向节臂等杆件配合的锥孔的磨损,应使用塞规进行检验,其接触面积不得小于 70%,与锥孔配合的锥颈的推力端面沉入锥孔的沉入量不得小于 2 mm。否则,应更换转向节。

(4)前轮轮毂轴承的调整

车轮应能灵活地在轮毂轴承上旋转而无卡滞,轴向松动量不能过大或过小。轴向松动量过大,是由车轮轮毂轴承间隙过大或转向节衬套磨损产生的;轴向松动量过小,将使车轮旋转卡滞、发热。检查时,应先调整车轮轮毂轴承间隙。

用千斤顶将车轮顶起,拆去前轮毂盖,搬开锁片,拧下锁止螺母,取下锁片与锁止垫圈。可用维修手册规定的力矩拧紧调整螺母,同时向前、后两方向转动车轮,使轴承的圆锥形滚柱正确地置于轴承圈的锥面上。然后,反方向旋松调整螺母 1~2 个锁紧垫片的孔位,使调整螺母上的止动销与销环上的邻近孔相重合,再装上锁止垫圈与锁止螺母。按照与拆装相反的顺序装复零件,拧紧并用锁片锁住螺母。汽车行驶一段路程后,用手摸试前轮毂,如有过热现象,需要重新调整前轮轮毂轴承的松紧度。

(5)前轮最大转向角的检测和调整

将前轮转向角调到最大的目的是获得最小转弯半径,以保证汽车具有良好的通过性能。在没有仪器的情况下,可用简易的方法进行检查。

①检测方法

a.将前桥顶起,使前轮处于直线位置。

b.在左、右轮胎下面垫一块木板和白纸(固定在板上),将木尺紧靠轮胎外边缘,用铅笔在纸上画出与车轮平行的直线,再把转向盘向右转到底(前轮胎不得与翼子板、钢板弹簧、直拉杆等机件碰擦,并有 8~10 mm 的距离为宜),画出第二条线,然后用量角器测量出右转向角。

c.用同样的方法检测左轮的左转向角。

各种车辆不同的转向角都是在既能保证转向的灵活性,又能保证轮胎不与其他机件碰擦的前提下予以规定的。

②调整方法

经测量转向角不符合规定时,可旋出或旋入转向节上的转向角限位螺栓,或转动转向节壳上的一个调整螺栓进行调整,调整完毕后,必须旋紧锁紧螺母。

3.转向驱动桥的维修

下面以轿车为例介绍转向驱动桥的维修。

(1)拆卸

①在车轮着地时,拧下传动轴与轮毂的固定螺母。

②拧下传动轴凸缘上的紧固螺栓。

③将传动轴与凸缘分开。

④从车轮轴承壳内拉出传动轴,或者利用压力装置拉出传动轴。

注意:拆卸传动轴时,原则上应使用拉具。拆掉传动轴后,应装上一根连接轴来代替传动轴,防止移动卸掉传动轴的车辆时,损坏前轮轴承总成。

(2)安装

①擦净传动轴和花键上的油污,涂上锂基润滑脂。

②在外万向节的花键上涂上一圈 5 mm 的防护剂 D6,然后装上传动轴花键套。涂防护剂的传动轴安装后应停车 60 min,然后才可使用汽车。

③将球头销重新装配在原位置,并拧紧螺母。在安装球头销时,不能损坏波纹管护套。

④必要时检查前轮外倾角。

⑤车轮着地后,拧紧轮毂固定螺母。

思考题

1. 汽车行驶系的功用是什么?
2. 轮式汽车行驶系一般由哪些部分组成?各有什么作用?
3. 为什么说车架是车的基体?它有哪些特点和要求?
4. 为什么边梁式车架应用比较广泛,其结构有哪些特点?
5. 整体式车桥和断开式车桥各有什么特点?它们分别与哪种悬架配合使用?为什么?
6. 转向轮的定位参数有哪些?各起什么作用?
7. 后轮定位的参数有哪些?试述其功用。
8. 整体式车桥和断开式车桥各有什么特点?为什么整体式车桥通常配非独立悬架,而断开式车桥与独立悬架相配?
9. 转向轮定位参数有哪些?各有什么作用?主销后倾角为什么在某些轿车上出现负值?前束如何测量和调整?
10. 转向驱动桥在结构上有什么特点?其转向和驱动两个功用主要由哪些零件实现?

学习情境 8

车轮和轮胎的维修

能力目标

- ◆ 能够正确拆装车轮。
- ◆ 能够正确检查、调整轮毂轴承预紧度。
- ◆ 能够维护、保养轮胎。

知识目标

- ◆ 掌握车轮的基本组成和功用。
- ◆ 掌握轮辋规格的表示方法。
- ◆ 理解轮胎规格的表示方法。

素质目标

- ◆ 通过对车轮和轮胎总成的维修作业,培养细心、耐心和持之以恒的意志品质。

微课

汽车车轮和轮胎结构

相关知识

汽车车轮总成如图 8-1 所示,主要是由车轮和轮胎两大部分组成的。车轮与轮胎是汽车行驶系统中的主要部件,汽车通过车轮由轮胎直接与地面接触,在道路上行驶。其主要功用是:①支承汽车总重量;②吸收和缓和汽车行驶时所受到的路面冲击和振动;③保证轮胎与路面的良好附着性能,以提高汽车的动力性、制动性和通过性;④产生平衡汽车转向行驶时离心力的侧向力,在保证汽车正常转向行驶的同时,通过轮胎产生的自动回正力矩,使汽车保持直线行驶。

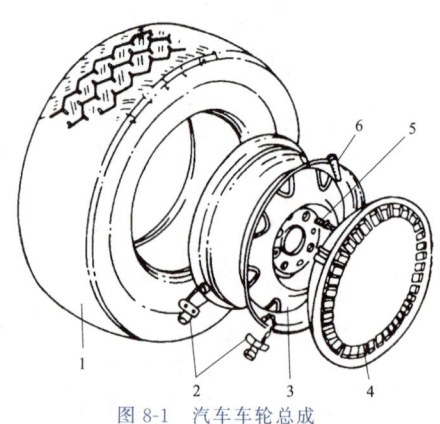

图 8-1 汽车车轮总成
1—轮胎;2—平衡块;3—车轮;
4—装饰罩;5—螺栓;6—气门嘴

一、车轮

1. 车轮的功用、组成

车轮是介于轮胎和车桥之间承受负荷的旋转组件,其功用是安装轮胎,承受轮胎与车桥之间的各种载荷。

车轮主要由轮毂、轮辋和轮辐组成,如图 8-2 所示。轮毂通过圆锥滚子轴承套装在车桥或转向节轴颈上,用于连接车轮与车桥。轮辋也叫钢圈,用于安装轮胎,与轮胎共同承受作用在车轮上的负荷,并散发高速行驶时轮胎上产生的热量及保证车轮具有合适的断面宽度和横向刚度。轮辐用于将轮毂和轮辋连接起来,并通过螺栓与轮毂连接起来。轮辋与轮辐可以是整体的(不可拆式),也可以是可拆式的。

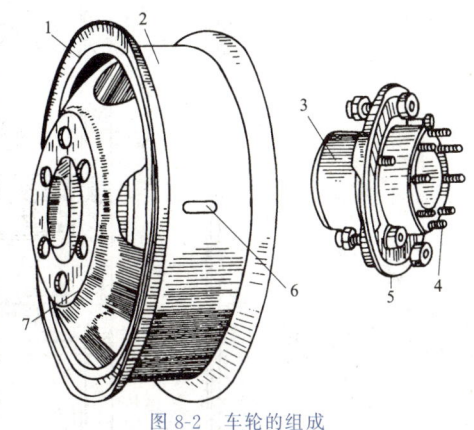

图 8-2 车轮的组成
1—挡圈;2—轮辋;3—轮毂;4—螺栓;
5—凸缘;6—气门嘴伸出口;7—轮辐

2. 车轮的构造

(1)轮辐

按轮辐结构的不同,车轮可以分为两种形式:辐板式车轮和辐条式车轮。

①辐板式车轮

目前,普通轿车和轻、中型货车普遍采用辐板式车轮,这种车轮由轮辋、辐板和气门嘴伸出口等组成。车轮中用以连接轮毂和轮辋的钢质圆盘称为辐板,大多是冲压制成的,少数和轮毂铸成一体,后者主要用于重型汽车。

货车辐板式车轮如图 8-3 所示。辐板与轮辋通过焊接或铆接的方式固定成为一个整体,辐板通过螺栓安装在轮毂上,辐板上的孔可以减轻辐板重量,有利于制动器鼓的散热,方便接近气门嘴,同时可作为安装时的把手。六个孔加工成锥形,以便在用螺栓把辐板固定在轮毂上时对正中心。

载货汽车后桥负荷比前桥大得多,为使后轮轮胎不致过载,后桥一般安装双式车轮,在同一轮毂上安装了两套辐板和轮辋,如图 8-4 所示。为了防止汽车在行驶或制动时固定辐板的螺母自行松

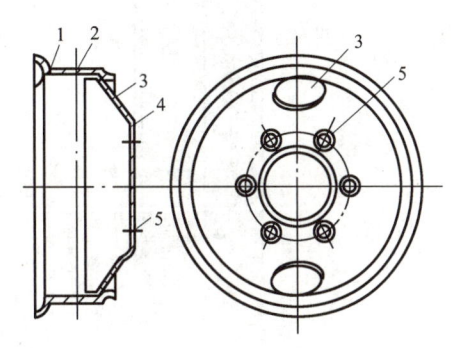

图 8-3 货车辐板式车轮
1—轮辋;2—气门嘴伸出口;3—辐板孔;
4—辐板;5—螺栓孔

脱,汽车两侧车轮上的辐板固定螺栓一般采用旋向不同的螺纹,左侧用左旋螺纹,右侧用右旋螺纹。目前在一些载货汽车上,采用了球面弹簧垫圈,可以防止螺母的自行松脱,故汽车左、右车轮上固定辐板的螺栓均可用右旋螺纹,从而减少了零件。

轿车可不采用这种安装形式,因为轮辐较薄,轮胎螺母旋紧后,轮辐在压出的凸起部分弹性边缘会将轮胎螺母卡住。所以轿车的辐板常冲压起伏多变的形状,以提高其刚度,如图 8-5 所示。目前广泛采用的轿车车轮为铝合金车轮,如图 8-6 所示,且多为整体式的,即

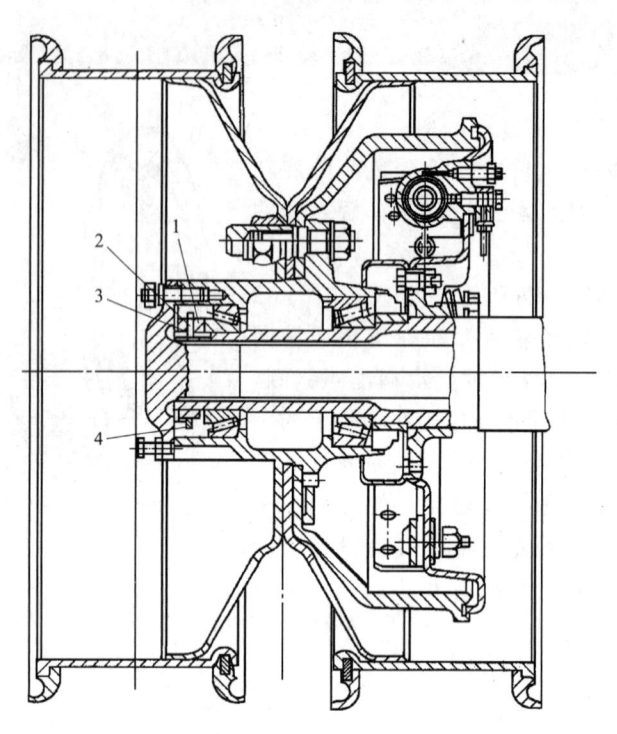

图 8-4 货车双式辐板式车轮

1—调整螺母；2—锁止垫片；3—锁紧螺母；4—销钉

轮辋和轮辐铸成一体。它质量轻，尺寸精度高，生产工艺好，美观大方，可以明显改善车轮的空气动力学特性，降低汽车油耗。

图 8-5 轿车辐板式车轮

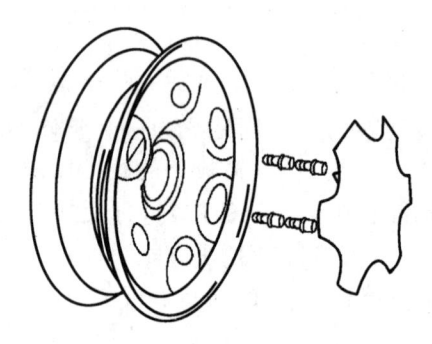

图 8-6 轿车铝合金车轮

② 辐条式车轮

按辐条结构的不同，辐条式车轮又分为钢丝辐条式车轮和铸造辐条式车轮。钢丝辐条式车轮[图 8-7(a)]的结构与自行车车轮完全一样，由于其价格昂贵、维修安装不便，故仅用于赛车和某些高级轿车上。另外，辐条式车轮还不能与无内胎轮胎组合使用。铸造辐条式车轮[图 8-7(b)]常用于重型货车上，辐条与轮毂铸成一体，轮辋是用螺栓和特殊形状的衬块固定在辐条上，为了使轮辋和辐条很好地对中，在轮辋和辐条上都加工出配合锥面。

(2) 轮辋

轮辋用于安装和固定轮胎。轮辋按结构形式不同，分为深槽轮辋、平底轮辋和对开式(可拆式)轮辋三种形式(图 8-8)。此外，还有半深槽轮辋、深槽宽轮辋、平底宽轮辋、全斜底轮辋等。

(a) 钢丝辐条式车轮　　　　　　(b) 铸造辐条式车轮

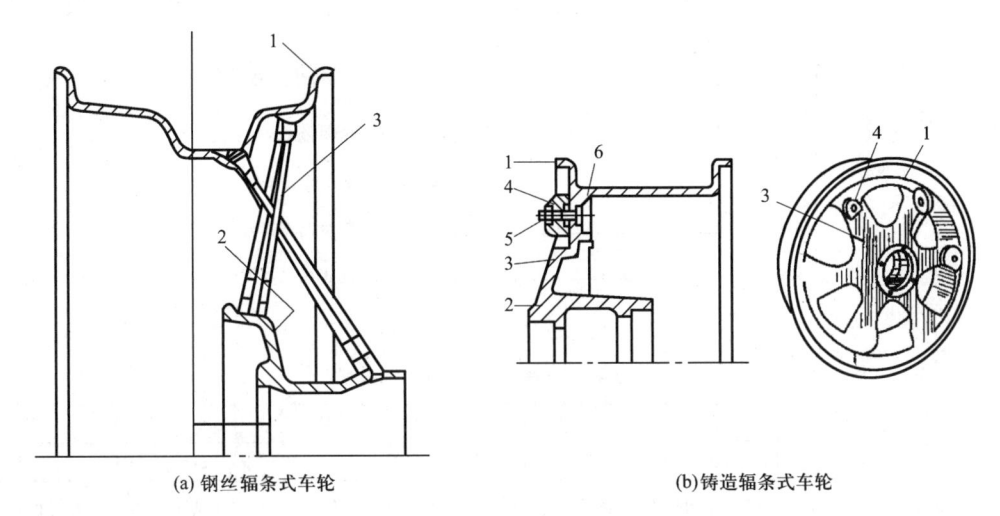

图 8-7　辐条式车轮

1—轮辋；2—轮毂；3—辐条；4—衬块；5—螺栓；6—配合锥面

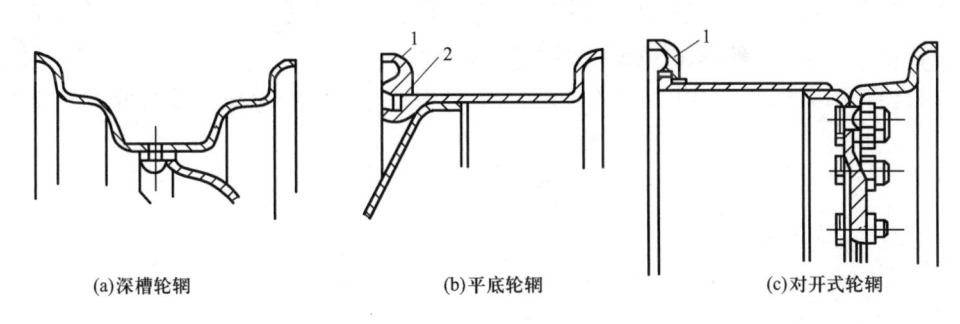

(a) 深槽轮辋　　　　(b) 平底轮辋　　　　(c) 对开式轮辋

图 8-8　轮辋的常见结构形式

1—挡圈；2—锁圈

近几年来，为了适应提高轮胎负荷能力的需要，国内外均朝宽轮辋的方向发展，如美国的货车已全部采用宽轮辋，欧洲各国也在积极普及宽轮辋，我国也在进行由窄轮辋向宽轮辋的过渡。实验表明，采用宽轮辋可以提高轮胎的使用寿命，并可改善汽车的通过性和行驶稳定性。

（3）国产轮辋规格的表示方法

原则上每种轮胎只配用一种标准轮辋，必要时也可用与标准轮辋相接近的容许轮辋。当轮胎装入与其规格不同的轮辋时，就会使轮胎变形，影响轮胎的性能。因此，不同规格的轮胎，应该配用相应规格的标准轮辋。

国产轮辋规格按国家标准用轮辋名义宽度代号、轮缘高度代号、轮辋结构形式代号、轮辋名义直径代号和轮辋轮廓类型代号来表示，其表示方法如图 8-9 所示。

①轮辋名义宽度代号和轮辋名义直径代号：它们均以英寸表示，一般取两位小数（当新设计轮胎以毫米表示时，轮辋也以毫米数值表示）。

②轮缘高度代号：用一个或几个拉丁字母表示，如 C、D、E、F、J、K、L、V 等，常用代号及相应高度值见表 8-1。

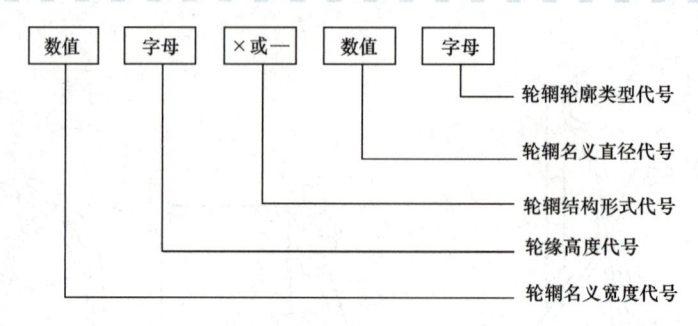

图 8-9　国产轮辋规格表示方法

表 8-1　　　　　　　　轮辋的轮缘高度代号及相应高度值　　　　　　　　mm

代号	B	C	D	E	F	G	H	J	K	L	P	R	S	T	V	W
尺寸	13.8	15.88	17.45	19.81	22.23	27.94	33.73	17.27	19.26	21.59	25.40	28.58	23.33	38.10	44.45	50.80

③轮辋结构形式代号：轮辋的结构形式，根据其主要由几个零件组成而分为：一件式轮辋、二件式轮辋、三件式轮辋、四件式轮辋和五件式轮辋。符号"×"表示一件式轮辋，符号"—"表示两件或两件以上的多件式轮辋。一件式轮辋是指轮辋为整体式的，只有一件，而多件式轮辋由轮辋体、挡圈、锁圈等多个部件组成。

④轮辋轮廓类型代号：用几个字母表示，每个代号所表示的轮辋轮廓类型代号如图8-10所示。

深槽轮辋(DC)　　深槽宽轮辋(WDC)

半深槽轮辋(SDC)　　平底轮辋(FB)

平底宽轮辋(WFB)　　全斜底轮辋(TB)

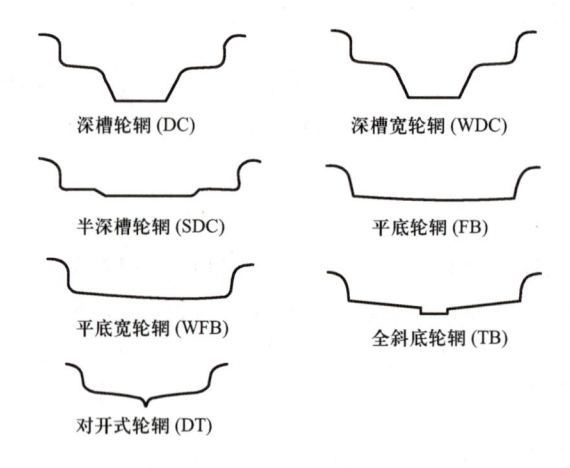

对开式轮辋(DT)

图 8-10　轮辋轮廓类型代号

二、轮胎

1.轮胎的功用和类型

（1）功用

现代汽车都采用充气式轮胎，轮胎安装在轮辋上，直接与路面接触，它的功用是：

①支承汽车的重量，承受路面传来的各种载荷的作用。

②与汽车悬架共同来吸收和缓和汽车行驶中所受到的冲击，并衰减由此而产生的振动，以保证汽车有良好的乘坐舒适性和行驶平顺性。

③保证车轮和路面有良好的附着性而不致打滑，以提高汽车的动力性、制动性和通过性。

(2)类型

①汽车轮胎按其用途可分为轿车轮胎和载货汽车轮胎两种。轿车轮胎主要用作轿车的充气轮胎;载货汽车轮胎主要用作载货汽车、客车及挂车上的充气轮胎。

②汽车轮胎按胎体结构可分为充气轮胎和实心轮胎。现代汽车绝大多数采用充气轮胎;而实心轮胎目前仅应用在沥青、混凝土路面干线道路上行驶的低速汽车或重型挂车上。

③按轮胎有无内胎,轮胎分为有内胎轮胎和无内胎轮胎两种,目前轿车上普遍采用无内胎轮胎。

④按胎内的空气压力大小,可分为高压轮胎(0.5~0.7 MPa)、低压轮胎(0.15~0.45 MPa)和超低压轮胎(0.15 MPa以下)三种。目前,轿车、货车几乎全都采用低压轮胎,因为低压轮胎弹性好、断面宽,与道路接触面大,壁薄且散热性好,所以提高了汽车的行驶平顺性、转向操纵的稳定性,同时,道路和轮胎本身的寿命也得以延长。高压轮胎由于橡胶性能的改善,已使轮胎负荷能力大为提高,虽然轮胎气压已在高压轮胎范围,但轮胎的缓冲性能仍保持原来同规格的低压轮胎性能,这类轮胎国内外仍将其归于低压轮胎之列。超低压轮胎在松软路面上具有良好的通过能力,多用于越野汽车及部分高级轿车。

⑤按胎体中帘线排列的方向不同,汽车轮胎又可以分为普通斜交轮胎和子午线轮胎。目前,子午线轮胎在汽车上广泛应用。

⑥按胎面花纹的不同,还可以分为普通花纹轮胎、混合花纹轮胎和越野花纹轮胎。

2.轮胎的结构

(1)有内胎轮胎

有内胎轮胎由外胎、内胎和垫带等组成,使用时安装在汽车车轮的轮辋上,如图8-11所示。

内胎是一个环形的橡胶管,内胎里充满了一定压力的压缩空气,上面装有气门嘴,以便充入或排出空气,为使内胎在充气状态下不产生褶皱,其尺寸应稍小于外胎的内壁尺寸。

垫带是一个环形的橡胶带,它垫在内胎与轮辋之间,以保护内胎不被轮辋和胎圈磨伤,并防止尘土及水汽浸入胎内。

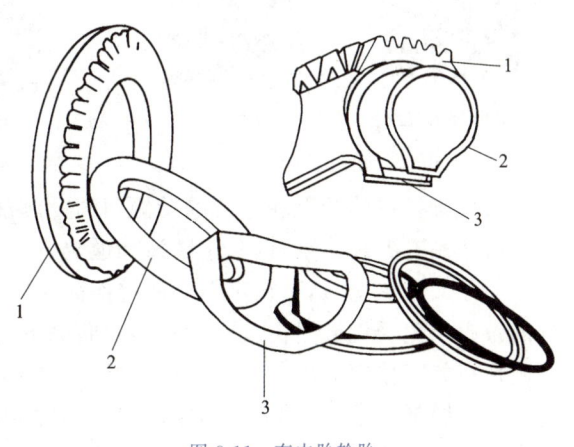

图8-11 有内胎轮胎
1—外胎;2—内胎;3—垫带

外胎是用耐磨橡胶制成的强度较高而又有弹性的外壳,它直接与地面接触,保护着内胎使其不受损伤。

①普通斜交轮胎

普通斜交轮胎的外胎由胎面、帘布层、缓冲层和胎圈组成,如图8-12所示。

胎面是外胎的外表面,包括胎冠、胎肩和胎侧三部分。

胎冠也称行驶面,它与路面直接接触,承受冲击和磨损,并保护胎体不受机械损伤。为了增加轮胎与路面之间的附着力,防止纵、横向滑移,在胎冠上有各种形式的凹凸花纹,如图8-13所示。主要有普通花纹、横向花纹、组合花纹、越野花纹等。普通花纹中的纵向折线花纹[图8-13(a)]最适合于在较好的硬路面上高速行驶,广泛用于轿车、客车及货车等各种车辆;横向花纹[图8-13(b)]仅用于货车。组合花纹[图8-13(c)]由纵向折线花纹和横向花

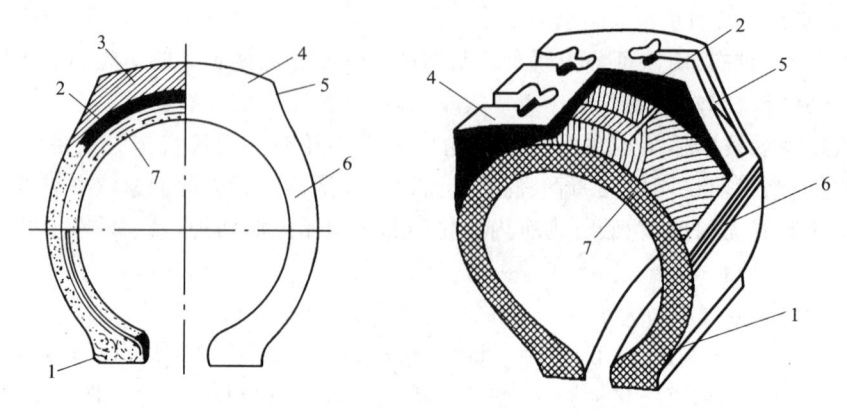

图 8-12 普通斜交轮胎外胎的结构
1—胎圈；2—缓冲层；3—胎面；4—胎冠；5—胎肩；6—胎侧；7—帘布层

纹组合而成,在好路面和不良路面上都可提供稳定的驾驶性能,广泛用于客车和货车。越野花纹[图 8-13(d)]的凹部深而粗,在软路面上与地面附着性好,越野能力强,适用于矿山、建筑工地及其他一些在松软路面上使用的越野汽车。

(a)纵向折线花纹　　(b)横向花纹　　(c)组合花纹　　(d)越野花纹

图 8-13　胎面花纹

胎肩是较厚的胎冠和较薄的胎侧间的过渡部分。它除了起到保护帘布层的作用外,表面一般还制有各种花纹,以利于防滑和散热。

胎侧又称胎壁,是贴在帘布层侧壁的薄橡胶层,由数层橡胶构成,其作用是保护胎侧部分的帘布层免受机械损伤及水分侵蚀。胎侧不与地面接触,一般不磨损,但在行驶过程中,不断地在载荷作用下承受较大的挠曲变形。胎侧上标有厂家名称、轮胎尺寸及其他资料。

帘布层是外胎的骨架,也称胎体,其主要作用是承受负荷(汽车重力、路面冲击力和内部气压),保持轮胎外缘尺寸和形状,并使其具有足够的强度。帘布层通常由多层胶化的棉线或其他纤维编织物用橡胶贴合而成,相邻层的帘线按一定的角度交叉排列,如图 8-12 所示。为使其负荷均匀分布,帘布层数多采用偶数。帘布层数越多,轮胎的强度越大,但弹性下降。帘布层数的多少要根据轮胎承受的负荷、内压以及轮胎的类别和用途来确定,一般在外胎表面上注有帘布层数。帘布材料一般有棉线、人造丝线、尼龙线和钢丝等。现在多采用聚酰胺纤维和钢丝做帘线,在轮胎的承载能力相同的情况下帘布层数可以减少,这样既减少了橡胶的消耗,提高了轮胎的质量,又降低了滚动阻力,延长了轮胎的使用寿命。

缓冲层位于胎面和帘布层之间,由两层或数层较稀疏的帘布和橡胶制成,质软而弹性大。其作用是加强胎面与帘布层的结合,以缓和汽车在行驶时所受到的不平路面的冲击,以及防止汽车在紧急制动时胎面与帘布层脱离。

普通斜交轮胎(常称普交轮胎)的帘布层和缓冲层各相邻层帘线交叉,且与胎面中心线呈小于 90°排列,如图 8-14(a)所示。

胎圈是帘布层的根基,由钢丝圈、帘布层包边和胎圈包布组成,有很大的刚度和强度,可以使外胎牢固地安装在轮辋上。

②子午线轮胎

子午线轮胎用钢丝或纤维织物制作帘布层,其帘布层帘线与胎面中心线的夹角接近90°,并从一侧胎边穿过胎面到另一侧胎边,帘线在轮胎上的分布好像地球的子午线,所以称为子午线轮胎,如图8-14(b)所示。由于帘布层的这种排列特点,使子午线轮胎帘布层数比普通斜交轮胎可减少40%～50%。子午线轮胎的圆周方向上只靠橡胶来联系,所以为了承受行驶时产生的较大切向力,提高轮胎的刚性,子午线轮胎还具有若干层与子午断面呈较大角度(夹角为70°～75°)、强度较高、不易拉伸的周向环行的类似缓冲带的带束层。带束层一般采用强度较高、拉伸变形很小的织物帘布(如玻璃纤维、聚酰胺纤维)或钢丝帘布制造。目前,国内外轿车及一些中型载货汽车广泛装用子午线轮胎。

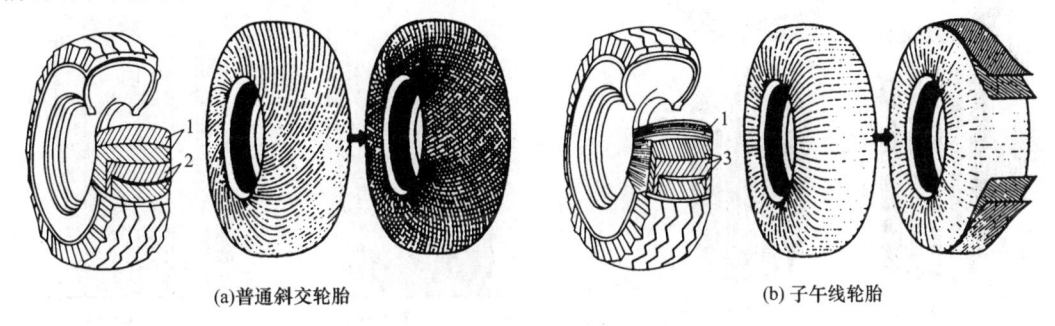

图8-14 普通斜交轮胎和子午线轮胎在帘线排列上的比较
1—帘布层;2—缓冲层;3—带束层

与普通斜交轮胎相比,子午线轮胎有以下优点:

a.滚动阻力小,节约燃料:由于有带束层,车轮受到横向力时,轮胎着地后胎冠切向变形及相对滑移比普通斜交轮胎要小很多,而且子午线轮胎胎侧薄,径向变形恢复快。子午线轮胎和普通斜交轮胎受侧向力时的变化情况如图8-15所示。这两个特点有利于减少轮胎内磨损,降低滚动阻力。试验证明子午线轮胎的滚动阻力比普通斜交轮胎小20%～30%,可节约燃料5%～10%。

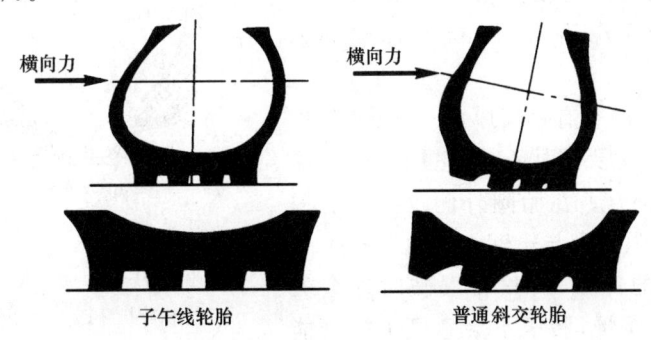

图8-15 轮胎受侧向力时的变化

b.胎面耐磨性好,使用寿命长:由于子午线轮胎胎面刚性大,周向变形小,在路面上的滑移小,此外胎冠接地面积大,单位压力小,并且分布均匀,所以使胎面磨减小。子午线轮胎和普通斜交轮胎接触地面的变形情况如图8-16所示。试验证明子午线轮胎的使用寿命比普通斜交轮胎提高30%～50%。

c.弹性大,缓冲性好:由于子午线轮胎帘线呈径向排列,所以车轮转动时,轮胎垂直于地面的变形比普通斜交轮胎大,胎体柔软,弹性好,提高了汽车行驶的平顺性。

d.抗刺能力强,不易爆胎:子午线轮胎因有坚硬的带束层,所以大大增强了胎冠的抗刺能力,减少了轮胎爆胎的危险,提高了行驶的安全性。

e.附着力性能好:子午线轮胎在行驶时接地面积较大,即使在充足气后,两侧壁上也有一个特殊的凸起。子午线轮胎与普通斜交轮胎接触地面时胎侧情况如图8-17所示。同时由于带束层的作用,接地压强分布较均匀,从而提高了附着力,减少了侧滑现象,提高了汽车的制动性能和动力性能。

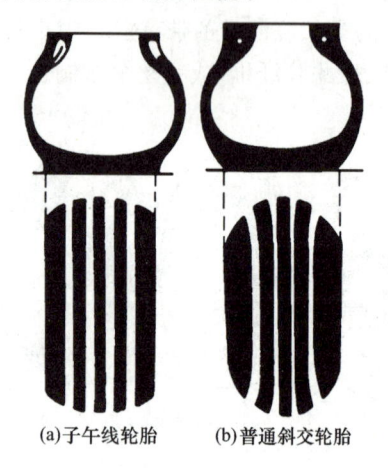

图8-16 轮胎接触地面的变形
(a)子午线轮胎 (b)普通斜交轮胎

图8-17 子午线轮胎与普通斜交轮胎胎侧比较
(a)子午线轮胎 (b)普通斜交轮胎

子午线轮胎的主要缺点有:因胎侧较薄,变形大,在胎冠与胎侧的过渡区容易起裂口;侧面变形大,导致汽车侧向稳定性较差;子午线轮胎的制造要求高,成本也高。

(2)无内胎轮胎

无内胎轮胎俗称真空胎,在外观上与普通轮胎相似,但是没有内胎及垫带。它的气门嘴用橡胶垫圈和螺母直接固定在轮辋上,空气直接充入外胎中,其密封性由外胎和轮辋来保证,故无内胎轮胎必须配用深槽轮辋。无内胎轮胎如图8-18所示。

无内胎轮胎的内壁有一层厚2～3 mm的橡胶密封层,有的在该层下面还有一层自黏层,能自行将刺穿的孔黏合。在胎圈外侧也有一层橡胶密封层,用以加强胎圈与轮辋之间的气密性。

无内胎轮胎的优点是:只在爆破时才会失效,而穿孔时漏气缓慢,胎压不会急剧下降仍能

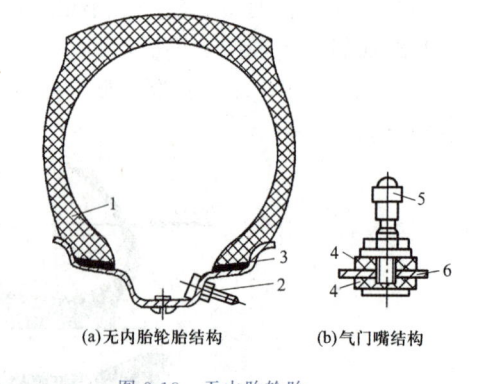

图8-18 无内胎轮胎
(a)无内胎轮胎结构 (b)气门嘴结构
1—橡胶密封层;2—气门嘴;3—胎圈橡胶密封层;
4—橡胶垫圈;5—气门嘴螺母;6—轮辋

继续行驶;因无内胎,故摩擦生热少,散热快,适于高速行驶;结构简单,质量较小。故近年来应用非常广泛,几乎所有的轿车均使用无内胎轮胎。

无内胎轮胎的缺点是:轮胎爆破失效时,途中修理较为困难。

3.轮胎规格的表示方法

轮胎的尺寸标注如图8-19所示。

(1) 普通斜交轮胎的规格

我国和大多数国家一样,高压普通斜交轮胎的规格用 $D×B$ 表示,低压普通斜交轮胎用 $B-d$ 表示。B 为轮胎断面宽度,D 为轮胎外径,d 为轮胎内径或轮辋直径,单位均为英寸(in)。高压轮胎在汽车上应用较少,汽车上广泛应用的是低压轮胎。例如 9.00—20 表示轮胎宽度为 9.00 英寸、轮胎内径为 20 英寸的普通斜交轮胎。

(2) 子午线轮胎的规格

国产子午线轮胎规格:用 $B\text{ }R\text{ }d$ 表示,其中 R 代表子午线轮胎;国产轿车子午线轮胎断面宽度 B 已全部改用公制单位 mm;载货汽车轮胎断面宽度 B 有英制单位和公制单位两种,使用时应注意与轮辋直径一致;而轮辋直径 d 的单位仍为 in。

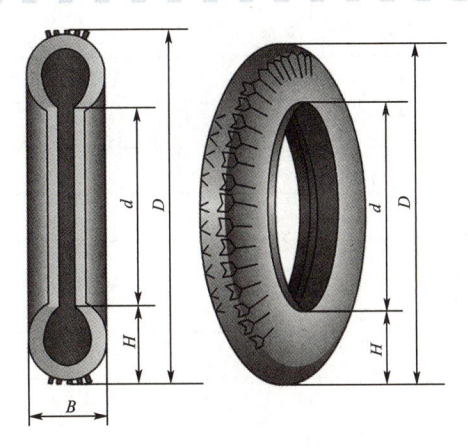

图 8-19 轮胎的尺寸标注
D—轮胎外径;d—轮胎内径或轮辋直径;
B—轮胎断面宽度;H—轮胎高度

随着轮胎的扁平化,仅用断面宽度 B 和轮辋直径 d 已不能完全表示轮胎的规格。即在断面宽度 B 相同的情况下,断面高度 H 随扁平率不同而变化。轮胎按其扁平率(扁平率为轮胎高度 H 与断面宽度 B 之比,即 H/B)划分系列,目前国产轿车子午线轮胎有 80、75、70、65、60 等五个系列,数字分别表示断面高度 H 是断面宽度 B 的 80%、75%、70%、65% 和 60%。显然,数字越小,胎越矮,即轮胎越扁平。

轿车轮胎的规格 195/60 R 14 85 H 为例进行说明。

①195 表示轮胎断面宽度 195 mm,货车子午线轮胎的宽度一般以英寸为单位。

②60 表示扁平率为 60%。

③R 表示子午线轮胎,即"Radial"的第一个字母。

④14 表示轮胎内径 14 英寸。

⑤85 表示荷重等级,即最大载荷质量。荷重等级为 85 的轮胎的最大载荷质量为 515 kg。轮胎常见的荷重等级及对应的最大载荷质量见表 8-2。

表 8-2　　　　轮胎常见的荷重等级及对应的最大载荷质量

荷重等级	最大载荷质量/kg	荷重等级	最大载荷质量/kg
71	345	99	775
72	355	100	800
73	365	101	825
74	375	102	850
75	387	103	875
76	400	104	900
77	412	105	925
78	425	106	950
79	437	107	975

（续表）

荷重等级	最大载荷质量/kg	荷重等级	最大载荷质量/kg
80	450	108	1 000
81	462	109	1 030
82	475	110	1 060
83	487	111	1 095
84	500	112	1 129
85	515	113	1 164
86	530	114	1 200
87	545	115	1 237
88	560	116	1 275
89	580	117	1 315
90	600	118	1 355
91	615	119	1 397
92	630	120	1 440
93	650	121	1 485
94	670	122	1 531
95	690	123	1 578
96	710	124	1 627
97	730	125	1 677
98	750		

⑥ H 表示速度等级，表明轮胎能行驶的最高车速。常见的速度等级及对应的最高车速见表 8-3。

表 8-3　　　　　　　　常见的速度等级及对应的最高车速

速度等级	最高车速/(km·h^{-1})	速度等级	最高车速/(km·h^{-1})
L	120	T	190
M	130	U	200
N	140	H	210
P	150	V	240
Q	160	Z	240 以上
R	170	W	270 以上
S	180	Y	300 以上

另外，在轮胎规格前加"P"表示轿车轮胎，在胎侧标有"REINFORCED"表示经强化处理，"RADIAL"表示子午线轮胎，"TUBELESS"（或 TL）表示无内胎（真空胎），"M＋S"（Mud and Snow）表示适于泥地和雪地，"→"表示轮胎旋向，不可装反。

三、车轮和轮胎的维护

车轮和轮胎的维护应结合车辆的维护强制执行。因为车轮和轮胎的维护以轮胎的维护为侧重,所以我们将详述轮胎的维护。车辆维护分日常维护、一级维护和二级维护。轮胎维护的分级和周期与车辆维护相同。

1.轮胎的日常维护

日常维护包括出车前、行驶中和收车后的检视。日常维护主要检视轮胎气压和有无不正常的磨损和损伤,并及时消除不正常磨损和损伤的因素。轮胎日常维护的作业内容如下:

(1)出车前检视

①用气压表检查轮胎气压是否符合规定,气门嘴是否漏气,气门帽是否齐全,气门嘴是否碰擦制动器鼓。

②检查轮胎螺母是否紧固,翼子板、挡泥板、货厢等有无碰擦轮胎现象,并设法消除。

③检查随车工具,如撬胎棒、千斤顶、轮胎螺母套筒扳手、气压表、手锤、挖石子钩等是否齐全。

(2)行驶中检视

①行驶途中检视应结合途中停车、装卸等各种机会进行。停车地点应选择清洁、平坦、阴凉和不影响其他车辆通过的地方。

②检查轮胎螺母有无松动,翼子板、挡泥板、货厢等有无碰擦轮胎现象,并设法消除。

③及时发现并挖出轮胎夹石和花纹中的石子及杂物。

④检查轮胎气压,摸试轮胎温度。

⑤检查轮胎胎面及胎侧有无不正常的磨损和损伤,以及轮辋有无损伤。

(3)收车后检视

①停车场地应干燥清洁、无油污,严寒地区应扫除停车场的冰雪,以免轮胎与地面冻结。

②停车后应注意检查轮胎有无漏气现象,并查找漏气原因,予以排除。

③检查花纹,并挖出夹石和花纹中的石子、杂物。

④检查轮胎螺母是否松动,备胎架装置是否牢固,以及车辆机件有无碰擦轮胎的现象。

⑤途中换备胎,收车后应将损坏的轮胎及时送修。如发现车辆技术状况不正常,造成轮胎不正常磨损和机械损伤,应及时查明原因,并予以排除。

2.轮胎的一级维护

(1)紧固轮胎螺母,检查气门嘴是否漏气、气门帽是否齐全,如发现损坏或缺少应立即修理或补齐。

(2)挖出轮胎夹石和花纹中的石子、杂物,如有较深伤洞应用生胶填塞。特别是子午线轮胎,刺伤后若不及时修补,水汽将进入胎体锈蚀钢丝帘线,造成早期损坏。

(3)检查轮胎磨损情况,如有不正常磨损或起鼓、变形等现象,应查找原因,予以排除。

(4)如需检查外胎内部,应拆卸解体,如有损伤应及时修补。

(5)检查轮胎搭配和轮辋、挡圈、锁圈是否正常。

(6)检查轮胎(包括备胎)气压,并按标准补足。

(7)检查轮胎有无与其他机件刮碰现象,备胎架是否完好、紧固,如不符合要求,应予排除。

(8)必要时(如单边偏磨严重)应进行一次轮胎换位,以保持胎面花纹磨耗均匀。

完成上述作业后应填写维护记录。

3.轮胎的二级维护

除执行一级维护的各项作业外,还应进行下列项目:

(1)拆卸轮胎,按轮胎标准测量胎面花纹磨耗、周长及断面宽度的变化,作为换位和搭配的依据。

(2)轮胎解体检查:

①检查胎冠、胎肩、胎侧及胎内有无内伤、脱层、起鼓和变形等现象。

②检查内胎、垫带有无咬伤、折皱现象,气门嘴、气门芯是否完好。

③检查轮辋、挡圈和锁圈有无变形、锈蚀,并视情涂漆。

④检查轮辋螺栓承孔有无过度磨损或损裂现象。

(3)排除解体检查所发现的故障后,进行装合和充气。

(4)高速车应进行轮胎的动平衡试验。

(5)按规定进行轮胎换位。

(6)发现轮胎有不正常的磨损或损坏,应查明原因,予以排除。

完成上述作业后应填写维护记录。

4.轮胎维护操作要点

(1)充气

①轮胎充气应按照该型汽车使用说明书上规定的标准气压执行,并在冷态时用气压表测量,若在热态时测量,应略高于标准气压,取适当的修正值。气压表应定期校准,以保证读数准确。

②轮胎装好后,先充入少量空气,待内胎充气伸展后再继续充至要求气压。

③充气前应检查气门芯与气门嘴是否配合平整,并擦净灰尘。充气后应检查是否漏气,并将气门帽装紧。

④充入的空气不得含有水分和油雾。

⑤充气时应注意安全防护,充气开始时用手锤轻击锁圈,使其平稳嵌入轮辋圈槽内,以防锁圈跳出。

(2)轮胎换位

①按时换位可使轮胎磨损均匀,约可延长 20% 的使用寿命,应结合车辆二级维护定期换位。在路面拱度较大的地区或夏季,轮胎磨损差别较大,可适当增加换位次数。

②轮胎换位方法常用的有交叉换位法、循环换位法和单边换位法。装用普通斜交轮胎的六轮二桥汽车轮胎换位法如图 8-20 所示,最常用的是图 8-20(b)中的交叉换位法,并在换位的同时进行翻面。

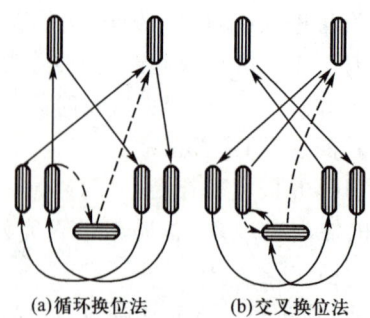

图 8-20 六轮二桥汽车轮胎换位法

六轮二桥汽车交叉换位的具体做法是:左右两交叉,主胎(后内)换前胎,前胎换帮胎(后外)、帮胎换主胎。这样,通过三次换位每只轮胎就可轮到一次担负内挡(主力)胎。

四轮二桥汽车斜交轮胎也可采用交叉换位法,如图8-21(a)所示。

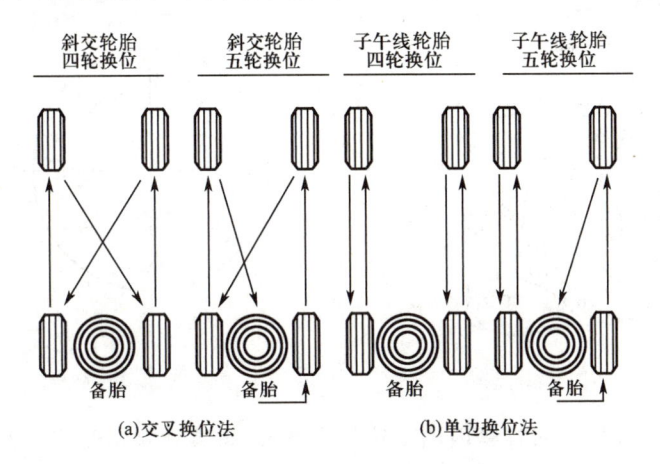

图 8-21　四轮二桥汽车轮胎换位法

子午线轮胎的旋转方向应始终不变。若反向旋转,会因钢丝帘线反向变形产生振动,使汽车平顺性变差。所以子午线轮胎宜用单边换位法,如图8-21(b)所示。

③轮胎换位后,应按所换的胎位要求,重新调整气压。

④轮胎换位后需做好记录,下次换位仍要按上次选定的换位方法换位。

工作任务实施

一、实施条件

(1)轿车和货车车轮及轮胎总成。

(2)轮胎拆装工具、量具及专用工具等。

(3)轮胎拆装机。

(4)维修手册。

二、实施步骤

1. 车轮总成的拆卸

(1)停稳车辆,用三角木掩住各车轮。

(2)取下车轮上的装饰罩,弄清汽车左右侧车轮与轮毂连接螺栓的螺旋方向,使用车轮螺母拆装机或用套筒扳手初步拧松各连接螺母,如图8-22所示。

(3)将车辆停在举升架上,升起车辆,使车轮稍离开地面。

(4)拧下车轮与轮毂连接的全部螺母,取下垫圈,并摆放整齐。

(5)边向外拉边左右晃动车轮,从车轴上取下车轮总成。

2. 车轮总成的安装

(1)顶起车桥,套上车轮,将螺母初步拧在螺栓上。

(2)放下车轮,并在车轮前后用三角木掩住,用扭力扳手或车轮螺母拆装机,按对角线顺序分 2~3 次拧紧车轮螺母,最后一次要按规定力矩拧紧。车轮螺母紧固顺序如图 8-23 所示。

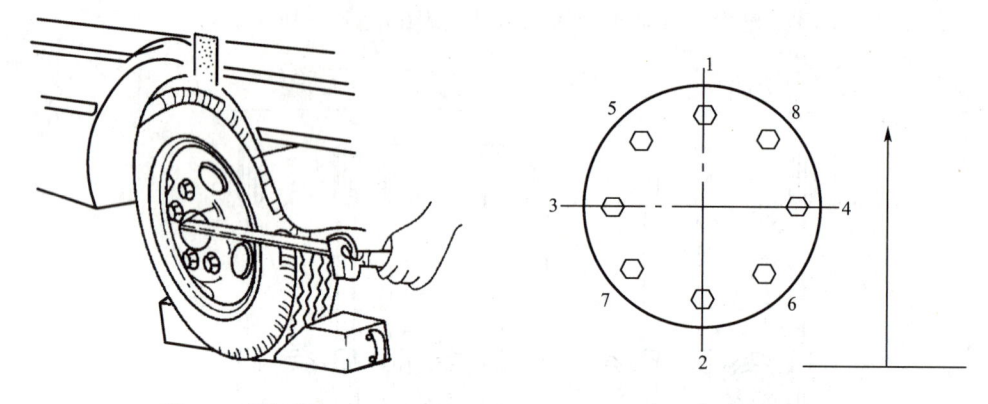

图 8-22　拆卸车轮　　　　　图 8-23　车轮螺母紧固顺序

(3)安装后轮双胎时,要先拧紧内侧车轮的内螺母,再装外侧轮胎。在安装过程中,应用千斤顶分两次顶起车桥,分别安装内、外两个车轮。双轮胎高低搭配要合适,一般较低的轮胎装于内侧,较高的轮胎装于外侧。应注意内侧轮胎和外侧轮胎的气门嘴应互呈 180°。

3. 车轮轮毂轴承的调整

车轮常见故障为轮毂轴承过松或过紧。

轮毂轴承过松,会造成车轮摆振及行驶不稳,严重时还能使车轮甩出。

轮毂轴承过紧,会造成汽车行驶跑偏。全部轮毂轴承过紧时,会使汽车滑行距离明显下降。轮毂轴承过紧还会使汽车经过一段行驶后,轮毂处温度明显上升,有时甚至使润滑脂熔化而甩入制动器鼓内,使制动性能下降。

轮毂轴承过松或过紧必须立即修理,即调整轮毂轴承的预紧度,方法为:

(1)用千斤顶支起车轮,拧下轮毂盖螺钉,拆下轮毂衬垫。

(2)拆下锁止销钉,旋下锁紧螺母,拆下锁止垫片。

(3)旋转调整螺母,改变轮毂轴承间隙。旋进轴承间隙变小,旋出轴承间隙变大。一般是将调整螺母旋紧到底,再退回 1/3 圈即可。

(4)调整合适的轮毂轴承预紧度,应使车轮能够自由转动,且轴向推动无明显间隙。

轿车后轮毂轴承预紧度的调整方法为:

①用千斤顶支起车轮,拆下后轮毂盖,如图 8-24 所示。

②取下开口销及开槽垫圈。

③旋转螺母,同时转动轮毂,用一字旋具在手指的压力下刚好能够拨动止推垫圈即可,如图 8-25 所示。

④装回开槽垫圈,换上新的开口销,装上轮毂盖。

⑤放下车轮。

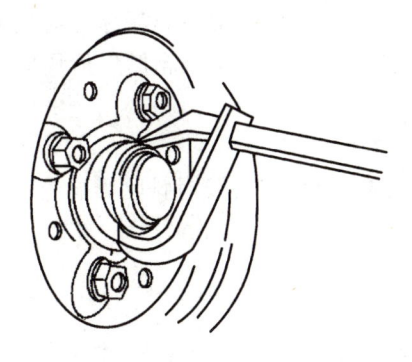

图 8-24 拆下后轮毂盖　　　　　　　图 8-25 调整后轮毂轴承预紧度

4. 轮胎的拆装、检查

(1) 轮胎的拆装

①拆装轮胎要在清洁、干燥、无油污的环境下进行。

②拆装轮胎要用专用工具,不允许用大锤敲击或用其他尖锐的用具拆胎。

③外胎、内胎、垫带、轮辋必须符合规格要求,才能组装。要特别注意子午线轮胎胎圈部分的完好。

④内胎装入外胎前,需紧固气门嘴,以防漏气,并在外胎内部和垫带上涂上滑石粉。

⑤气门嘴的位置应装在轮辋气门嘴孔中。胎侧有平衡标记(彩色胶片)的,标记应在与气门嘴相对的位置上,以便于平衡。轮辋上有平衡块的,应用动平衡机进行平衡调整。

⑥安装有向花纹的轮胎,应注意滚动方向的标记,如图 8-26 所示。拆装子午线轮胎应做记号,使安装后的子午线轮胎滚动方向保持不变。

⑦双胎并装时,应注意将两轮通风洞对准,两气门嘴应互隔 180°,并与制动器鼓上的蹄鼓间隙检视孔呈 90°角。

⑧拆装无内胎轮胎时,每次均需换上新的"O"形圈,"O"形圈要完好,并经植物油浸泡。

⑨无内胎轮胎胎冠有钢带时,应先把轮胎装在轮辋上,并充入 150 kPa 的气压,再小心地把钢带剪断取下。

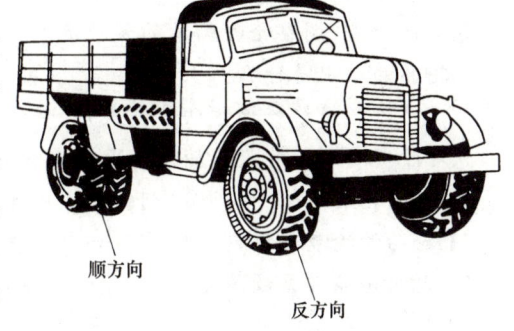

图 8-26 人字花纹轮胎的安装方向

⑩新装配好的无内胎轮胎,充气时应用肥皂水检查轮辋与胎圈接触"O"形圈、气门嘴垫、气门芯等处是否漏气。

(2) 轮胎的检查

轮胎的检查主要是检查轮胎磨损程度和轮胎气压,轮胎磨损程度的检查包括胎面花纹深度的检查和轮胎异常磨损的检查。

①胎面花纹深度的检查

《机动车运行安全技术条件》规定,轿车轮胎胎冠上花纹磨损至花纹深度小于 1.6 mm (磨耗标志),载货汽车转向轮胎胎冠上的花纹深度小于 3.2 mm,其余轮胎胎冠花纹深度小于 1.6 mm 时,应停止使用。轮胎花纹深度可用深度尺进行测量。

胎面磨耗标志位于胎面花纹沟底部,当胎面磨损到此处时,花纹沟断开,表明轮胎必须

153

停止使用并送去翻新。为便于用户找到磨耗标志所在的位置，通常在磨耗标志对应的胎肩处标出"TWI"或者"△"等符号。这种磨耗标志按国家标准规定，每个轮胎应沿周向等距离设置不少于四个。

②轮胎异常磨损的检查

检查轮胎的异常磨损，可以发现故障的早期征兆和原因，以便及时排除影响轮胎寿命的不良因素，防止早期磨损和损坏。

③轮胎气压的检查

轮胎气压可用气压表进行检查。

注意： 不同的车辆，轮胎的气压值也许不同，检查时应参看相应车辆的维修手册。一般轿车前轮的胎压为 0.21 MPa，后轮的胎压为 0.22 MPa，即平时我们所说的前轮 2.1 个大气压，后轮 2.2 个大气压。

思考题

1. 对照实物或图片说出车轮各部分组成的名称及功用。
2. 为什么辐板式车轮比辐条式车轮在汽车上得到更广泛的应用？
3. 子午线轮胎和普通斜交轮胎相比有什么区别，它们各有什么特点？为什么子午线轮胎得到越来越广泛的使用？
4. 说明轮辋 6J×14 规格中各字母、数字和符号的含义。
5. 如何正确拆装车轮？
6. 如何检查、调整轮毂轴承的预紧度？
7. 轮胎的功用是什么？
8. 国产轮胎规格标记方法如何表示？
9. 对照实物或图片说出轮胎胎面各部分的名称。
10. 说明轮胎规格 P215/60R16 95H 中各字母、数字的含义。
11. 轮胎的检查项目包括哪些？如何检查？
12. 说明轮胎常见故障的现象、原因及排除方法。
13. 轮胎换位有哪些方法？如何进行？

学习情境 9

悬架系统的维修

任务 9.1　普通悬架的维修

能力目标

- 能检修悬架系统的各种故障。
- 会悬架系统的正确拆装、维修程序。

知识目标

- 掌握悬架的基本组成和功用。
- 掌握各种弹性元件的结构和原理。
- 掌握各种减振器的结构和原理。
- 掌握悬架系统的拆装、维修程序。

微课

汽车减振器工作原理

素质目标

- 通过对悬架系统的维修作业,培养学生不怕脏、不怕累、不怕苦的职业素养。

相关知识

一、悬架

1.悬架的组成

汽车车架或车身若直接安装于车桥上,则会由于道路不平而上下颠簸振动,而使乘员感到不舒服或者使货物损坏。因此,汽车上必须安装具有缓冲、减振和导向作用的悬架装置。

悬架是车架(或承载式车身)与车桥(或车轮)之间一切传力连接装置的统称。现代汽车的悬架虽有不同的结构形式,但一般都由弹性元件、减振器、导向机构三个基本部分组成,轿车一般还有横向稳定器。悬架的组成如图 9-1 所示。

弹性元件使车架(或车身)与车桥(或车轮)之间做弹性连接,可以缓和由于不平路面带来的冲击,并承受和传递垂直载荷。减振器可以衰减由于路面冲击产生的振动,使振动的振幅迅速减小。

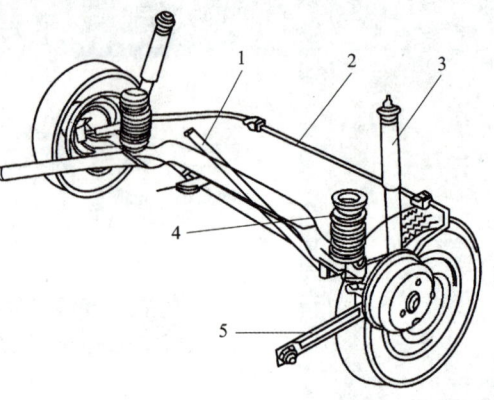

图 9-1 悬架的组成
1—横向推力杆;2—横向稳定器;
3—减振器;4—弹性元件;5—纵向推力杆

导向机构包括纵向推力杆和横向推力杆,用于传递纵向载荷和横向载荷,并保证车轮相对于车架(或车身)的运动关系。

横向稳定器可以防止车身在不平路面行驶或转向等情况下发生过大的横向倾斜,提高侧倾刚度,使汽车具有一定的转向特性,改善汽车的操纵稳定性和行驶平顺性。

2. 悬架的功用

悬架的主要功用是把路面作用于车轮上的垂直反力(支承力)、纵向反力(驱动力和制动力)和侧向反力以及这些反力所形成的力矩传递到车架(或承载式车身)上,以保证汽车的正常行驶。从悬架的组成可以总结出悬架具有如下的功用:

(1)连接车架(或承载式车身)与车桥(或车轮),把路面作用到车轮的各种力传给车架(或承载式车身)。

(2)缓和冲击,衰减振动,使乘坐舒适,具有良好的平顺性。

(3)保证车轮和车身(或车架)之间有确定的运动关系,保证汽车具有良好的操纵稳定性。

第(2)(3)项功用与弹性元件和减振器的性能有关,具体来说是与弹性元件的刚度和减振器的阻尼有关。只有悬架系统的软硬合适,才能使车辆乘坐舒适、操纵稳定。

3. 汽车悬架的分类

按照控制形式不同,悬架可分为被动悬架、半主动悬架和主动悬架。目前多数汽车上采用被动悬架。主动悬架又称电控悬架,可以根据路面和行驶工况自动调整悬架刚度和阻尼,从而使车辆能主动地控制垂直振动及车身或车架的姿态。20 世纪 80 年代,主动悬架开始在一部分汽车上应用,目前使用主动悬架的高级轿车越来越多。

根据汽车导向装置的不同,悬架又可分为独立悬架和非独立悬架。

(1)独立悬架如图 9-2(a)所示。其结构特点是两侧车轮分别独立地与车架或车身弹性地连接,当一侧车轮受到冲击时,其运动不会直接影响到另一侧车轮。独立悬架所采用的车桥是断开式的,这样可使发动机降低安装位置,有利于降低汽车重心,并使结构紧凑。独立悬架允许前轮有较大的跳动空间,这样便于选择较软的弹性元件,使平顺性得到改善。同时,独立悬架簧载质量小,可提高汽车车轮的附着性能。

(2)非独立悬架如图 9-2(b)所示。其结构特点是两侧车轮分别安装在一根整体式的车桥两端,车桥则通过弹性元件与车架(或车身)相连接。这种悬架当一侧车轮因道路不平而跳动时,将会影响另一侧车轮的工作,因此称为非独立悬架或相关悬架。非独立悬架由于簧载质量比较大,特别是汽车高速行驶、悬架受到较大的冲击载荷时,汽车平顺性较差。

(a)断开式车桥　　　　　　　　　(b)整体式车桥

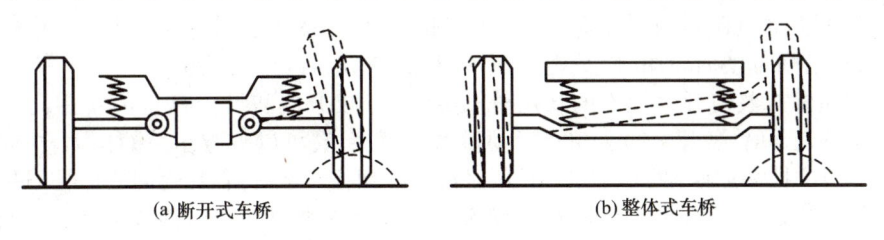

图 9-2　独立悬架与非独立悬架

二、弹性元件

汽车悬架所用的弹性元件可分为钢板弹簧、螺旋弹簧、扭杆弹簧、气体弹簧和橡胶弹簧等。一般载货汽车的非独立悬架采用钢板弹簧；大多数轿车的独立悬架采用螺旋弹簧和扭杆弹簧；而在重型载货汽车上气体弹簧得到广泛的应用。

1.钢板弹簧

钢板弹簧是在汽车的非独立悬架中使用最为广泛的弹性元件。钢板弹簧是由若干片等宽但不等长（厚度可以相等，也可以不相等）的合金弹簧钢片叠加而成的一根近似等强度的弹性梁。

钢板弹簧的一般构造如图 9-3 所示。最长的一片称为主片，其两端卷成卷耳，内装青铜或塑料、橡胶、粉末冶金制成的衬套，以便用弹簧销与固定在车架上的支架或吊耳做铰链连接。钢板弹簧的中部一般用 U 形螺栓与车桥固定。各弹簧片用中心螺栓连接，并保证各片的相对位置。中心螺栓距两端卷耳中心的距离可以是相等的，称为对称式钢板弹簧，如图 9-3(a)所示；也可以是不相等的，称为非对称式钢板弹簧，如图 9-3(b)所示。

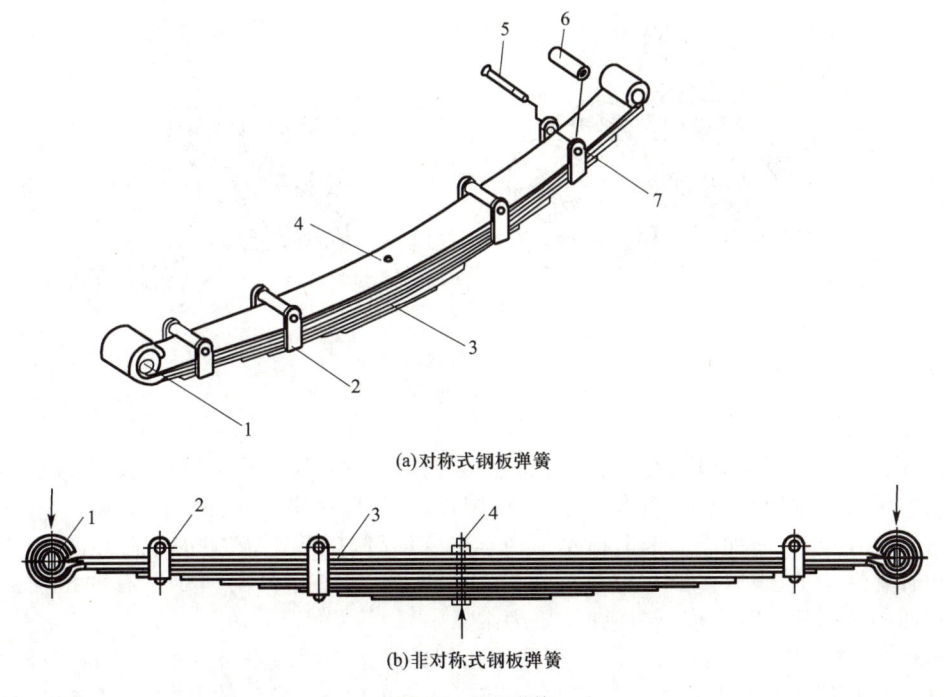

(a)对称式钢板弹簧

(b)非对称式钢板弹簧

图 9-3　钢板弹簧

1—卷耳；2—弹簧夹；3—钢板弹簧；4—中心螺栓；5—螺栓；6—套管；7—螺母

为加强第一片的卷耳，常将第二片末端也弯成卷耳，把第一片卷耳包住，第一片与第二片卷耳之间留有较大的间隙，便于弹簧受压变形时各片之间能产生相对滑动。

为了防止汽车在行驶过程中各弹簧片分开，在钢板弹簧上装有若干弹簧夹，以免主片独自承载。弹簧夹通过铆钉与最下边的弹簧片相连,弹簧夹两边通过螺栓相连,螺栓上有套管,装配时要求螺母朝向轮胎,以免螺栓脱落时刮伤轮胎,甚至飞进伤人。

钢板弹簧除了具有弹性元件的功用外,它还具有减振器和导向机构的功用。钢板弹簧在载荷作用下变形时,各片之间会相对滑动而产生摩擦,这可以衰减车架的振动,即起到减振器的功用。但摩擦会加速弹簧片的磨损,所以在装配钢板弹簧时,各片之间要涂抹石墨润滑脂或装有塑料垫片以减轻摩擦。另外,钢板弹簧还可以承受纵向、横向载荷,所以又起到了导向机构的作用。因此一些轻、中型货车中的后悬架只有钢板弹簧,而没有减振器和导向机构。

为了进一步改善弹簧钢板的受力状况,可采用不同形状的断面。矩形断面钢板弹簧如图9-4(a)所示,其结构简单,但受拉应力一面的棱角处易产生疲劳裂纹。图9-4(b)和图9-4(c)采用上下不对称的横断面,其断面抗弯的中性轴线上移,不但可减小拉应力,而且节省材料。

2. 螺旋弹簧

螺旋弹簧如图9-5所示,它广泛地应用于独立悬架,有些轿车的后轮非独立悬架也采用螺旋弹簧做弹性元件。螺旋弹簧由特殊的弹簧钢棒卷制而成,可以制成圆柱形或圆锥形,也可以制成等螺距或不等螺距。圆柱形等螺距螺旋弹簧的刚度是不变的,圆锥形或不等螺距螺旋弹簧的刚度是可变的。

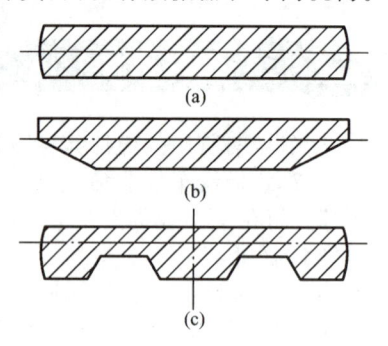

图9-4 钢板弹簧的断面

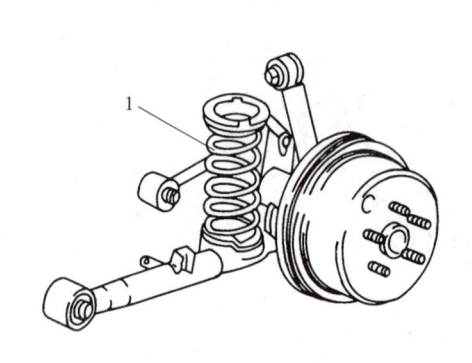

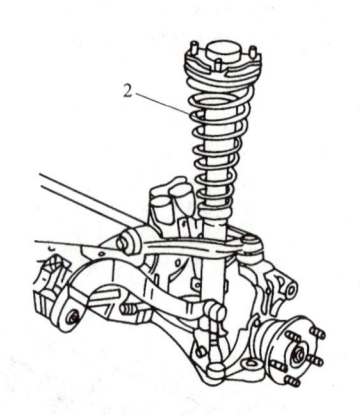

图9-5 螺旋弹簧
1—等螺距螺旋弹簧;2—不等螺距螺旋弹簧

3. 扭杆弹簧

扭杆弹簧是一根具有扭转弹性的直线金属杆件。其断面一般为圆形,少数为矩形或管形。它的两端可以做成花键、矩形、六角形或圆柱形等,以便将一端固定在车架上,另一端通过摆臂固定在车轮上,如图9-6(a)所示。当车轮跳动时,摆臂便绕着扭杆轴线摆动,使扭杆产生扭转弹性变形,借以保证车轮与车架的弹性联系,如图9-6(b)所示。有的扭杆由一些矩形断面的薄扭片组合而成,这样弹簧更为柔软。

扭杆本身的扭转刚度虽然是常数,但采用扭杆的悬架刚度却是可变的。若将扭杆的固定端转过一个角度,则摆臂的初始位置将改变,借以调节车架与车轮间的距离,即调节车身高度。

扭杆弹簧与钢板弹簧相比较,具有质量小、无须润滑的优点。

4. 气体弹簧

气体弹簧是在一个密封的容器中充入压缩气体,利用气体的可压缩性实现其弹簧作用。这种弹簧的刚度是可变的,因为作用在弹簧上的载荷增大时,容器内的定量气体气压升高,

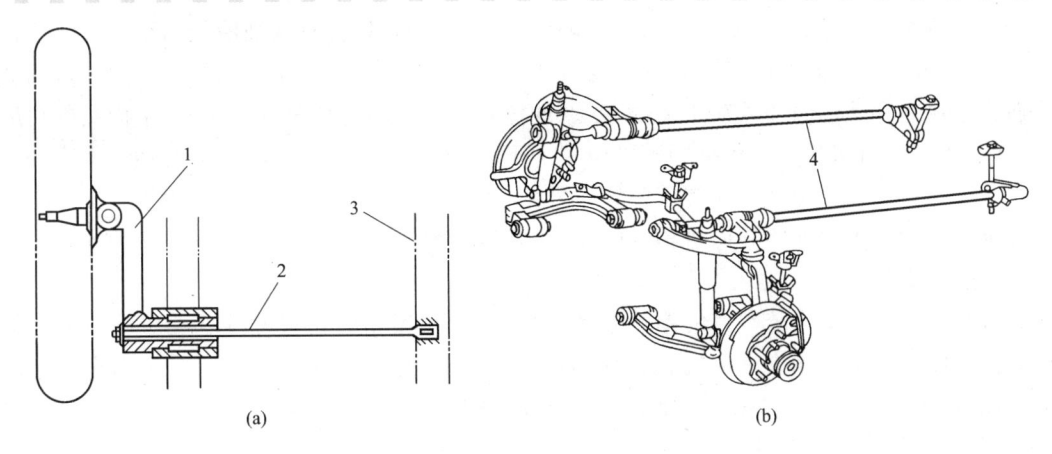

图 9-6 扭杆弹簧
1—摆臂；2、4—扭杆；3—车架

弹簧的刚度增大；反之，当载荷减小时，弹簧内的气压下降，刚度减小，故它具有较理想的弹性特性。气体弹簧分为空气弹簧(图 9-7)和油气弹簧(图 9-8)两种。

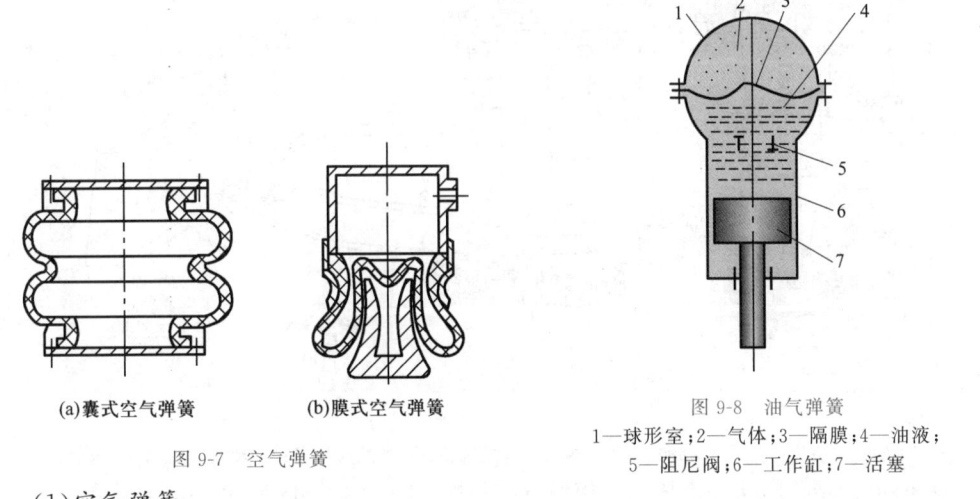

(a)囊式空气弹簧　(b)膜式空气弹簧

图 9-7 空气弹簧

图 9-8 油气弹簧
1—球形室；2—气体；3—隔膜；4—油液；
5—阻尼阀；6—工作缸；7—活塞

(1) 空气弹簧

空气弹簧是利用压缩空气作弹簧的。根据压缩空气所用容器的不同，有囊式[图 9-7(a)]和膜式[图 9-7(b)]两种形式。囊式空气弹簧是由夹有帘线的橡胶气囊和密闭在其中的压缩空气所组成的。气囊的内层用气密性好的橡胶制成，而外层则用耐油橡胶制成。气囊一般做成图示的两节，节与节之间围有钢质的腰环，避免了中间部分的径向扩张，并防止两节之间相互摩擦。气囊的上、下盖板将气囊密封。膜式空气弹簧的密闭气囊由橡胶膜片和金属压制件组成。

(2) 油气弹簧

油气弹簧以惰性气体(氮气)为弹性介质，用油液作为传力介质，利用气体的可压缩性实现弹簧作用，如图 9-8 所示。油气弹簧的球形室固定在工作缸上，球形室的内腔用橡胶油气隔膜隔开，充入高压氮气的一侧为气室，与工作缸相通并充满油液的一侧为油室。工作缸内装有活塞、阻尼阀及其阀座。

当载荷增大、车架与车桥相互靠近时，活塞上移，使工作缸内容积减小，油压升高，油液顶开阻尼阀进入球形室，推动隔膜向气室方向移动，使气室容积减小，氮气压力升高，油气弹簧的刚度增大。

当载荷减小时,在高压氮气的作用下隔膜向油室方向移动,室内油液经阻尼阀流回工作缸,推动活塞下移,这时气室容积增大,氮气压力下降,弹簧刚度减小。当氮气压力通过油液传递作用在活塞上的力与载荷平衡时,活塞便停止移动。随着载荷的变化,气室内氮气也随之变化,相应地活塞处于工作缸中不同位置。可见,油气弹簧具有变刚度的特性。

空气弹簧和油气弹簧都同螺旋弹簧一样,只能承受轴向载荷,因此气体弹簧悬架中必须设置纵向和横向推力杆等导向机构,同时还必须设置减振器。

5.橡胶弹簧

橡胶弹簧是利用橡胶本身的弹性来缓和冲击、减小振动的。它可以承受压缩载荷与扭转载荷。橡胶弹簧的优点是:单位质量的储能量较金属弹簧多,隔音性能好,多用作悬架的副簧和缓冲块,如图 9-9 中的下缓冲块 8 和上缓冲块 10。

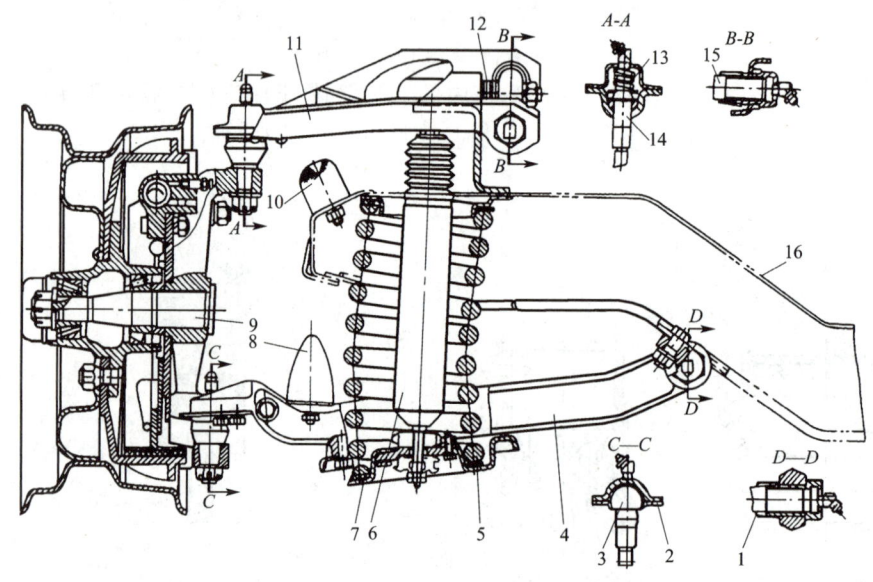

图 9-9 轿车的前悬架

1—下摆臂轴;2—垫片;3—下球头销;4—下摆臂;5—螺旋弹簧;6—筒式减振器;7—橡胶垫圈;8—下缓冲块;9—转向节;10—上缓冲块;11—上摆臂;12—调整垫片;13—弹簧;14—上球头销;15—上摆臂轴;16—车架横梁

三、减振器

汽车在不平的道路上行驶时,四个车轮在垂直方向会受到不同力的作用,悬架系统中的弹性元件受到冲击会产生振动,因此在悬架中需要与弹性元件并联安装减振器,以迅速衰减汽车振动,改善汽车行驶平顺性。减振器与弹性元件的安装位置如图 9-10 所示。

目前,汽车悬架系统中广泛采用液压减振器。其作用原理是利用液体流动的阻力来消耗振动的能量,如图 9-11 所示。当车架与车桥相对运动时,活塞在缸筒内上下移动,减振器壳体内的油液便反复地从一个内腔通过量孔流入另一内腔。此时,孔壁与油液间的摩擦及液体分子内摩擦便形成对振动的阻尼,使车身和车架的振动能量转化为热能而被油液和减振器壳体所吸收,最后散出大气中去。减振器的阻尼力随车架与车桥的相对运动速度的增减而增减,并且与油液的黏度有关。

减振器阻尼力越大,振动消除得越快。但阻尼力过大将导致弹簧的缓冲作用不能充分发挥,甚至使某些连接件损坏。为使减振器与弹性元件协调工作,减振器应满足如下要求:

学习情境 9　悬架系统的维修

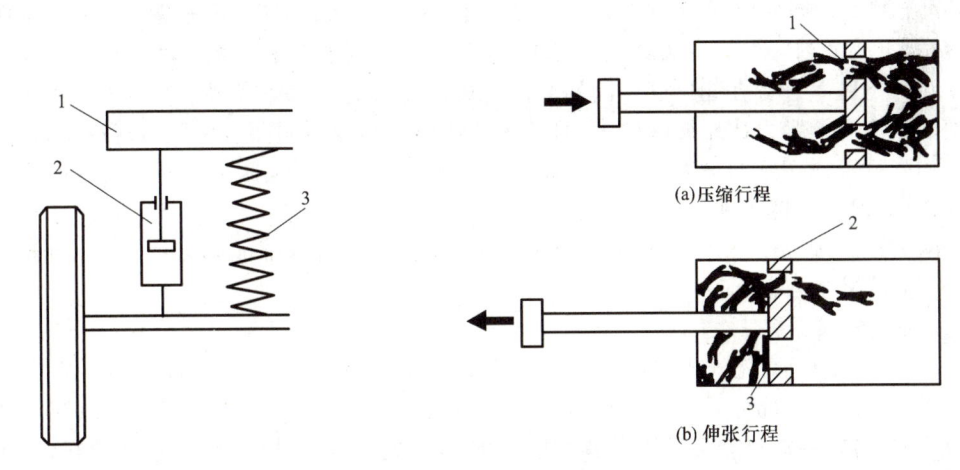

图 9-10　减振器与弹性元件的安装位置
1—车架；2—减振器；3—弹性元件

图 9-11　液压减振器的基本原理
1—量孔；2—活塞；3—阀门

(1)在悬架压缩行程(车架与车桥相互靠近)内,减振器的阻尼力应较小,以便充分利用弹性元件的弹性来缓和冲击。

(2)在悬架伸张行程(车架与车桥相互远离)内,减振器的阻尼力应较大(为压缩行程的2~5倍),以便迅速减振。

(3)当车桥与车架的相对运动速度过大时,减振器应能自动加大油液通道截面积,使阻尼力始终保持在一定限度之内,避免承受过大的冲击载荷。

目前汽车上广泛采用双向作用筒式减振器,即在压缩和伸张两行程内均能起减振作用的减振器。近年来,在高级轿车上有的采用充气式减振器。

1.双向作用筒式减振器

双向作用筒式减振器的基本组成如图 9-12(a)所示,它有三个同心钢筒,外面的钢筒是防尘罩 2,其上部的吊耳与车架相连。中间是储油缸筒 7,内部装有一定量的油液,其下端的吊耳与车桥相连。里面是工作缸筒 10,其内装满油液。它还有四个阀,即压缩阀 6、伸张阀 8、流通阀 4 和补偿阀 5。流通阀和补偿阀是一般的单向阀,其弹簧刚度很小,当阀上的油压作用力与弹簧弹力同向时,阀处于关闭状态,完全不通油液;而当油压作用力与弹簧弹力反向时,只要很小的油压,阀便能开启。压缩阀和伸张阀是卸载阀,其弹簧刚度较大,预紧力较大,只有当油压增高到一定程度时,阀才能开启;而当油压降低到一定程度时,阀即自行关闭。

双向作用筒式减振器的工作原理可用压缩和伸张两个行程加以说明。

(1)压缩行程

如图 9-12(b)所示,当车桥移近车架(或车身)时,减振器受压缩,活塞 9 下移,使其下腔室容积减小,油压升高,油液经流通阀 4 流到活塞上腔室。由于活塞杆 11 占去上腔室一部分容积,故上腔室增大的容积小于下腔室减小的容积,致使下腔室油液不能全部流入上腔室,而多余的油液则压开压缩阀 6 进入储油缸筒 7 中。这些阀对油液的节流便造成对悬架受压缩运动的阻力,为克服这种阻力而消耗了振动能量,使振动衰减。流通阀和压缩阀的特殊结构(弹簧较软,通道较小)能使油液流动的阻力不至于过大,所以在压缩行程时能使弹性元件充分发挥其缓冲作用。

(2)伸张行程

如图 9-12(c)所示,当车桥相对远离车架(或车身)时,减振器受拉伸,减振器被拉长时,活塞 9 上移使其上腔室容积减小、油压升高,流通阀 4 关闭。上腔室内的油液便推开伸张阀

161

8流入下腔室。同样由于活塞杆11的存在,自上腔室流来的油液不足以充满下腔室所增大的容积,下腔室内产生一定的真空度,这时储油缸筒7内的油液在真空度的作用下推开补偿阀5流入下腔室进行补充。这些阀的节流作用即构成对悬架伸张运动的阻力。由于伸张阀弹簧的刚度和预紧力比压缩阀的大,且伸张行程时油液通道截面也比压缩行程小,所以减振器在伸张行程内产生的最大阻力远远超过了压缩行程内的最大阻力。减振器这时充分发挥减振作用,保护弹性元件不被拉坏。

从上述原理可以得知,这种减振器在压缩、伸张两个行程都能起减振作用,因此称为双向作用筒式减振器。

2.充气式减振器

如图9-13所示,充气式减振器的结构特点是:在减振器缸筒的下部有一个浮动活塞2,使工作腔形成三个部分。在浮动活塞与缸筒一端形成的腔室中充入高压氮气;浮动活塞的上面是减振器油液,浮动活塞上装有大断面的O形密封圈3,把油和气完全隔开,形成封气活塞;工作活塞8上装有随其运动速度大小而改变通道截面积的压缩阀4和伸张阀7,此两阀均由一组厚度相同、直径不等、由大到小排列的弹簧钢片组成。

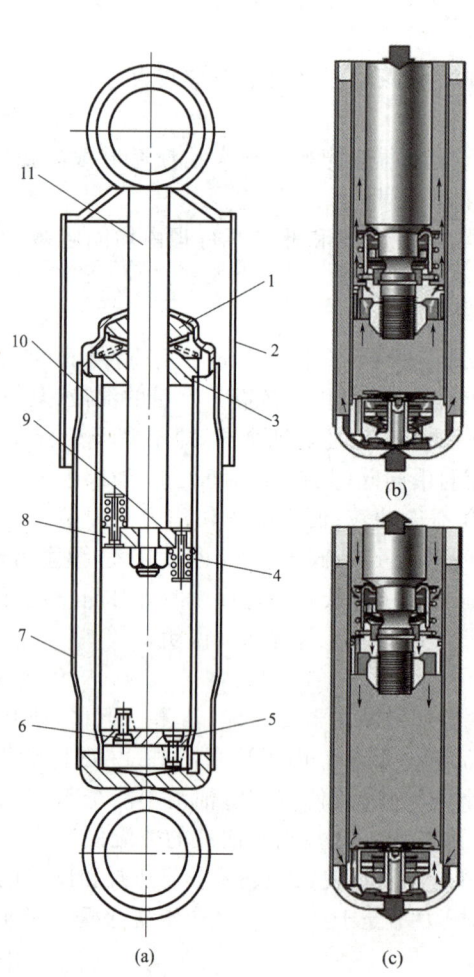

图9-12 双向作用筒式减振器的基本组成及工作原理
1—油封;2—防尘罩;3—导向座;4—流通阀;
5—补偿阀;6—压缩阀;7—储油缸筒;8—伸张阀;
9—活塞;10—工作缸筒;11—活塞杆

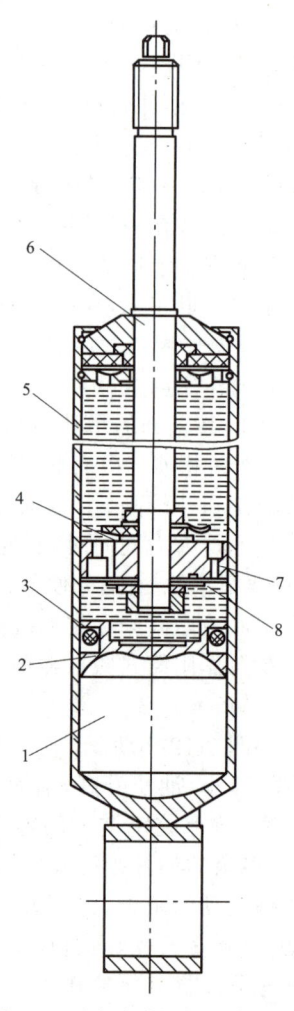

图9-13 充气式减振器的基本组成
1—密封气室;2—浮动活塞;3—O形密封圈;
4—压缩阀;5—工作缸;6—活塞杆;
7—伸张阀;8—工作活塞

当车轮跳动时,减振器的工作活塞在油液中往复运动,使工作活塞的上腔与下腔之间产生压差,油液便推开压缩阀或伸张阀而来回流动。因阀对油液产生较大的阻力而使振动衰减。

由于下腔高压氮气的存在,便可以利用氮气的膨胀和压缩,借助浮动活塞的上下运动来补偿因活塞杆的进出而引起的缸筒容积的变化。因此不再需要储油腔,当然也就不需要储油缸筒,所以这种减振器也称为单筒式减振器。

四、典型悬架系统

1. 非独立悬架

非独立悬架广泛应用于货车的前、后悬架和轿车的后悬架。按照采用弹性元件的不同,非独立悬架可以分为钢板弹簧式非独立悬架和螺旋弹簧式非独立悬架。

(1)钢板弹簧式非独立悬架

这种悬架的钢板弹簧一般纵向布置,所以也称为纵置板簧式非独立悬架,如图 9-14 所示。

图 9-15 所示为载货汽车的前悬架。钢板弹簧中部通过 U 形螺栓(骑马螺栓)刚性地固定在车桥上部。钢板弹簧的前端卷耳用弹簧销与前支架相连,形成固定式铰链支点,起传力和导向作用;而后端卷耳则用吊耳销与可在车架上摆动的吊耳相连,形成摆动式铰链支点,从而保证了弹簧变形时两卷耳中心线间的距离有改变的可能。

减振器的上、下两个吊环通过橡胶衬套和连接销分别与车架上的上支架和

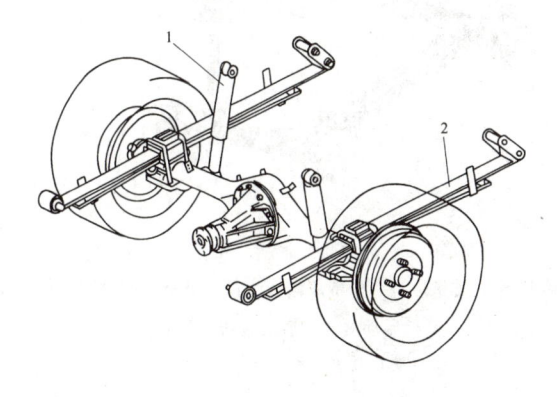

图 9-14 纵置板簧式非独立悬架
1—减振器;2—钢板弹簧

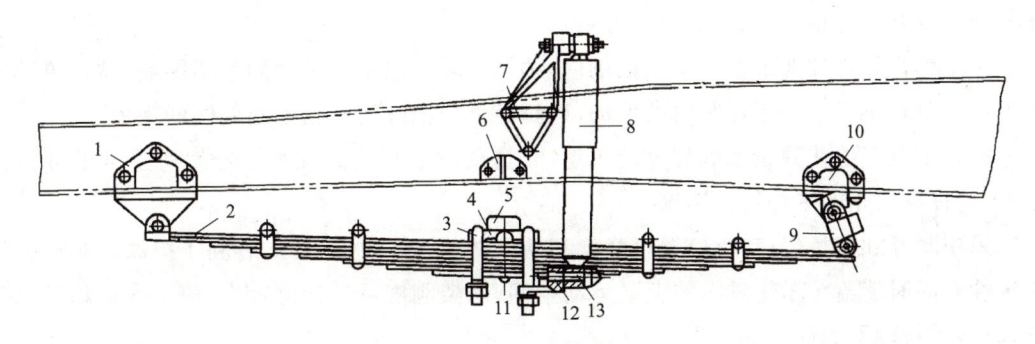

图 9-15 载货汽车的前悬架
1—钢板弹簧前支架;2—前钢板弹簧;3—U 形螺栓(骑马螺栓);4—盖板;5—缓冲块;6—限位块;
7—减振器上支架;8—减振器;9—吊耳;10—吊耳支架;11—中心螺栓;12—减振器下支架;13—减振器连接销

车桥上的下支架相连接。盖板上装有橡胶缓冲块,以限制弹簧的最大变形,并防止弹簧直接碰撞车架。

(2)螺旋弹簧式非独立悬架

螺旋弹簧式非独立悬架一般只用于轿车的后悬架,如图9-16所示。用螺旋弹簧作为弹性元件时,仅仅能受垂直载荷,所以必须设置导向装置来承受并传递纵向力和横向力。

如图9-17所示为轿车的后悬架。两根纵向推力杆的中部与后桥焊接为一体,前端通过带橡胶的支承座与车身做铰链连接,后端与轮毂相连接。纵向推力杆用以传递纵向力及其力矩。整个后桥、纵向推力杆及车轮可以绕支承座的铰支点连线相对于车身做上下纵向摆动。螺旋弹簧的上端装在弹簧上座中,下端则支承在减振器外壳上的弹簧下座上,它只承受垂直力。减振器的上端与弹簧上座一起装在车身底部的悬架支座中,下端则与纵向推力杆相连接。

图9-16 螺旋弹簧式非独立悬架
1—橡胶-金属支承座;2—后桥焊接总成;3—手制动拉索;
4—制动器鼓;5—后制动器;6—后减振器;7—防尘罩;
8—缓冲限位块;9—后螺旋弹簧

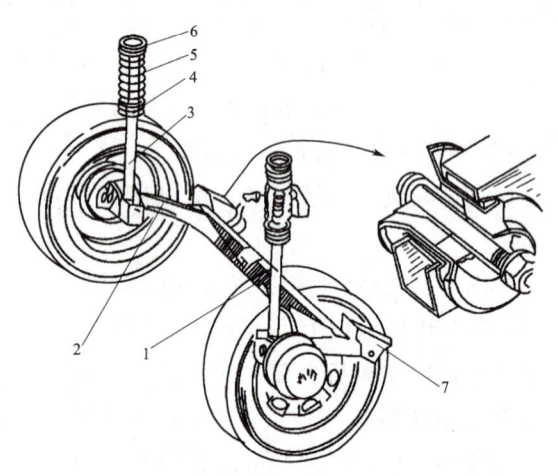

图9-17 轿车的后悬架
1—后桥;2—纵向推力杆;3—减振器;4—弹簧下座;
5—螺旋弹簧;6—弹簧上座;7—支承座

2.独立悬架

现代汽车特别是轿车上广泛采用独立悬架。由于独立悬架能使两侧车轮各自独立地与车架或车身弹性连接,因而具有以下优点:

悬架弹性元件的变形在一定的范围内,两侧车轮可以单独运动而互不影响,这样可减轻车架和车身在不平道路上行驶时的振动,而且有助于消除转向轮不断偏摆的现象。

减轻了汽车上非弹簧承载部分的质量(非簧载质量),从而减小了悬架所受到的冲击载荷,可以提高汽车的平均行驶速度。

采用断开式车桥,发动机位置可降低和前移并使汽车重心下降,有利于提高汽车行驶的稳定性。同时能给予车轮较大的上下运动空间,悬架刚度可设计得较小,使车身振动频率降低,改善了行驶平顺性。

可保证汽车在不平道路上行驶时,车轮与路面有良好的接触,增大了驱动力。

此外,具有特殊要求的某些越野汽车采用独立悬架后,可增大汽车的离地间隙,提高了汽车的通过性能。

独立悬架的结构类型很多,一般可按车轮的运动方式分为三类,如图9-18所示。

横臂式独立悬架:车轮在汽车横向平面内摆动的悬架,如图9-18(a)所示。

纵臂式独立悬架:车轮在汽车纵向平面内摆动的悬架,如图9-18(b)所示。

车轮沿主销移动的独立悬架:包括烛式独立悬架和麦弗逊式独立悬架,分别如图9-18(c)、图9-18(d)所示。

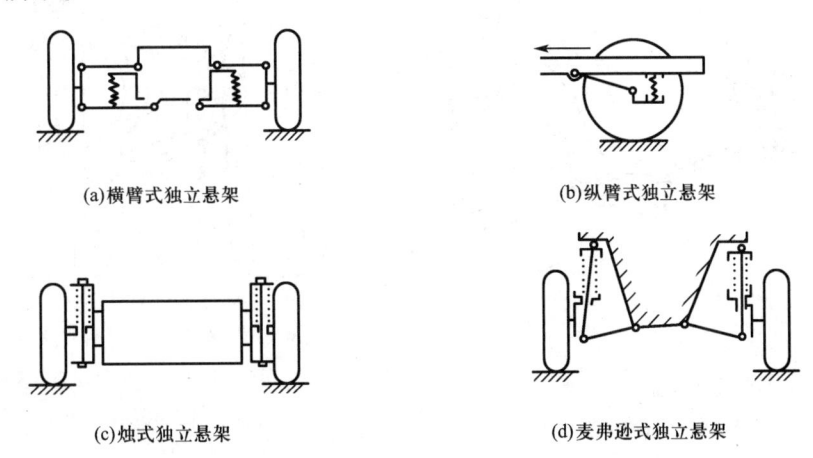

(a)横臂式独立悬架

(b)纵臂式独立悬架

(c)烛式独立悬架

(d)麦弗逊式独立悬架

图9-18 独立悬架的结构类型

(1)横臂式独立悬架

横臂式独立悬架分为单横臂式和双横臂式两种。目前单横臂式独立悬架应用较少,下面仅介绍双横臂式独立悬架。

双横臂式独立悬架如图9-19所示,这种悬架的两个横臂长度可以相等,也可以不等。摆臂等长的双横臂式独立悬架在车轮上下跳动时,虽然车轮平面不发生倾斜,却会使轮距发生较大的变化[图9-19(a)],这将使车轮产生横向滑移。摆臂不等长的双横臂式独立悬架若两臂长度选择合适,则可以使主销角度与轮距的变化均不过大[图9-19(b)]。因此摆臂不等长的双横臂式独立悬架在轿车的前轮上应用较为广泛。

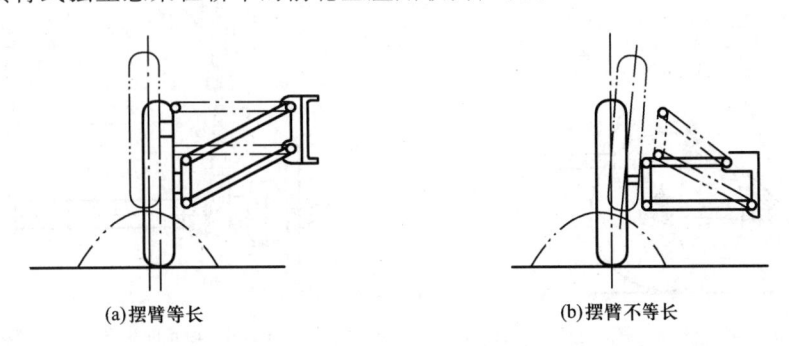

(a)摆臂等长

(b)摆臂不等长

图9-19 双横臂式独立悬架

图9-20所示为轿车的前悬架,其车轮外倾角和主销后倾角是可以调整的,如图9-21所示,上摆臂内端通过上摆臂轴用螺栓与车架相连,上摆臂轴与车架之间夹有前、后调整垫片。同时增大或减小调整垫片的厚度可以调整车轮外倾角;前、后垫片厚度一处增大、另一处减小,可以调整主销后倾角。

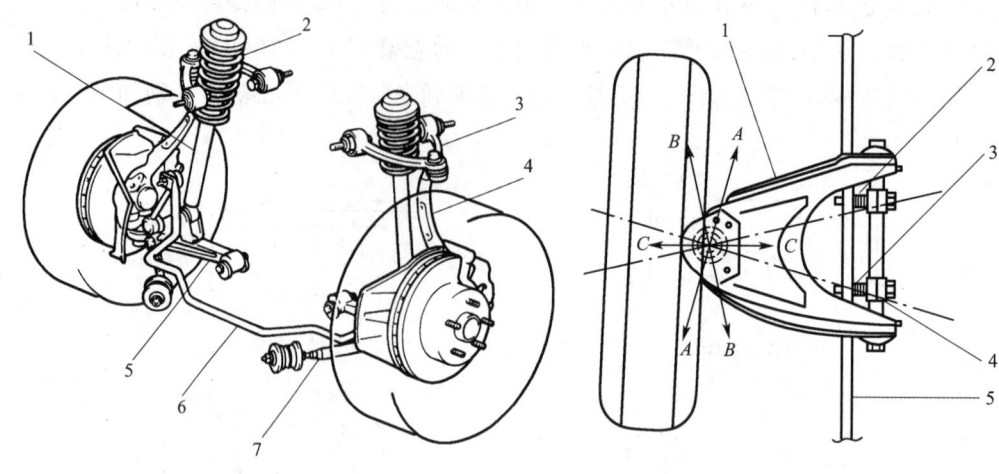

图 9-20 丰田雷克萨斯轿车的前悬架
1—减振器；2—螺旋弹簧；3—上臂；4—转向节；
5—下臂；6—稳定杆；7—支承杆

图 9-21 车轮外倾角和主销后倾角的调整
1—上摆臂；2—前调整垫片；3—后调整垫片；
4—上摆臂轴；5—车架

(2) 纵臂式独立悬架

纵臂式独立悬架也分为单纵臂式和双纵臂式两种。

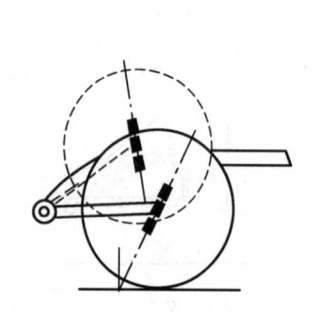

① 单纵臂式独立悬架

单纵臂式独立悬架如果用于前轮，车轮上下跳动时会使主销后倾角变化很大，如图 9-22 所示。所以单纵臂式独立悬架都用于后轮，如图 9-23 所示。纵摆臂是一片宽而薄的钢板，一端与半轴套管铰接，另一端带有套筒，套筒通过花键与扭杆弹簧的外端相连，扭杆的内端固定在车架上。

图 9-22 单纵臂式独立悬架

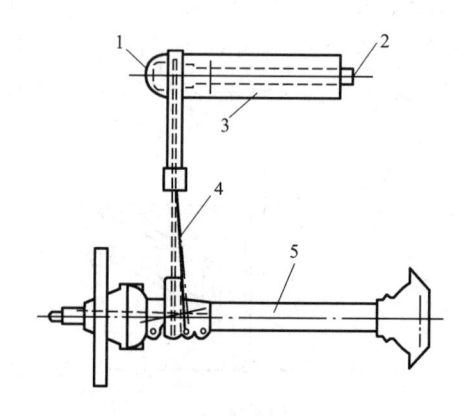

图 9-23 用于后轮的单纵臂式独立悬架
1—套筒；2—扭杆弹簧；3—套管；4—纵摆臂；5—半轴套管

② 双纵臂式独立悬架

这种悬架的两个纵臂长度一般相等，形成平行四连杆机构。这样可使车轮上下运动时，车轮外倾角、轮距和主销后倾角都不变，因而这种形式的悬架适用于转向轮。

图 9-24 所示为双纵臂扭杆弹簧式前独立悬架，两根纵臂 1 的后端与转向节铰接，前端则通过各自的纵臂轴 2 支承在车架横梁 4 内部的衬套 3 中。纵臂轴与纵臂刚性地连接，扭杆弹簧 6 由若干片矩形断面的薄弹簧钢片叠加而成。扭杆弹簧外端插入纵臂轴 2 的矩形孔

内,中部用螺钉 5 使之与车架横梁相固定。这种悬架两侧车轮共用两根扭杆弹簧。

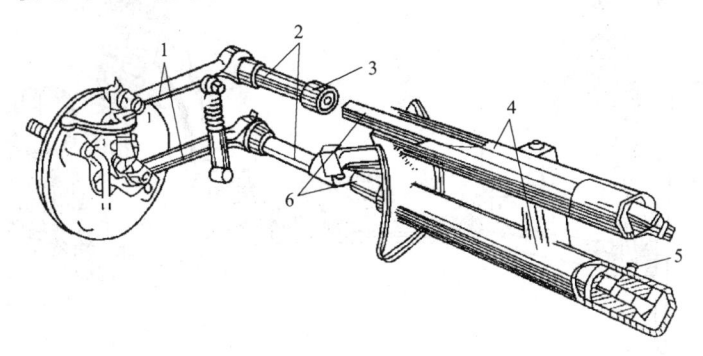

图 9-24 双纵臂扭杆弹簧式前独立悬架
1—纵臂;2—纵臂轴;3—衬套;4—横梁;5—螺钉;6—扭杆弹簧

(3)车轮沿主销移动的独立悬架

车轮沿主销移动的独立悬架可以分为两种形式,一种是车轮沿固定不动的主销移动的烛式独立悬架;另一种是车轮沿摆动的主销轴线移动的麦弗逊式独立悬架。

①烛式独立悬架

图 9-25 所示为烛式独立悬架,主销 1 的上、下两端刚性地固定在车架上,转向轮、转向节则装在套筒 6 上。套筒的中部固定装着螺旋弹簧的下支座。筒式减振器的下端与转向节相连,上端与车架相连。悬架的摩擦部分套着防尘罩 5。通气管 4 与防尘罩内腔相通,以免罩中空气被密封而影响悬架的弹性。汽车在不平路面上行驶时,车轮、转向节一起沿主销的轴线移动,主销定位角不变化,使汽车转向操纵及行驶稳定性较好。但螺旋弹簧只承受垂直载荷,而车轮上所受的纵向力、侧向力及其力矩则由转向节、套筒经主销传给车架,使得套筒与主销之间的摩擦阻力大,磨损严重。

②麦弗逊式独立悬架

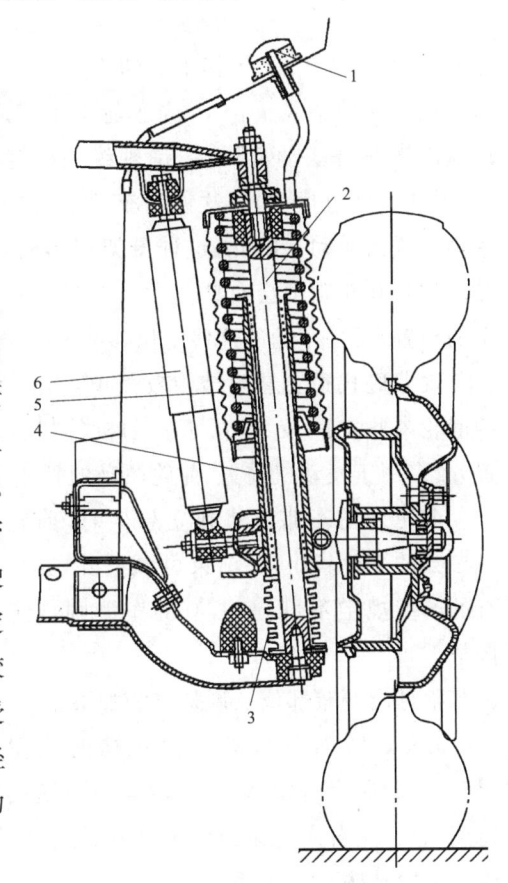

图 9-25 烛式独立悬架
1—通气管;2—主销;3、5—防尘罩;4—套筒;6—减振器

麦弗逊式独立悬架目前在轿车中应用很广泛,其结构如图 9-26 所示,由减振器、螺旋弹簧、横摆臂、横向稳定杆(图 9-26 中未画出)等组成。减振器与套在它外面的螺旋弹簧合为一体,构成悬架的弹性支柱,支柱上端与车身挠性连接,支柱下端与转向节刚性连接。横摆臂的外端通过球头销与转向节的下部连接,内端与车身铰接。

麦弗逊式独立悬架的工作原理如图 9-27 所示,麦弗逊式独立悬架没有传统的主销实

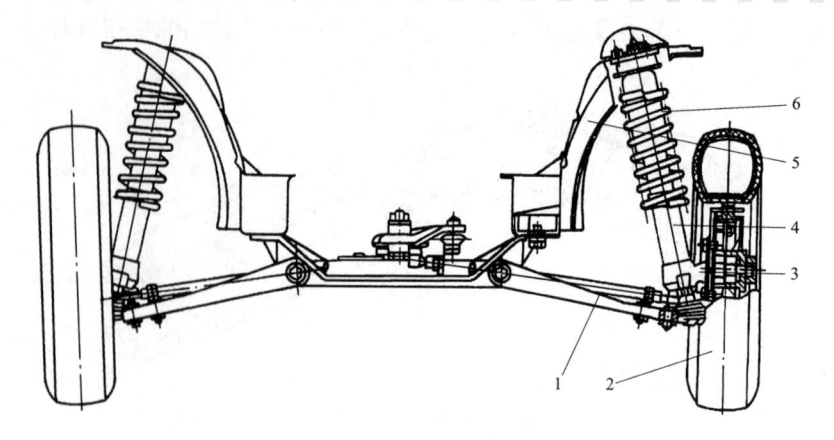

图 9-26 麦弗逊式独立悬架
1—横摆臂；2—车轮；3—转向节；4—减振器；5—车身；6—螺旋弹簧

体，转向轴线为上、下铰接中心的连线 AB（一般与弹性支柱的轴线重合）。当车轮上下跳动时，B 点随横摆臂摆动，因而主销轴线 AB 随之摆动（弹性支柱也摆动）。这说明车轮沿着摆动的主销轴线而运动。因此，这种悬架变形时，主销的定位角和轮距都会有些变化。合理地调整杆系的布置，可使车轮的这些定位参数变化极小。

麦弗逊式独立悬架结构较简单，布置紧凑，两前轮内侧空间较大，便于发动机等机件的布置，故多用于发动机前置、前轮驱动的轿车上。

前轮采用麦弗逊式独立悬架时，前轮定位各参数的变化较小，除前束可调整外，其他参数有的车型规定不可调整，有的车型则规定可以调整。

常见的调整部位及调整方法如下：

a.改变转向节与横摆臂外端的位置。如图 9-28(a)所示，松开转向节球头销与横摆臂的连接螺栓，左右横向移动球头销及转向节，可以改变车轮外倾角。

b.改变弹性支柱上支座的位置。如图 9-28(a)所示，悬架的弹性支柱上支座用螺栓固定在车身上，松开螺栓，左右横向移动上支座，可以调整车轮外倾角。

c.改变转向节上端的位置。如图 9-28(b)所示，由减振器和螺旋弹簧组成的弹性支柱下端

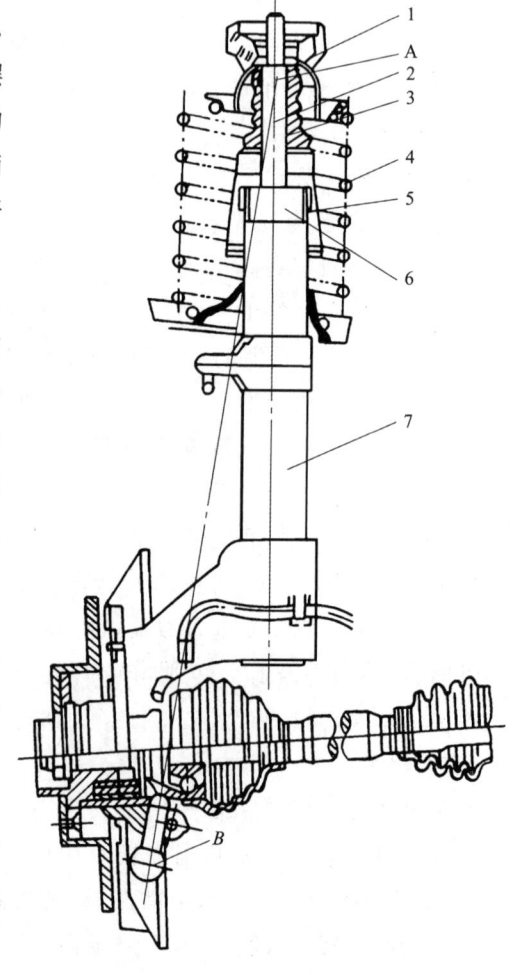

图 9-27 麦弗逊式独立悬架的工作原理
1—止推轴承；2—减振器活塞杆；3—缓冲垫；4—螺旋弹簧；5—防尘罩；6—减振器；7—悬架柱焊接件

通过上、下两个螺栓与转向节上端固定,其中上螺栓经偏心凸轮将两者连接在一起。转动上螺栓可使偏心凸轮转动,从而带动转向节上端左右横向(A向)移动,进而改变车轮外倾角。丰田花冠轿车即采用这种结构形式。

现代轿车的悬架一般都很软,即自然振动频率(固有频率)很低。这样在汽车高速行驶中转向时,车身会产生很大的横向倾斜和横向角振动。为减少这种横向倾斜,常在悬架中加设横向稳定杆,如图9-29所示。

当车身只做垂直移动而两侧悬架变形相等时,横向稳定杆在套筒内自由转动,横向稳定杆不起作用,如图9-30(a)所示。当两侧悬架变形不等而车身相对于路面横向倾斜时,车架的一侧移近弹簧座,横向稳定杆的该侧末端就相对于车架向上移,而车架的另一侧远离弹簧座,相应的横向稳定杆的末端则相对于车架向下移,然而在车身和车架倾斜时,横向稳定杆的中部对于车架并无相对运动。这样在车身倾斜时,横向稳定杆两边的纵向部分向不同方向偏转,于是横向稳定杆便被扭转,如图9-30(b)所示。弹性的横向稳定杆所产生的扭转的内力矩就妨碍了悬架弹簧的变形,因而减小了车身的横向倾斜和横向角振动。

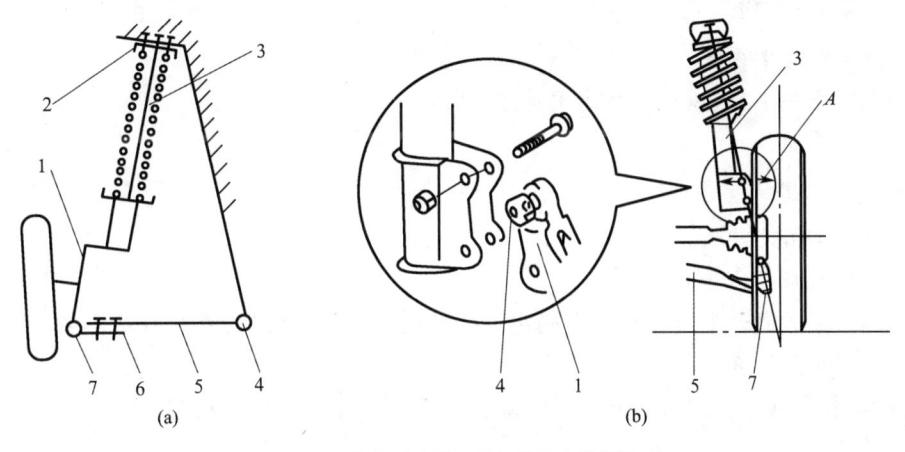

图9-28 麦弗逊式独立悬架前轮定位调整
1—转向节;2—上支座;3—减振器;4—偏心轴销;5—横摆臂;6—螺栓;7—球头销

图9-29 横向稳定杆
1—螺旋弹簧;2—减振器;3—下控制臂;4—稳定杆;5—支承杆;6—转向节;7—上控制臂

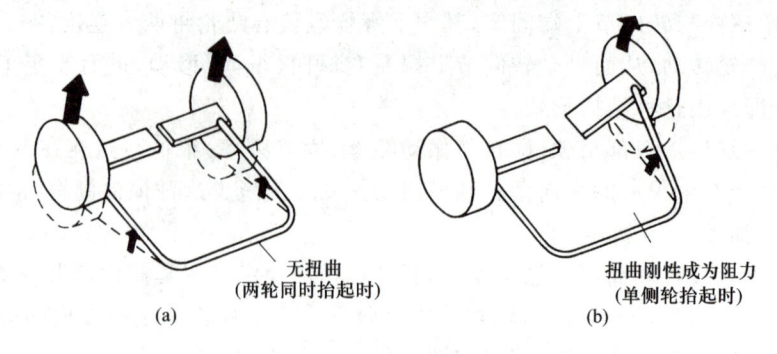

图 9-30 横向稳定杆的工作原理

(a) 无扭曲（两轮同时抬起时）
(b) 扭曲刚性成为阻力（单侧轮抬起时）

工作任务实施

一、实施条件

(1) 汽车的悬架系统。
(2) 常用拆装工具、量具及专用工具等。
(3) 维修手册。

二、实施步骤

1. 悬架系统的维护

(1) 减振器减振力检查

在车前、车后通过上下晃动车身确定减振器的减振力，并且检查车身停止晃动的时间。

(2) 车辆倾斜检查

目视观察车辆是否倾斜。如果车辆倾斜还需检查轮胎气压，左、右车轮的尺寸及车辆承载是否均匀。

(3) 减振器的检查

检查减振器是否有凹痕、是否漏油，检查防尘套是否有裂纹或损坏。

(4) 螺旋弹簧的检查

检查减振器螺旋弹簧有无损坏与变形，并测量螺旋弹簧的自由长度。若比标准弹簧长度小 5%，则表示螺旋弹簧已产生永久变形，必须更换。更换时必须更换左、右两侧的两个弹簧，以保持车辆两侧高度相同。若螺旋弹簧上有裂纹也要更换。

(5) 钢板弹簧的检修与维护

钢板弹簧日常维护作业是检查、紧固 U 形紧固螺栓。紧固力矩必须符合原厂规定，绝非越紧越好。其次是按时向钢板弹簧销加注润滑脂。当发现断片，钢板弹簧固定卡、隔套、卡子螺栓缺少时应及时进行小修。二级维护时，拆检钢板弹簧，并向片间涂抹石墨润滑脂。钢板弹簧禁止加片。

(6) 减振器悬架轴承主橡胶挡块的检查

检查减振器悬架轴承的磨损与损坏情况，轴承应能灵活转动，损坏时必须整体更换；检查橡胶挡块的损坏与老化情况，如损坏应及时更换。

(7) 其他部位

检查悬架的其他部位，如摆臂、横向稳定杆、推力杆、扭杆弹簧等是否损坏。

(8)检查连接情况

用手晃动悬架的主要元件,检查是否松动。最后用扭力扳手将螺母或螺栓按规定力矩紧固。

2.麦弗逊式独立悬架的检修

下面以常见轿车前悬架为例介绍麦弗逊式独立悬架的检修。

(1)轿车前悬架的组成

轿车前悬架如图 9-31 所示,由横向稳定杆、减振器支柱、转向减振器等组成。其特点是,减振器作为悬架杆系的一部分兼起主销作用,滑柱在作为主销的圆筒内上下移动,减振器支柱座与车身相连。

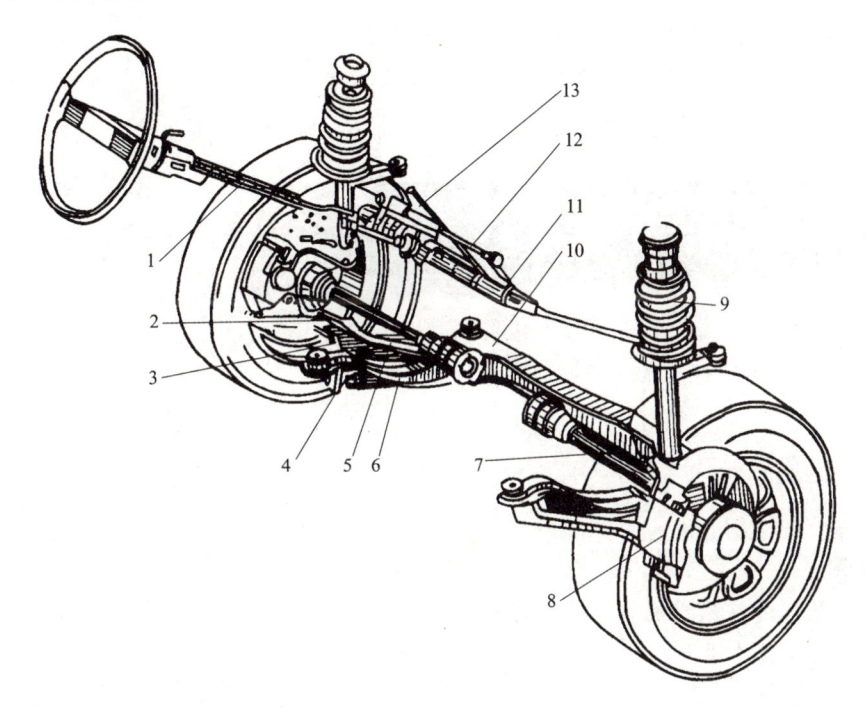

图 9-31 轿车前悬架

1—安全转向柱;2—车轮与下摆臂的连接螺栓;3—下摆臂;4—下摆臂橡胶轴承;5—横向稳定杆;6—副车架;7—传动轴;8—前轮制动钳;9—减振器支柱;10—副车架前橡胶支承;11—动力转向装置;12—转向减振器;13—转向横拉杆

(2)轿车前悬架的检修

①减振器的检查

在车辆行驶过程中,如减振器发出异常的响声,则说明该减振器已损坏,必须更换。一般减振器是不进行修理的,如有很小的渗油现象不必调换,如漏油较多可通过拉伸和压缩减振器来检查渗油现象。漏出的油液不能再加入减振器内重新使用,漏油的减振器不能再使用。

②前悬架支柱总成的检修

在零件全部解体后,应进行清洗、检查,必要时测量。如有下列情况,必须更换新件:

a.制动盘工作面严重磨损,超出规定,或表面出现裂纹。

b.挡泥板严重扭曲变形。

c.轮毂花键松旷,磨损严重。

d.弹簧挡圈失效。

e.车轮轴承损坏(注意:需要更换整套轴承)。

f.前悬架支柱件任何一条焊缝出现裂纹或严重变形。

思考题

1.汽车上为什么设置悬架总成?一般它是由哪几部分组成的?各部分的作用是什么?

2.汽车悬架中的减振器与弹性元件为什么要并联安装?对减振器有哪些要求?

3.双向作用筒式减振器的压缩阀、伸张阀、流通阀和补偿阀各起什么作用?压缩阀和伸张阀的弹簧为什么较强?预紧力为什么较大?

4.常用的弹性元件有哪几种?试比较它们的优缺点。

5.钢板弹簧上的弹簧夹起什么作用?安装时应注意什么?

任务 9.2 电控悬架的认识

能力目标

◆ 会电控悬架的功用、组成和工作原理。
◆ 能读懂电路图。

知识目标

◆ 掌握电控悬架的基本组成和工作原理。
◆ 掌握电控悬架的电路图。

相关知识

对于传统的悬架系统而言,当其结构确定后,就具有固定的悬架刚度和阻尼系数,在车辆行驶过程中无法进行调节,因此汽车行驶过程中平顺性和操纵稳定性不能兼顾。这种车辆在行驶过程中悬架刚度和阻尼系数不能改变的悬架称为被动悬架。为了满足汽车悬架系统平顺性和操纵稳定性两项性能要求,克服被动悬架的刚度和阻尼系数不能调节的缺陷,便出现了汽车主动悬架的概念。主动悬架就是车辆在行驶过程中悬架刚度和阻尼系数可人为地加以控制并不断变化的悬架。所以主动悬架的特点就是能够根据外界输入或车辆本身状态的变化进行动态自适应调节。随着电子技术的发展,在汽车悬架系统中采用了电子控制技术,便形成了电子控制悬架系统,简称电控悬架系统。

现代汽车电控悬架系统有多种形式,根据控制目的的不同,可分为车高控制系统、刚度控制系统、阻尼控制系统、综合控制系统等;根据悬架系统结构形式不同,可分为电控空气悬架系统和电控液压悬架系统;根据控制系统有源和无源,可分为半主动悬架和主动悬架。

电控悬架系统的基本结构及工作原理

电控悬架系统一般由传感器、电子控制单元(ECU)和执行机构三部分组成。丰田雷克萨斯轿车的电控悬架系统如图 9-32 所示。

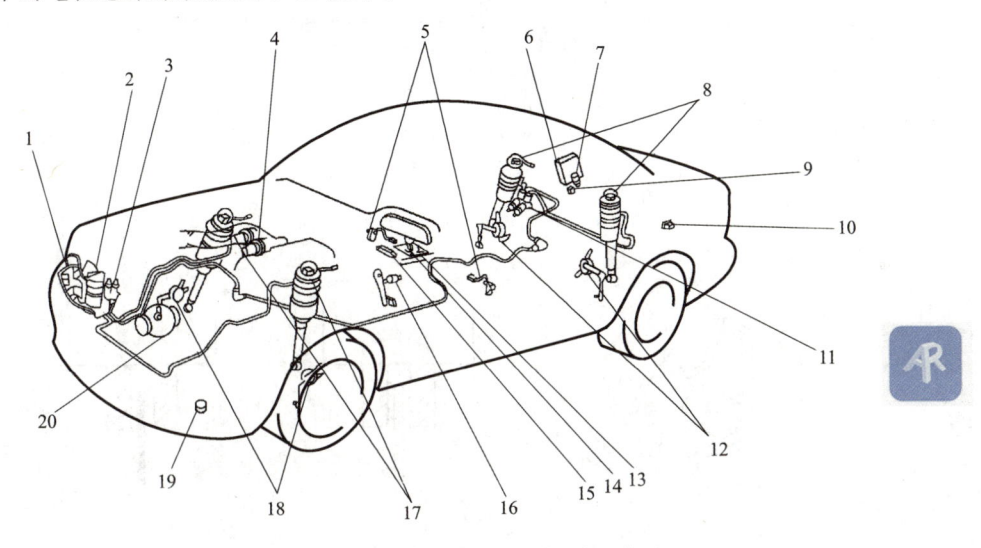

图 9-32 丰田雷克萨斯轿车的电控悬架系统

1—干燥器和排气阀；2—高度控制压缩机；3—1号高度控制阀；4—主节气门位置传感器；5—门控灯开关；6—ECU；7—2号高度控制继电器；8—后悬架控制执行器；9—高度控制连接器；10—高度控制 ON/OFF 开关；11—2号高度控制阀和溢流阀；12—后车身高度控制传感器；13—LRC 开关；14—高度控制开关；15—转向传感器；16—停车灯开关；17—前悬架控制执行器；18—前车身高度控制传感器；19—1号高度控制继电器；20—IC 调节器

传感器用来感受汽车运动状态(路况和车速及启动、加速、转向、制动等工况)，并将各种状态转换为电信号输送给电子控制单元(ECU)。传感器包括车身高度传感器、转向传感器、车速传感器、节气门位置传感器等。

电子控制单元(ECU)对传感器输入的电信号进行综合处理，向执行机构发出控制指令。

电控悬架系统的执行机构是电磁阀、步进电动机和空气压缩机。它们接收来自电子控制单元的控制指令，准确、快速和及时地做出动作反应，实现对弹簧刚度、减振器阻尼和车身高度的调节。

1.传感器的结构与工作原理

(1)车身高度传感器

车身高度传感器的作用是不断检测车身和悬架之间的距离，以检测车身高度。图 9-33 所示为光电式车身高度传感器的结构，图 9-34 所示为光电式车身高度传感器的工作原理。传感器由一个开口盘和四组光电传感器组成。每个光电传感器分别由发光二极管和光敏三极管组成，二者相互面对安装。传感器开口盘安装在车身上，与杠杆固定。连杆的一端与杠杆相连，而另一端与摆臂相连。当车身高度发生变化时，连杆随摆臂上下移动，从而带动杠杆和开口盘转动。

光敏三极管接收来自发光二极管的光线，当开口盘转至如图 9-34(b)所示位置时，光线

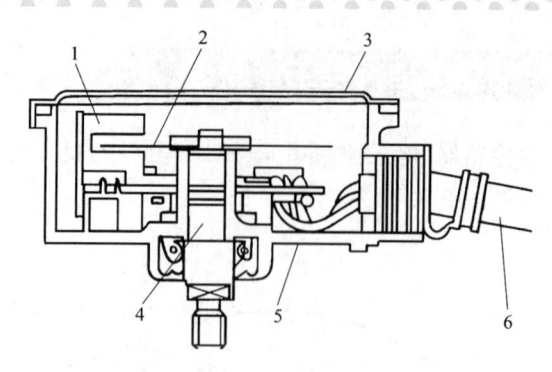

图 9-33 光电式车身高度传感器的结构
1—遮光器；2—开口盘；3—盖；4—转轴；5—外壳；6—电缆

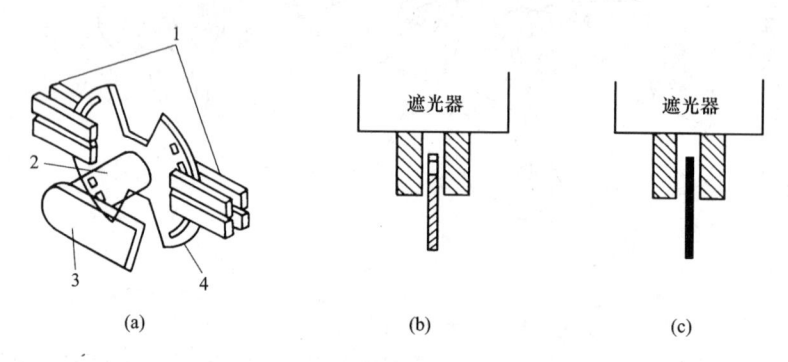

图 9-34 光电式车身高度传感器的工作原理
1—遮光器；2—转轴；3—连杆；4—开口盘

被开口盘挡住，输出一个"断"信号。来自四组光电传感器的"通"和"断"的组合，使车身高度传感器检测出不同的车高信号，并将它们转换后送至 ECU。

（2）转向传感器

转向传感器安装在转向器上，用来检测转向时的转向角度和汽车转弯的方向，主要为转弯时提高操纵稳定性，防止侧倾，向 ECU 提供车态信号。转向器如图 9-35 所示。

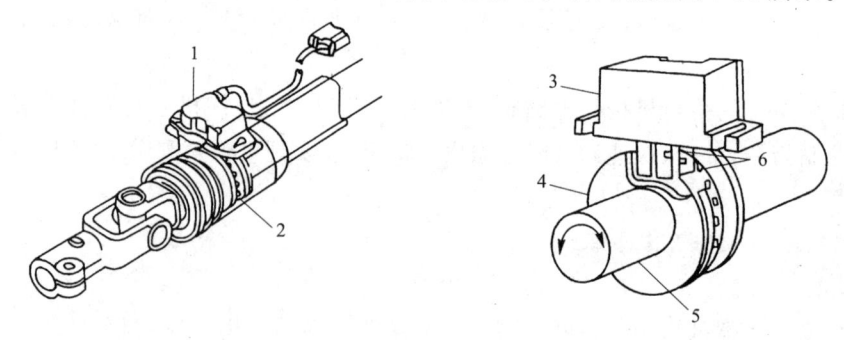

图 9-35 转向器
1—转向传感器外壳；2、4—转向盘；3—转向传感器；5—转向轴；6—遮光器

（3）其他传感器和开关

转向传感器由转向传感器组件和遮光器组成。转向传感器组件有两组发光二极管和光电晶体管，二者相互面对安装，固定在转向管柱上。遮光器固定在转向轴上，并随其转动。当遮光器随转向轴转动时，两个光电晶体管的输出端即可进行电信号的通/断变换，ECU 根据两组光电晶体管输出端电信号通/断变换的速度，检测出转向盘的转角和转速。由于两组

光电晶体管电信号通、断的相位错开 90°，因此转向传感器通过判断哪组光电晶体管首先转变为"通"状态，即可检测出转向轴的转动方向。

车速传感器安装在车轮上，用于检测转速信号，ECU 接收该信号与转向盘转动角度信号，计算出车身的侧倾程度。

节气门位置传感器可以间接检测汽车加速度信号。ECU 利用此信号作为控制车身后倾的一个工作状态参数。

车门传感器是为了防止行驶过程中车门未关闭而设置的。

高度控制开关用来选择车身高度，ECU 检测高度控制开关的状态并相应使车身高度升高或下降。有的车辆上还有高度控制 ON/OFF 开关，用于打开或停止车身高度控制。

模式选择开关用来选择悬架的"软""中"或"硬"状态，ECU 检测到开关的状态后，操纵悬架控制执行器，从而改变减振器的弹簧刚度和阻尼系数。

停车灯开关是当踩下制动踏板时，停车灯开关接通，ECU 利用此信号作为控制车身前倾的一个工作状态参数。

2.执行机构的结构与工作原理

(1)空气弹簧

电控悬架采用空气弹簧代替传统悬架的螺旋弹簧或钢板弹簧，空气弹簧在其气室内装入惰性压缩空气而具有弹性功能。

空气弹簧刚度调节原理如图 9-36 所示，空气弹簧由主气室、副气室和空气阀控制杆等组成。

如图 9-36(a)所示，空气弹簧悬架刚度的调节是由步进电动机带动气阀转动，改变主、副气室之间通路的大小，从而改变刚度的。

如图 9-36(b)所示，气阀处于此位置时，大小气体通路全部被封住，主、副气室的气体不能相互流动，可压缩的气体容积最小，悬架处于高刚度状态。如果气阀顺时针转 60°，气阀将大气体通路打开，两气室之间的气体流量大，参加工作的气体容积增大，悬架处于低刚度状态。如果气阀逆时针转 60°，气阀将小气体通路打开，两气室之间的气体流量小，参加工作的气体容积减小，悬架处于中刚度状态。

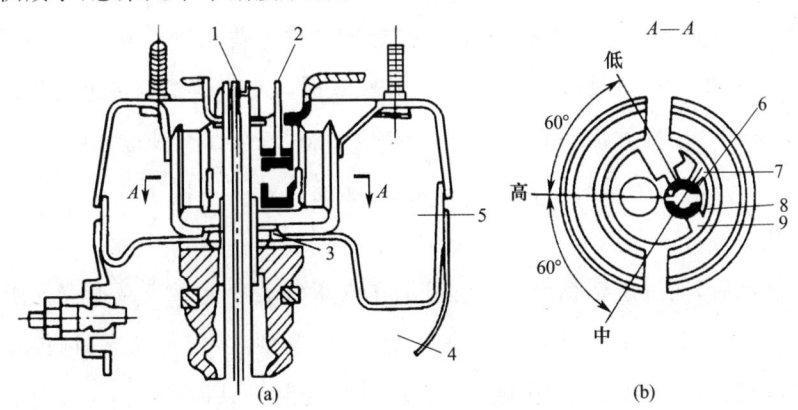

图 9-36 空气弹簧刚度调节原理

1—阻尼调节杆；2—空气阀控制杆；3—主、副气室通路；4—主气室；
5—副气室；6—气阀体；7—气体通路小孔；8—阀芯；9—气体通路大孔

ECU根据车辆状态信号及时调节弹簧刚度：高速行驶时转换为高刚度；低速行驶时转换为低刚度；制动时增大前空气弹簧的刚度；加速时增大后空气弹簧的刚度；而在转弯时调节左右弹簧刚度以减少侧倾。

（2）减振器

减振器的阻尼调节采用简单的控制阀，通过在最大、中等、最小的通流面积之间的变换，改变油液的流通速度，达到阻尼系数的有级调节。减振器的阻尼调节原理如图9-37所示，在空气弹簧的下方，与控制杆连接的回转阀上有三个阻尼孔（油孔），回转阀外面的活塞杆上有两个阻尼孔（油孔），控制机构可以带动控制杆使回转阀旋转，从而改变阻尼孔的开、闭组合，实现阻尼系数"软""中""硬"的有级转换。

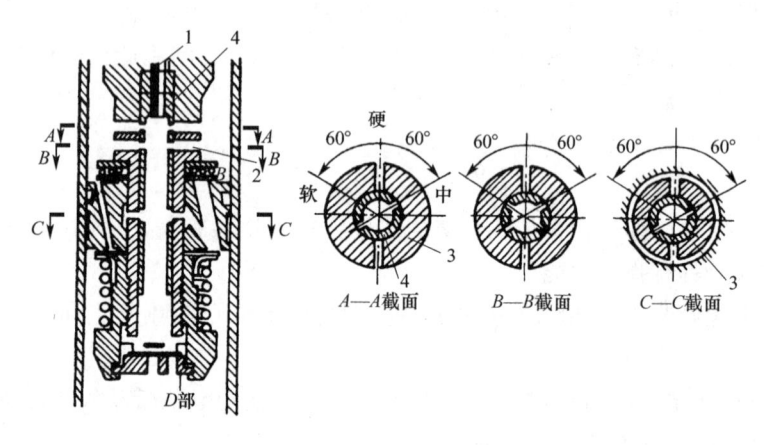

图9-37 减振器的阻尼调节原理

1—阻尼调节杆（回转阀控制杆）；2—阻尼孔；3—活塞杆；4—回转阀

汽车行驶过程中，变阻尼悬架系统的控制过程是通过选择减振器阻尼的工作模式进行的。电子控制悬架系统减振器阻尼的工作模式选择开关又称为运行模式选择开关，用于选择减振器阻尼的工作模式。驾驶员根据行驶需要选择不同的工作模式，减振器阻尼就处于相应的工作状态。减振器阻尼的状态一般设有"标准""中等硬度"和"坚硬"三种。

当分别选择"标准""中等硬度"和"坚硬"工作模式时，ECU就根据传感器和控制开关信号确定阻尼为"标准""中等硬度"和"坚硬"三种相应状态，汽车在行驶过程中由于转弯、加速和制动所需要的合适阻尼力就可以得到自动调节，从而改善了不同工作条件下汽车的平顺性和操纵稳定性。

工作模式选定后，通过悬架系统指示灯显示在汽车仪表盘上。当减振器处于"标准"阻尼状态时，控制左边一只指示灯发亮；当减振器处于"中等硬度"阻尼状态时，控制左边和中间两只指示灯发亮；当减振器处于"坚硬"阻尼状态时，控制三只指示灯全部发亮。如果悬架系统有故障，指示灯将会闪烁，提示驾驶员系统有故障，显示出ECU具有自诊断的功能。

（3）执行机构

悬架控制执行机构（图9-38）的功用是驱动主、副气室的空气阀芯和减振器阻尼孔的回转阀转动。步进电动机带动小齿轮驱动扇形减速齿轮转动,与扇形减速齿轮同轴的阻尼控制杆带动回转阀转动,使阻尼孔开、闭变化,从而调节减振器阻尼;同时阻尼控制杆通过齿轮带动空气阀驱动齿轮和空气阀控制杆转动,随着阀芯角度的改变,悬架的刚度得到调节。

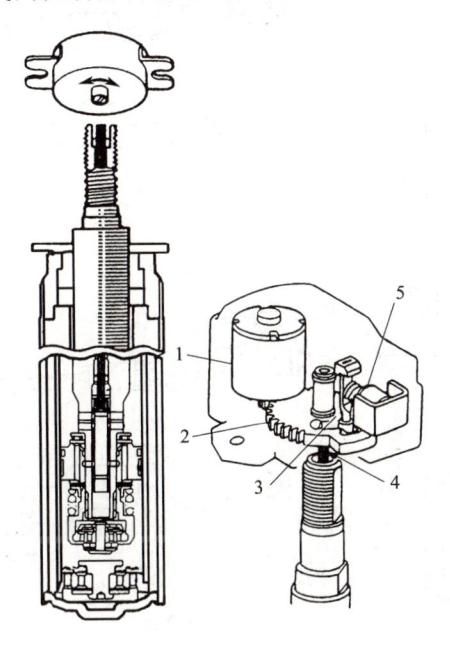

图 9-38 悬架控制执行机构

1—直流电动机;2—减速齿轮;3—挡块;4—阻尼控制杆;5—电磁铁

(4)车身高度控制

车身高度控制系统的主要功用是当车内乘员或载荷变化时,自动调节车身高度,使汽车行驶姿态稳定,从而提高乘坐的舒适性。

车身高度调节原理如图 9-39 所示。车身高度控制系统由空气压缩机、直流电动机、高度控制阀、排气电磁阀、空气干燥器等组成。悬架 ECU 根据车高控制传感器送来的信号和控制模式指令,向高度控制阀发出指令。当车身需要升高时,高度控制阀打开,压缩空气进入空气弹簧的主气室,车身升高;高度控制阀关闭时,空气弹簧主气室的空气量保持不变,车身维持一定的高度不变;当车身需要降低时,空气压缩机停止工作,高度控制阀打开,此时排气电磁阀也打开,悬架的主气室中的空气通过高度控制阀、管路,最后由排气阀排出,车身高度下降。

3.电子控制单元

电子控制单元(ECU)是电控悬架系统的控制中枢。它接收各传感器传来的信号,并对这些信号进行分析、比较和判断处理,经精确计算后输出控制信号对减振器阻尼力、悬架刚度和车身高度等进行控制。

ECU 具有故障自诊断功能。当出现故障时,ECU 以故障码的形式存储故障,并使指示灯点亮。ECU 还具有保护系统功能,当控制系统出现故障时能暂时切断对悬架的控制。

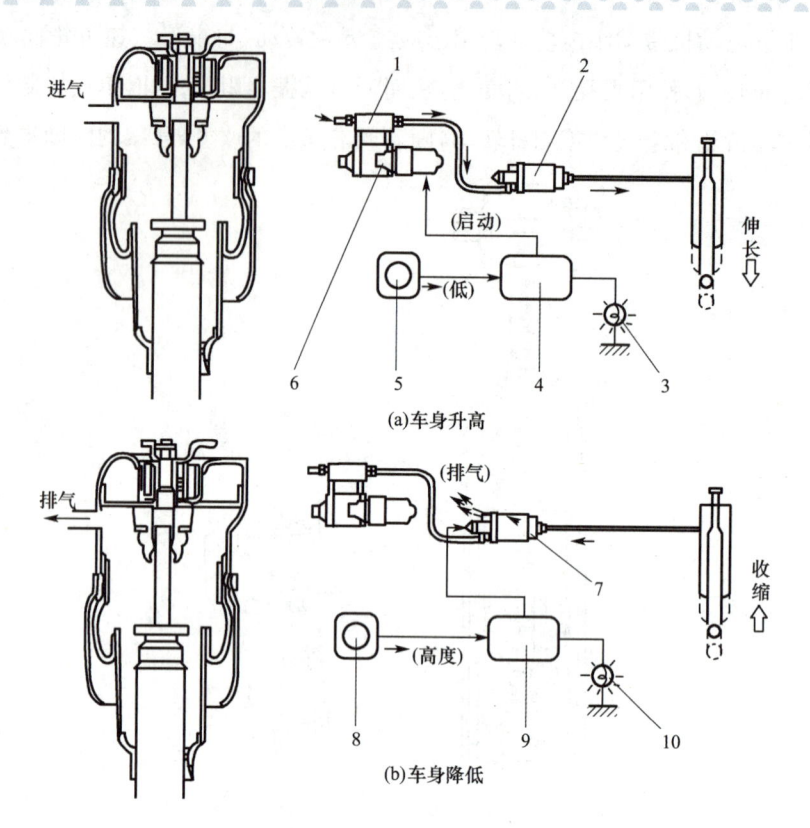

图 9-39　车身高度调节原理

1—空气压缩机；2—空气干燥器；3、10—指示灯；4、9—微机；5、8—车高控制传感器；6—直流电动机；7—排气电磁阀

思考题

1. 根据电子控制悬架系统的不同功能分类，电子控制悬架系统主要有哪几种类型？
2. 电子控制悬架系统的功用是什么？
3. 电子控制悬架系统采用的控制方式有哪几种？

学习领域三

汽车转向系的维修

学习情境10　转向系的维修

学习情境 10

转向系的维修

任务 10.1　转向系的认识

能力目标

- 会检查汽车转向盘的自由行程。
- 会用检测设备和工具。
- 能够注重安全和环保。

知识目标

- 理解汽车转向系的功用、结构组成和类型。
- 掌握汽车转向系的工作原理。
- 掌握汽车机械转向系的传动路线。

素质目标

- 通过对转向系的维修作业,培养学生对维护保养工作认真负责、精益求精的工匠精神。

相关知识

汽车在行驶过程中,经常需要改变行驶方向。改变行驶方向的方法是驾驶员通过一套专设的机构,使汽车的转向桥(一般是前桥)上的车轮相对于汽车纵轴线偏转一定角度。驾驶员也可以利用这套机构使汽车维持原来的行驶方向。这一套用来改变或维持汽车行驶方向的专设机构称为汽车转向系。

一、转向系的功用和类型

1.功用

汽车转向系的功用是按照驾驶员的意愿改变或维持汽车的行驶方向。

2.类型

转向系可按转向能源的不同分为机械转向系和动力转向系两大类。

机械转向系以驾驶员的体力作为转向能源,其中所有传力部件都是机械的。动力转向系是兼用驾驶员体力和发动机(电动机)动力为转向能源的转向系。在正常情况下,汽车转向所需能量,只有一小部分由驾驶员提供,而大部分是由发动机(电动机)通过转向加力装置提供的。但在转向加力装置失效时,一般还应当能由驾驶员独立承担汽车转向任务。因此,动力转向系是在机械转向系的基础上加设一套转向加力装置而形成的。

对最大总质量在 50 t 以上的重型汽车而言,一旦转向加力装置失效,驾驶员通过机械传动系加于转向节的力远不足以使转向轮偏转而实现转向。故这种汽车的转向加力装置应当特别可靠。

动力转向系根据动力的来源不同又可分为液压式和电动式两种。

二、转向系的参数和转向规律

1.转向系角传动比

转向盘的转角与安装在转向盘同侧的转向轮偏转角的比值,称为转向系角传动比。而转向盘转角和转向摇臂摆角之比称为转向器角传动比。转向摇臂摆角与同侧转向节带动的转向轮偏转角之比称为转向传动机构角传动比。显然转向系角传动比越大,增扭作用越大,转向操纵越轻便,但转动转向盘的圈数越多,操纵灵敏性越差,所以不能过大。

2.汽车转向盘自由行程

转向盘为消除转向系各传动件之间的装配间隙、克服弹性变形所空转过的角度称为转向盘自由行程。

由于转向系各传动件之间都存在着装配间隙,而且这些间隙将随零件的磨损而增大,因此在一定的范围内转动转向盘时,转向节并不马上同步转动,而是在消除这些间隙并克服机件的弹性变形后,才做相应的转动,即转向盘有一个空转过程。

转向盘自由行程对于缓和路面冲击及避免驾驶员过于紧张是有利的,但过大的自由行程会影响转向灵敏性。所以汽车维护中应定期检查转向盘自由行程。国家标准《机动车运行安全技术条件》(GB 7258—2017)规定,最高设计车速不小于 100 km/h 的机动车转向盘的自由行程应不超过 15°,否则应进行调整。

3.转向时车轮的运动规律

汽车转向时,内侧车轮和外侧车轮滚过的距离是不等的。对于一般汽车而言,后桥左右两侧的驱动轮由于差速器的作用,能够以不同的转速滚过不同的距离。但前桥左右两侧的转向轮要滚过不同的距离,必然要引起车轮沿路面边滚动边滑动,致使转向时的行驶阻力增大,轮胎磨损增加。为避免这种现象,要求转向系能保证在汽车转向时,所有车轮均做纯滚动。显然,这只有在转向时,所有车轮的轴线都交于一点方能实现,此交点 O 称为汽车的转向中心。图 10-1 所示为汽车转向。由图可见,汽车转向时内侧转向轮偏转角 β 大于外侧转向轮偏转角 α。α 与 β 的关系是

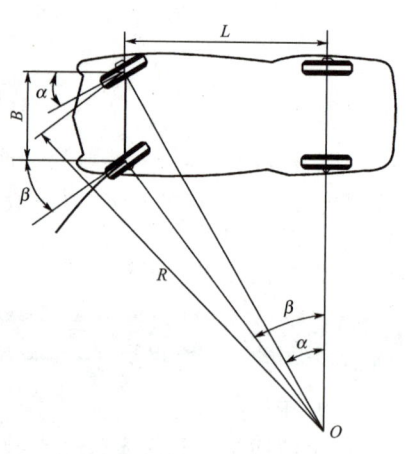

图 10-1 汽车转向

$$\cot \alpha = \cot \beta + B/L$$

式中　　B——两侧主销中心距；

　　　　L——汽车轴距。

这一关系是由梯形臂保证的。所有汽车梯形臂的设计实际上都只能保证在一定的车轮偏转角范围内，使两侧车轮偏转角大体上接近这个关系式。

从转向中心 O 到外侧转向轮与地面接触点的距离 R 称为汽车转弯半径。转弯半径 R 越小，则汽车转向所需要场地就越小，汽车的机动性也越好。当外侧转向轮偏转角达到最大值时，转弯半径 R 最小。

工作任务实施

一、实施条件

(1) 汽车转向系总成。

(2) 转向参数测量仪。

(3) 直尺。

二、实施步骤

汽车每行驶 20 000 km 左右，应检查转向盘的自由行程，检查方法有如下两种：

1. 用转向参数测量仪直接测量

(1) 将汽车停放在平坦、坚实的路面上，使前轮处于直线行驶位置。

(2) 将图 10-2 所示的转向参数测量仪安装于转向盘上，将测量仪接好电源。

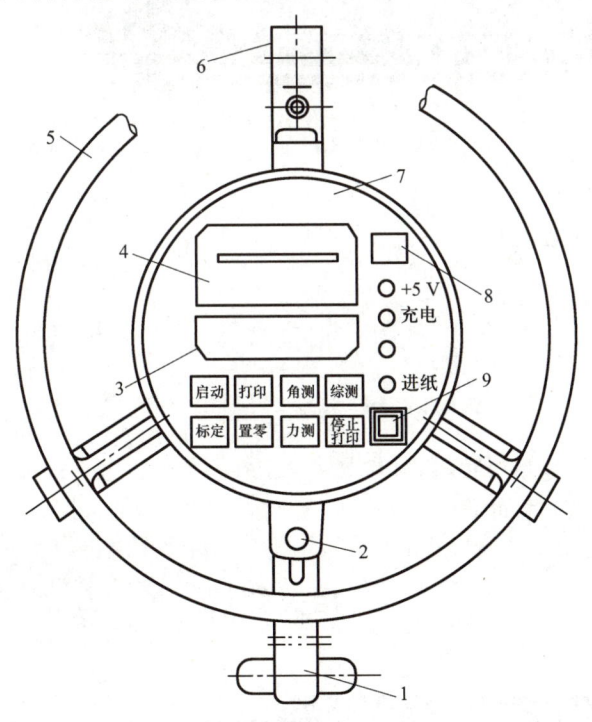

图 10-2　转向参数测量仪

1—定位杆；2—固定螺栓；3—显示器；4—打印机；5—操纵盘；6—连接叉；7—主机箱；8—电压表；9—电源开关

(3)按下"角测"按钮,向一个方向缓慢转动转向盘直至车轮刚刚开始摆动时,停止转动转向盘,仪器即显示出转向盘的自由转动角度。将转向盘回正后,可测出另一个方向的自由转动角度。也可将转向盘打到一个车轮即将开始摆动到另一个车轮,也就是使车轮即将开始摆动时的极限位置,即可测出转向盘的自由行程。

2. 用游标卡尺测量(图10-3)

(1)启动发动机。

(2)转动转向盘,使前轮处于直线行驶位置。

(3)轻轻移动转向盘,在转向轮就要开始转动时(或感觉到阻力时),使用游标卡尺测量转向盘外缘的转动量,一般为10～15 mm。

(4)如果不符合要求,应该检查转向器间隙,调整转向球头销等。

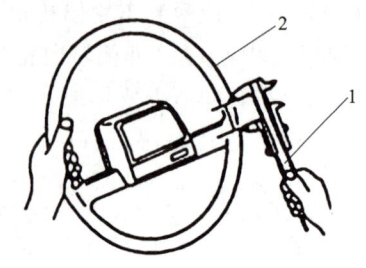

图10-3 用游标卡尺测量转向盘自由行程
1—游标卡尺;2—转向盘

思考题

1. 简述汽车转向系的功用和类型。
2. 简述汽车转向的工作原理。
3. 什么叫转向盘自由行程?如何检查?

任务10.2 转向操纵机构的维修

能力目标

- 会维修汽车转向操纵机构。
- 会用检测设备和工具。
- 能够注重安全和环保。

知识目标

- 理解汽车转向操纵机构的功用、组成和类型。
- 掌握汽车转向操纵机构的作用。

相关知识

一、转向操纵机构的功用

转向操纵机构要将驾驶员操纵转向盘的力传给转向器;同时为了驾驶员舒适驾驶,还要求转向操纵机构可以进行调节,以满足不同驾驶员的需求;为了防止车辆撞击后对驾驶员造成损伤,还要求转向操纵机构具有一定的安全保护装置。

二、转向操纵机构的组成

从转向盘到转向传动轴的一系列部件和零件属于转向操纵机构,包括转向盘、转向柱管、转向轴等部件。它的作用是将驾驶员转动转向盘的操纵力传给转向器。转向操纵机构和转向器的位置关系如图10-4所示。有些转向系考虑车架变形的影响,在转向操纵机构中增加了一个挠性万向联轴器。还有一些转向系,由于总布置的要求,转向盘与转向器的轴线相交成一定的角度,在结构中采用了万向联轴器和传动轴。

由于在发生车祸时,对驾驶员造成威胁的主要是转向盘及转向柱管等,所以人们在设计转向操纵机构时,增加了安全措施。如采用安全转向柱、安全联轴器及能量吸收装置等。

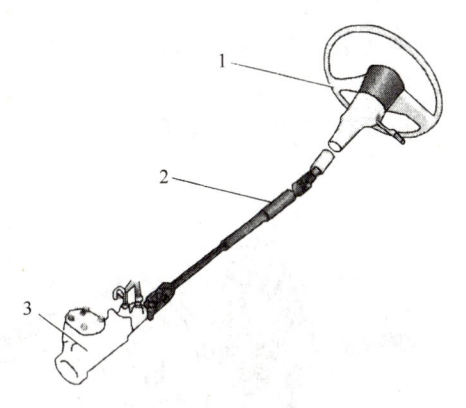

图10-4 转向操纵机构和转向器的位置关系
1—转向盘;2—转向轴;3—转向器

1.转向盘

包括我国在内的一些国家规定车辆右侧通行,相应地应将转向盘安置在驾驶室左侧,这样驾驶员的左方视野较广阔,有利于两车安全交会。相反,在一些规定车辆左侧通行的国家使用的汽车上,转向盘则应安置在驾驶室右侧。

汽车转向盘的结构如图10-5所示,它主要由轮圈1、轮辐2和轮毂3等组成。轮辐2和轮圈1的心部有钢、铝或镁合金制的骨架,外表通过注塑方法包覆有一定形状的塑料外层或合成橡胶,以改善操纵转向盘的手感并提高驾驶员的安全性。转向盘与转向轴一般是通过花键或带锥度的细花键连接,端部通过螺母轴向压紧固定。

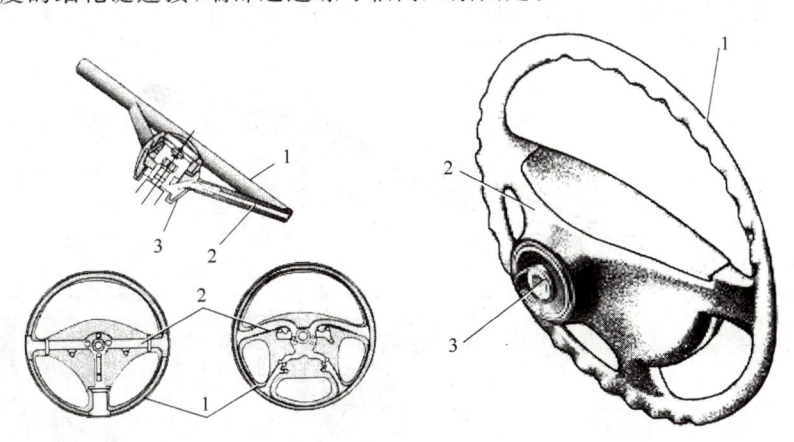

图10-5 转向盘的结构
1—轮圈;2—轮辐;3—轮毂

汽车喇叭开关一般装在转向盘上,可以随转向盘相对车身转动,而与喇叭连接的导线固定在车身和转向管柱上,不能旋转。因此,与喇叭连接的导线必须与转向盘的旋转部分进行电气连接。目前,大多数汽车在转向盘上都装有集电环,如图10-6所示。固定不动的转向管柱上端设有带弹性触片2的下圆盘1,与喇叭开关相连的集电环端子装在上圆盘3上。转向盘安装到转向轴上后,上、下圆盘紧密接触,集电环端子则与弹性触片形成电气接触。

由于这种集电环是机械接触,长时间使用会因触点磨损而影响导电性,从而发生喇叭不响的现象,尤其是引起安全气囊在汽车发生碰撞时不能正常工作。为此,现在装备安全气囊的汽车开始采用电缆盘,其结构如图10-7所示。电缆盘将导线卷入盘内,在转向盘旋转的范围内,导线靠卷筒自由伸缩。采用这种机构后,可利用无机械接触的导线与转向盘的电气装置连接,可靠性大大提高。

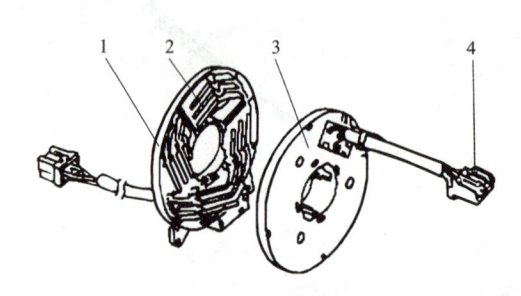

图10-6 转向盘集电环
1—下圆盘;2—弹性触片;3—上圆盘;
4—导线接头

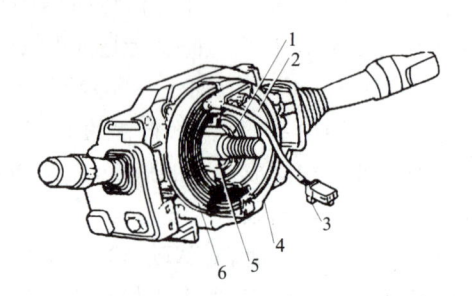

图10-7 电缆盘的结构
1—凸轮;2—转子;3—导线接头;
4—电缆盘壳体;5—转向轴;6—电缆

2.转向轴与转向柱

转向轴是将驾驶员作用于转向盘的转向操纵力传给转向器的传力轴,它的上部与转向盘固定连接,下部装有转向器。转向轴与转向器连接的方式有两种:一种是与转向器的输入轴直接连接;另一种是通过十字轴万向节或者挠性万向节间接与转向器的输入轴相连接。

转向轴伸缩机构如图10-8所示。转向轴分为上、下两段,二者通过花键连接。上转向轴2由调节螺栓4通过楔状限位块5夹紧定位。调节螺栓4的一端设有调节手柄3。当需要调整转向轴的轴向位置时,先向下推调节手柄3,使楔状限位块5松开,再轴向移动转向盘,调到合适的位置后向上拉调节手柄3,将上转向轴2锁紧定位。

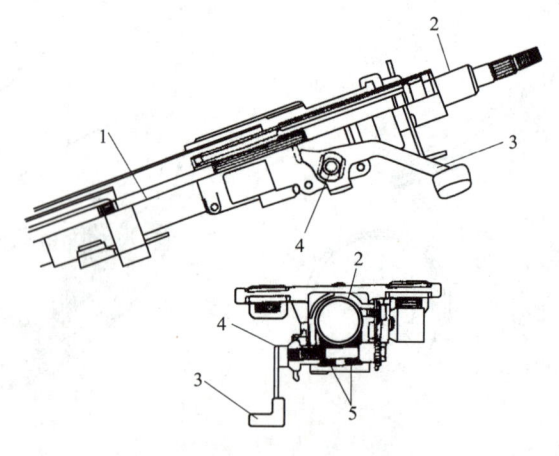

图10-8 转向轴伸缩机构
1—下转向轴;2—上转向轴;3—调节手柄;4—调节螺栓;5—楔状限位块

为适应不同的工作环境和条件,改善驾驶汽车舒适条件,汽车设置了可调式转向柱,即可以改变转向盘工作角度(转向轴的传动方向)和转向盘高度(转向轴轴向长度)的机构,以方便不同体型驾驶员的操纵。如图10-9所示为轿车转向轴倾斜角度调整机构。转向管柱2的上段和下段分别通过倾斜调整支架7和下托架6与车身相连,而且转向管柱由倾斜调整支架夹持并固定。倾斜调整用锁紧螺栓5穿过倾斜调整支架7上的长孔3和转向管柱2,螺栓的左端为左旋螺纹,调整手柄4即拧在该螺纹上。当向下扳动手柄时,锁紧螺栓5的螺纹缓扣,转向管柱2即以下托架6上的枢轴1为中心,在穿有螺栓的支架长孔范围内上下移动。确定了转向管柱的合适位置后,向上扳动调整手柄4,从而将转向管柱2定位。

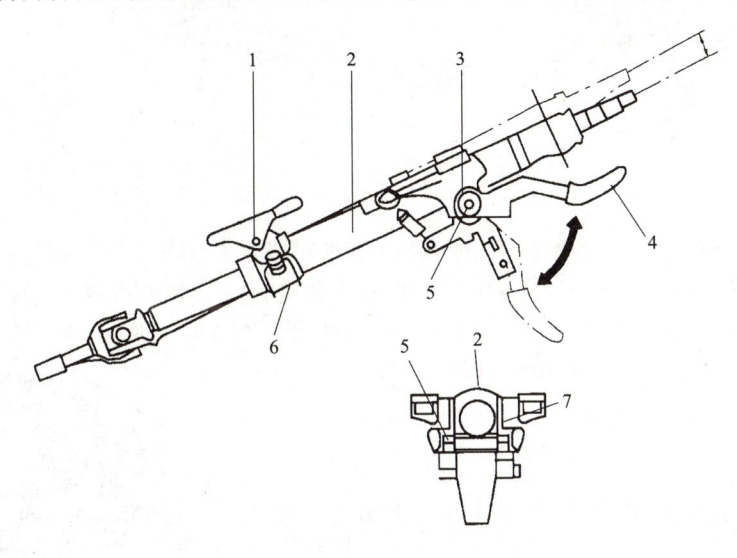

图10-9 转向轴倾斜角度调整机构

1—枢轴;2—转向管柱;3—长孔;4—调整手柄;5—锁紧螺栓;6—下托架;7—倾斜调整支架

工作任务实施

一、实施条件

(1)轿车转向系总成。

(2)汽车专用工具。

(3)常用工具。

二、实施步骤

1.拆卸转向柱

转向柱上装有一套组合开关,包括点火开关、前风窗刮水及清洗开关、转向灯开关及远近光变光开关。因此,在拆卸前必须将蓄电池电源线拆下,即拆下蓄电池搭铁线,转向指示灯开关置于中间位置,并使车轮处于直线行驶位置。图10-10所示为转向柱分解图。拆卸按以下步骤进行:

(1)撬出喇叭按钮盖1。

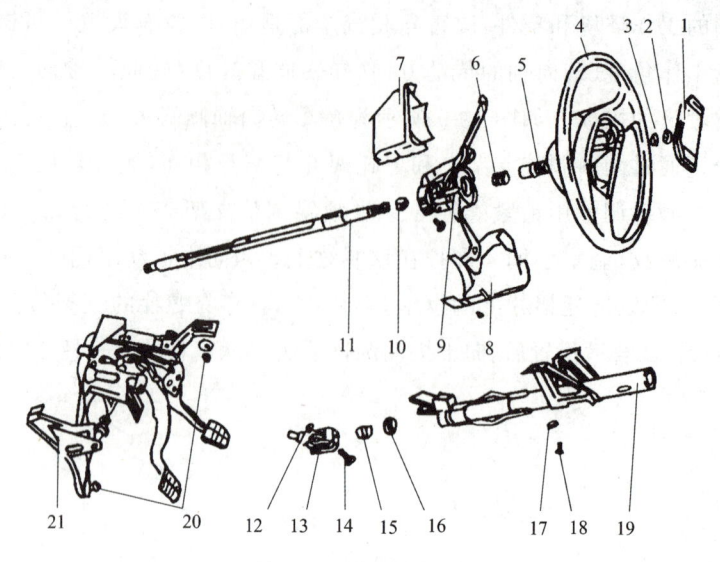

图 10-10 转向柱分解图

1—喇叭按钮盖;2—紧固螺母;3—弹簧垫圈;4—转向盘;5—锯齿形紧定套;6—弹簧;7—下装饰罩;8—上装饰罩;9—转向器锁壳体及转向柱开关;10—支承环;11—转向柱;12—螺母;13—转向柱万向节;14—六角头螺栓;15—弹簧;16—转向柱下轴承;17—垫圈;18—保险螺钉;19—转向管柱;20—螺母;21—转向管柱支架

(2) 取出喇叭按钮盖 1,拆卸喇叭连线。

(3) 拆下转向盘紧固螺母 2,用拉力器将转向盘取下。

(4) 用专用工具拆卸锯齿形紧定套,如图 10-11 所示。

(5) 拆下组合开关的紧固螺栓,取下开关。

(6) 拆下转向柱套管的紧固保险螺钉,拆下套管。

(7) 转向柱为安全件,其结构为双层套管式,当转向盘受到很大的向下冲击力时,转向柱可被压缩。转向柱的长度检查可通过上体上的小孔,如图 10-12 箭头所示,必须能看见下体上的小凸耳,如需要,可将上、下体拉离挡块。

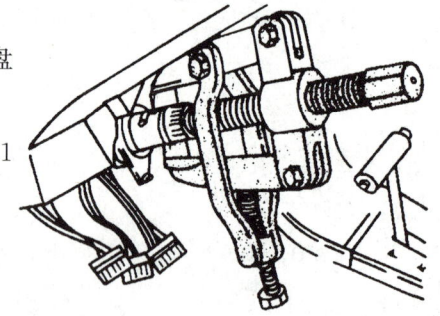

图 10-11 拆卸锯齿形紧定套

2.检查转向柱

检查转向柱有无弯曲、安全万向节有无磨损及损坏、弹簧弹性是否失效,如有应维修或更换新件。

(1) 检查转向柱与转向管柱的变形与损坏情况。不允许补焊或矫正,若变形或损坏严重必须更换。检查转向柱轴承的磨损与烧蚀情况,严重时应更换。

(2) 转向传动轴万向节的检查。如图 10-13 所示,用手检查万向节在十字轴 1 的两个方向的径向间隙,若发现有间隙时,应更换万向节的轴承 3。拆卸万向节时,先将轴承 3 拆下,再拆下十字轴 1(拆前做好万向节 2 与传动轴 4 的对正标记)。装配时,应先将万向节 2 与传动轴 4 的对正标记对准,先装上十字轴 1,然后用台钳压入轴承 3。

图 10-12 转向柱长度检查

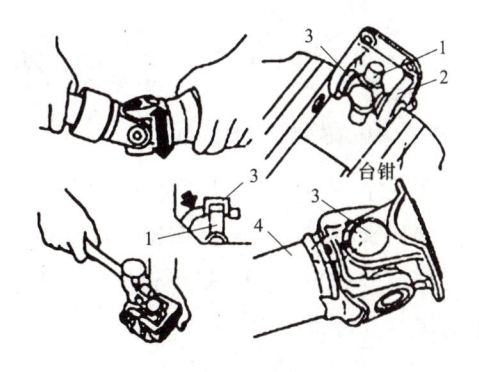

图 10-13 转向传动轴万向节的检查
1—十字轴；2—万向节；3—轴承；4—传动轴

(3)转向柱支承环的检查。检查转向柱上支承环的磨损与损坏情况,严重的应更换。

(4)安全柱销及橡胶支承套的检查。检查转向柱上的安全柱销是否损坏,橡胶衬套及聚氯乙烯套管是否损坏;检查橡胶支承环是否老化、损坏;检查弹簧是否损坏或弹力是否减弱。

3.安装步骤

(1)将支承环、转向柱开关、转向器壳体、接触环、弹簧及夹紧垫圈装配好。装配时,可将转向柱下体小心地夹紧在虎钳台上,如图 10-14 所示,其上体靠在虎钳口上,上下两体不会滑到一块。

(2)通过上体小孔,检查转向轴长度,必须能看到下体上的小凸耳。如有必要,可将上下两体拉离挡块。

(3)将转向柱从转向盘端插入转向管柱。

(4)用螺栓将转向柱固定到转向柱万向节上。

(5)将转向器锁壳体固定到转向柱管上。

(6)将锯齿形紧定套插到转向柱上,并用六角螺母拧到螺纹的端部,再将螺母松开,放上垫圈,用螺母不断拉紧定套,直至紧配合位置,如图 10-15 所示。

图 10-14 装配转向柱

图 10-15 锯齿形紧定套的安装

知识拓展

安全转向操纵机构

汽车撞车时,首先车身被撞坏(第一次冲击),转向操纵装置被向后推,从而挤压驾驶员,使其受到伤害;接着,随着汽车速度的降低,驾驶员在惯性力的作用下向前冲,再次与转向操纵装置接触(第二次冲击)而受到伤害。为了防止转向盘对驾驶员的伤害,现在转向柱在设计上有了一些改进。

1. 可分离式安全转向操纵机构

图 10-16(a)所示为转向操纵机构的正常工作位置。此类转向操纵机构的转向轴分为上下两段,用安全联轴节连接,上转向轴 2 下部弯曲并在端面上焊接有半月形凸缘盘 8,盘上装有两个驱动销 7,与下转向轴 1 上端凸缘 6 压装尼龙衬套和橡胶圈的孔相配合,形成安全联轴节。一旦发生撞车事故,驾驶员因惯性而以胸部扑向转向盘 5 时,迫使转向管柱 3 压缩位于转向柱上方的可折叠安全元件 4 向下移动,使两个驱动销 7 迅速从下转向轴上端凸缘 6 的孔中退出,上、下转向轴及时分开,避免了转向盘随车身后移,从而形成缓冲以减少对驾驶员的伤害。如图 10-16(b)所示为转向盘受到撞击时,安全元件 4 被折叠、压缩,同时与安全联轴节脱开,使转向柱产生轴向移动的情形。

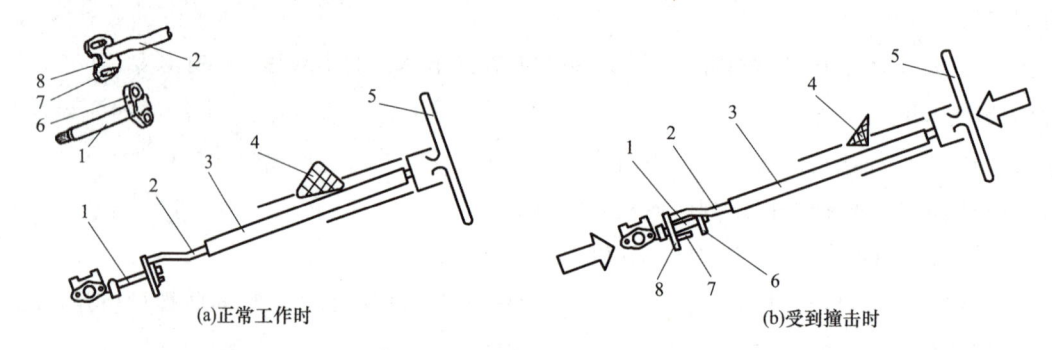

图 10-16 轿车可分离式安全转向操纵机构

1—下转向轴;2—上转向轴;3—转向管柱;4—可折叠安全元件;5—转向盘;6—凸缘;7—驱动销;8—半月形凸缘盘

2. 缓冲吸能式转向操纵机构

缓冲吸能式转向操纵机构从结构上能使转向轴和转向管柱在受到冲击后,轴向收缩并吸收冲击能量,从而有效地缓和转向盘对驾驶员的冲击,减轻其所受伤害的程度。

思考题

1. 简述汽车转向操纵机构的组成和工作原理。
2. 简述汽车转向盘的结构组成。
3. 汽车上有哪些安全转向操纵机构?各有哪些特点?

任务 10.3 转向传动机构的维修

能力目标
- 会维修转向传动机构。
- 会用检测设备和工具。
- 能够注重安全和环保。

知识目标
- 理解汽车转向传动机构的功用、结构组成和类型。
- 掌握传动机构的传动路线。

相关知识

一、转向传动机构的功用

转向传动机构的功用是将转向器输出的力和运动传给转向轮,使两侧转向轮偏转以实现汽车转向,并保证左右转向轮的偏转角按一定关系变化。

二、转向传动机构的类型和结构

1. 与非独立悬架配用的转向传动机构

与非独立悬架配用的转向传动机构如图 10-17 所示,它一般由转向摇臂、转向直拉杆、转向节臂、两个转向梯形臂和转向横拉杆等组成。各杆件之间都采用球形铰链连接,并设有防止松动、缓冲吸振、自动消除磨损后的间隙等的结构。

当前桥仅为转向桥时,由左、右转向梯形臂 5 和转向横拉杆 6 组成的转向梯形一般布置在前桥之后,如图 10-17(a) 所示,称为后置式。这种布置简单方便,且后置的转向横拉杆 6 有前面的车桥做保护,可避免直接与路面障碍物相碰撞而损坏。当发动机位置较低或前桥为转向驱动桥时,往往将转向梯形臂布置在前桥之前,如图 10-17(b) 所示,称为前置式。若转向摇臂 2 不是在汽车纵向平面内前后摆动,而是在与路面平行的平面内左右摆动,则可将转向直拉杆 3 横向布置,并借助球头销直接带动转向横拉杆 6,从而推动左、右转向梯形臂 5 转动,如图 10-17(c) 所示。

(1) 转向摇臂

图 10-18 所示为转向摇臂的安装位置,其大端具有三角细花键锥形孔,用以与转向摇臂轴外端相连接,并用螺母固定;其小端带有球头销,以便与转向直拉杆做空间铰链连接。转向摇臂安装后从中间位置向两边摆动的角度应大致相等,故在把转向摇臂安装到摇臂轴上

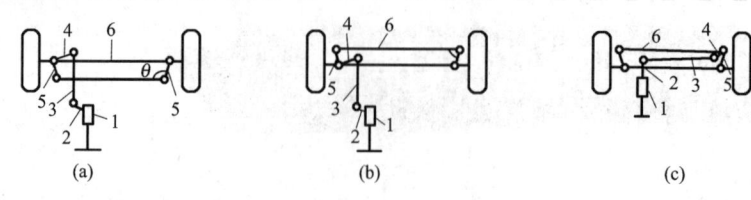

图10-17 与非独立悬架配用的转向传动机构

1—转向器；2—转向摇臂；3—转向直拉杆；4—转向节臂；5—转向梯形臂；6—转向横拉杆

时,二者相应的角度位置应正确。为此,常在摇臂大孔外端面上和转向摇臂轴的外端面上各刻有短线,或是在二者的花键部分上都少铣一个齿作为装配标记。装配时应将标记对齐。

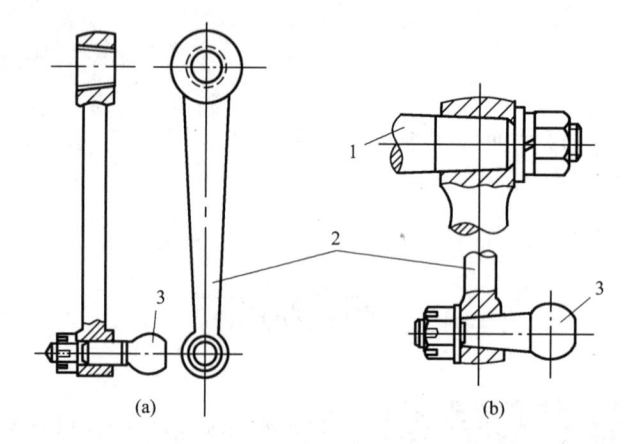

图10-18 转向摇臂的安装位置

1—转向摇臂轴；2—转向摇臂；3—球头销

（2）转向直拉杆

图10-19所示为载货汽车的转向直拉杆。直拉杆体7由两端扩大的钢管制成,在扩大的端部里,装有由球头销13、球头座2、弹簧座4、压缩弹簧3和端部螺塞1等组成的球铰链。球头销的锥形部分与转向摇臂12连接,并用螺母固定；其球头部分的两侧与两个球头座配合,前球头座靠在端部螺塞上,后球头座在弹簧的作用下压靠在球头上,这样,两个球头座就将球头紧紧夹持住。为保证球头与球头座的润滑,可从油嘴注入润滑脂。拆装时供球头出入的直拉杆体上的孔口用油封垫的护套盖住,以防止润滑脂流出和污物侵入。

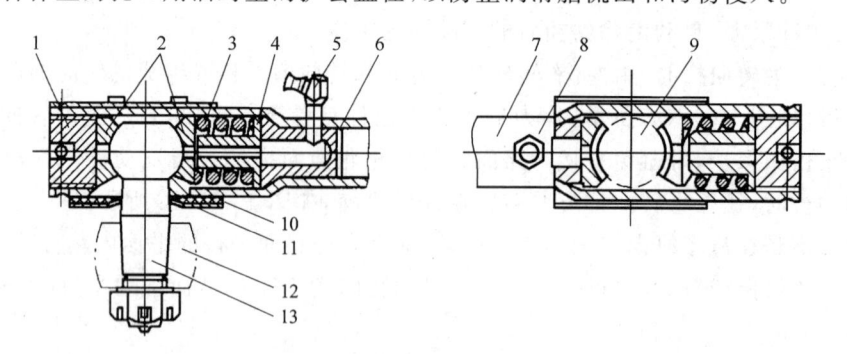

图10-19 解放CA1092型汽车的转向直拉杆

1—端部螺塞；2—球头座；3—压缩弹簧；4—弹簧座；5、8—油嘴；6—螺塞；7—直拉杆体；9—转向节臂球头销；10—油封垫；11—油封垫护套；12—转向摇臂；13—球头销

压缩弹簧能自动消除因球头与球头座磨损而产生的间隙,弹簧座的小端与球头座之间

留有不大的间隙,作为弹簧缓冲的余地,并可限制缓冲时弹簧的压缩量(防止弹簧过载)。此外,当弹簧折断时此间隙可保证球头销不致从管孔中脱出。端部螺塞可以调整此间隙,调整间隙的同时也调整了前弹簧的预紧度,调好后用开口销固定螺塞的位置,以防松动。

(3) 转向横拉杆

图 10-20(a)所示为载货汽车转向横拉杆,横拉杆体用钢管制成,其两端切有螺纹,一端为右旋,一端为左旋,与横拉杆接头旋装连接。两端接头结构相同,接头结构如图 10-20(b)所示。接头的螺纹孔壁上开有轴向切口,故具有弹性,旋装到杆体上后可用螺栓夹紧。旋松夹紧螺栓以后,转动横拉杆体,可改变转向横拉杆的总长度,从而调整转向轮前束。

在横拉杆两端的接头上都装有球头销等零件组成的球形铰链。球头销的球头部分被夹在上、下球头座内,球头座用聚甲醛制成,有较好的耐磨性。球头座的形状如图10-20(c)所示。装配时上、下球头座凹凸部分互相嵌合。弹簧通过弹簧座压向球头座,以保证两球头座与球头的紧密接触,在球头和球头座磨损时能自动消除间隙,同时还起缓冲作用。弹簧的预紧力由螺塞调整。球铰上部有防尘罩,以防止尘土侵入。球头销的尾部锥形柱与转向梯形臂连接,并用螺母固定、开口销锁紧。

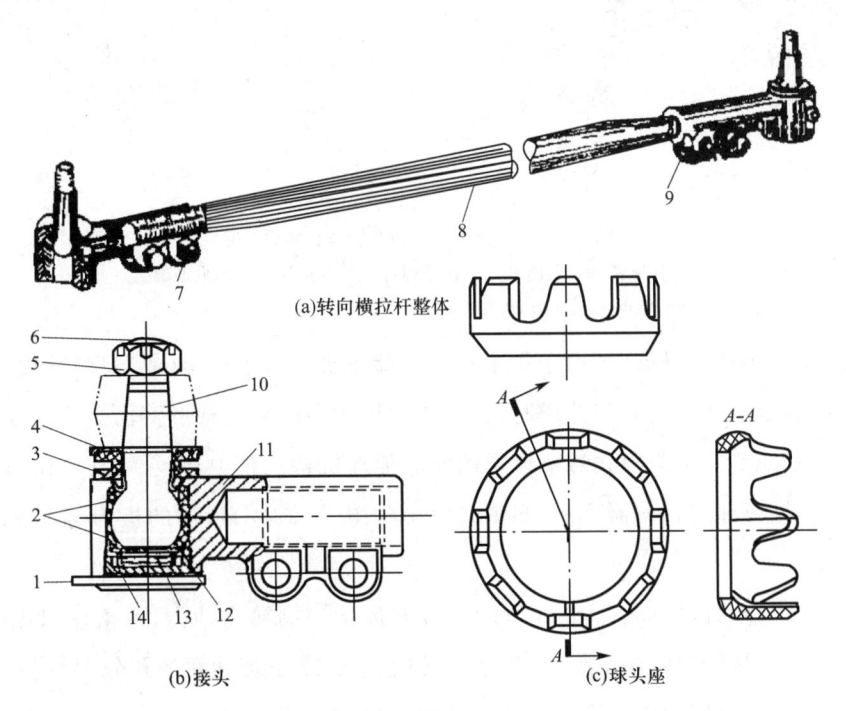

图 10-20 载货汽车转向横拉杆

1—限位销;2—球头座;3—防尘罩;4—防尘垫;5—螺母;6—开口销;7—夹紧螺栓;
8—横拉杆体;9、11—横拉杆接头;10—球头销;12—弹簧座;13—弹簧;14—螺塞

(4) 转向节臂和转向梯形臂

载货汽车的转向节臂和转向梯形臂如图 10-21 所示,转向横拉杆通过转向节臂与转向节相连。转向横拉杆两端经左、右转向梯形臂与转向节相连。转向节臂和转向梯形臂带锥形柱的一端与转向节锥形孔相配合,用键防止螺母松动。臂的另一端带有锥形孔,与相应的拉杆球头销锥形柱相配合,同样用螺母紧固后插入开口销锁住。

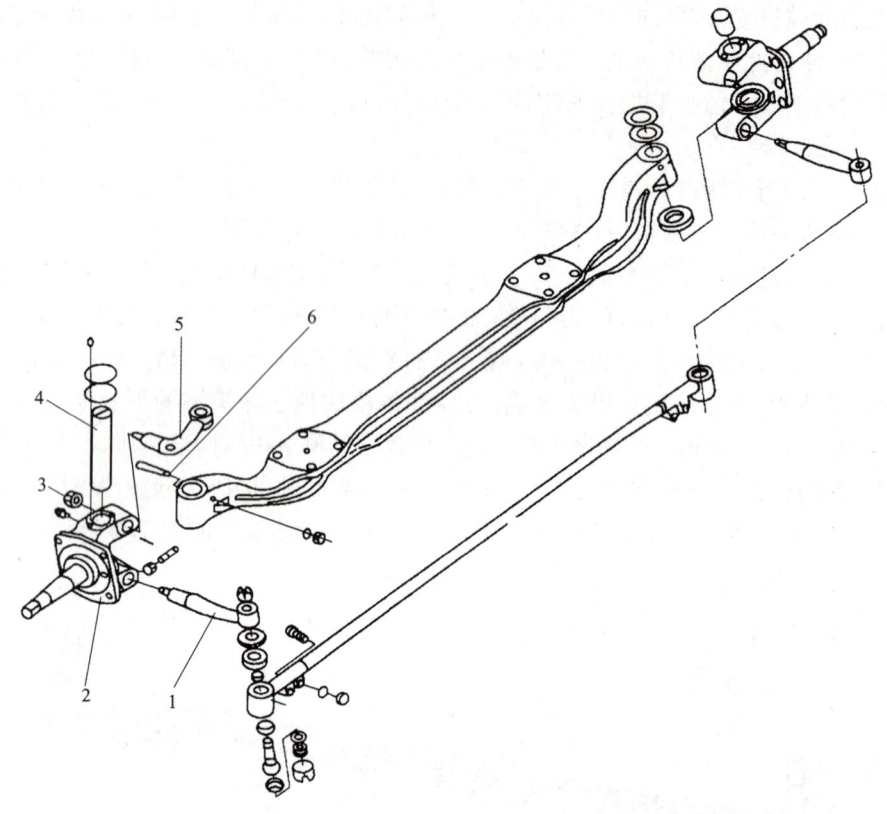

图 10-21　载货汽车的转向节臂和转向梯形臂
1—左转向梯形臂；2—转向节；3—锁紧螺母；4—开口销；5—转向节臂；6—键

2. 与独立悬架配用的转向传动机构

当转向轮采用独立悬架时，由于每个转向轮都需要相对于车架（或车身）做独立运动，所以，转向桥必须是断开式的。与此同时，转向传动机构中的转向梯形臂也必须分成两段或三段。图 10-22 所示为几种与独立悬架配用的转向传动机构。其中，图 10-22(a)和图 10-22(b)所示的机构与循环球式转向器配用，图 10-22(c)和图 10-22(d)所示的机构与齿轮齿条式转向器配用。

轿车的转向传动机构如图 10-23 所示。转向齿条一端输出动力，齿条输出端 8 铣有平面并钻孔，用两个螺栓与转向支架 17 连接。转向支架 17 下端的两个孔分别与左、右转向横拉杆总成 15、12 的内端相连。横拉杆外端的球头销 16、13 分别与左、右转向节臂连接。通过调节杆 A、B 可以改变两根转向横拉杆总成的长度，以调整前束。

为了避免转向轮的摆振，减缓传至转向盘上的冲击和振动，转向器上还装有转向减振器 2。转向减振器缸筒 3 固定在转向器壳体 11 上；其活塞杆端 1 经转向减振器支架 18 与转向齿条连接。

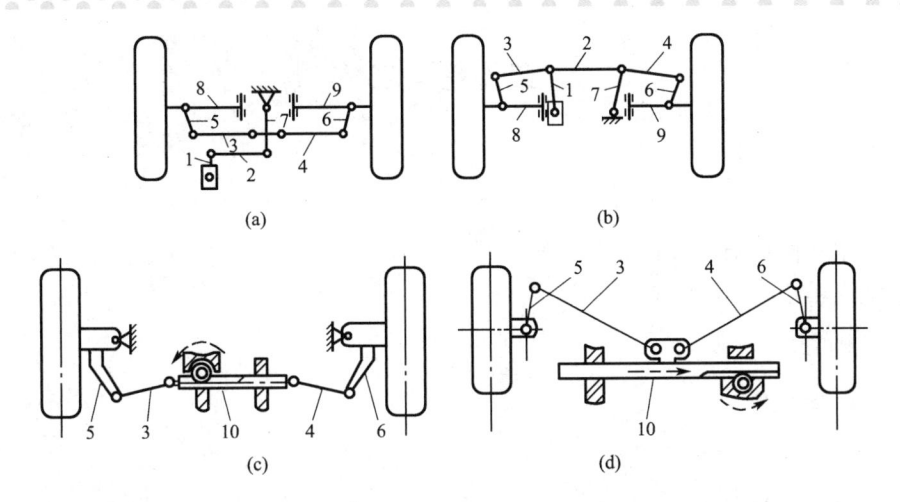

图 10-22　几种与独立悬架配用的转向传动机构

1—转向摇臂；2—转向直拉杆；3—左转向横拉杆；4—右转向横拉杆；5—左转向梯形臂；
6—右转向梯形臂；7—摇杆；8—悬架左摆臂；9—悬架右摆臂；10—齿轮齿条式转向器

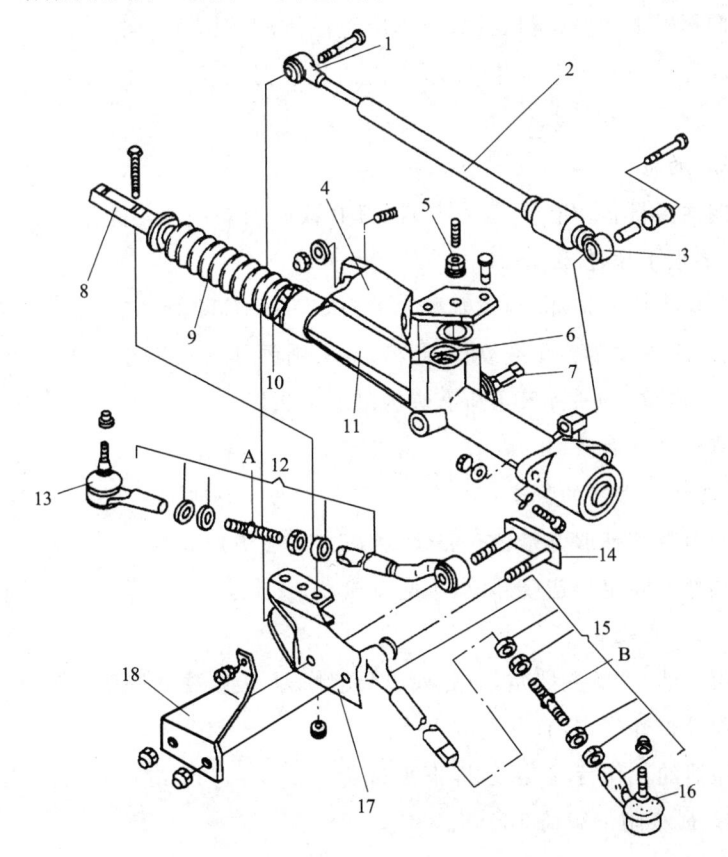

图 10-23　轿车的转向传动机构

1—转向减振器活塞杆端；2—转向减振器；3—转向减振器缸筒；4—转向器壳体凸台；5—锁紧螺母与调整螺栓；
6—补偿弹簧；7—转向齿轮轴；8—齿条输出端；9—防尘罩；10—卡箍；11—转向器壳体；
12—右转向横拉杆总成；13—右转向横拉杆球头销；14—连接件；15—左转向横拉杆总成；
16—左转向横拉杆球头销；17—转向支架（齿条与横拉杆连接件）；18—转向减振器支架；A、B—调节杆

工作任务实施

一、实施条件

(1)载货汽车转向传动机构总成。

(2)轿车转向传动机构总成。

(3)拆装台架。

(4)拆装工具。

二、实施步骤

1.检查

(1)转向摇臂的检查

①用磁力探伤法检查转向摇臂是否有裂纹,若有裂纹应更换。

②检查转向摇臂上端的锯齿花键有无磨损、损坏,若有磨损应更换。

③检查转向摇臂的锁紧螺母,其螺纹不应有损伤,否则应更换。

④检查转向摇臂下端和转向拉杆球头销的连接是否牢固、可靠,切不可松旷,否则应修复。

(2)转向拉杆的检查

①检查转向横拉杆杆体有无裂纹、弯曲,其直线度误差一般不大于 2 mm,否则应校直。直拉杆"8"字孔磨损不超过 2 mm。

②各螺纹部位不应有损坏,与螺塞配合不松旷,否则应更换。

③球头销、球座体及钢碗无裂纹、不起槽;球头销颈部磨损不超过 1 mm,球面磨损失圆不大于 0.50 mm,螺纹完好;弹簧不应有弹力减弱或折断。

④防尘装置应齐全有效。

(3)转向节臂和梯形臂的检查

①检查转向节臂和梯形臂是否有裂纹,若有裂纹应更换。

②检查两端部的固定与连接部位,不应有松动,要求牢固、可靠。

(4)转向减振器的检查

①检查是否漏油,若渗漏严重,应更换或分解修理,更换密封圈等零件。

②检查支承是否开裂,若有开裂应更换。

③检查减振器的工作行程,必须拆下来试验。$L_{最大} = 556$ mm,$L_{最小} = 344.5$ mm,最大阻尼载荷 560 N,最小阻尼载荷 180 N。

(5)转向臂及转向横拉杆的检查

①检查转向臂有无松脱、松旷和损伤;检查槽形螺母是否松脱,如松脱应予拧紧。同时,也应检查开口销、盖等的装配情况。

②使转向盘从直行状况向左、向右方向反复转过 60°左右,此时检查转向横拉杆、转向臂等是否松脱、松旷。

③转向横拉杆的检查:

a.检查转向横拉杆是否弯曲,必要时校正。检查调整螺栓的螺纹有无滑牙现象。

b.转向横拉杆球头的检查。如图10-24所示,检查转向横拉杆内、外球球头销的转动力矩和摆动力,用弹簧秤3检查内、外球头销2和1的摆动力分别应为5.9~51 N和6.9~64.7 N。用扭力扳手4检查转向横拉杆外球头销1的轴向间隙 a 应为0,转动力矩应在0.3~4.0 N·m,若达不到要求,则应更换球头销。

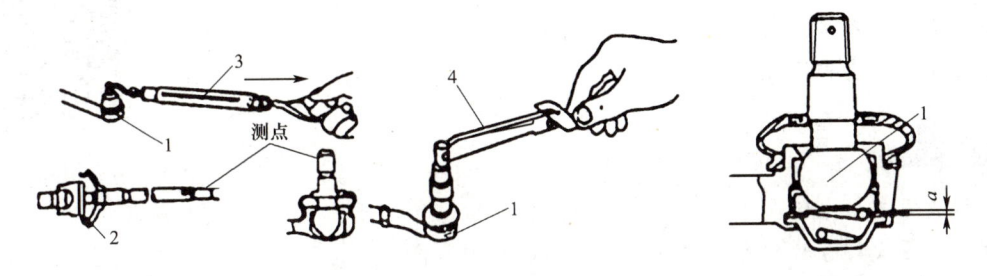

图10-24 转向横拉杆球头的检查

1—外球头销;2—内球头销;3—弹簧秤;4—扭力扳手

2.转向直拉杆和转向横拉杆球头销预紧度的调整

(1)组装转向横拉杆、转向直拉杆总成时,注意在球头销、球碗表面涂抹润滑油。

(2)组装转向直拉杆时,用弯头扳手将调整螺塞拧到底后,再退回1/4圈左右,并使开口销孔对准,然后穿入开口销锁止螺塞,如图10-25所示。

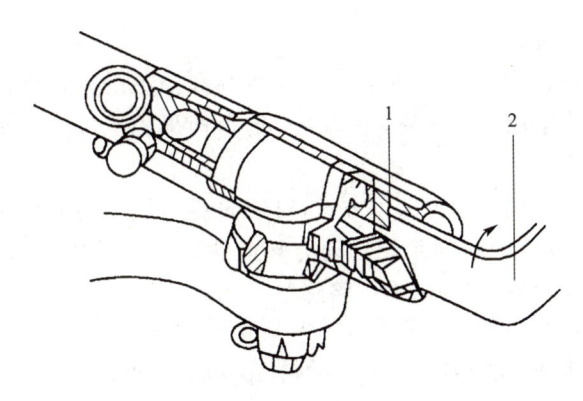

图10-25 转向直拉杆球头销预紧度的调整

1—螺塞;2—扳手

(3)组装转向横拉杆时,将螺塞拧到底,再退回1/2~1圈,装上开口销锁止螺塞。

思考题

1.简述转向传动机构的功用和类型。
2.简述转向横拉杆的功用。
3.简述转向摇臂的检查方法。
4.转向横拉杆的检查内容有哪些?

任务 10.4　液压式动力转向系的维修

能力目标

- ◆ 会检查动力转向器和转向助力泵的故障。
- ◆ 会用检测设备和工具。
- ◆ 能够注重安全和环保。

知识目标

- ◆ 理解液压式动力转向系的组成,转向助力泵、动力转向器的类型、结构和原理。
- ◆ 掌握液压式动力转向系的常见故障及其诊断和维修。

微课

液压制动系统结构和工作原理

相关知识

一、动力转向系的功用和类型

1. 动力转向系的功用

对于转向系来说,最主要的要求是转向的灵敏性和操纵的轻便性。普通的机械转向系很难兼顾这两方面。为解决这一矛盾,越来越多的车辆采用了以发动机输出的部分动力为能源的动力转向系。

动力转向系是利用一定的动力助力方式,对转向器施加作用力以减小驾驶员转动转向盘的操纵力,减轻驾驶疲劳的转向系统。动力转向在低速时希望转向盘比较轻便,易于操作;在高速时希望转向盘有一定的阻力("路感")。

2. 动力转向系的类型

常见动力转向系按动力介质的不同分为液压式和电动式两类。

图 10-26 所示为液压式动力转向系,其中属于转向加力装置的部件是转向油泵 5、转向油管 4、转向油罐 6 以及位于整体式转向器 10 内部的转向控制阀和转向动力缸等。当驾驶员转动转向盘 1 时,转向摇臂 9 摆动,通过转向直拉杆 11、转向横拉杆 8、转向节臂 7 使转向轮偏转,从而改变汽车的行驶方向。与此同时,转向器输入轴还带动转向器内部的转向控制阀转动,使转向动力缸产生液压作用力,帮助驾驶员转向操纵。这样,为了克服地面作用于转向轮上的转向阻力矩,驾驶员需要加于转向盘上的转向力矩比采用机械转向系时所需的转向力矩小得多。另外,采用液压式动力转向系还能提高汽车行驶的安全性。

液压式动力转向系工作灵敏度高,结构紧凑,外廓尺寸较小,工作时无噪声,工作滞后时间短,而且能吸收来自不平路面的冲击。因此,液压式动力转向系在各类汽车上得到了广泛的应用。液压式动力转向系按液流形式可以分为常流式和常压式;按转向控制阀的运动方式又可以分为滑阀式和转阀式。

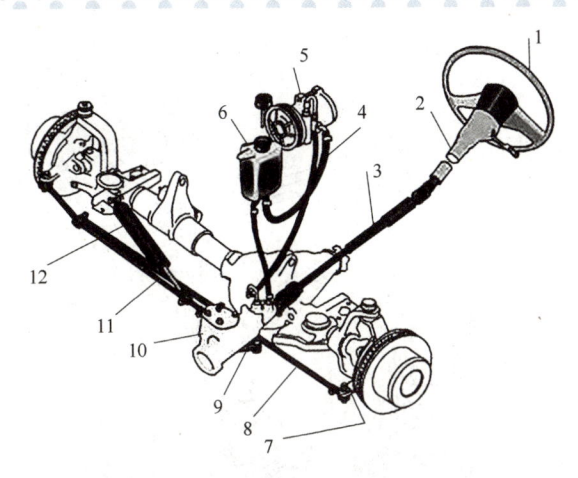

图 10-26 液压式动力转向系

1—转向盘；2—转向轴；3—转向中间轴；4—转向油管；5—转向油泵；6—转向油罐；7—转向节臂；
8—转向横拉杆；9—转向摇臂；10—整体式转向器；11—转向直拉杆；12—转向减振器

电动式动力转向系通常需要由电脑控制，常用于轿车。

二、液压式动力转向系的组成与工作原理

图 10-27 是轿车采用带液压阀的动力转向器。动力转向器是在原机械式齿轮齿条式转向器的基础上增加了液压阀结构，齿条端部增加了活塞，在转向器壳体上与活塞相配处增加了活塞缸。

轿车曾先后采用过两种动力转向器，主要区别为液压阀不同，一种为旋转式控制阀（简称转阀式）动力转向器，另一种为切向作用双滑阀式控制阀（简称滑阀式）动力转向器。

1.转阀式动力转向器的结构与工作原理

转阀式动力转向器的结构如图 10-28(a)所示。当轿车行驶时，转向油罐 1 的油液流入叶片泵 2，通过叶片泵产生压力油，并经过压力与流量限制阀 3。压力与流量限制阀和叶片泵做成一体，该阀能调节油压与油液流量两个参数，因而称为"压力与流量限制阀"。通过该阀使最大工作油压限制在 104 kPa，额定流量限制在 6 L/min，油液经过限制阀后进入转阀阀体。

转阀阀体内的主要零件为阀套 8、阀芯 7 及扭力杆 6。转向盘与转向轴以花键连接，转向轴通过柔性万向节与扭力杆以花键连接，扭力杆上端部又以销钉与阀芯连接，阀芯与阀套能相对位移，而阀套下部又以销轴与小齿轮连接，扭力杆下部与小齿轮刚性连接。

转向压力油进入阀体后，由图 10-28(b)可见，阀套内壁开有六个纵向槽，相应地在阀芯外表有六个凸肩，每个凸肩左右与阀套纵向槽配合处有间隙，这就是转阀的预开隙。叶片泵向阀套的三个进油孔供油，油液通过预开隙进入阀芯的凹槽，再通过阀芯的回油孔进入阀芯与扭力杆间的空腔，再经过阀套的回油孔，通过回油管流回转向油罐，形成油路循环。

另一回路是由叶片泵压入阀套的油液经过预开隙进入阀套左、右两侧的出油孔，其中一路进入转向器活塞缸 10 的左油缸，另一路进入转向器活塞缸的右油缸。由于左、右油缸均进油，且油压相等，更由于油路连通回油道而建立不起高压，因此转向助力器没有助力作用，

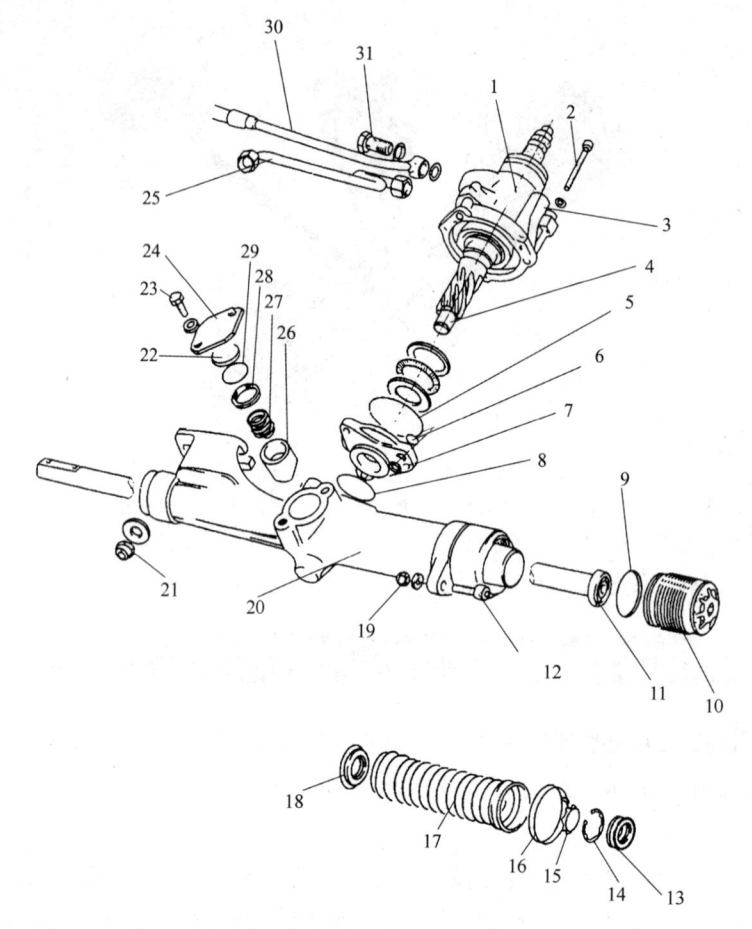

图 10-27 轿车带液压阀的动力转向器

1—液压阀；2、12、23—螺栓；3—阀体；4—主动齿轮；5、6、8、9、29—O 形圈；7—中间盖；10—挡盖；11—齿条；13—齿条油封座；14—挡圈；15—齿形环；16—夹箍；17—防尘罩；18—防尘罩托圈；19、21—自锁螺母；20—转向器壳；22—密封座圈；24—压盖；25—进油管；26—压块；27—压缩弹簧；28—调整垫片；30—回油管；31—管接头螺栓

这也即是直线行驶状态。

向右转弯时：当转向盘向右转弯方向转动时，转向盘带动转向轴转动，并带动扭力杆沿顺时针方向转动，如图 10-28(c)所示，扭力杆端头与阀芯以销钉连接，因而带动阀芯转动一个角度，这时阀套的进油口一侧的预开隙被关闭，另一侧的预开隙开度加大，油液被压向转向器活塞缸的右缸，活塞向伸出转向器方向移动，也即将齿条推出转向器，这时起到了转向助力的作用，轿车向右转弯。

活塞缩进转向器时活塞缸左缸的油液被压出，通过阀套孔、阀芯及阀芯与扭力杆间的间隙流回转向油罐。

向左转弯时：当转向盘向左转弯方向转动时，转向盘带动转向轴转动并带动扭力杆沿逆时针方向转动，如图 10-28(d)所示。扭力杆端头与阀芯 7 连接，因而带动阀芯转动一个角度，这时阀套 8 的进油口一侧的预开隙被关闭，另一侧的预开隙开度加大，油液压向转向器活塞缸的左缸，活塞向缩进转向器方向移动，也即将齿条推进转向器，这时起到了助力作用，轿车向左转弯。

(a)结构

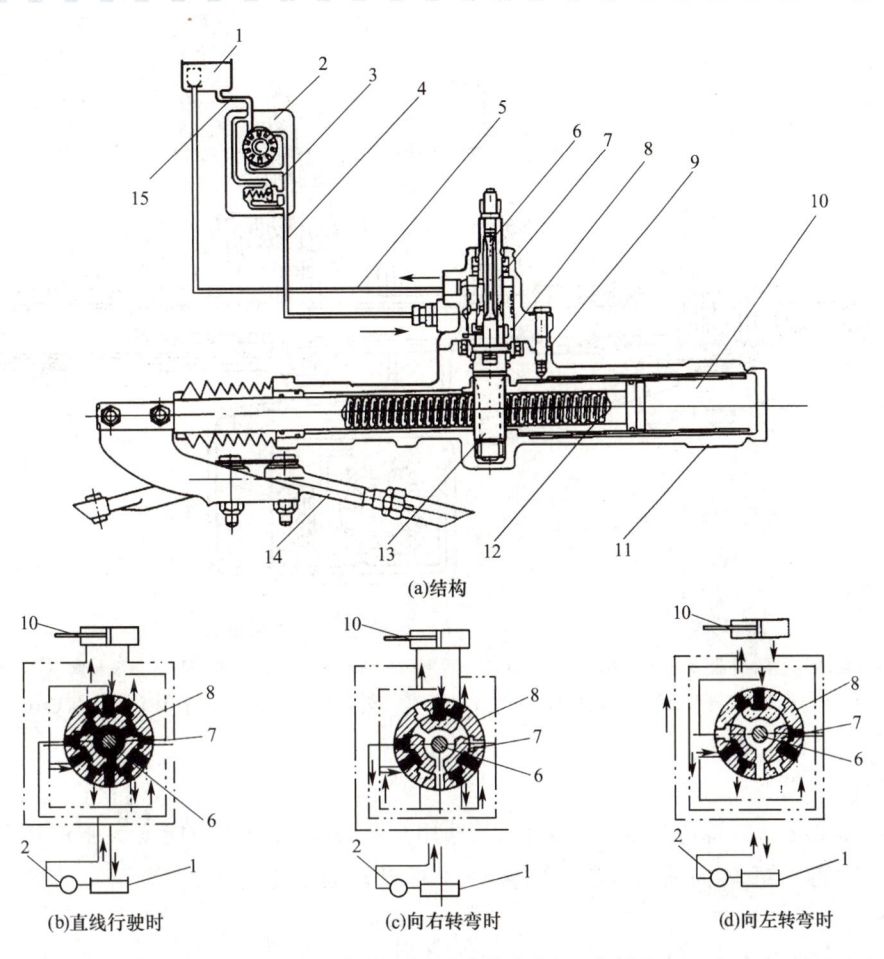

(b)直线行驶时　　(c)向右转弯时　　(d)向左转弯时

图 10-28　转阀式动力转向器的结构与工作原理
1—转向油罐；2—叶片泵；3—压力与流量限制阀；4—进油管；5—回油管；6—扭力杆；7—阀芯；
8—阀套；9—阀壳；10—活塞缸；11—转向器壳；12—齿条；13—小齿轮；14—横拉杆；15—油管

在转向时转向盘转动扭力杆，扭力杆底部与小齿轮刚性连接，小齿轮受到转向阻力而不能转动，这就由施加在转向盘上的转向力矩使扭力杆产生扭转变形而带动阀芯转动。当液压油推动齿条移动时使小齿轮转动，小齿轮与阀套相连，则使阀套与阀芯同方向转动，使阀套与阀芯的相互位置恢复至直线行驶时的初始位置，这时转向助力作用消失。这个原理就是液压系统的随动工作原理。使扭力杆产生扭转变形的转向力矩反映在转向盘上就是转向时驾驶员的路感。

2.滑阀式动力转向器的结构与工作原理

滑阀式动力转向器与转阀式动力转向器仅仅是控制阀结构不同，其他均相同。

滑阀式动力转向器的结构与工作原理如图10-29所示。滑阀式动力转向器控制阀有两个阀芯，右阀芯D、左阀芯G与扭力杆A相互垂直，扭力杆端头与转向柱B以销钉连接，下端部以销钉与阀体E连接，阀体E与小齿轮F加工成一体，左阀芯G、右阀芯D由拨叉C与转向柱B相连。

叶片泵9从转向油罐1中吸进油液，油液经过压力与流量限制阀7，由压力与流量限制阀7调节压力与流量后进入控制阀，由控制阀控制油液流向，使油液压入活塞左缸或右缸而起到转向的助力作用。

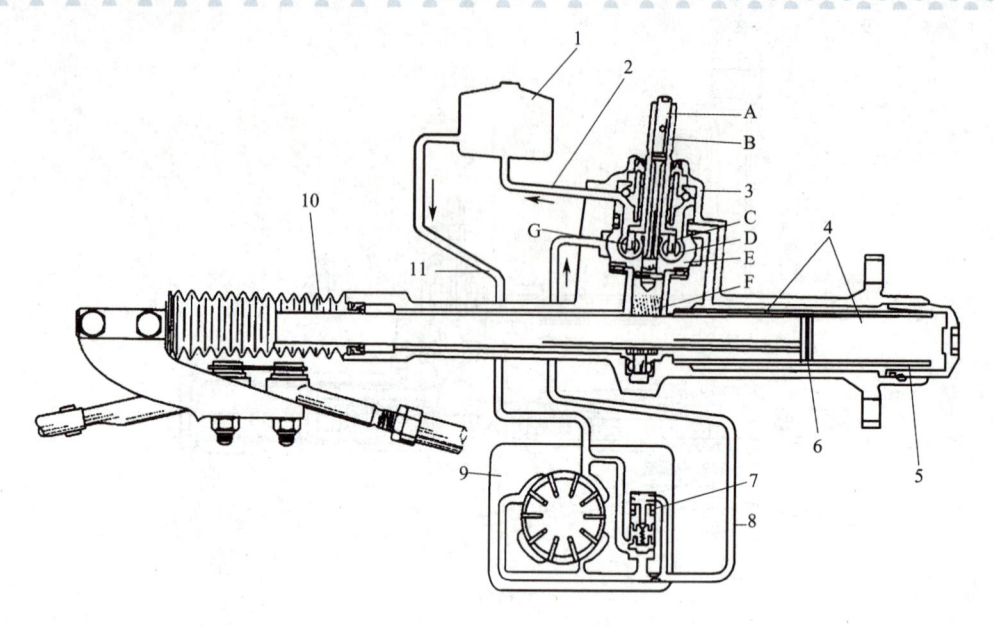

图 10-29 滑阀式动力转向器的结构与工作原理

1—转向油罐；2—回油管；3—控制阀；4—活塞缸；5—活塞；6—活塞缸缸壁；7—压力与流量限制阀；8—进油管；9—叶片泵；10—齿条；11—吸油管；A—扭力杆；B—转向柱；C—拨叉；D—右阀芯；E—阀体；F—小齿轮；G—左阀芯

3.转向油泵

(1)功用

转向油泵是动力转向装置的动力源，其功用是将发动机的机械能变为驱动转向动力缸工作的液压能，再由转向动力缸输出的转向力，驱动转向车轮转向。

(2)类型

转向油泵的结构类型有多种，常见的有齿轮式、转子式和叶片式，分别如图 10-30、图 10-31 和图 10-32 所示。下面介绍应用最广泛的叶片式转向油泵。

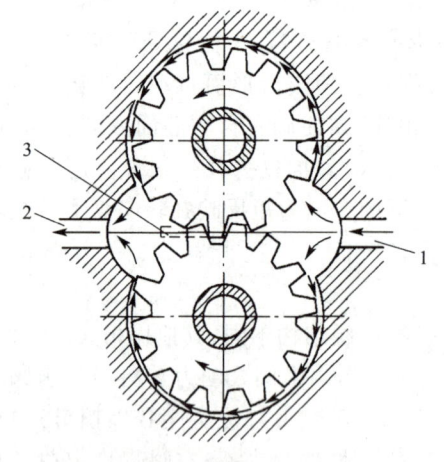

图 10-30 齿轮式转向油泵
1—进油口；2—出油口；3—卸荷槽

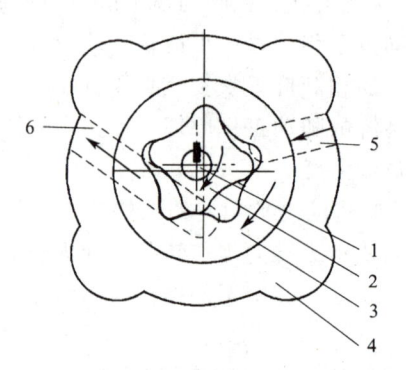

图 10-31 转子式转向油泵
1—主动轴；2—内转子；3—外转子；4—油泵壳体；5—进油口；6—出油口

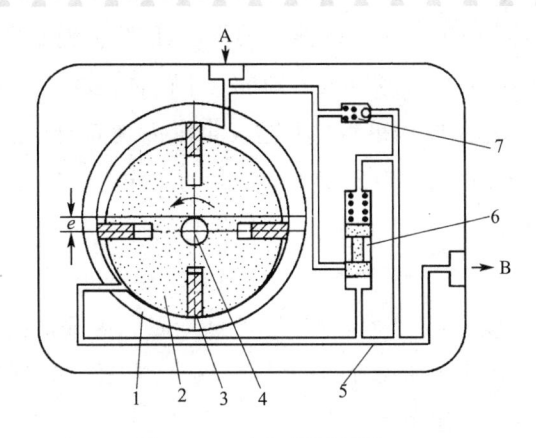

图 10-32 叶片式转向油泵

1—定子；2—转子；3—叶片；4—转子轴；5—出油管道；6—溢流阀；7—安全阀；A—进油口；B—出油口

(3) 双作用叶片式转向油泵的结构与工作原理

① 结构

目前最常用的转向油泵是双作用叶片式转向油泵，其结构如图 10-33 所示。驱动轴 14 上压装有一个皮带轮，并由曲轴上皮带轮通过皮带驱动转向油泵。油泵主要由转子 27、定子 21、配油盘 19 与 23、壳体 1、驱动轴及组合阀（溢流阀 2 和安全阀 3）等组成。转子上均匀地开有 10 个径向叶片槽，槽内装有可径向滑动的矩形叶片 28。在转子和定子的两个侧面

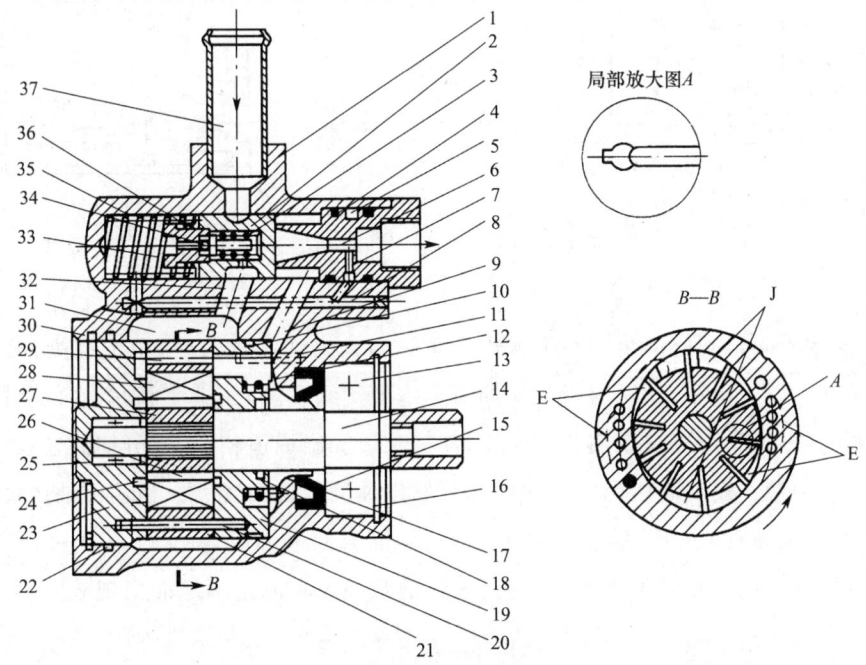

图 10-33 双作用叶片式转向油泵的结构

1—壳体；2—溢流阀；3—安全阀；4—出油管接头；5、10、18、22—O 形密封圈；6—节流孔；7—感压小孔；8—横向油道；9—出油道；11、20—定位销；12—配油盘压紧弹簧；13—轴承；14—驱动轴；15—骨架油封；16—卡圈；17—隔套；19—右配油盘；21—定子；23—左配油盘；24、26—环形油槽；25—滚针轴承；27—转子；28—叶片；29—定子轴向通孔；30—挡圈；31—进油腔；32—进油槽；33—螺塞；34—钢球；35—溢流阀弹簧；36—安全阀弹簧；37—进油道；E—压油凹槽；J—吸油凹槽

上各有一配油盘,由于转子的宽度稍小于定子的宽度,使两个配油盘紧压在定子上。两个配油盘和定子一起装在壳体内,不能移动或转动。两个配油盘与定子相对的端面上各开有对称布置的腰形槽,分别与进油口和出油口相连。定子内表面曲线近似于椭圆形,使得由转子、定子、叶片和左、右配油盘之间形成若干个密封的工作室。工作室容积随转子旋转实现"由小变大,由大变小,再由小变大,由大变小"的往复循环。

②原理

双作用叶片式转向油泵的工作原理如图10-34所示。当发动机带动油泵沿逆时针方向旋转时,叶片在离心力的作用下紧贴在定子的内表面上,工作室容积开始由小变大,从进油口1吸进油液,而后工作室容积由大变小,压缩油液,经排油口4向外供油。再转180°,又完成一次吸、压油过程。

双作用叶片式转向油泵有两个工作腔,转子每转一周,每个工作腔都各自吸、压油一次。溢流阀、安全阀的工作原理参见图10-35。

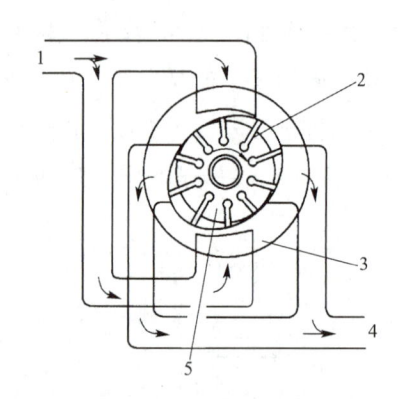

图10-34 双作用叶片式转向油泵的工作原理
1—进油口;2—叶片;3—定子;4—排油口;5—转子

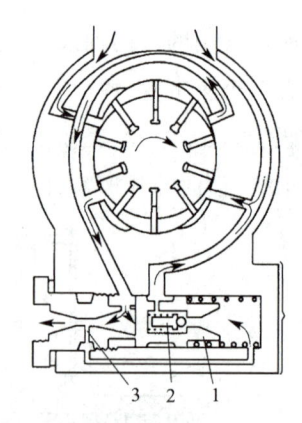

图10-35 双作用叶片式转向油泵溢流阀、安全阀的工作原理
1—溢流阀;2—安全阀;3—节流孔

溢流阀用以限定转向油泵的最大输出油量。当输出油量过大时,节流孔处油液的流速很高,但该处的压力很小,此压力经横向油道传到溢流阀右侧,使溢流阀左、右两侧的压差增大,在压差的作用下,溢流阀压缩弹簧右移,使进油道和出油道相通,部分油液在泵内循环流动,减少了出油量。安全阀用以限定转向油泵输出油液的最高压力。当输出油压过高时,这个压力传到溢流阀右侧,使安全阀左移开启,高压油流回进油腔,降低了输出油压。当这两个阀出现弹簧过软、折断或不密封时,将会导致油泵油压和流量不足而出现故障。

工作任务实施

一、实施条件

(1)动力转向系转向机构总成。

(2)拆装台架或工作台。

(3)常用拆装工具。

(4)维修手册。

二、实施步骤

1.转向盘的维修

轿车处于直线行驶时,在转向盘边缘处测量自由行程,应为 10～15 mm。调整弹簧压力,使齿条微量变形,实现无侧隙或小侧隙啮合。

用双手握住转向盘,在轴向和直角方向上用力摇动,观察此时转向盘是否移出,由此了解转向盘与转向管柱的装配情况、主轴承的松旷量及转向柱支架的连接状况。

2.动力转向器的维修和拆装

(1)维修

①检查动力转向器是否漏油,盖板螺栓是否松动。若螺栓松动,应拧紧。

②如果转向轴轴承松旷,应进行调整或更换损坏、磨损的轴承。

③动力转向器啮合副间隙过大或过小,可通过螺栓改变补偿弹簧的预紧力,调整齿条、主动齿轮的啮合间隙。应注意,补偿弹簧的弹力出厂时已经调好,一般不需要另行调整,只有在确实有问题时才进行调整。

④转向器如有龟裂,应采用磁性探伤仪进行检查。

(2)拆卸

①支撑起轿车。

②排放转向油液。

③拆下转向横拉杆的固定螺母,如图 10-36 所示。

④拆下左前轮罩处的转向器固定螺栓,如图 10-37 所示。

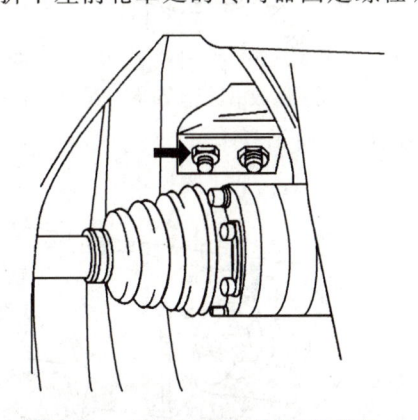

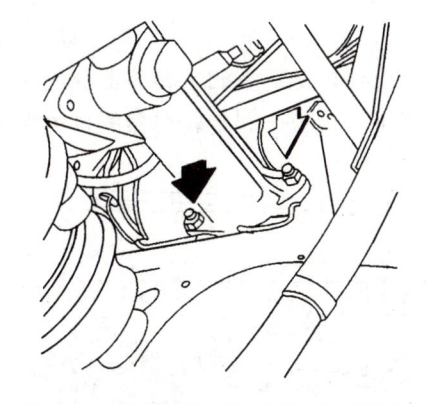

图 10-36 拆下转向横拉杆的固定螺母   图 10-37 拆下左前轮罩处的转向器固定螺栓

⑤松开在转向器分配阀外壳上的进油管,如图 10-38 所示。

⑥拆下后横板上固定转向器的自锁螺母(左侧),如图 10-39 所示。

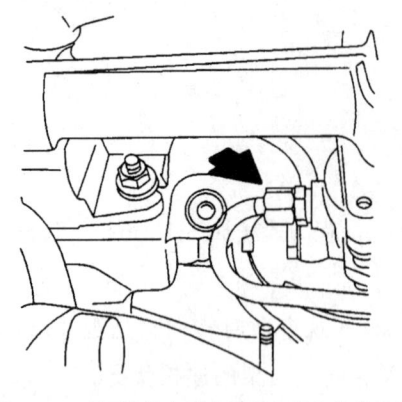

图 10-38　松开在转向器分配阀外壳上的进油管 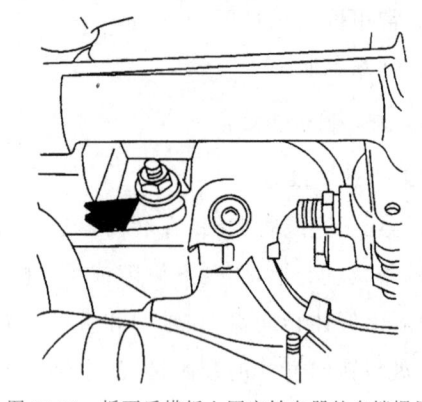　　图 10-39　拆下后横板上固定转向器的自锁螺母

⑦把轿车放下。
⑧拆下紧固齿条与转向横拉杆的螺栓,如图 10-40 所示。
⑨拆下仪表板侧边下盖、通风管和踏板盖。
⑩拆下紧固转向器齿轮轴与联轴节的螺栓,如图 10-41 所示,并使各轴分开。
⑪拆下防尘套。

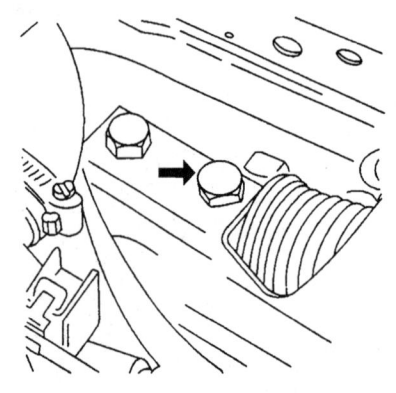

图 10-40　拆下紧固齿条与转向横拉杆的螺栓 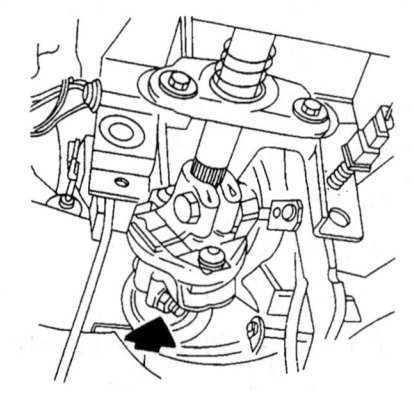　　图 10-41　拆下紧固转向器齿轮轴与联轴节的螺栓

⑫从车厢内部拆下固定转向器分配阀外壳上回油管的泄放螺栓,如图 10-42 所示。
⑬拆下后横板上固定转向器的自锁螺母,如图 10-43 所示。

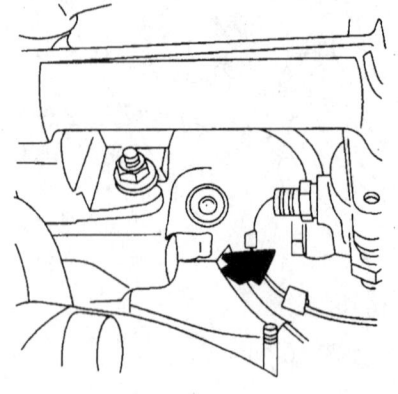

图 10-42　拆下泄放螺栓 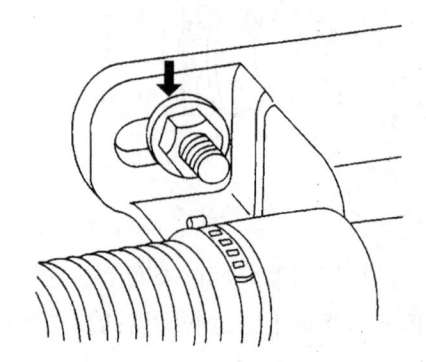　　图 10-43　拆下后横板上固定转向器的自锁螺母

⑭拆下转向器。

(3) 安装

安装时应注意:液压泵和转向器分配阀上固定泄放螺栓的密封圈只要被拆卸,就必须更换。

①在后横板上安装转向器,但自锁螺母不必完全拧紧。

②支起轿车。

③在液压泵上安装进油管和回油管,使用新的密封圈,并用 40 N·m 的力矩拧紧螺栓。

④安装左前轮罩上的转向器固定螺母,并用 20 N·m 的力矩拧紧螺母。

⑤安装后横板上固定转向器的自锁螺母,并且用 40 N·m 的力矩拧紧螺母。

⑥把进油管固定在转向器分配阀外壳上。

⑦把轿车放下。

⑧用 40 N·m 的力矩拧紧后横板上固定转向器的自锁螺母。

⑨安装转向横拉杆支架固定螺栓,并用 45 N·m 的力矩拧紧。

⑩从车厢内把回油管安装在转向器分配阀外壳上。

⑪安装防尘套。

⑫连接联轴节,安装固定螺栓并用 25 N·m 的力矩拧紧。

⑬安装踏板盖、通风管和仪表板盖。

⑭向储油罐内注入油液,达到标有"MAX"处。注意:绝不要再使用排出的油液。

⑮举升起轿车,在发动机停转的情况下转动转向盘数次,以便把系统中存在的空气排出。补充油液,达到储油罐标有"MAX"处。

⑯启动发动机,向左和向右完全转动转向盘,观察油面高度,一直操作到油面稳定在标有"MAX"处为止。

3.储油罐的维修

(1) 液面高度的检查

使发动机怠速运转,反复将转向盘从一侧极限位置转到另一侧极限位置,以提高液压油温度,使油温达到 40~80 ℃。

这时检查储油罐内油量,油面应在储油罐的"MAX"处。油量不足时,在检查各部位无泄漏后,按规定牌号补充液压油至"MAX"处,如图 10-44 所示。

图 10-44 储油罐液面高度的检查
1—回油管口

(2) 液压系统的排气

检查液面高度,必要时添加油液。

使发动机怠速运转,反复使转向盘从左极限位置转到右极限位置,直至储油罐内无气泡和泡沫为止。如液面有下降,应继续添加油液直至达到规定液面高度"MAX"处为止。

(3) 油液的更换

①顶起轿车前桥,从储油罐及回流管中排出油液。

②使发动机怠速运转,一面排油,一面将转向盘转到极限位置,直至油液排净。
③添加油液。
④排净液压系统中的空气。

4.液压泵的维修

(1)液压泵(叶轮泵)泵送压力的检查(图11-45)
①将压力表装到连接阀体和软管之间的压力管中。
②启动发动机。如果需要,向储油罐补充油液。
③急速关闭截止阀(不超过 5 min),并读出压力数。泵送压力额定值为 6.8～8.2 MPa。如果没有达到额定值,应检查限压阀和溢流阀是否完好。如不正常,应更换限压阀和溢流阀或者叶轮泵。

(2)液压泵 V 带的调整
①松开液压泵支架上的固定螺栓。
②松开张紧螺栓的螺母。
③通过张紧螺栓把 V 带张紧,如图 10-46 所示。当压在 V 带中间处时,以有 10 mm 的挠度时为宜。

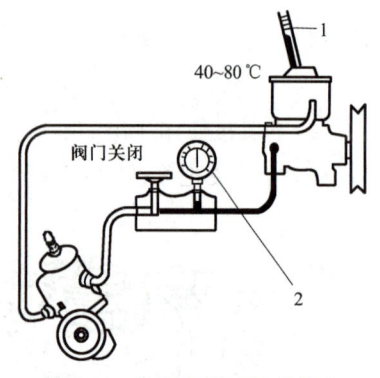

图 10-45　液压泵泵送压力的检查
1—温度计;2—油泵压力表

图 10-46　张紧 V 带

④拧紧张紧螺栓的螺母。
⑤拧紧液压泵支架上的固定螺栓。

5.转向传动机构的维修

(1)转向传动机构零件的检修
①用磁力探伤仪检查传动机构部件是否有裂纹损坏,如有裂纹损坏必须更换。
②检查全部球关节有无严重磨损,与传动杆结合是否松旷,必要时应更换球头节。
③球头销螺纹损坏时,必须换用新件。

(2)转向传动机构安装要求
①安装球头节螺母,拧紧到规定力矩后,如螺母上的销槽与螺杆上的销孔未对准,只允许将螺母向拧紧方向转动以便插入开口销卡紧螺母,不允许旋松螺母装入开口销。
②在安装好转向传动机构后,必须检查前轮定位和侧滑情况。
桑塔纳轿车转向系各连接螺栓的拧紧力矩见表 10-1。

表 10-1　　　　　　　　桑塔纳轿车转向系各连接螺栓的拧紧力矩

项　目	拧紧力矩/(N·m)	项　目	拧紧力矩/(N·m)
凸缘管至转向器	25	转向减振器支架至转向器	20
转向盘至转向柱	40	转向横拉杆至柱式独立悬架	30
转向器至车身	20	转向横拉杆锁紧螺母	40
转向减振器至转向器	35	转向横拉杆卡箍	15
转向横拉杆至转向器	55		

思考题

1. 简述动力转向系的功用和类型。
2. 简述液压式动力转向系的基本结构组成和特点。
3. 简述滑阀式动力转向器的工作原理。
4. 简述动力转向器的维修项目。
5. 如何检修液压泵？

任务 10.5　电动式动力转向系的维修

能力目标

- 会检查电动式动力转向系的故障。
- 会用检测设备和工具。
- 能够注重安全和环保。

微课

电动助力转向系统工作原理

知识目标

- 理解电动式动力转向系的组成，掌握电动式动力转向系的类型、结构和原理。
- 掌握电动式动力转向系的常见故障及其诊断和维修。

相关知识

普通动力转向系的助力特性是不变的，且与车速无关，这会导致停车及低速时，转向盘操纵沉重，中速时较轻快，当车速增高时更加轻快。如果考虑停车及低速时的轻便性，则会使高速时操纵力过小，路感下降，易出现转向过度。反之会使停车及低速时操纵力过大，转向沉重，效率下降。为了实现在各种行驶条件下转向盘上所需要的力都是最佳值，必须采用更先进的电子控制动力转向系。电子控制动力转向系可分为电动式动力转向系、电控液力式动力转向系、电动液力式动力转向系。下面主要介绍电动式动力转向系的组成与工作原理。

一、电动式动力转向系概述

1.电动式动力转向系的组成

电动式动力转向系的组成如图10-47所示,该系统通常由转矩传感器、电动机、电磁离合器、减速机构、电子控制单元等组成,各部件在车上的安装位置如图10-48所示。

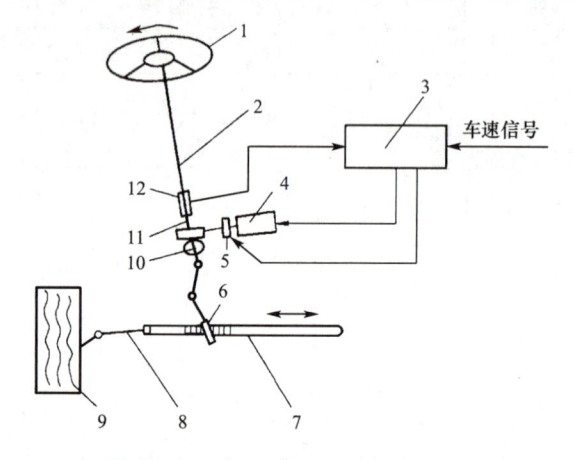

图10-47 电动式动力转向系的组成

1—转向盘;2—输入轴(转向轴);3—电子控制单元;4—电动机;5—电磁离合器;6—转向齿轮;
7—转向齿条;8—转向横拉杆;9—轮胎;10—输出轴;11—扭杆;12—转矩传感器

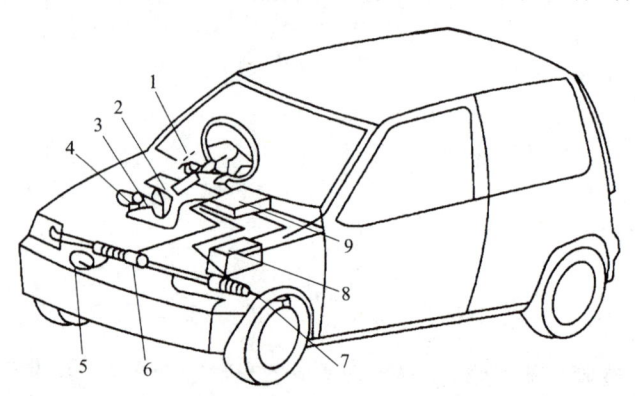

图10-48 电动式动力转向系各部件在车上的安装位置

1—车速传感器;2—转矩传感器;3—减速机构;4—电动机与离合器;5—发电机;
6—转向机构;7—发动机转速传感器;8—蓄电池;9—电子控制单元

2.电动式动力转向系的工作原理

当操纵转向盘时,装在转向轴上的转矩传感器不断测出转向轴上的转矩,并由此产生一个电压信号。该信号与车速信号同时输入电子控制单元,电子控制单元根据这些输入的信号进行运算处理,确定助力转矩的大小和转向,即选定电动机的电流和转向,调整转向的助力。电动机的转矩由电磁离合器通过减速机构减速增矩后,加在汽车的转向机构上,使之得到一个与工况相适应的转向作用力。

(1) 转矩传感器

转矩传感器也称为转向传感器,其作用是通过测定转向盘与转向器之间的相对转矩,作为电动助力的依据之一。转矩传感器的结构和工作原理如图 10-49 所示。用磁性材料制成的定子和转子可以形成闭合的磁路,线圈 A、B、C、D 分别绕在极靴上,形成一个桥式回路。转向轴上扭杆扭转变形的扭转角与转矩成正比,所以只要测定扭杆的扭转角,就可间接地知道转向力的大小。

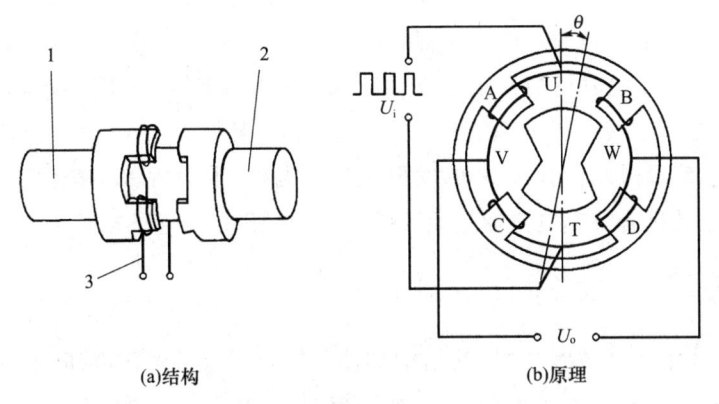

(a)结构　(b)原理

图 10-49　转矩传感器的结构和工作原理
1—定子；2—转子；3—线圈

在线圈的 U、T 两端施加连续的脉冲电压信号 U_i,当转向轴上的转矩为零时,定子与转子的相对转角也为零。这时转子的纵向对称面处于 AC、BD 的对称平面上,每个极靴上的磁通是相同的。电桥平衡,V、W 两端的电位差 $U_o=0$。

当转向轴上存在转矩时,定子与转子的相对转角不为零,此时转子与定子间产生角位移。极靴 A、D 间的磁阻增大,B、C 间的磁阻减小,各个极靴的磁阻产生差别,电桥失去平衡,在 V、W 两端产生电位差。这个电位差与轴的扭转角 θ 和输入电压 U_i 存在一定关系,从而可知道转向轴的转矩。

一种实际应用的转矩传感器的结构如图 10-50 所示,其工作原理与上述基本相同,优点是便于安装。

(2) 电动机、离合器和减速机构

电动机、离合器和减速机构组成的整体称为电机组件,其结构如图 10-51 所示。

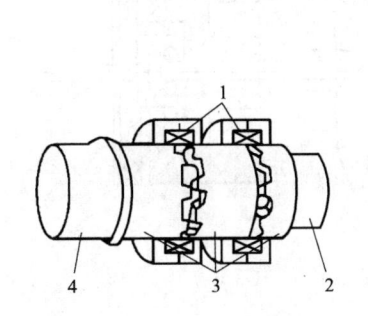

图 10-50　实际应用的转矩传感器的结构
1—检测线圈；2—输入轴；
3—检测环；4—输出轴

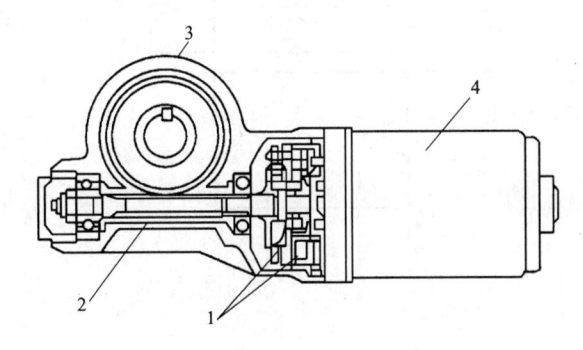

图 10-51　电机组件的结构
1—离合器；2—蜗轮；3—斜齿轮；4—电动机

①电动机

转向助力电动机就是一般的永磁电动机(原理不再叙述),电动机的输出转矩控制是通过控制其输入电流来实现的,而电动机的正转和反转则是由电子控制单元输出的正、反转触发脉冲控制的。

图 10-52 所示为一种比较简单实用的电动机正、反转控制电路。

a_1、a_2 为触发信号端。从电子控制单元得到的直流信号输入 a_1、a_2 端,用以触发电动机产生正、反转。当 a_1 端得到输入信号时,晶体管 VT_3 导通,晶体管 VT_2 得到基极电流而导通,电流经晶体管 VT_2 的发射极和集电极、电动机 M、晶体管 VT_3 的集电极和发射极搭铁,电动机有电流通过而正转。当 a_2 端得到输入信号时,晶体管 VT_4 导通,晶体管 VT_1 得到基极电流而导通,电流经过晶体管 VT_1 的发射极和集电极、电动机 M、晶体管 VT_4 的集电极和发射极搭铁,电动机有反向电流通过而反转。控制触发信号端的电流大小,就可以控制电动机通过的电流大小。

②离合器

一般使用干式单片电磁离合器,其结构如图 10-53 所示。工作电压为 12 V,额定转速时传递的转矩为 15 N·m,线圈电阻(20 ℃时)为 19.5 Ω。

其工作原理是:当电流通过滑环进入离合器线圈时,主动轮产生电磁吸力,带花键的压板 3 被吸引与主动轮 6 压紧,电动机 8 的动力经过轴、主动轮 6、压板、花键 4、从动轴 5 传给执行机构。

由于转向助力的工作范围限定在一个速度区域内,所以离合器一般设定一个速度范围,如当车速超过 30 km/h 时,离合器便分离,电动机也停止工作,这时就没有转向助力作用。当电动机停止工作时,为了不使电动机及离合器的惯性影响转向系的工作,离合器也应及时分离,以切断辅助动力。当系统中电动机等发生故障时,离合器会自动分离,这时仍可恢复手动控制转向。

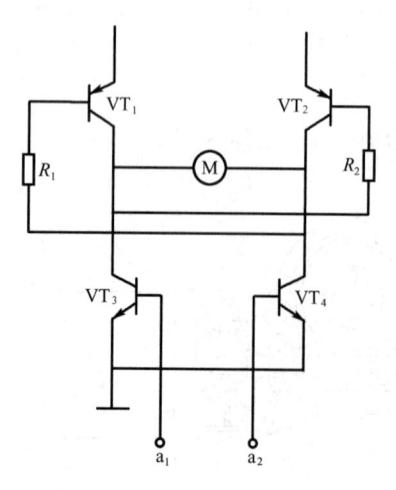

图 10-52 电动机正、反转控制电路

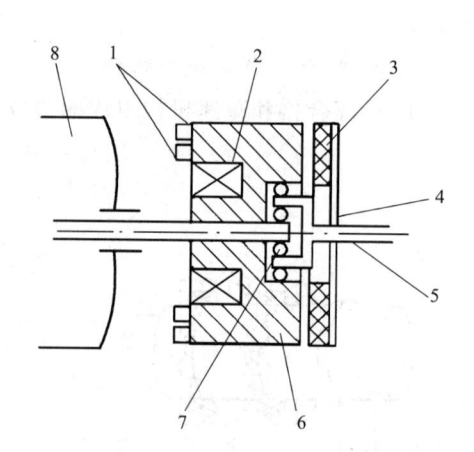

图 10-53 干式单片电磁离合器的结构
1—滑环;2—线圈;3—压板;4—花键;
5—从动轴;6—主动轮;7—滚珠轴承;8—电动机

③减速机构

目前使用的减速机构有多种组合方式,一般采用蜗轮蜗杆与转向轴驱动组合方式。也有的采用两级行星齿轮与传动齿轮组合方式,如图10-54所示。图10-55所示为蜗轮与斜齿轮组合方式。蜗轮与固定在转向输出轴上的斜齿轮相啮合,它把电动机的回转运动减速后传递到输出轴上。

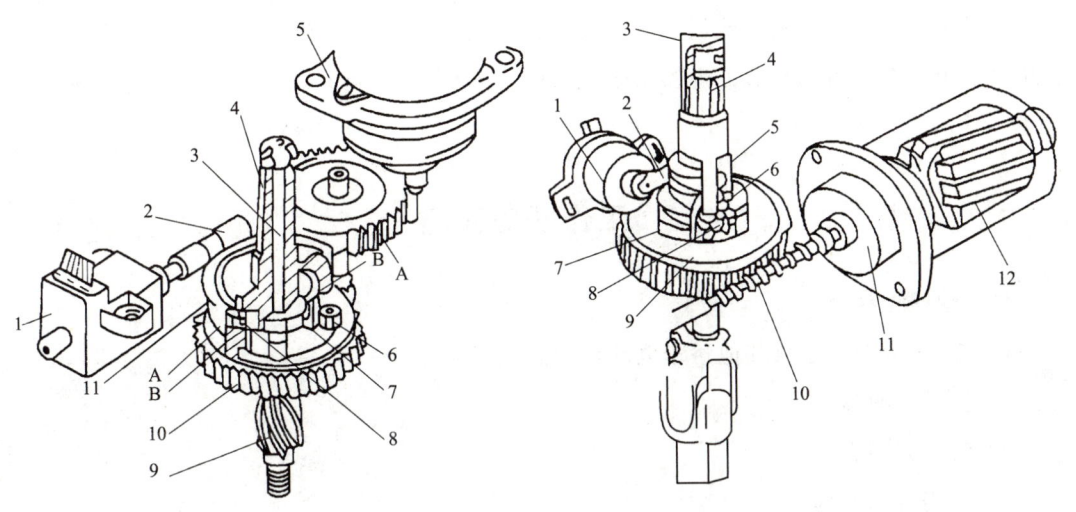

图10-54 双级行星齿轮减速机构

1—转矩传感器;2—转轴;3—扭杆;4—输入轴;
5—电动机与离合器;6、8—行星小齿轮;7—太阳轮;
9—驱动小齿轮;10—齿圈B;11—齿圈A

图10-55 蜗轮与斜齿轮组合减速机构

1—转矩传感器;2—控制臂;3—传感器轴;
4—扭杆;5—滑块;6—球槽;7—连接环;8—钢球;
9—蜗轮;10—蜗杆;11—离合器;12—电动机

为了抑制噪声和提高耐久性,减速机构中的齿轮有的采用特殊齿形,有的采用树脂材料制成。

3.控制系统

电动式动力转向系的控制系统如图10-56所示,该系统的核心是微处理器。

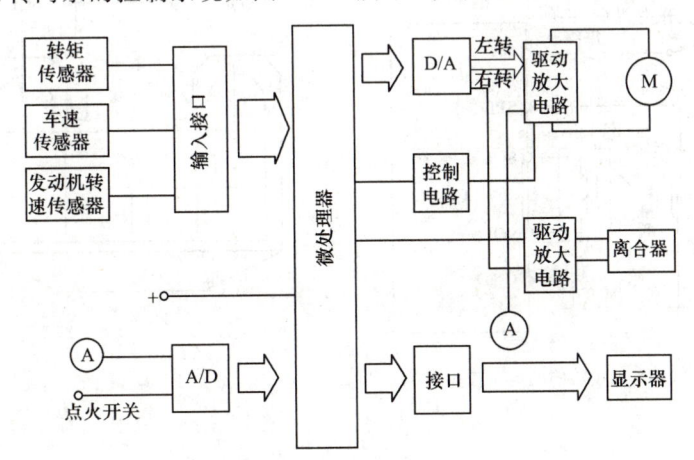

图10-56 电动式动力转向系的控制系统

转向盘转矩信号和车速信号经过输入接口送入微处理器,随着车速的升高,微处理器控制相应地降低助力电动机电流,以减小助力转矩。发动机转速信号也被送入微处理器,当发动机处于怠速时,由于供电不足,助力电动机和离合器不工作。因此,电动动力转向工作时,微处理器必须控制发动机处于高怠速工作状态。点火开关的通断(ON/OFF)信号经 A/D 转换接口送入微处理器。当点火开关断开时,电动机和离合器不能工作。微处理器输出控制指令经 D/A 转换接口送入电动机和离合器的驱动放大电路中,控制电动机的旋转方向和离合器的离合。电动机的电流经驱动放大电路、电流表 A、A/D 转换接口反馈给微处理器,即电动机的实际电流与按微处理器指令应给的电流相比较,调节电动机的实际电流,使两者接近一致。

工作任务实施

一、实施条件

(1)丰田、大众轿车或其他轿车电动转向总成。
(2)汽车解码仪。
(3)汽车万用表。
(4)常用拆装工具。
(5)维修手册。

二、实施步骤

1.电子控制系统的故障排除

除非确实必要,否则在一般情况下不可打开 ECU 及各种电子控制装置的盖子或盒子,以免造成电子控制装置被静电损坏。

丰田轿车电控转向的电子控制系统如图 10-57 所示,ECU 连接器如图 10-58 所示。

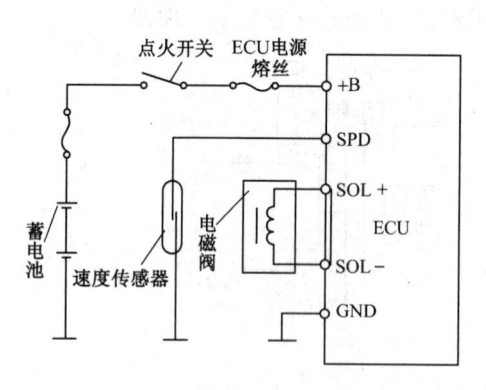

图 10-57　丰田轿车电控转向的电子控制系统

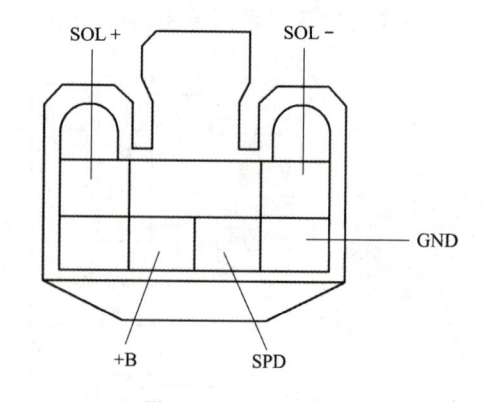

图 10-58　ECU 连接器

(1)故障现象

①怠速或低速行驶时转向困难。

②高速行驶时转向太灵敏。

(2)初步检查

①检查轮胎气压。

②检查悬架与转向连接件之间的润滑。

③检查前轮定位。

④检查转向系统接头及悬架臂球接头。

⑤检查转向管柱是否弯曲。

⑥检查是否所有接头均牢固可靠。

⑦检查动力转向泵液压。

(3)故障诊断流程

丰田轿车电控转向的电子控制系统的故障诊断流程如图10-59所示。

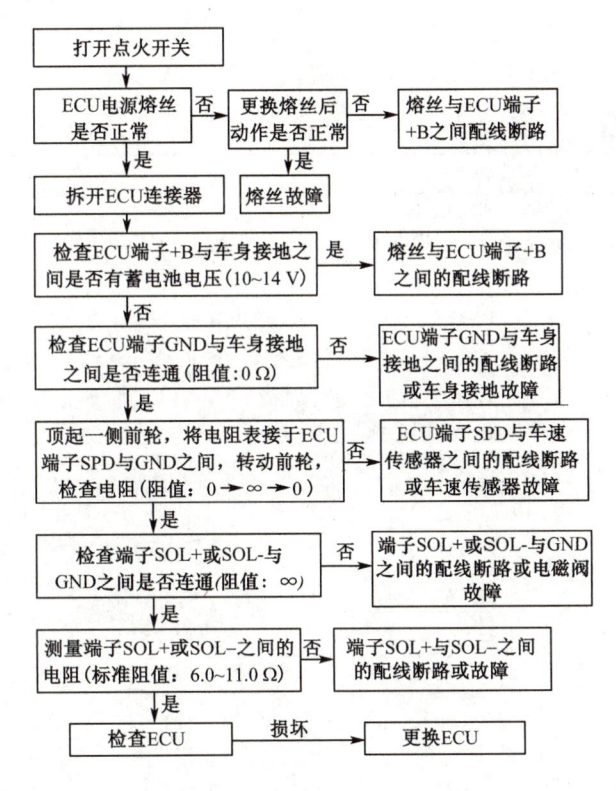

图 10-59　丰田轿车电控转向的电子控制系统的故障诊断流程

2.电子控制部件的检查

(1)电磁阀的检查

①拆下电磁阀连接器。

②测量电磁阀端子 SOL＋与 SOL－之间的电阻,看阻值是否为 6.0～11.0 Ω。

③接上电磁阀连接器。

④从齿轮座上拆下电磁阀。

⑤将蓄电池正极接电磁阀端子 SOL＋,将蓄电池负极接电磁阀端子 SOL－,电磁阀的针阀应缩进约 2 mm;否则,应更换电磁阀。

⑥安装电磁阀。

⑦动力转向管路放气。

(2)动力转向 ECU 的检查

①支起汽车。

②拆下手袋箱(注意不要拔出 ECU 的连接器)。

③启动发动机。

④发动机怠速运转,用万用表测量 ECU 的端子 SOL－与 GND 之间的电压。挂上挡使车速达到 60 km/h,再测量 ECU 的端子 SOL－与 GND 之间的电压。标准电压为 0.07～0.22 V;否则,应更换 ECU。

⑤装回手袋箱。

⑥放下汽车。

思 考 题

1.简述典型电动式动力转向系的组成。

2.简述电动式动力转向系的工作原理。

学习领域四

汽车制动系的维修

- 学习情境11　制动系的维修
- 学习情境12　防滑控制系的维修

学习情境 11

制动系的维修

任务 11.1　制动系的认识

能力目标

- 会维护汽车制动系。
- 能维修汽车制动系各个元件。
- 会制订制动系的维修方案。
- 会用检测设备和工具。
- 能够注重安全和环保。

知识目标

- 理解汽车制动系的功用、类型和工作原理。
- 掌握制动系的维修方法和手段。

素质目标

- 通过对制动系的维修作业,培养学生不怕脏、不怕累、不怕苦的职业素养。

相关知识

一、汽车制动系的功用

汽车制动系的功用是:按照需要使汽车减速或在最短距离内停车,并保证制动过程的稳定性;下坡行驶时保持车速稳定;使停驶的汽车可靠驻停。

对汽车起制动作用的只能是作用在汽车上且方向与汽车行驶方向相反的外力,而作用在行驶汽车上的滚动阻力、上坡阻力、空气阻力虽然都能对汽车起一定的制动作用,但这些外力的大小都是随机的、不可控制的。因此,汽车上必须装设一系列专门装置以实现上述功能。这些装置总称为制动装置。

二、汽车制动系的基本组成

汽车上设置有彼此独立的制动系,它们起作用的时刻不同,但它们的组成却是相似的。汽车制动系一般有以下四个组成部分:

供能装置:包括供给、调节制动所需能量以及改善传能介质状态的各种部件。如气压制动系中的空气压缩机。

控制装置:包括产生制动动作和控制制动效果的各种部件,如制动踏板等。

传动装置:将驾驶员或其他动力源的作用力传到制动器,同时控制制动器的工作,从而获得所需的制动力矩。包括将制动能量传输到制动器的各个部件,如制动主缸、制动轮缸等。

制动器:产生阻碍车辆的运动或运动趋势的力的部件。

较为完善的制动系还包括制动力调节装置以及报警装置、压力保护装置等。图11-1所示为汽车制动系的组成。制动警告灯点亮表明制动管路漏油。

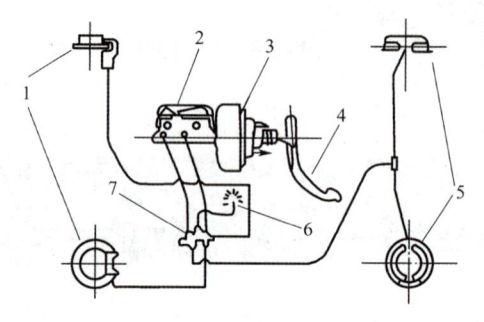

图11-1 制动系的组成
1—前轮盘式制动器;2—制动主缸;
3—真空助力器;4—制动踏板机构;
5—后轮鼓式制动器;6—制动警告灯;7—制动组合阀

三、制动系的类型

1.按制动系的作用分类

按制动系的作用分类,可将其分为行车制动系、驻车制动系、应急制动系及辅助制动系等。使行驶中的汽车降低速度甚至停车的制动系称为行车制动系;使已停驶的汽车驻留原地不动的制动系则称为驻车制动系。

2.按制动系操纵的能源分类

按制动系操纵的能源分类,制动系可分为人力制动系、动力制动系和伺服制动系等。以人力作为唯一制动动力源的制动系称为人力制动系;由发动机的动力转化而成的气压或液压形式的势能进行制动的制动系称为动力制动系;兼用人力和发动机动力进行制动的制动系称为伺服制动系或助力制动系。

四、制动系的结构与工作原理

1.结构

图11-2所示为液压行车制动系的组成及工作原理,由车轮制动器和液压制动传动装置

两部分组成。它的车轮制动器由旋转部分、固定部分、张开机构和定位调整机构组成。旋转部分是一个以内圆面为工作表面的金属制动器鼓,它固定在车轮轮毂上,随车轮一同旋转。在固定不动的制动底板 11 上,有两个支承销 12,支承着两个弧形制动蹄 10 的下端,制动蹄的外圆面上装有摩擦片 9。它们共同组成了车轮制动器。制动底板上还装有液压制动轮缸 6,用油管 5 与装在车架上的液压制动主缸 4 相连通,主缸中活塞 3 可由驾驶员通过制动踏板 1 来操纵,它们组成了液压制动传动装置。

2.工作原理

制动系不工作时,制动器鼓的内圆面与制动蹄摩擦片的外圆面之间保持一定的间隙,使车轮和制动器鼓可以自由旋转。要使行驶中的汽车减速或停车,驾驶员应踩下制动踏板 1,通过主缸推杆 2 和主缸活塞 3,使主缸内的油液在一定压力下流入制动轮缸 6,并通过两个轮缸活塞 7 推动两个制动蹄绕支承销转动,上

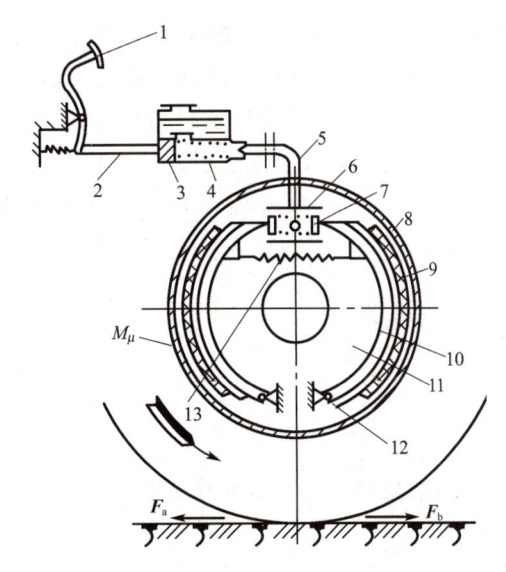

图 11-2 液压行车制动系的组成及工作原理
1—制动踏板;2—主缸推杆;3—主缸活塞;
4—制动主缸;5—油管;6—制动轮缸;7—轮缸活塞;
8—制动器鼓;9—摩擦片;10—制动蹄;
11—制动底板;12—支承销;13—制动蹄复位弹簧

端向两边分开而以其摩擦片压紧在制动器鼓的内圆面上。这样,下旋转的制动蹄就对旋转着的制动器鼓作用一个摩擦力矩 M_μ,其方向与车轮旋转方向相反。制动器鼓将该力矩 M_μ 传到车轮后,由于车轮与路面间有附着作用,车轮对路面作用一个向前的周缘力 F_a,同时路面也对车轮作用一个向后的反作用力,即地面制动力 F_b。地面制动力 F_b 由车轮经车桥和悬架传给车架及车身,迫使整个汽车产生一定的减速度。制动力越大,则汽车减速度也越大。当放开制动踏板时,制动蹄复位弹簧 13 即将制动蹄拉回原位,摩擦力矩 M_μ 和地面制动力 F_b 消失,制动作用即行终止。

显然,阻碍汽车运动的地面制动力 F_b 不仅取决于制动力矩 M_μ,还取决于轮胎与路面间的附着条件。如果完全丧失附着,则这种制动系事实上不可能产生制动的效果。在讨论制动系的结构问题时,一般都假定具备良好的附着条件。

五、对制动系的要求

为了保证汽车能在安全的条件下发挥出高速行驶的能力,制动系必须满足下列要求:

(1)具有良好的制动效能。其评价指标有:制动距离、制动减速度、制动力和制动时间。制动效能可以用制动试验台来检测,常用制动力来衡量制动效能。而在实际使用过程中,往往用制动距离来衡量整车的制动效能。制动距离是以某一速度开始紧急制动(100 km/h),从驾驶员踩上制动踏板起直至停车为止汽车所走过的距离。

(2)操纵轻便。即操纵制动系所需的力不应过大。

（3）制动稳定性好。即制动时，前后车轮制动力分配合理，左右车轮上的制动力矩基本相等，汽车不跑偏、不甩尾；磨损后间隙应能调整。

（4）制动平顺性好。制动力矩能迅速而平稳地增加，也能迅速而彻底地解除。

（5）散热性好。即连续制动时，制动器鼓的温度高达 400 ℃，摩擦片的抗"热衰退"（指摩擦片抵抗因高温分解变质引起的摩擦系数降低）能力要高；水湿后恢复能力快。

（6）对挂车的制动系，还要求挂车的制动作用略早于主车；挂车自行脱钩时能自动进行应急制动。

工作任务实施

一、实施条件

轿车和载重汽车底盘制动系总成。

二、实施步骤

（1）分组参观。

（2）现场讲解。

思考题

1. 简述汽车制动系的功用和类型。
2. 对制动系的要求有哪些？

任务 11.2　车轮制动器的结构与维修

能力目标

- 会维修汽车鼓式车轮制动器。
- 会维修汽车盘式车轮制动器。
- 能编制汽车车轮制动器的维修方案和计划。
- 能对各种车型的车轮制动器进行维修。
- 会用检测设备和工具。
- 能够注重安全和环保。

知识目标

- 理解车轮制动器的功用、结构和类型。
- 掌握车轮制动器的工作原理。
- 掌握车轮制动器的维修手段和方法。

相关知识

目前各类汽车所用的摩擦制动器可分为盘式和鼓式两大类(图 11-3)。前者的摩擦副中的旋转元件为制动器鼓,其工作面为圆柱面;后者的旋转元件为圆盘状的制动盘,其工作面为圆盘端面。

旋转元件固装在车轮或半轴上,即制动力矩分别作用于两侧车轮上的制动器称为车轮制动器。旋转元件固装在传动系的传动轴上,其制动力矩须经过驱动桥再分配到两侧车轮上的制动器称为中央制动器。车轮制动器一般用于行车制动,部分汽车的后轮制动器兼用于驻车制动。中央制动器一般只用于驻车制动。

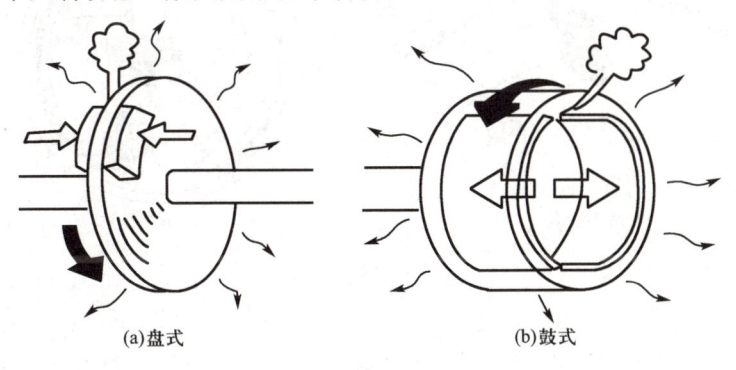

(a)盘式　　(b)鼓式

图 11-3　摩擦制动器的类型

一、鼓式车轮制动器

1. 鼓式车轮制动器的结构

鼓式车轮制动器大多以制动器鼓的内圆柱面为工作表面,在汽车上应用广泛。
简单的鼓式车轮制动器由旋转部分、固定部分、促动装置和定位调整装置组成。

(1)旋转部分

旋转部分多为制动器鼓。制动器鼓通常为浇铸件,对于受力小的制动器鼓也可用钢板冲压而成。制动器鼓和制动蹄如图 11-4 所示。

图 11-4　制动器鼓与制动蹄
1—制动器鼓;2—制动蹄

(2)固定部分

固定部分是制动底板和制动蹄。制动底板固装在车桥的凸缘盘上,通过支承销与制动蹄相连。制动蹄常用钢板冲压后焊接而成或由铸铁或轻合金浇铸,采用 T 形截面,以增大刚度,摩擦片采用粘接或铆接的方式固定于制动蹄上。

(3)促动装置

促动装置的作用是对制动蹄施加力使其向外张开。常用的促动装置有制动凸轮和制动轮缸,如图 11-5 所示。

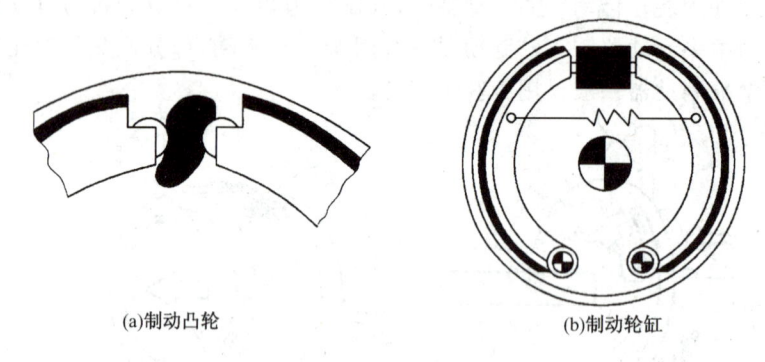

(a)制动凸轮 (b)制动轮缸

图 11-5　促动装置

(4)定位调整装置

制动蹄在不工作时,其摩擦片与制动器鼓之间应有合适的间隙,此间隙一般为 0.25~0.5 mm。间隙过小易造成制动解除不彻底;但间隙过大又将使制动踏板行程过大,致使驾驶员操作不便,同时也会推迟制动器起作用的时间。但是在制动过程中,摩擦片的不断磨损必将导致此间隙逐渐增大。因此,各种形式的制动器均设有检查、调整此间隙的装置。

定位调整装置的作用是保持和调整制动蹄摩擦片和制动器鼓间正确的相对位置。

2. 鼓式车轮制动器的类型

按张开机构不同,鼓式车轮制动器又可分为轮缸式车轮制动器、凸轮式车轮制动器和楔式车轮制动器;根据制动过程中两制动蹄产生制动力矩的不同,鼓式车轮制动器可分为领从蹄式、双领蹄式、双向双领蹄式、双从蹄式、单向自增力式和双向自增力式等几种形式。

3. 鼓式车轮制动器的工作原理

(1)工作过程

汽车行驶中不需要制动时,制动踏板处于自由状态,制动主缸无制动液输出,制动蹄在复位弹簧的作用下压靠在轮缸活塞上,制动器鼓的内圆柱面与摩擦片之间保留一定间隙,制动器鼓可以随车轮一起旋转(图 11-2)。

制动时,驾驶员踩下制动踏板,主缸推杆便推动制动主缸内的活塞前移,迫使制动液经管路进入制动轮缸,推动轮缸的活塞向外移动,使制动蹄克服复位弹簧的拉力绕支承销转动而张开,消除制动蹄与制动器鼓之间的间隙后压紧在制动器鼓上。此时,不旋转的制动蹄摩擦片对旋转的制动器鼓就产生一个摩擦力矩,其方向与车轮的旋转方向相反。

放松制动踏板,在复位弹簧的作用下,制动蹄与制动器鼓的间隙又得以恢复,从而解除制动。

(2)典型鼓式车轮制动器

领从蹄式制动器是典型的鼓式车轮制动器,其结构如图11-6所示,它由旋转部分、固定部分、张开机构和定位调整机构组成。

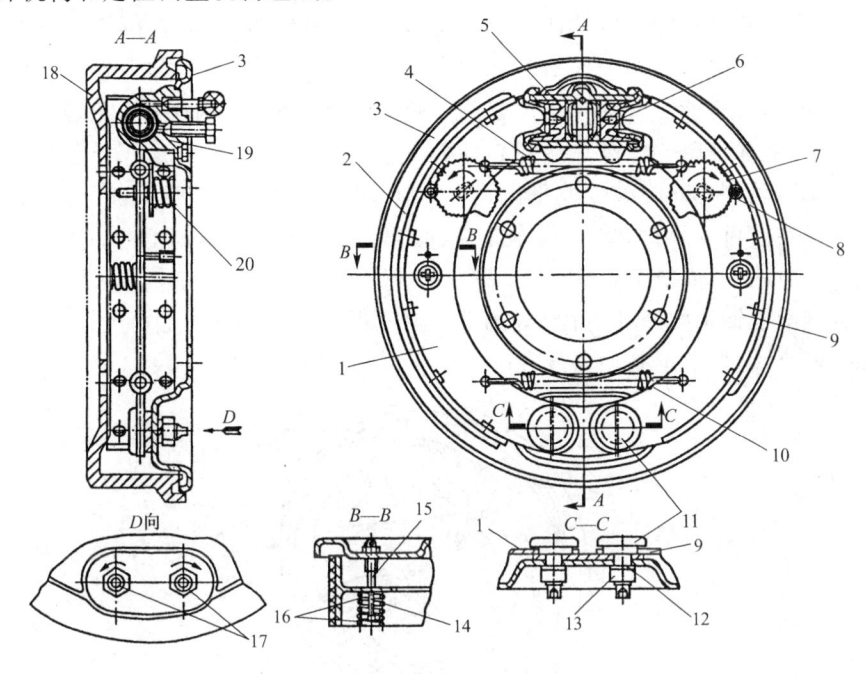

图11-6 领从蹄式制动器的结构

1—前制动蹄;2—摩擦片;3—制动底板;4、10—回位弹簧;5—轮缸活塞;6—活塞顶块;7—调整凸轮;8—锁销;9—后制动蹄;11—支承销;12—弹簧垫圈;13—螺母;14—限位弹簧;15—制动蹄限位杆;16—弹簧盘;17—标记;18—制动器鼓;19—制动轮缸;20—压紧弹簧

旋转部分的制动器鼓18多用灰铸铁制成。它以鼓盘中部的止口和端面定位,并用螺栓固装在轮毂的凸缘上,随同车轮旋转。制动器鼓的边缘有一个用于检查蹄与鼓间隙的检查孔。

固定部分是制动底板3和制动蹄1、9。冲压而成的制动底板固装在车桥的凸缘盘上,通过其支承销11与制动蹄相连。制动蹄多用钢板焊接,其截面呈T形,有的制动蹄用铸铁或铝合金压铸,以增大其刚度。蹄的下端孔与支承销11上的偏心轴颈做动配合,上端顶靠在制动轮缸19的活塞顶块上。摩擦片2多用塑料石棉压制而成,用埋头铝铆钉铆接于制动蹄上,以增大与蹄鼓间的摩擦系数。为了提高摩擦片的利用率,有些轻型车采用了树脂胶黏结剂将其与制动蹄黏结在一起。

张开机构是制动轮缸19,用螺钉与制动底板固接,活塞顶块6压入活塞的外端,制动蹄即嵌入顶块的切槽中。制动蹄利用活塞的位移来促动,活塞直径相同时,促动两个蹄片的推力始终相等。

定位调整机构用来保持和调整制动蹄和鼓正确的相对位置。调整凸轮7装在制动底板上,用压紧弹簧20来定位,凸轮的工作表面为凹弧槽,与腹板上的锁销8靠接,在回位弹簧4、10的作用下,能保持凸轮的正确位置和蹄鼓间隙。制动蹄限位杆15固装在制动底板上,是制动蹄的横向顶销。限位弹簧14的拉杆在其相应位置穿过制动底板和制动蹄腹板上的大孔将弹簧压缩,使制动蹄的腹板紧靠在制动蹄限位杆15的端部,以防止制动蹄横向的偏摆和振动。

制动蹄通常有两处调整部位：转动调整凸轮7可使蹄内外摆动，蹄鼓间隙按上大下小的规律变化，使间隙合理恢复；转动偏心的支承销11，可使蹄上下、内外运动，不仅改变了蹄鼓间隙，而且还可使摩擦副的实际工作区域发生变化，有利于蹄鼓间全面贴合。在支承销尾部端面上打有标记（见D向视图），用以指明偏心轴颈轴线的偏移方向。协调地使用上述两处调整部位，便可得到规定的蹄鼓间隙值，间隙一般为0.25～0.50 mm，使蹄片张开时的外圆与鼓的内圆同心，即全面贴合的理想位置。为此，修理制动器鼓内圆柱工作表面时，应以轮毂轴承定位，才能保证蹄、鼓、毂三者同心且全面贴合。

部分轿车后轮制动器为鼓式非平衡式车轮制动器。如图11-7所示，制动器的制动器鼓通过轴承支承在后桥支承短轴上，与车轮一起旋转。拆卸车轮制动器时，应先拆下制动器鼓。它的拆卸方法是：先撬下轮毂盖1，取下开口销2和锁止环3，旋下螺母4，取下止推垫圈5和外圆锥滚子轴承内圈6。用螺丝刀插入制动器鼓7上的小孔，向上压楔形调整板，使制动蹄外径缩小后，再取下制动器鼓。

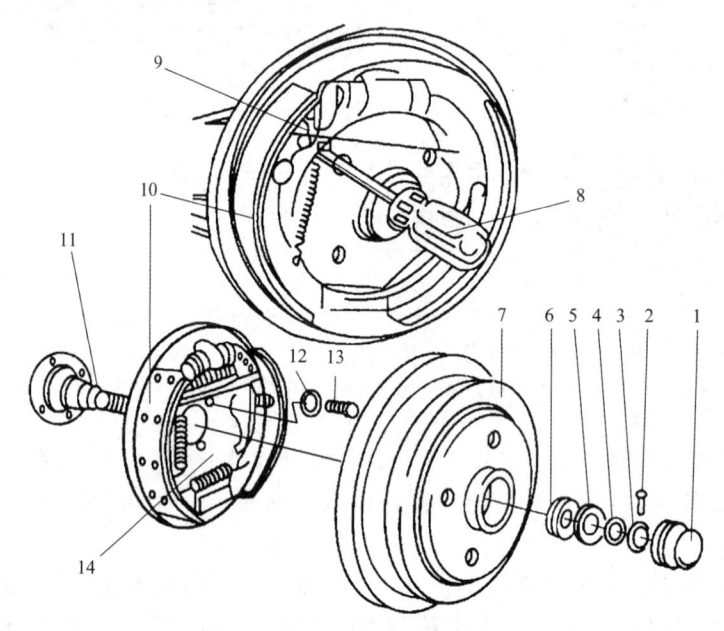

图11-7 轿车后轮制动器的拆卸

1—轮毂盖；2—开口销；3—锁止环；4—螺母；5—止推垫圈；6—外圆锥滚子轴承内圈；7—制动器鼓；8—螺丝刀；9—楔形调整板；10—制动蹄；11—短轴；12—碟形垫圈；13—螺栓；14—制动底板总成

取下制动器鼓后，我们再来了解制动器的结构。轿车后轮制动器的分解如图11-8所示。

制动底板7用螺栓固定在后桥轴端支承座上，制动轮缸用螺钉固定在制动底板上方，其形式为双活塞内张型液压轮缸。支架、止挡板用螺钉紧固在底板的下方。下复位弹簧4使制动蹄的下端嵌入固定板的切槽中。上复位弹簧13使两制动蹄的上端压靠到推杆15上，楔形调整板12在其拉簧9作用下，向下拉紧在制动蹄与压力杆之间。定位销钉6、弹簧2及弹簧座1用以限制制动蹄的轴向移动，并保持蹄面与制动底板的垂直。

制动时，轮缸活塞在制动液压力的作用下向外推动制动蹄，制动力克服复位弹簧的弹力使制动蹄向外张开，压向制动器鼓，产生制动力矩使汽车制动。

解除制动时，制动液压力消失，在复位弹簧的作用下制动蹄回位。

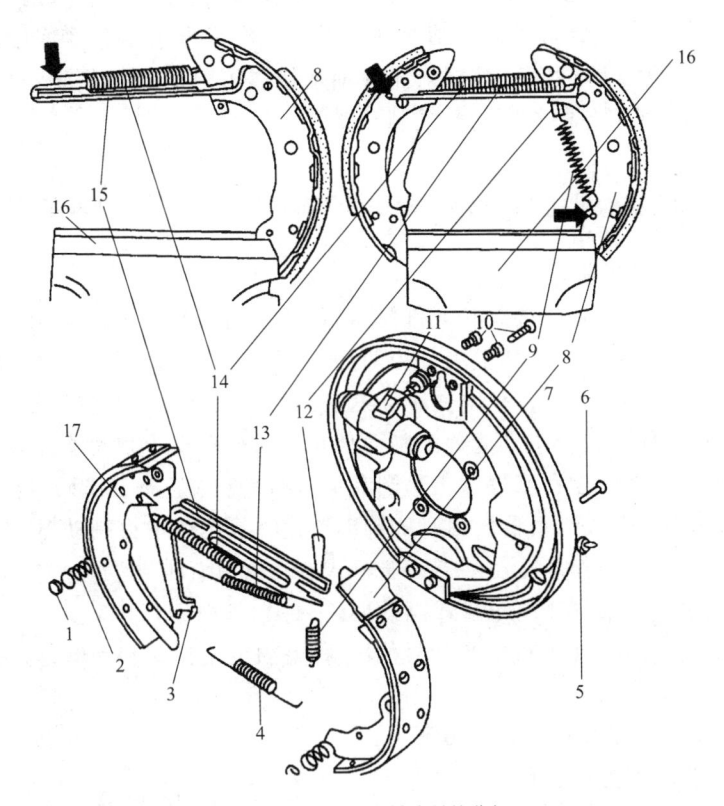

图 11-8 轿车后轮制动器的分解

1—弹簧座；2—弹簧；3—驻车制动器拉杆；4—下复位弹簧；5—检查孔盖；6—定位销钉；7—制动底板；8—前制动蹄；9—楔形调整板拉簧；10—螺栓；11—后制动分泵；12—楔形调整板；13—上复位弹簧；14—定位弹簧；15—推杆；16—虎钳；17—后制动蹄

(3) 领从蹄式制动器的工作原理

领从蹄式制动器的工作原理如图 11-9 所示，汽车前进时制动器鼓的旋转方向如箭头所示。在制动过程中，两制动蹄在相等的促动力 F_S 作用下，分别绕各自的支承点向外偏转紧压在制动器鼓上。同时旋转的制动器鼓对两蹄分别作用法向反力 F_{N1} 和 F_{N2} 以及相应的切向反力 F_{t1} 和 F_{t2}，F_{t1} 作用的结果使得制动蹄 1 在制动器鼓上压得更紧，则 F_{N1} 变得更大，这种情况称为"助势"或"增势"作用，相应的制动蹄被称为"领蹄"；与此相反，F_{t2} 作用的结果则使得制动蹄 2 有放松制动器鼓的趋势，即 F_{N2} 和 F_{t2} 有减小的趋势，这种情况称为"减势"作用，相应的制动蹄被称为"从蹄"。

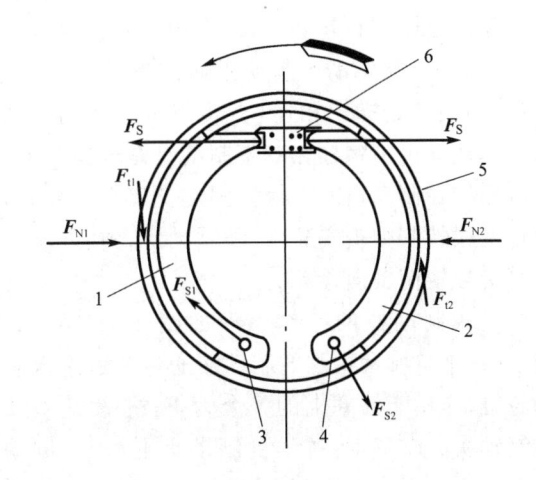

图 11-9 领从蹄式制动器的工作原理
1—领蹄；2—从蹄；3、4—支承点；5—制动器鼓；6—制动轮缸

通过以上的分析，我们可以得出这样的结论：虽然制动蹄 1、2 所受的促动力相等，但由于 F_{t1} 和 F_{t2} 的作用方向相反，使得两制动蹄所受到的法向反力 F_{N1} 和 F_{N2} 不相等，且 $F_{N1} >$

F_{N2}，相应的 $F_{t1} > F_{t2}$。所以制动蹄作用到制动器鼓上的法向力不相等，两制动蹄对制动器鼓所施加的制动力矩也不相等。制动蹄对制动器鼓的作用力不相等，则两蹄法向力之和只能由车轮轮毂轴承的反力来平衡，这样对轮毂轴承造成了附加径向载荷，轴承的寿命缩短。为解决这个问题，出现了各种不同的鼓式制动器。

二、盘式车轮制动器

1. 盘式车轮制动器的类型

盘式车轮制动器摩擦副中的旋转元件是以端面工作的金属圆盘，被称为制动盘。其固定元件则有着多种结构形式，大体上可分为两类：一类是工作面积不大的摩擦块与其金属背板组成的制动块，每个制动器中有 2～4 个。这些制动块及其促动装置都横跨在制动盘两侧的夹钳形支架中，总称为制动钳。这种由制动盘和制动钳组成的制动器称为钳盘式制动器；另一类固定元件的金属背板和摩擦片也呈圆盘形，制动盘的全部工作面可同时与摩擦片接触，这种制动器称为全盘式制动器。钳盘式制动器过去只用作中央制动器，但目前则越来越多地被各级轿车和货车用作车轮制动器。全盘式制动器只有少数汽车（主要是重型汽车）将其作为车轮制动器。本书只介绍钳盘式制动器。

现代汽车上使用的钳盘式制动器有两种：一种是固定钳盘式制动器；另一种是浮动钳盘式制动器。

2. 盘式车轮制动器的结构与工作原理

以轿车前轮制动器为例进行介绍。

图 11-10 所示为轿车盘式制动器，该制动器为浮动钳盘式制动器。它由制动盘、内外摩擦块、制动钳壳体、制动钳支架、前制动轮缸等组成。

制动盘固定在轮毂上，夹在内外摩擦衬块中间，与前轮一起转动。制动钳通过螺栓（兼作导向销）与制动钳支架相连（支架固定于转向节凸缘上），钳体可沿螺栓相对于制动盘做轴向移动。轮缸布置在制动钳的内侧。固定支架上有导轨，通过两根特制弹簧安装内、外制动块，内、外制动块可沿导轨做轴向移动。

盘式制动器的工作原理如图 11-11 所示。制动时，来自制动主缸的制动液通过油道进入制动轮缸，作用于活塞上的一个力 F_1 推动活塞及其制动块向左移动，并压到制动盘上，于是制动盘给活塞一个向右的反作用力 F_2，使得活塞连同制动钳体沿导向销向右移动，直到制动盘左侧的制动块也压到制动盘上。此时，两侧的制动块都压在制动盘上，夹住制动盘使其制动。

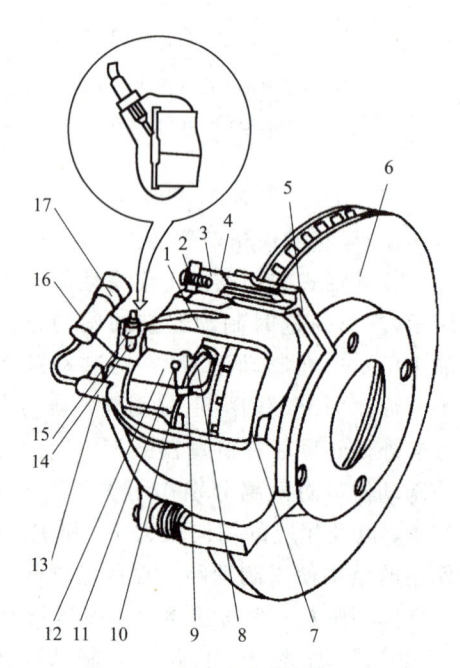

图 11-10　轿车盘式制动器

1—制动钳壳体；2—紧固螺栓；3—导向销；4—防护套；5—制动钳支架；6—制动盘；7—固定制动块；8—消声片；9—防尘套；10—活动制动块；11—密封圈；12—活塞；13—电线导向夹；14—放气螺栓；15—放气螺母；16—报警开关；17—电线夹

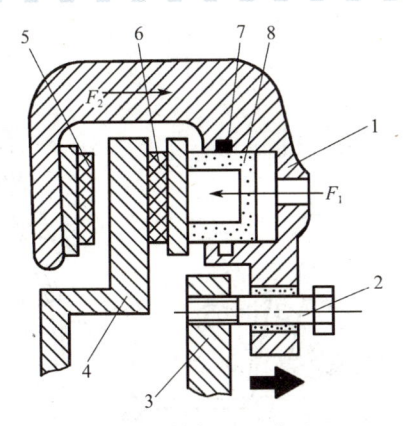

图 11-11　盘式制动器的工作原理

1—制动钳体；2—导向销；3—制动钳支架；4—制动盘；
5—固定制动块；6—活动制动块；7—密封圈；8—活塞

3.盘式制动器的特点

盘式制动器与鼓式制动器相比，有以下优点：一般无摩擦助势作用，因而制动器效能受摩擦系数的影响较小，即效能较稳定；浸水后效能降低较小，而且只需经一两次制动即可恢复正常；在输出制动力矩相同的情况下，尺寸和质量一般较小；制动盘沿厚度方向的热膨胀量极小，不会像制动器鼓那样热膨胀使制动器间隙明显增加而导致制动踏板行程过大；较容易实现间隙自动调整，保养修理作业也较简便。

盘式制动器不足之处是效能较低，故液压制动系的促动管路压力较高，一般要用伺服装置。目前，盘式制动器已广泛应用于轿车上，在货车上也有采用，但不是很普及。

三、驻车制动器

1.驻车制动器的功用

驻车制动器的功用是：在汽车停驶后，防止汽车滑溜；便于在坡道上起步；行车制动器失效后临时使用或配合行车制动器进行紧急制动。

2.驻车制动器的类型

根据驻车制动器的安装位置，可将其分为中央制动式和车轮制动式两种。前者安装在变速器或分动器的后面，制动力矩作用在传动轴上；后者与车轮制动器共用一个制动器总成，只是传动机构是相互独立的。

根据制动器结构形式的特点可将其分为鼓式、盘式、带式和弹簧式驻车制动器。

鼓式驻车制动器由于可采用高制动效能的自动增力式制动器，且其外廓尺寸小，易于调整，防泥沙性能好，停车后没有制动热负荷，因而得到广泛应用。

3.典型驻车制动器的结构

(1)载货车常用的驻车制动器

①制动器的结构

图 11-12 所示为汽车驻车制动器的结构，该制动器为中央制动、鼓式驻车制动器。

制动器鼓通过螺栓与变速器输出轴的凸缘盘紧固在一起，制动底板固定在变速器输出轴轴承盖上，两制动蹄通过偏心支承销支承在制动底板上，其上端装有滚轮，在复位弹簧的作用下滚轮紧靠在凸轮的两侧，凸轮轴支承在制动底板的上部，轴外端与摆臂连接，摆臂的

229

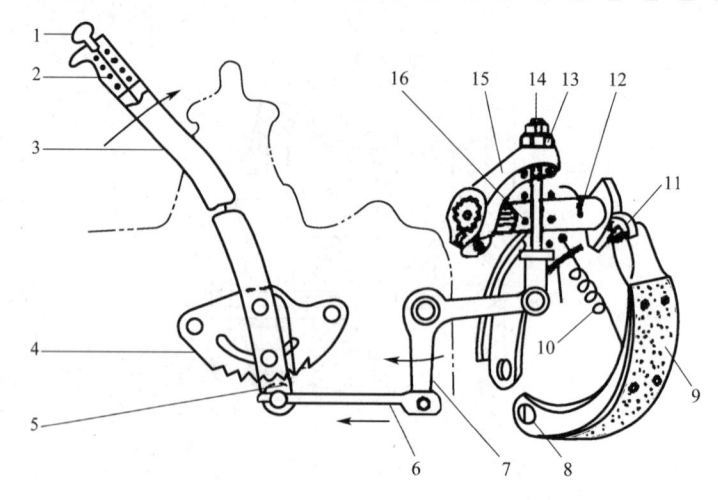

图11-12 载货汽车驻车制动器的结构

1—按钮；2—拉杆弹簧；3—驻车制动杆；4—齿扇；5—锁止棘爪；6—传动杆；7—摇臂；8—偏心支承销孔；
9—制动蹄；10—复位弹簧；11—滚轮；12—凸轮轴；13—调整螺母；14—拉杆；15—摆臂；16—压紧弹簧

另一端与穿过压紧弹簧的拉杆相连，拉杆再通过摇臂、传动杆与驻车制动杆相连。驻车制动杆上连有棘爪。

②驻车制动器的工作原理

驻车制动时，将驻车制动杆上端向后拉动，则制动杆的下端向前摆动，传动杆带动摇臂顺时针转动，拉杆则带动摆臂顺时针转动，凸轮轴亦顺时针转动，凸轮则使两制动蹄以支承销为支点向外张开，压靠到制动器鼓上，产生制动作用。当制动杆拉到制动位置时，棘爪嵌入齿扇上的棘齿内，起锁止作用。

解除制动时，按下驻车制动杆上的按钮使棘爪脱离棘齿，向前推动制动杆，则传动杆、拉杆、凸轮轴按逆时针方向转动，制动蹄在复位弹簧的作用下回位，制动蹄与制动器鼓间恢复制动间隙，制动解除。

(2) 轿车驻车制动器

①制动器的结构

图11-13所示为轿车的后轮鼓式制动器。制动蹄的上、下支承面均加工成弧面，下端支靠在支承板31上。前、后制动蹄的腹板卡在驻车制动推杆11两端的切槽中。驻车制动杠杆26上端与后制动蹄27由平头销24连接，上部卡入驻车制动推杆11右端的切槽中作为中间支点，下端与拉绳连接。驻车制动推杆内弹簧12左端钩在制动推杆11的左弯舌上，右端钩在后制动蹄27的腹板上，驻车制动器推杆外弹簧25的左端钩在前制动蹄15的腹板上，而右端则钩在驻车制动推杆11的右弯舌上。

②制动器的工作原理

进行驻车制动时，将手动驻车制动操纵杆拉到制动位置，将驻车制动杠杆26的下端向前拉，使之以平头销24为支点顺时针转动。在转动过程中，其中间支点推动驻车制动推杆11左移，将前制动蹄15推向制动器鼓，前制动蹄压靠到制动器鼓上之后，驻车制动推杆11停止运动，则驻车制动杠杆26的中间支点成为其继续转动的新支点。于是驻车制动杠杆26的上端右移，使后制动蹄27压靠到制动器鼓上，进行驻车制动。

解除制动时，先将操纵杆扳动少许，再压下操纵杆端头的压杆按钮，将操纵杆向下推到解除制动位置，驻车制动杠杆26在弹簧作用下回位，制动蹄回位弹簧28将两制动蹄拉回。

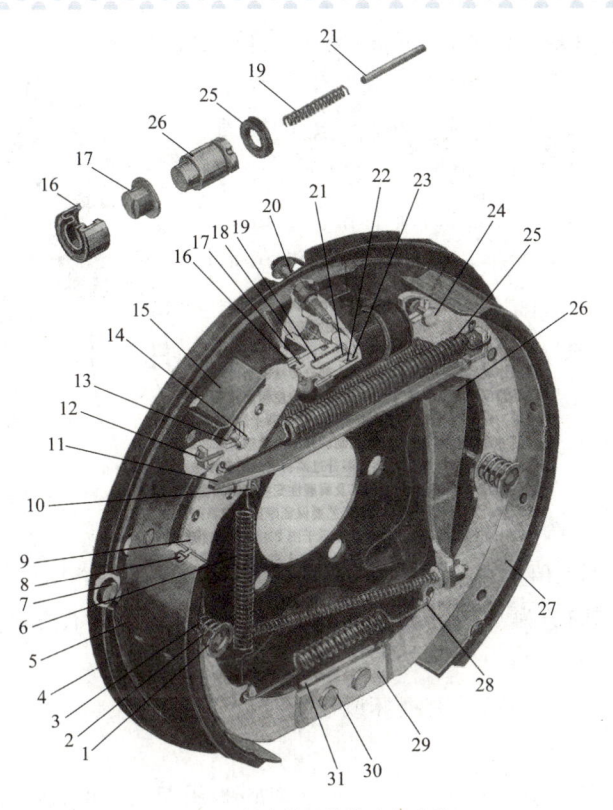

图 11-13 轿车的后轮鼓式制动器

1—限位弹簧座;2—限位弹簧;3—限位销钉;4—制动底板;5—摩擦片;6—调节齿板拉簧;7—密封堵塞;8、14—铆钉;9—制动蹄腹板;10—调节齿板;11—驻车制动推杆;12—驻车制动推杆内弹簧;13—调节支承板;15—前制动蹄;16—密封罩;17—支承座;18—轮缸壳体;19—活塞回位弹簧;20—放气螺钉;21—支承杆;22—皮圈;23—活塞;24、30—平头销;25—驻车制动器推杆外弹簧;26—驻车制动杠杆;27—后制动蹄;28—制动蹄回位弹簧;29—限位板;31—支承板

驻车制动推杆内弹簧 12、外弹簧 25 除可将两制动蹄拉回到原始位置之外，还可以防止驻车制动推杆 11 在工作时窜动，碰撞制动蹄而发出噪声。

这种以车轮制动器为驻车制动器的驻车制动系可用于应急制动。

工作任务实施

一、实施条件

(1)实训车辆若干。
(2)汽车举升机。
(3)常用拆装工具。
(4)维修手册。
(5)游标卡尺、钢直尺、百分表、外径千分尺、砂纸。

二、实施步骤

1.盘式制动器的检修

(1)拆卸车轮。
(2)拆卸制动卡钳和制动盘。

(3)检查制动分泵是否漏油,如漏油,则应更换橡胶密封圈。

(4)测量制动盘的摆差(端面跳动量),其最大摆差小于 0.050 mm,否则应予更换。在制动盘的圆周上选择六个点测量其厚度和厚度差,最大厚度差值为 0.010 mm。轿车制动盘的厚度不小于标准值 1 mm,小于极限值时应更换,并且同一轴上的两个制动盘应同时更换。其测量方法如图 11-14 所示。

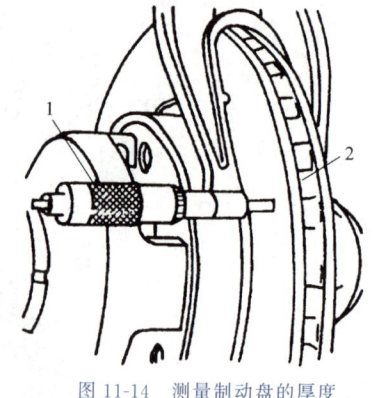

(5)测量摩擦片的厚度。在不拆下前轮制动器时,可通过车轮检视孔进行检查。摩擦片带底板的厚度为 14 mm(标准值),使用极限为 7 mm,小于极限值 7 mm 时应更换。

(6)检查轮缸。如图 11-15 所示,用内径表检查前制动钳缸体内径,标准值为 48 mm。用千分尺检查活塞的外径,其标准配合间隙为 0.060~0.100 mm,使用极限间隙为 0.060 mm。检查活塞和缸体内表面有无刮伤,若有刮伤应更换轮缸。

(7)检查密封圈及防尘罩,若有损坏或老化时应更换。

2. 鼓式制动器的检修

(1)检查制动器鼓的磨损程度。如图 11-16 所示,用卡尺 2 检查后制动器鼓 1 的内径磨损极限不大于 1 mm。例如制动器鼓标准内径为 180 mm,使用极限为 181 mm;制动器鼓标准内径为 200 mm,使用极限为 201 mm。

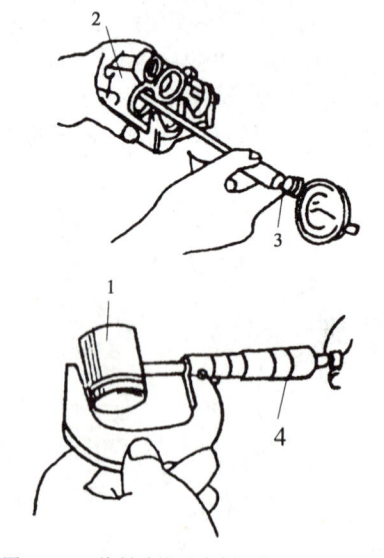

图 11-14 测量制动盘的厚度
1—千分尺;2—制动盘

图 11-15 前制动钳活塞与缸体间隙的检查
1—轮缸活塞;2—制动轮缸;3—内径表;4—千分尺

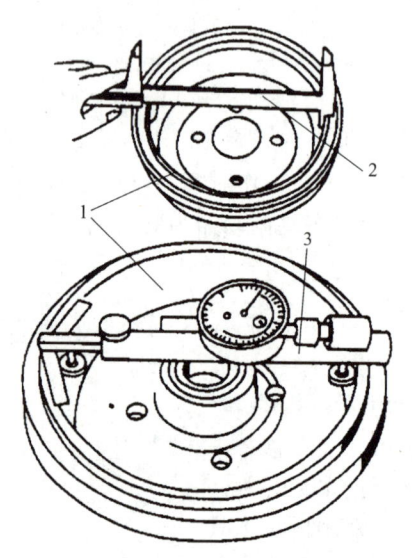

图 11-16 后制动器鼓的检查
1—后制动器鼓;2—卡尺;3—内径卡规

(2)检查制动器鼓的端面跳动量,其端面跳动量(摆差)不超过 0.2 mm,制动器鼓径向跳动量不超过 0.05 mm。

(3)检查摩擦片磨损的程度,以及是否沾有油污,磨损后的厚度是否超过极限值。厚度的标准值为 5 mm,使用极限为 2.5 mm。

(4)检查新更换的后制动蹄与衬片及后制动器鼓内表面相接触状况。如图 11-17 所示,将制动蹄与衬片靠在鼓的内表面来回拉动,检查其靠合状况,主要是衬片两端接触应良好。

(5)如图 11-18 所示,检查上回位弹簧、定位弹簧、楔形调整块拉簧的自由长度,标准值分别为 130 mm、120 mm 和 113 mm。

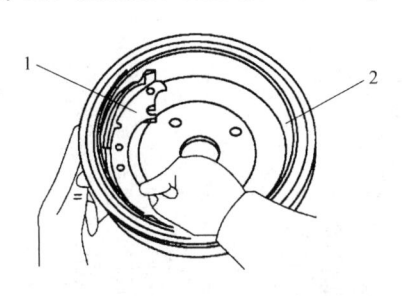

图 11-17 后制动蹄衬片与后制动器鼓接触面的检查
1—制动蹄;2—制动器鼓

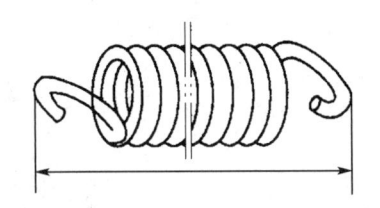

图 11-18 后制动器定位弹簧的检查

(6)检查后制动轮缸的密封圈、防尘罩是否损坏或老化,检查缸筒与活塞的配合间隙,标准间隙为 0.04~0.09 mm,使用极限间隙为 0.15 mm。

车轮制动器装配完毕后,为保证制动蹄衬片与制动器鼓之间具有合适的间隙,应对其进行必要的调整,调整的方法有人工调整法和自动调整法。

部分轿车后轮制动器的间隙调整装置为在推杆上装楔形调整板的自调装置,其结构和工作原理如图 11-19 所示。楔形调整板的水平拉簧使楔形调整板与推杆间产生摩擦,防止楔形调整板下移,垂直拉簧随时会拉动楔形调整板下移。当蹄、鼓间隙正常时,楔形调整板静止于相对应位置;当蹄、鼓间隙大于规定值时,蹄片张开的行程被加大,垂直拉簧的力 F_2 增大,$F_2 > F_1$,楔形调整板下移,楔形调整板的下移使得水平拉簧的力也被加大,摩擦力 F_1 相应加大,则楔形调整板在新的位置静止。

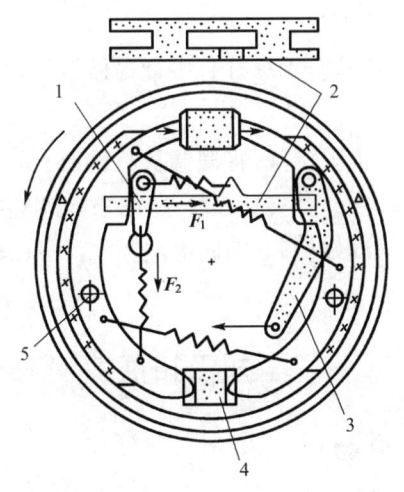

图 11-19 在推杆上装楔形调整板的自调装置的结构和工作原理
1—楔形调整板;2—制动推杆;3—驻车制动杠杆;4—浮式支承座;5—定位件;
F_1—水平拉簧的摩擦力;F_2—楔形调整板的垂直拉簧力

放松制动后,制动蹄在回位弹簧的作用下收拢。由于推杆已变长,只能被顶靠在新的位置,从而保持规定的制动间隙值。

此类自调装置属于一次性调准的结构,前进或倒车制动均能自调。

3.驻车制动器的调整

鼓式驻车制动器的调整如图 11-20 所示,其调整方法如下:

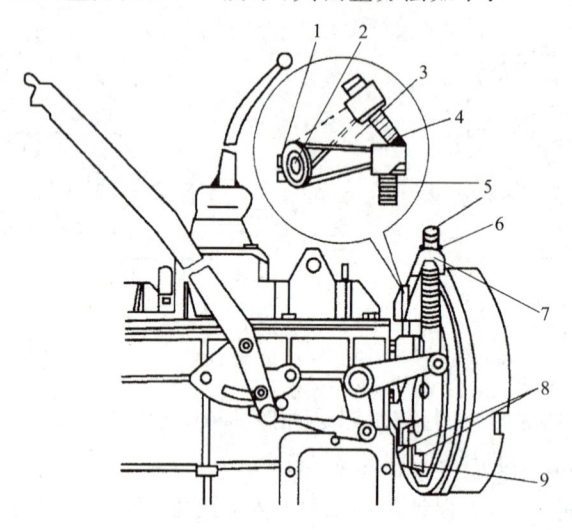

图 11-20　鼓式驻车制动器的调整

1—夹紧螺栓;2—凸轮轴;3—摆臂;4—调整垫;5—拉杆;
6—锁紧螺母;7—调整螺母;8—驻车制动蹄支承销;9—锁紧螺母

(1)拉杆长度调整

当驻车制动器蹄、鼓间隙过大时,可以将拉杆上的锁紧螺母松开,将制动操纵杆放松到最前端,然后,拧动拉杆上的调整螺母,即可实现制动间隙调整。将调整螺母拧紧,蹄、鼓间隙减小;反之,则蹄、鼓间隙增大。调整完毕后,将锁紧螺母锁紧。

(2)摆臂与凸轮相互位置的调整

通过拉杆长度的调整后,若驻车操纵杆自由行程仍然偏大,则应调整摆臂与凸轮的相互位置。

将驻车制动杆向前放松至极限位置;将摆臂从凸轮轴上取下,逆时针方向错开一个或数个齿后,再将摆臂装于凸轮轴上,并将夹紧螺栓紧固;重新调整拉杆上的调整螺母,直到有合适的驻车制动拉杆行程为止。调好后,制动间隙应为 0.20～0.40 mm。

知识拓展

一、单向双领蹄式制动器

在制动器鼓正向旋转时,两蹄均为领蹄的制动器称为双领蹄式制动器。双领蹄式制动器与领从蹄式制动器在结构上主要有两点不相同:一是双领蹄式制动器的两制动蹄各用一个单活塞式轮缸,而领从蹄式制动器的两蹄共用一个双活塞式轮缸;二是双领蹄式制动器的两套制动蹄、制动轮缸、支承销在制动底板上的布置是中心对称的,而领从蹄式制动器中的制动蹄、制动轮缸、支承销在制动底板上的布置是轴对称的。

图 11-21 所示为双领蹄式制动器的结构。两个轮缸由连接油管 13 连通，使其中油压相等，这样，在前进制动时，两蹄都是领蹄，制动器的效能因而得到提高。但在倒车制动时，两蹄都变成从蹄。

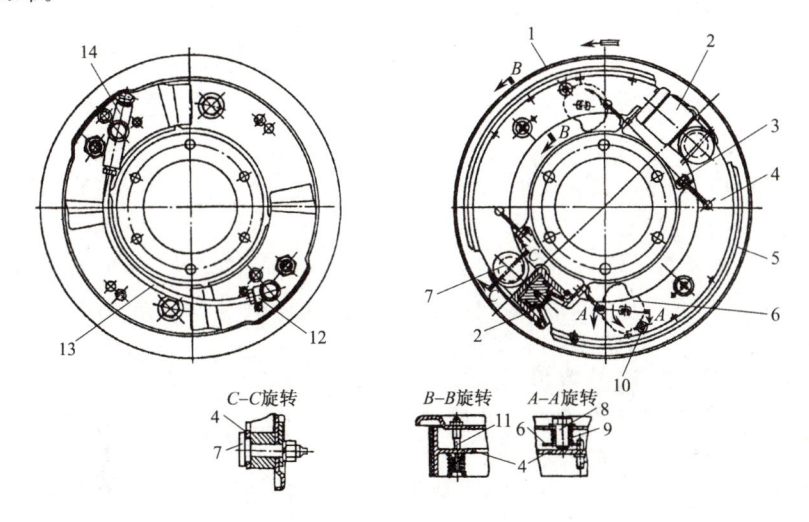

图 11-21 双领蹄式制动器的结构

1—制动底板；2—制动轮缸；3—制动蹄回位弹簧；4—制动蹄；5—摩擦片；6—调整凸轮；7—支承销；
8—调整凸轮轴；9—弹簧；10—调整凸轮锁销；11—制动蹄限位杆；12、14—油管接头；13—轮缸连接油管

二、自动增力式制动器

将两蹄用推杆浮动铰接，利用液压张开力促动，使两蹄产生助势作用，且充分利用前蹄的助势推动后蹄，使总的摩擦力矩进一步增大，此即为"自动增力"。

自动增力式制动器可分为单向和双向两种。单向自动增力式制动器只在前进方向起增力作用，而在倒车制动时制动效能还不如双从蹄式制动器，已很少采用。双向自动增力式制动器在车轮正向和反向旋转时均能借助制动蹄与制动器鼓的摩擦起自动增力作用。它的结构与单向自动增力式制动器的不同之处在于，它主要是采用双活塞式制动轮缸，可向两蹄同时施加相等的促动力 F_s。

综上所述，各种结构形式的制动器，都是围绕着提高制动效能、制动的平顺性和稳定性、简单和调修方便等几个方面来考虑的。单就制动效能而言，自动增力式制动器的制动力矩最大。

思考题

1. 车轮制动器的类型有哪些？各有什么特点？
2. 简述鼓式车轮制动器的结构。
3. 简述盘式车轮制动器的工作原理。
4. 根据制动过程中两制动蹄产生制动力矩的不同，鼓式制动器可分为哪几种类型？有何特点？

任务11.3 制动传动装置的维修

能力目标

◆ 会维修汽车制动传动装置。
◆ 能制订维修计划。
◆ 能正确使用维修工具和仪器。
◆ 能够注重安全和环保。

知识目标

◆ 理解制动传动装置的功用和类型。
◆ 掌握人力液压式制动传动装置的工作原理。
◆ 认识液压式制动传动装置的结构。

相关知识

一、制动传动装置的功用

制动传动装置的功用是将驾驶员或其他动力源的作用传到制动器,同时控制制动器的工作,从而获得所需要的制动力矩。

二、制动传动装置的分类

制动传动装置按制动能源可分为人力制动系统、伺服制动系统和动力系统;按制动管路的套数可分为单管路和双管路制动传动装置。按照新的交通法规的要求,现代汽车的行车制动系须采用双管路制动传动装置,因而单管路制动传动装置已被淘汰。

人力制动系有机械式和液压式两种,机械式通常用于汽车的驻车制动。

动力制动系中,用以进行制动的能量是由空气压缩机产生的气压能,或是由油泵产生的液压能,而空气压缩机或油泵则由汽车发动机驱动。动力制动系有气压制动系、气顶液制动系和全液压动力制动系三种。气压制动系是发展最早的一种动力制动系,其供能装置和传动装置全部是气压式的。其控制装置大多数是由制动踏板机构和制动控制阀等气压控制元件组成,也有的在踏板机构和制动控制阀之间还串联有液压式操纵传动装置。气顶液制动系的供能装置、控制装置与气压制动系的相同,但其传动装置则包括气压式和液压式两部分。全液压动力制动系中除制动踏板机构以外,其供能、控制和传动装置全是液压式。

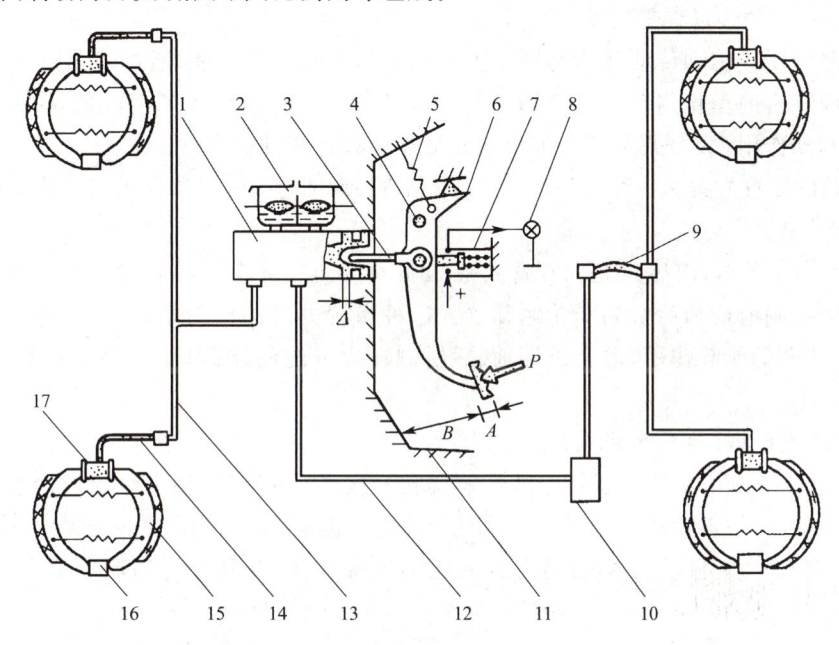

三、液压式制动传动装置

液压式制动传动装置是利用制动液将制动踏板力转换为制动液压力,通过管路传至车轮制动器,再将制动液压力转变为制动蹄张开的机械推力。

1. 液压式制动传动装置的基本组成

如图11-22所示,液压式制动传动装置由制动踏板、主缸推杆、制动主缸、贮液罐、制动轮缸、油管、制动灯开关、指示灯、比例阀等组成。

图 11-22 液压式制动传动装置的组成

1—制动主缸;2—贮液罐;3—主缸推杆;4—支承销;5—复位弹簧;6—制动踏板;7—制动灯开关;
8—指示灯;9—软管;10—比例阀;11—车内底板;12—后桥油管;13—前桥油管;14—软管;
15—制动蹄;16—支承座;17—制动轮缸;Δ—自由间隙;A—自由行程;B—有效行程

2. 液压式制动传动装置的工作原理

如图11-23所示,液压制动传动装置以帕斯卡定律为基础,并且在传力过程中对驾驶员的踏板力进行了放大,使传递到制动轮缸及制动蹄上的制动力大于踏板力。

踩下制动踏板,制动主缸即将制动液经油管压入前、后制动轮缸,将制动蹄推向制动器鼓。

在制动器间隙消失之前,管路中的液压不可能很高,仅足以平衡制动蹄复位弹簧的张力以及油液在管路中的流动阻力。在制动器间隙消失并开始产生制动力矩时,液压与踏板力方能继续增大,直到完全制动。从开始制动到完全制动的过程中,由于在

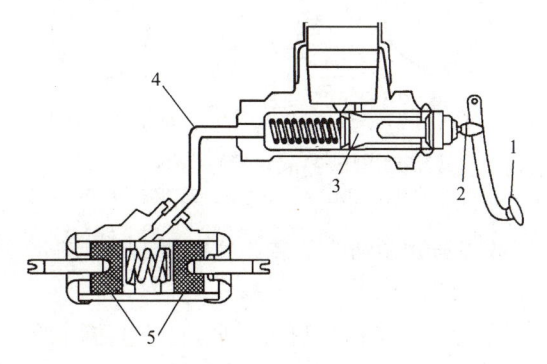

图 11-23 踏板力的放大

1—制动踏板;2—主缸推杆;3—主缸活塞;
4—制动管路;5—轮缸活塞

237

液压作用下,油管(主要是橡胶软管)弹性膨胀变形和摩擦元件弹性压缩变形,踏板和轮缸活塞都可以继续移动一段距离。放开制动踏板,制动蹄和轮缸活塞在复位弹簧作用下复位,将制动液压回主缸。

显然,管路液压和制动器产生的制动力矩是与踏板力呈线性关系的。若轮胎与路面间的附着力足够,则汽车所受到的制动力也与踏板力呈线性关系。制动系的这项性能称为制动踏板感(或称路感),驾驶员可因此而直接感觉到汽车制动强度,以便及时加以必要的控制和调节。

3.液压式制动传动装置的类型

双管路液压式制动传动装置是利用彼此独立的双腔制动主缸,通过两套独立管路,分别控制两桥或三桥的车轮制动器。其特点是若其中一套管路发生故障而失效,另一套管路仍能继续起制动作用,从而提高了汽车制动的可靠性和行车的安全性。

双管路的布置方案在各种类型汽车上各有不同,常见的有前后独立式和交叉式两种形式。

(1)前后独立式

如图11-24所示,前后独立式双管路液压制动传动装置由双腔制动主缸通过两套独立的管路分别控制前桥和后桥的车轮制动器。这种布置方式结构简单,如果其中一套管路损坏漏油,另一套仍能起作用,但会破坏前、后桥制动力分配的比例,主要用于发动机前置、后轮驱动的汽车。

(2)交叉式(也称为对角线式)

如图11-25所示,交叉式双管路液压制动传动装置由双腔制动主缸通过两套独立的管路分别控制前、后桥对角线方向的两个车轮制动器。这种布置方式在一套管路失效时,仍能保持一半的制动力,且前、后桥制动力分配比例保持不变,有利于提高制动方向的稳定性。主要用于发动机前置、前轮驱动的乘用车。

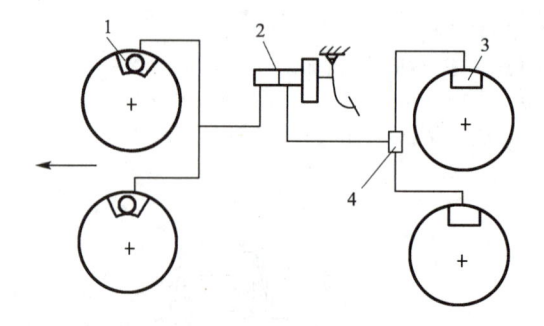

图11-24 前后独立式双管路液压制动传动装置
1—盘式制动器;2—双腔制动主缸;
3—鼓式制动器;4—制动力调节器

图11-25 交叉式双管路液压制动传动装置
1—盘式制动器;2—双腔制动主缸;3—鼓式制动器

4.液压式制动传动装置的主要部件

(1)制动主缸

制动主缸又称为制动总泵,它处于制动踏板与管路之间,其功用是将制动踏板输入的机械力转换成液压力。

①结构

如图11-26和图11-27所示,串联式双腔制动主缸主要由贮液罐、制动主缸外壳、前活塞、后活塞及前活塞弹簧、后活塞弹簧、推杆、皮碗等组成。

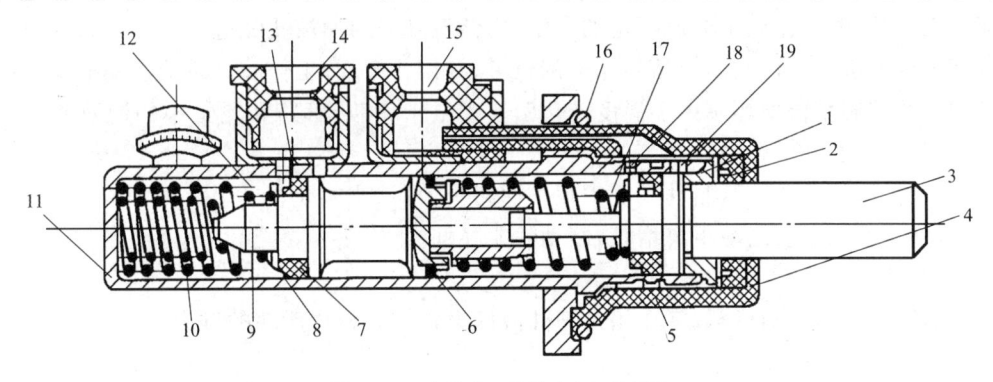

图 11-26 串联式双腔制动主缸的结构

1—隔套；2—密封圈；3—后活塞(带推杆)；4—防尘罩；5—防动圈；6、13—密封圈；7—垫圈；8—皮碗护圈；9—前活塞；
10—前活塞弹簧；11—缸体；12—前腔；14、15—进油孔；16—定位圈；17—后腔；18—补偿孔；19—回油孔

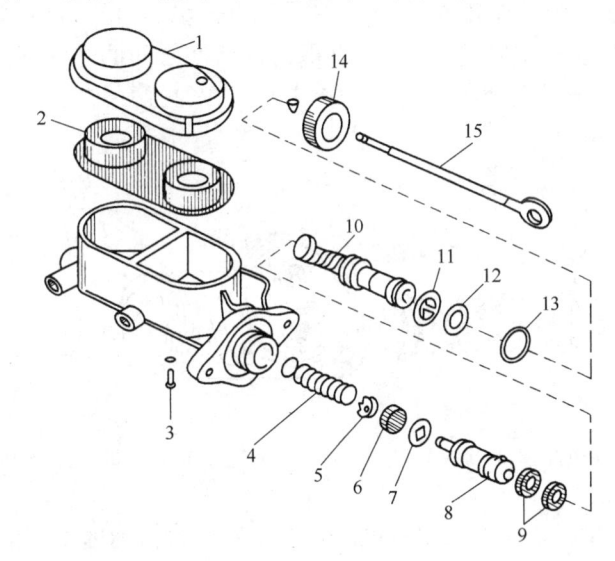

图 11-27 串联式双腔制动主缸的分解

1—储液罐盖；2—膜片；3—限位螺钉；4—弹簧；5—皮碗护圈；6—前皮碗；7—垫圈；8—前活塞；
9—后皮碗；10—后活塞；11—推杆座；12—垫圈；13—锁圈；14—防尘套；15—推杆

主缸的壳体内装有前活塞、后活塞及回位弹簧，前、后活塞分别用皮碗密封，前活塞用限位螺钉保证其正确位置。贮油罐分别与主缸的前、后腔相通，前出油口、后出油口分别与轮缸相通，前活塞靠后活塞的液力推动，而后活塞直接由推杆推动。

②工作原理

不制动时，两活塞前部皮碗均不遮盖旁通孔，制动液由贮液罐进入主缸，系统无制动压力产生。

制动时，推杆推动后活塞左移，直到密封圈盖住补偿孔后，后腔中油压升高，油液一方面通过腔内出油口进入右前和左后制动管路，一方面又推动前活塞左移。在此推力及后活塞左弹簧力的作用下，前活塞向左移动，前腔压力也随之提高，油液通过腔内出油口进入右后和左前制动管路，使前、后制动器产生制动。

解除制动时，活塞在弹簧作用下回位，油液从制动管路和轮缸流回制动主缸。如活塞回位迅速，工作腔容积迅速增大，油压迅速降低，由于管路阻力的影响，管路中的油液来不及充

分流回工作腔,使工作腔中形成一定的真空度,储液罐中的油液便经进油孔和活塞上面的小孔推开密封圈进入工作腔。当活塞完全回位时,补偿孔开放,工作腔多余油液经补偿孔流回储液罐。若液压系统损坏或由于温度变化引起主缸工作腔、管路和轮缸中的油液膨胀或收缩漏油,都可通过补偿孔进行调节。

综上所述,双回路液压制动系统中任一回路失效时,主缸仍能工作,只不过所需踏板行程加大,将导致汽车的制动距离增长,制动效能降低。

(2)制动轮缸

制动轮缸又称制动分泵,其作用是把油液压力转变为轮缸活塞的推力。

①制动轮缸的结构

如图11-28所示,制动轮缸主要由缸体、活塞、皮碗、回位弹簧和放气螺钉等组成。

缸体用螺栓固定在制动底板上,缸内有两个活塞,二者之间的内腔由两个皮碗密封。制动时,制动液自油管接头和进油孔进入,活塞在液压力作用下向外移动,通过顶块推动制动蹄。弹簧保证皮碗、活塞、制动蹄紧密接触,并保持两活塞之间的进油间隙。防护罩除防尘外,还可防止水分进入,以免活塞和轮缸生锈而卡住。在轮缸缸体上方还装有放气阀,以便放出液压系统中的空气。

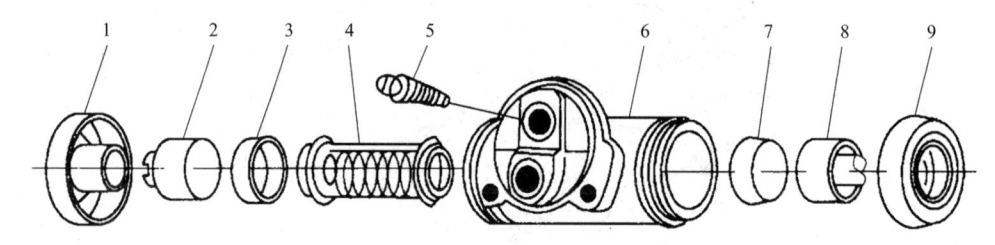

图11-28 双活塞制动轮缸的分解图

1、9—防尘罩;2、8—活塞;3、7—皮碗;4—回位弹簧;5—放气螺钉;6—缸体

②制动轮缸的类型

常见的制动轮缸类型有:双活塞式、单活塞式和阶梯式等,如图11-29所示。

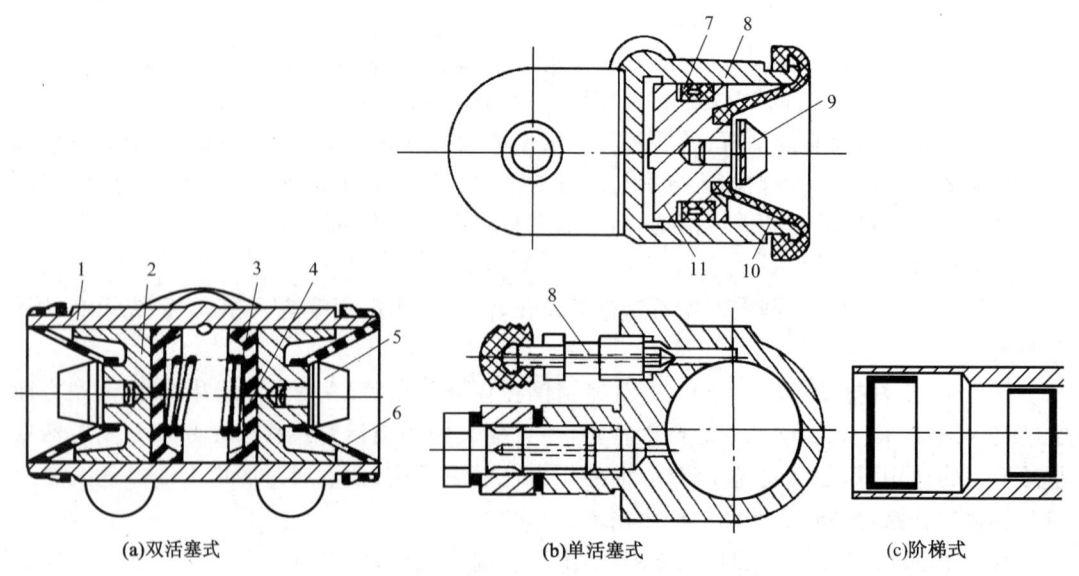

图11-29 常见的制动轮缸类型

1、8—缸体;2、11—活塞;3—皮碗;4—弹簧;5、9—顶块;6、10—防护罩;7—皮圈

单活塞式制动轮缸多用于单向助势平衡式车轮制动器,目前趋于淘汰;阶梯式制动轮缸用于简单非平衡式车轮制动器,它的大端推动后制动蹄,小端推动前制动蹄,其目的是前、后蹄摩擦片均匀地磨损。

③制动轮缸的工作原理

制动轮缸的工作原理如图 11-30 所示。制动轮缸受到液压作用后,顶出活塞,使制动蹄扩张。松开制动踏板,液压力消失,靠制动蹄回位弹簧的恢复力,使活塞回位。

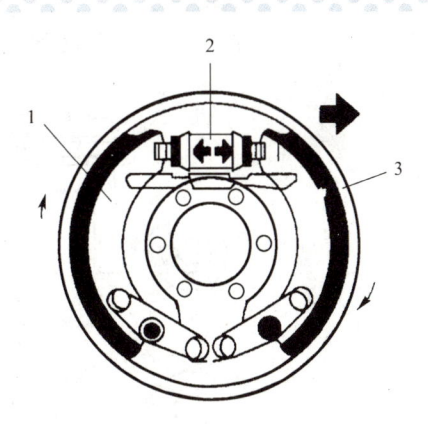

图 11-30 制动轮缸的工作原理
1—制动蹄;2—制动轮缸;3—制动器鼓

(3)制动液

①使用要求

制动液是液压制动系的重要组成部分,其品质好坏对制动系的工作可靠性影响很大,性能要求如下:

a.有高的沸点,高温下不易汽化,否则易产生气阻,使制动系失效。

b.低温下有良好的流动性。

c.不会使与之经常接触的金属件腐蚀,也不会使橡胶件膨胀、变硬和损坏。

d.有良好的润滑作用。

e.吸水性差而溶水性好。

②制动液的标准

为保证汽车行驶安全,各国不断制定、修订汽车制动液标准。

a.国外汽车制动液标准:国外汽车制动液有代表性的标准是美国联邦政府运输安全部(DOT)制定的联邦机动车辆安全标准(FMVSS),具体是:FMVSS NO.116DOT3,DOT4,DOT5,这是世界公认的汽车制动液通用标准。

b.我国汽车制动液标准:我国汽车制动液标准有《机动车制动液使用技术条件》等。

③制动液的选用

a.汽车制动液的选择

汽车制动液的选择应坚持两条原则:一是选择合成制动液;二是品质等级。

b.制动液的使用

制动液的更换以汽车的行驶里程或时间确定,一般行驶里程超过 30 000 km 或时间超过两年需更换。

汽车制动液使用应注意下列事项:不同规格的制动液不能混用;防止水分或矿物油混入;制动缸橡胶皮碗不可长时间暴露放置在空气中;汽车制动液多以有机溶剂制成,易挥发、易燃,因此,管理和使用中要注意防火;避免制动液进入眼睛;避免制动液溢洒到漆膜表面,若出现该情况立即用冷水冲洗。

四、伺服制动系

图 11-31 所示为轿车真空助力式液压制动传动装置的管路布置。真空助力器装在主缸

前,利用发动机进气管产生真空对驾驶员的踏板力增压。

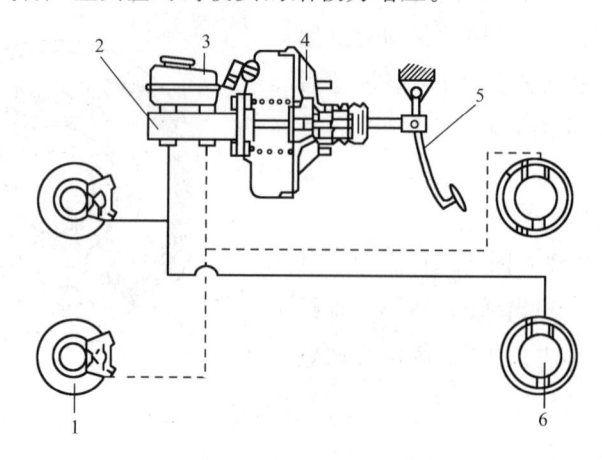

图 11-31　轿车真空助力式液压制动传动装置的管路布置
1—前轮盘式制动器;2—制动主缸;3—储液室;4—真空助力器;5—制动踏板;6—后轮鼓式制动器

图 11-32 所示为轿车真空助力器的结构,图 11-32(b)、图 11-32(c)为放大的控制阀。助力器右端通过螺栓与车身的前围板固定,并借调整叉口与制动踏板机构连接,左端与主缸连接。气室膜片隔板 3 及控制阀将助力器分成前、后两个腔室,前腔经真空单向阀 32 通向发动机进气管。控制阀体上通道 M 连通加力气室前腔和控制阀腔;通道 N 连通加力气室后腔和控制阀腔。带有密封套的橡胶阀门 8 既与在控制阀 5 上的阀座组成真空阀,又与铰链杆 34 的右端面组成大气阀。外界空气可经滤环滤清后通过大气阀、N 通道进入助力器的后腔。

未踩下制动踏板时,弹簧 16 将后推杆 15 及铰链杆 34 推至右极限位置,橡胶阀门 8 在弹簧 9 的作用下紧贴铰链杆 34 的右端面,真空阀开启,大气阀关闭。助力器的前、后两腔经通道 M、控制阀腔和通道 N 互相连通,并与大气隔绝。发动机运转后,真空单向阀被吸开,加力气室左、右两腔内都有一定的真空度。

刚踩下制动踏板时,加力气室尚未起作用,控制阀 5 固定不动,来自踏板机构的控制力可以推动推杆 10 和铰链杆 34 相对于控制阀 5 左移,当与橡胶式反作用盘 14 之间的间隙消除后,控制力便经反作用盘、推杆 15 和 18 传给制动主缸。此时,主缸内的制动液以一定压力流入制动轮缸。与此同时,橡胶阀门 8 也在弹簧 9 作用下左移,直至与控制阀 5 上的真空阀接触,使通道 M 和 N 隔断。然后,推杆 10 继续推动铰链杆 34 左移到其后端面离开橡胶阀门 8 一定距离。于是外界空气经过滤环、控制阀腔和通道 N 充入助力气室的后腔,使其中真空度降低,在加力气室前、后腔之间产生一个压力差,推动主缸活塞增加制动压力。在此过程中,膜片与阀座也不断左移,直到阀门重新与大气阀座接触而达到平衡状态为止。因此,在任何一个平衡状态下,加力气室后腔中的稳定真空度均与踏板行程成递增函数关系,从而体现控制阀的随动作用。

加力气室两腔真空度差值造成的作用力,除一部分用来平衡复位弹簧 16 的力以外,其余部分都作用在反作用盘上。因此制动主缸推杆所受的力为控制阀 5 和铰链杆 34 二者所施作用力之和。

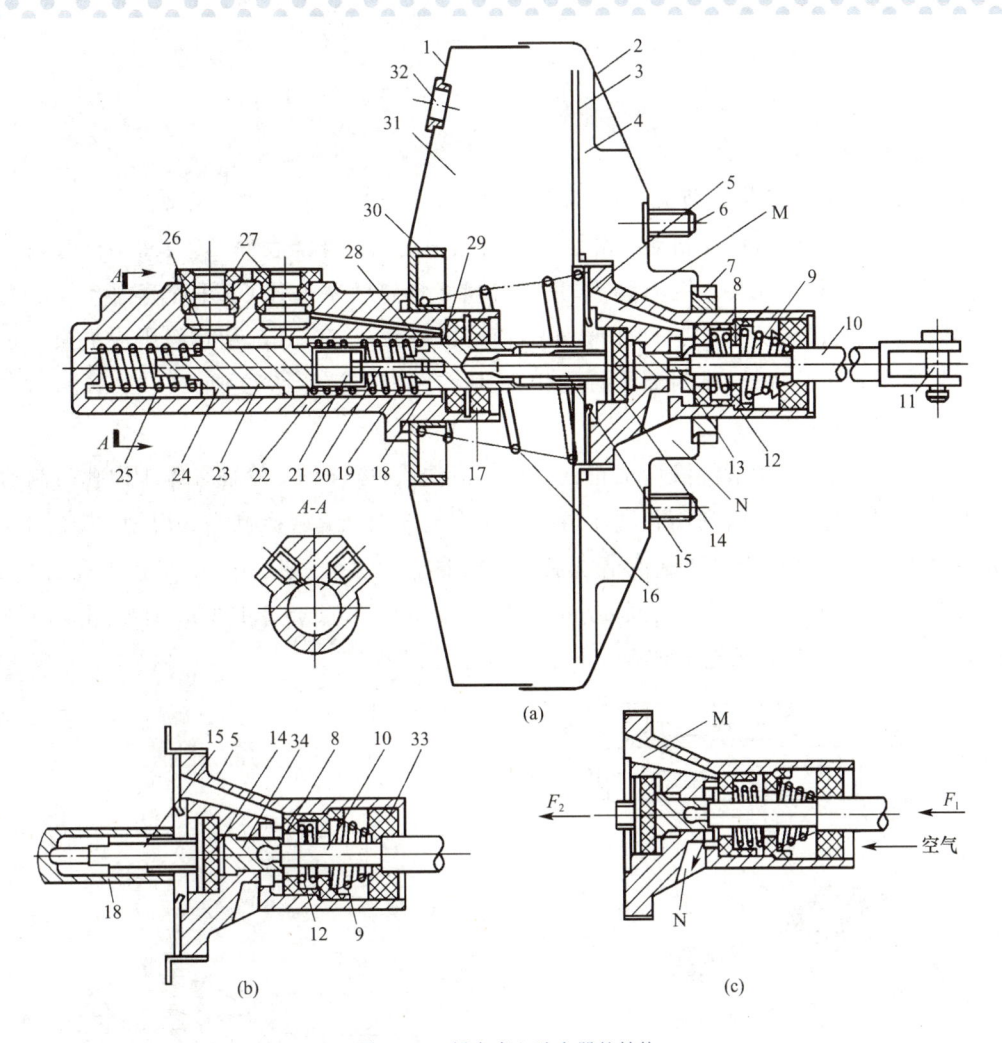

图 11-32 轿车真空助力器的结构

1—前壳体；2—后壳体；3—气室膜片隔板；4—后气室；5—控制阀；6、20—螺栓；7—密封套；8—橡胶阀门；9、12、16、19、25—弹簧；10—推杆；11—销；13—球铰链；14—橡胶式反作用盘；15—后推杆；17—油封；18—前推杆；21—弹簧座；22—制动主缸；23—活塞；24—小孔；26—过滤器；27—密封套；28—进油孔；29—补偿孔；30—连接盘；31—前气室；32—真空单向阀；33—空气滤清器；34—铰链杆

工作任务实施

一、实施条件

(1) 实训车辆若干，制动系组件总成。

(2) 汽车举升机。

(3) 常用拆装工具。

(4) 维修手册。

(5) 游标卡尺、钢直尺、百分表、外径千分尺、砂纸。

二、实施步骤

1.液压式制动传动装置主要部件维修

（1）制动主缸的检修

①检查储液罐（室）是否破损，出现破损应更换。

②如图11-33所示，检查制动主缸泵体1内孔和主缸活塞4表面，其表面不得有划伤和腐蚀；用内径表2检查泵体内孔直径B，用千分尺3检查活塞外径C，并计算内孔与活塞之间的间隙A，其标准值为0.020～0.106 mm，使用极限为0.150 mm，超过极限应更换。

③检查制动主缸皮碗、密封圈是否老化、损坏与磨损，若有则应更换。

（2）制动轮缸的检修

制动轮缸分解后，用清洗液清洗轮缸零件。清洗后，检查制动轮缸缸体1内孔与制动轮缸活塞2外圆表面的烧蚀、刮伤和磨损情况。如果轮缸内孔有轻微刮伤或腐蚀，可用细砂布磨光。磨光后的缸内孔应用清洗液清洗后，用压缩空气吹干。然后测出轮缸内孔直径B，活塞外圆直径C，并计算内孔与活塞的间隙A，标准值为0.040～0.106 mm，使用极限为0.150 mm。图11-34为制动轮缸内孔直径与活塞外径尺寸。

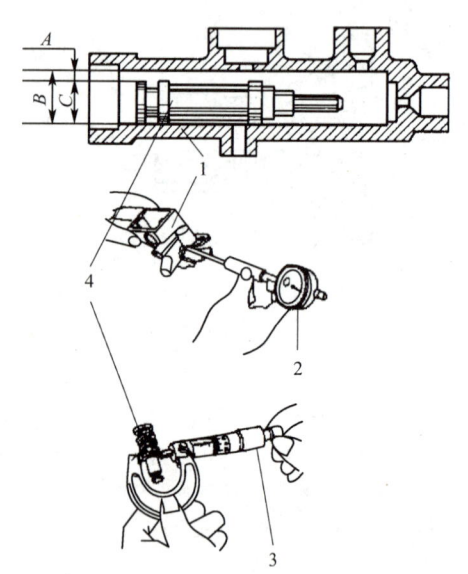

图11-33 制动主缸与活塞的检查

1—制动主缸泵体；2—内径表；3—千分尺；4—主缸活塞；
A—泵体与活塞的间隙；B—泵体内孔直径；C—活塞外径

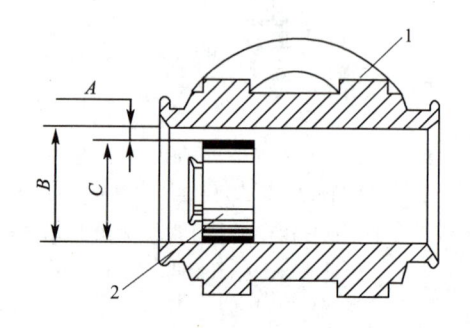

图11-34 制动轮缸内孔直径与活塞外径尺寸

1—制动轮缸缸体；2—制动轮缸活塞

（3）液压制动系统的放气

制动系统维修、更换制动液后，或者踩下制动踏板软绵无力有弹性时，都要对制动系统进行放气。放气可借助于制动液充放机进行，也可以人工进行放气。

使用专用工具放气方法如下：

①接通制动液充放机。

②按规定顺序打开放气螺钉，如图11-35所示。

③排出制动钳和制动分泵中的空气。

④用专用容器盛放排出的制动液。

人工放气方法如下：

①将一根透明软管一头接在放气螺钉上，一头插入容器中，如图11-36所示。

②两个人操作，驾驶室内的辅助人员用力迅速踩下并缓慢放松制动踏板，如此反复数次后，踩下制动踏板，并保持一定高度使之不动。

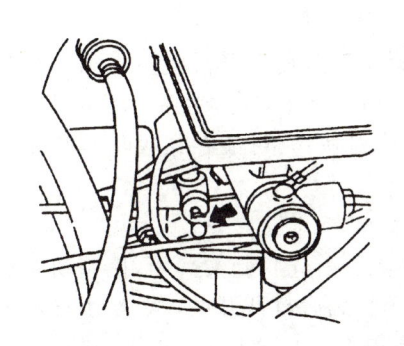

图11-35 对液压制动系统采用专用工具放气

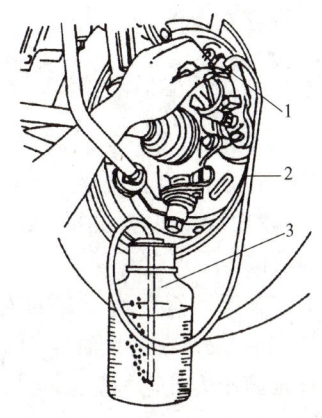

图11-36 对液压制动系统进行人工放气
1—放气螺钉；2—放气管；
3—透明容器（装1/2制动液）

③车下排气的另一人拧松放气螺钉，管路中空气随着制动液顺着透明软管排出制动系统，排出空气后再将放气螺钉拧紧。

④重复上述步骤多次，直至透明软管中制动液里无气泡为止，但同时注意主缸上储液罐是否有制动液。

⑤取下胶管，套上防尘罩，将主缸储液罐内的制动液添加到规定的高度。

⑥制动系统放气的原则应先远后近，其顺序是：右后轮轮缸→左后轮轮缸→右前轮轮缸→左前轮轮缸。

2.真空增压式液压制动传动装置的维修

真空增压式液压制动传动装置的检验可分为简单检验和仪表检验。简单检验包括制动踏板高度检验、控制阀检验及伺服气室膜片行程的检验。仪表检验包括不工作情况下真空增压器的气密性检验及油密性检验、单向阀气密性检验和真空伺服气室的气密性检验。

(1)简单检验

①制动踏板高度检验

启动发动机，使其怠速运转。踩下制动踏板，并测出踏板距地板高度。然后，将发动机熄火，连续几次踩制动踏板，使真空度降为零，此时再踩下制动踏板，并测出踏板距地板的距离。正常情况下，后一次测得的距离应小于前一次，若两次距离相等，说明真空增压器不起作用。

②控制阀检验

启动发动机，不踩下制动踏板，将一团棉丝置于增压器空气滤清器口处。此时，棉丝不被吸入；若棉丝被吸入，说明空气阀漏气。踩下制动踏板，棉丝应被吸入；若棉丝不被吸入，或者吸力过小，说明空气阀开度过小，或者真空增压器膜片破损。

③伺服气室膜片行程检验

发动机不工作且不踩下制动踏板时,取下伺服气室加油孔橡胶盖,从该孔测出膜片位置。测完后再塞紧橡胶盖。

启动发动机,并踩下制动踏板。取下伺服气室加油孔橡胶盖,再次测出膜片位置,两次测出的位置差,即膜片行程。若膜片行程过小,则说明增压器工作不良;若膜片行程过大,则说明制动系统存在泄漏,或者制动间隙过大。

(2)仪表检验

①不工作情况下真空增压器的气密性检验

如图11-37所示,将真空表和开关串联于真空储气筒与真空伺服气室之间。在真空增压器不工作的情况下,打开开关,使真空表达到 66.66 kPa 的真空度,然后关闭开关。在 30 s 之内,真空表读数应不低于 63.23 kPa。若真空度下降过快,则可能存在膜片破裂和空气阀关闭不严的故障。

②不工作情况下真空增压器的油密性检验

如图11-38所示,在辅助缸出口处接压力表和开关。首先将开关关闭,使制动主缸至辅助出口之间充满压力油,并将气体从放气螺钉处放净。然后打开开关,从 A 处充入压力为 11.8 kPa 的制动液,关闭开关。10 s 内压力表数值不得低于 10.8 kPa。否则,辅助缸存在泄漏问题。

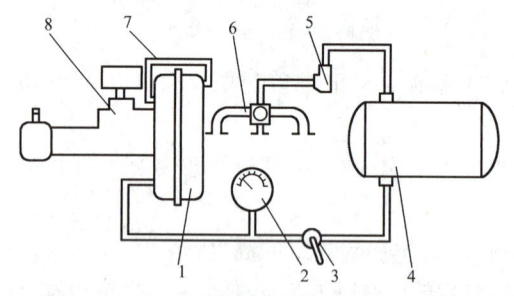

图11-37 不工作情况下真空增压器的气密性检验
1—真空伺服气室;2—真空表;3—开关;4—真空储气筒;
5—单向阀;6—发动机进气歧管;7—通气管;8—辅助缸

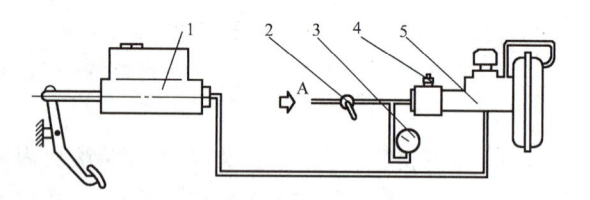

图11-38 不工作情况下真空增压器的油密性检验
1—制动主缸;2—开关;3—压力表;
4—放气螺钉;5—真空增压器

③单向阀气密性检验

如图11-39所示,在发动机进气歧管与单向阀之间装一开关,在单向阀的另一端安装一个带真空表的容器。先打开开关,启动发动机,使密封容器上真空表的真空度达 67 kPa。然后关闭开关,真空表指针下降至 64 kPa 的时间不得少于 15 s。

④真空伺服气室的气密性检验

如图11-40所示,将真空伺服气室与控制阀之间的通气管拆下,并把控制阀一侧的管口堵住。打开开关,使真空表指针达 35 kPa,然后再将开关关闭。真空泵压力下降到 27 kPa 的时间应不小于 1 min,否则,说明膜片密封不严。

3.真空助力器的维修

(1)就车检查真空助力器(图11-41)

将发动机熄火,首先用力踩几次制动踏板,以消除真空助力器中残余的真空度。用适当的力踩住制动踏板,并保持在一定位置,然后启动发动机,使真空系统重新建立起真空,并观察制动踏板,若制动踏板位置有所下降,说明真空助力器正常;若制动踏板位置保持不动,则说明助力器或真空单向阀损坏。

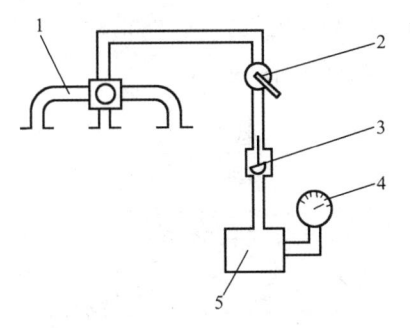

图 11-39 单向阀气密性检验
1—发动机进气歧管；2—开关；3—单向阀；
4—真空表；5—密封容器

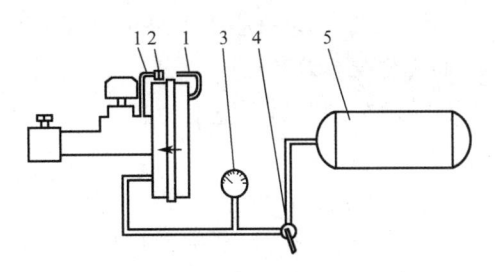

图 11-40 真空伺服气室的气密性检验
1—通气管；2—制动阀；3—真空表；
4—开关；5—真空储气筒

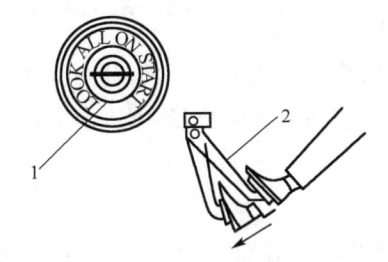

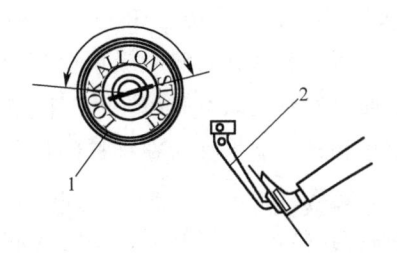

图 11-41 就车检查真空助力器
1—点火开关；2—制动踏板

(2)就车真空检验真空助力器
①将三通接头、真空表、软管及卡紧装置等按图 11-42 所示连接好。
②启动发动机，怠速运转 1 min。
③卡紧与进气歧管相连的真空管上的卡紧装置，切断助力器单向阀与进气歧管之间的通路。
④将发动机熄火，观察真空表的变化。如果在规定时间内真空度下降过多，说明助力器膜片或真空阀损坏。

(3)真空助力器单向阀检验
如图 11-43 所示，拆下与单向阀相连的真空管，将手动真空泵软管与单向阀真空源接口相连。

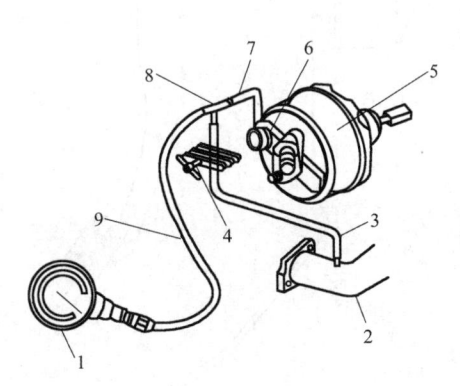

图 11-42 就车真空检验真空助力器
1—真空表；2—进气歧管；3、7、9—软管；4—卡紧装置；
5—真空助力器；6—单向阀；8—三通接头

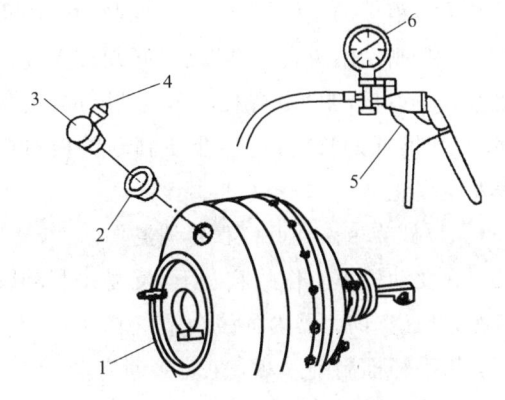

图 11-43 真空助力器单向阀检验
1—真空助力器；2—单向阀密封圈；3—单向阀；
4—单向阀真空源接口；5—手动真空泵；6—真空表

扳动手动真空泵手柄,给单向阀加上50.80～67.70 kPa的真空度,在正常情况下,真空度应保持稳定。如果真空表上显示出真空度下降,则表明单向阀损坏。

(4)真空助力器的检修

目前轿车采用的真空助力器有可拆卸式和不可拆卸式两种。

不可拆卸式的真空助力器应在专门台架上进行总成的性能试验,损坏则应更换。对可拆卸式的真空助力器可用如图11-44所示的专用工具进行拆卸检修。

拆卸前,应在前后壳体上做好标记,以便装配。真空助力器的主要损伤是密封不良和膜片破裂。单向阀可用嘴从其两侧吹吸来检验,必要时换新。装配时,在膜片与壳体之间及所有运动零件表面涂以专用润滑脂(装于配件包装内),按装配标记装复。装配后,应按原车型技术条件的要求调整制动主缸活塞推杆的长度。

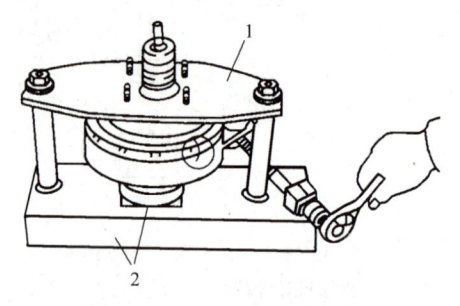

图11-44 真空助力器的拆装

1—维修专用工具;2—真空助力器

4.制动踏板调整

轿车的制动器均采用带有真空助力的液压系统,制动踏板调整包括踏板自由高度的调整、自由行程的调整和剩余高度的调整等。

(1)制动踏板自由高度的调整

制动踏板的自由高度为解除制动时踏板的高度,其测量基准为去除驾驶室内地毯等覆盖物后的车厢地板。

揭开制动踏板下的地板覆盖物,测量制动踏板高度。如高度与该车型的原设计规定不符合,应进行调整。首先,拆下制动灯导线,拧松制动灯开关锁紧螺母,视调整要求将制动灯开关旋进或旋出。用直尺测量踏板高度,直到调整至标准值为止。其次,锁紧制动灯锁紧螺母,检查制动灯开关与踏板的接触情况,应确保制动灯熄灭。

调整制动踏板自由高度后,必须按下述步骤调整制动踏板的自由行程。因为制动踏板位置移动后,推杆的长度没变,会使制动踏板自由行程发生变化。

(2)制动踏板自由行程的调整

在发动机不工作的状态下,反复踩制动踏板多次,将真空助力器内的残余空气释放。

用手轻推制动踏板,直至感到有阻力为止,此位置与制动踏板自由高度之差即制动踏板自由行程,如图11-45所示。

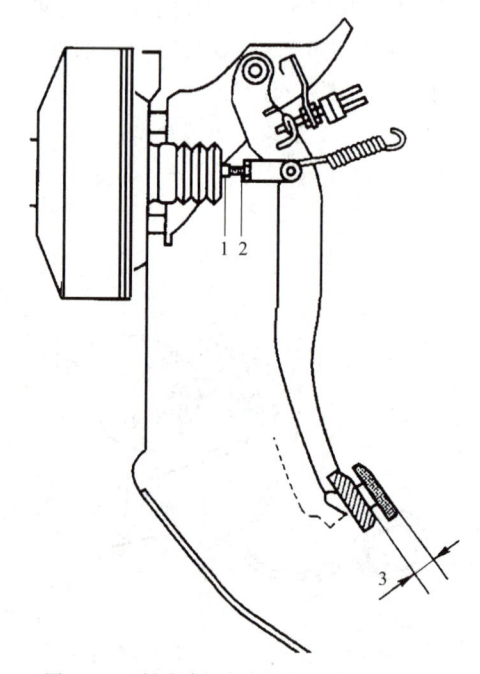

图11-45 制动踏板自由行程的检查和调整

1—可调推杆;2—锁紧螺母;3—踏板自由行程

如制动踏板自由行程超过规定,可拧松推杆的锁紧螺母,转动推杆调整至符合规定为止。拧紧锁紧螺母,复查自由行程是否正确。

复查制动踏板自由高度,检查制动灯是否能正常工作。

(3) 制动踏板剩余高度的调整

用掩木塞在前、后轮下,松开驻车制动器,启动发动机运转 2 min。用 490 N 的力踩下制动踏板,测量此时制动踏板至地板之间的距离,即制动踏板的剩余高度。

如果制动踏板的剩余高度低于该车型的标准值,说明制动器蹄、鼓间隙过大,应按车轮制动器有关要求进行蹄、鼓间隙的调整。

思考题

1. 叙述制动传动装置的作用。
2. 叙述制动传动装置的分类及特点。
3. 叙述真空增压式液压制动传动装置的工作原理。
4. 叙述串联式双腔制动主缸的结构特点。
5. 叙述轿车的真空助力器结构和工作原理。

任务 11.4 电子驻车制动系统的维修

能力目标

- 能够维修电子驻车制动系统。
- 能制订维修计划。
- 能正确使用维修工具和仪器。
- 能够注重安全和环保。

知识目标

- 理解电子驻车制动系统的功能和作用。
- 了解电子驻车制动系统的基本结构。
- 掌握电子驻车制动系统的工作原理。

相关知识

电子驻车制动系统和传统机械式驻车制动系统相比,操作简单、省力,小巧的按钮代替了传统的驻车制动器拉杆,使车内美观,空间得到更好的利用。电子驻车制动系统配合电控单元及各机构,可以在适当的时候制动和驻车。由于电子驻车制动系统的执行机构只接受电信号指令,因此电子驻车制动系统在车辆防盗系统中也起到很重要的作用。

一、驻车制动的种类

1. 手拉式驻车制动

手拉式驻车制动即用手拉驻车制动器的方式进行制动。驻车制动器一般位于驾驶员右手下垂位置,方便使用。如图 11-46 所示。

2. 脚踏式驻车制动

脚踏式驻车制动即用踩制动踏板的方式进行制动,常出现在 B 级车型上。如图 11-47 所示。

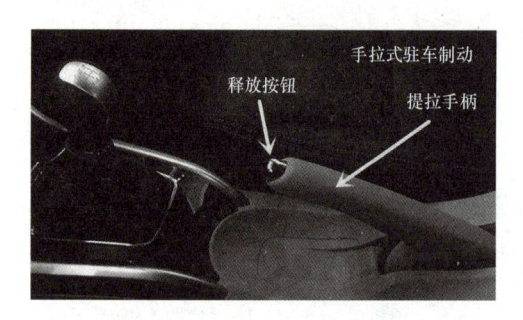

图 11-46　手拉式驻车制动

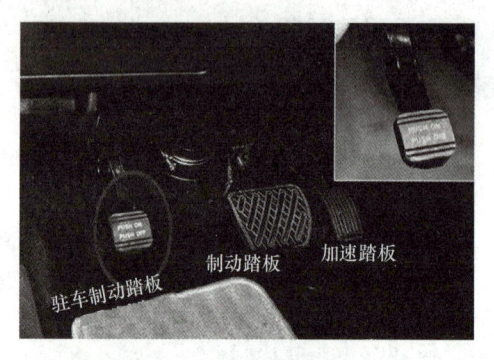

图 11-47　脚踏式驻车制动

3. 电子驻车制动

如今科技的日新月异发展让汽车对于机械控制电子化的运用越来越广泛,并逐渐向电子化控制靠拢,越来越多的车型都配备了电子驻车制动,变传统驻车制动的手拉为电动,一个小小的按键就能启动和关闭驻车制动功能。图 11-48 所示为电子驻车制动。

图 11-48　电子驻车制动

二、电子驻车制动系统的基本结构

1. 整合卡钳式电子驻车制动系统

整合卡钳式电子驻车制动系统放弃了钢索牵引式驻车制动系统的钢索,采用导线进行信号传递,因而有利于车辆组装及驻车制动系统简化。但整合卡钳式电子驻车制动系统需要专用的制动卡钳和相关的驻车制动执行机构,因而成本较高。

如图 11-49 所示为整合卡钳式电子驻车制动系统驱动部件的结构。它由电动机、传动带、减速机构、心轴螺杆以及制动活塞等组成。整个电子驻车制动系统的执行部件均位于后轮制动卡钳上,信号通过导线传导。

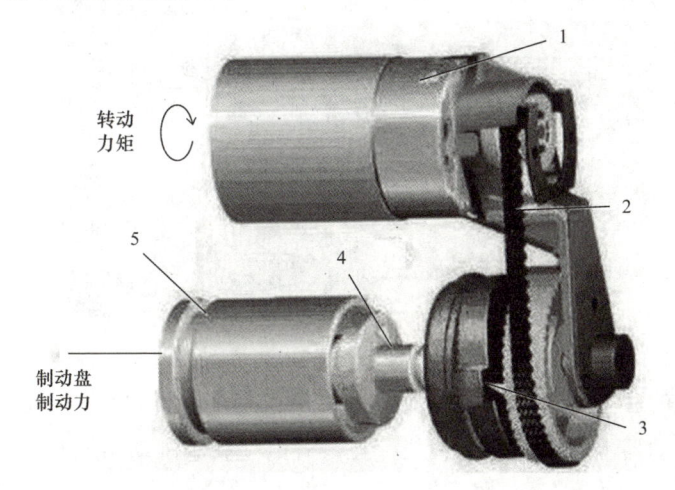

图 11-49　整合卡钳式电子驻车制动系统驱动部件的结构
1—电动机；2—传动带；3—减速机构；4—心轴螺杆；5—制动活塞

当驾驶员按电子驻车制动开关时,电子驻车制动系统控制模块接收来自开关的信号。如果当前车辆的行驶状态符合电控单元中预设的条件,控制模块会向执行机构的电动机施加12 V电压让其转动。电动机释放的转矩通过减速机构传递到心轴螺杆,心轴螺杆通过螺栓螺母机构推动制动活塞轴向运动实现对后轮的制动。整合卡钳式电子驻车制动系统伺服电动机系统如图11-50所示。

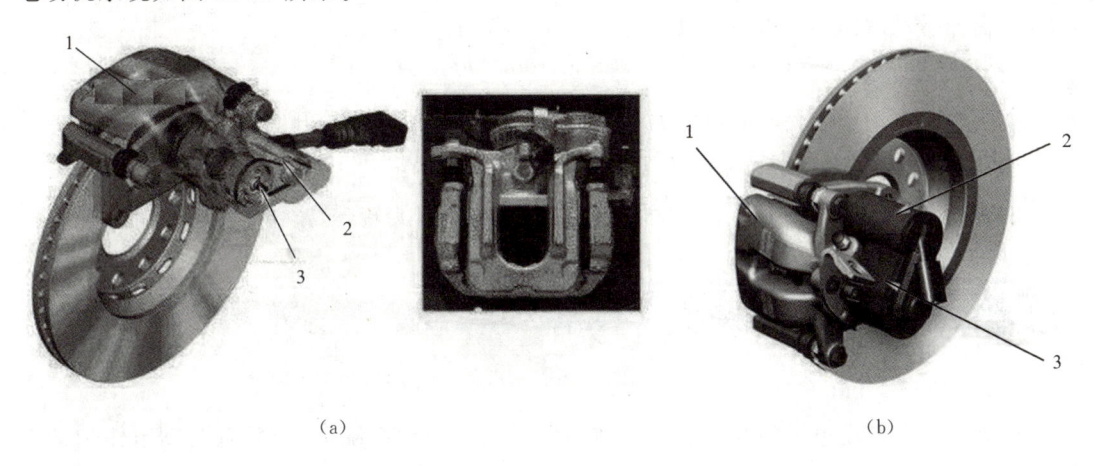

(a)　　　　　　　　　　　　　　(b)

图 11-50　整合卡钳式电子驻车制动系统的伺服电动机系统
1—制动卡钳；2—电动机；3—减速机构

在发生故障的情况下(如电源断电、电气故障等),锁止的制动盘只可以用机械方式解锁。为此打开随车工具里的应急锁,用千斤顶将车抬高,使相应的车轮脱离地面。用随车工具转动螺栓孔,可以将执行器与制动钳分开,从中心轴与应急锁的反面一侧就可以旋开。

2.拉线式电子驻车制动系统

拉线式电子驻车制动系统保留了传统机械驻车制动系统的拉线,它是早期应用的一种过渡产品。如图11-51所示为拉线式电子驻车制动系统的布置。

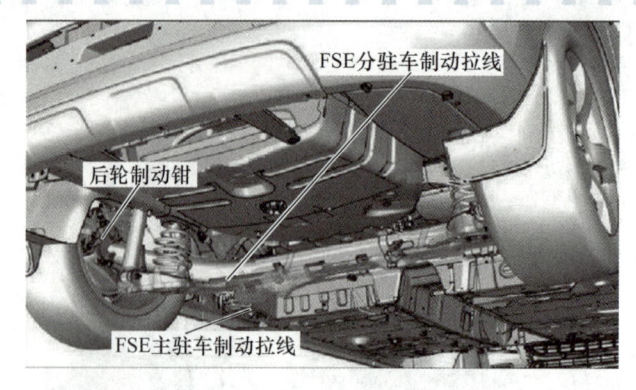

图 11-51 拉线式电子驻车制动系统的布置

拉线式和传统的驻车制动系统中拉线所起的作用完全一样,把力从电子驻车制动系统总成传递到驻车制动器上来实现驻车功能。拉线式电子驻车制动系统有单拉线式和双拉线式两种。

单拉线式电子驻车制动系统一根拉线带动两根拉线的原理为:第一根拉线的芯线在控制器的带动下产生移动,其带动拉线向右移动,第一根拉线因受力弯曲,通过固定在其拉线护套上面的拉索平衡器带动拉线向左移动,从而实现一根拉线带动两根拉线移动的目的。

双拉线式有较大的拉线效率,拉线行程短,但布置没有单拉线灵活,产生相同的拉力时,控制器需要加载的力大。工作时,双拉线式电子驻车制动系统控制器同时带动两根拉线运动,带动制动器驻车,而单拉线时,电子驻车制动系统控制器是只带动了一根拉线,然后通过拉索平衡器带动后面的两根拉线驻车。

(1)电子驻车制动系统松开状态

电子驻车制动系统松开时,电动机带动蜗杆套和蜗杆旋转,松开线束和弹簧。

(2)电子驻车制动系统拉紧状态

电子驻车制动系统拉紧时,电动机带动蜗杆套和蜗杆旋转,拉紧两个线束,拉紧弹簧。

三、电子驻车制动系统的工作原理

1.车速小于 7 km/h

驾驶员通过按动电子驻车制动开关使用电子驻车制动系统,位于后轮制动卡钳上的电子驻车制动系统制动电动机开始转动,对驻车制动系统盘施加制动力;同时传统的液压制动介入工作,让制动响应更加敏捷。车辆在驻车时,驾驶员通过踩加速踏板或制动踏板(使制动力达到 1 MPa)来实现自动驻车制动系统功能。

2.车速大于 7 km/h

驾驶员按动并按住电子驻车制动开关会启动动态紧急制动功能。当行车制动器工作正常时,会通过电子稳定程序 ESP 控制行车制动器对四个车轮进行制动。

电子驻车制动系统的工作过程如图 11-52 所示。

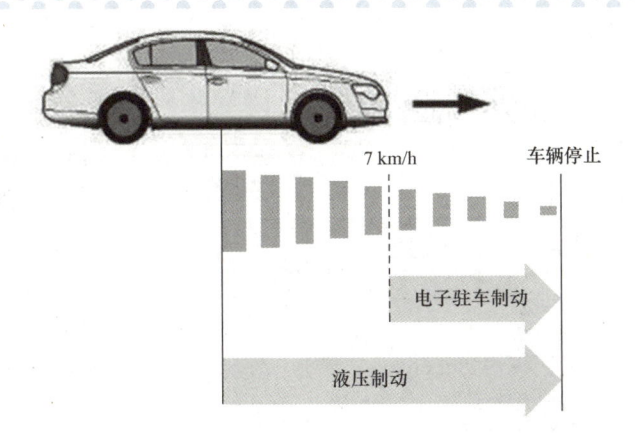

图 11-52　电子驻车制动系统的工作过程

四、自动驻车制动系统的激活条件、结构和工作原理

1. 自动驻车制动系统的激活条件

自动驻车制动功能由位于副仪表台中央控制面板上单独的开关操作,如图 11-53 所示。当按下自动驻车制动开关并且该功能被激活时,开关内的工作警告灯亮,此时便会启动相应的自动驻车功能。激活自动驻车制动功能前必须保证:驾驶员侧车门关闭,驾驶员系好安全带,发动机处于运转状态。其中,车门关闭和系好安全带是为了保障驾驶员始终控制自动驻车制动功能,而不是偶然被启动;发动机运转则是为了保证电子控制系统能够产生足够的动力,这样电子驻车制动系统电控单元在所有的状态下都能提供安全驻车。需要注意的是,电子驻车制动系统电控单元还能够准确地感应车辆是否处在制动状态,只有车辆在静止时才能有效激活该功能,车辆在行驶中或倒车时不起作用。

图 11-53　自动驻车制动

2. 自动驻车制动系统的结构和工作原理

自动驻车制动系统(图 11-54)激活信息通过其所连接的电子驻车制动控制单元识别、确认,并经由总线传递到电子稳定装置控制单元,借助总线网络上的协同运作来实现自动驻

253

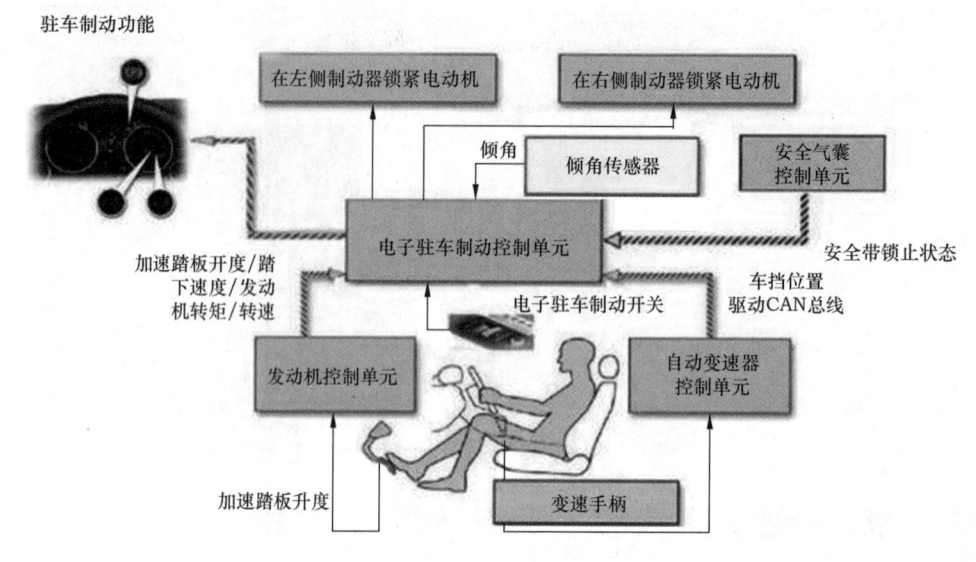

图 11-54 自动驻车制动系统

车和动态启动辅助两大功能。而实现这两大功能的条件是电子稳定装置和电子驻车制动系统的有机结合。电子稳定装置主要负责停车时四个车轮的制动力矩；电子驻车制动系统保证在自动驻车制动相关功能关闭或失效后能以备用安全模式保证安全的需要。

(1) 自动驻车

自动驻车制动系统与电子驻车制动系统不同的是，电子驻车制动系统的驻车制动通过按下电子驻车制动开关并且驻车制动功能被激活时，电子驻车制动系统电控单元控制位于两后轮上的电子驻车制动系统制动电动机工作，施加一定的制动力，此时位于驻车制动开关内电子机械驻车制动警告灯亮。而自动驻车制动系统的自动驻车实现的方式是，按下自动驻车制动开关并且激活该功能。具体来说，就是使车辆在集成的两种不同的制动系统作用下自动停稳而且受控。而且采用的电子稳定装置控制功能的功能电磁阀维持四轮的制动力，而不是通过两后轮的电子驻车制动电动机。对自动驻车制动系统自动驻车时电子驻车制动电动机的工作状态进行检测，其工作电流均为 0，可以证明这一点。如果在暂时停车后想继续前行，系统能够识别，制动会自动释放。熄火后会自动转换到电子驻车制动装置驻车制动。因此驾驶员无须使用停车制动。另外，坡路溜车的危险，尤其是针对手动变速器车辆，将会被降低到最小。

(2) 动态启动辅助

动态启动辅助功能使驾驶员无振动地、平顺地将停驻的车辆启动，而不必分阶段地释放停车制动。例如在车辆启动时需要同时操作离合器和加速踏板的动作即可省略。动态启动辅助功能借助对五个所需的参数的采集和计算处理来实现平顺起步。这五个参数分别为倾斜角度、发动机转矩、加速踏板位置、离合器踏板位置和行车方向。其中行车方向和倾斜角度参数来自电子驻车制动系统与电控驻车制动装置集成在一起的传感器组合信号（横向加速度传感器、纵向加速度传感器和偏转率传感器），倾斜角度则是从纵向加速度传感器信号中计算出来的。只要驾驶员启动车辆并且车辆前进的力矩超过驻车制动控制单元计算出的向后力矩,驻车制动就会自动释放。

自动变速器车辆的挡位信息通过 CAN 总线传递,而手动变速器车辆则必须要分析离合器的动作顺序。因此在已有的离合器的霍尔传感器模块中集成了一个特殊的离合器位置传感器(图 11-55)。离合器的霍尔传感器是模拟信号传感器,向驻车制动控制单元提供脉宽调制信号。控制单元分析离合器的位置和离合器踏板的动作速度,计算出动态加速的最佳释放制动时刻。坡道起步是启动辅助的最大便利所在,自动驻车制动系统通过坡度传感器由电子驻车制动装置电控单元给出准确的制动力。在起步时,结合离合器位置、加速踏板传感器和发动机转矩等提供的信息进行计算,当驱动力大于行驶阻力时,自动释放驻车制动,汽车处于类似平稳起步状态。

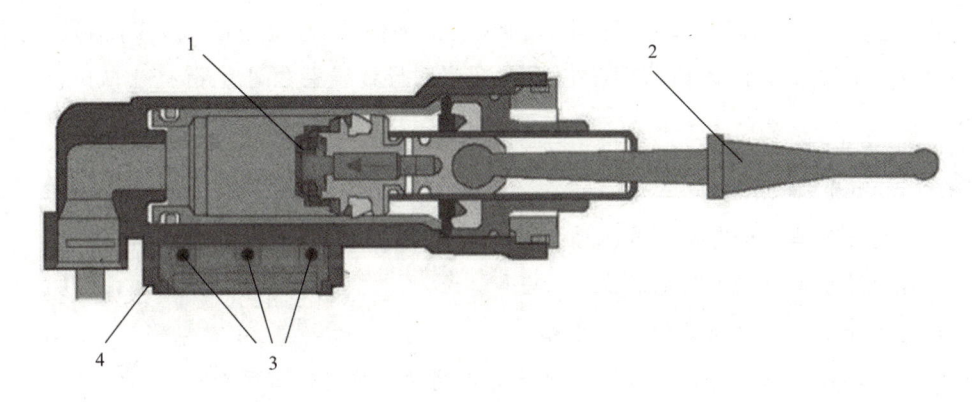

图 11-55 离合器传感器
1—带永久磁铁的活塞;2—挺杆;3—霍尔传感器;4—离合器位置传感器

五、电子驻车制动系统的故障检修

故障现象:一辆 2012 年 5 月出厂的一汽大众新迈腾 B7L,搭载 1.8TSI 发动机,行驶里程为 25 768 km,客户反映驻车制动故障灯报警,驻车制动有时失效。

故障诊断:经检查,该故障车辆装备了电子驻车制动系统,在驻车制动时只需操作电子驻车制动开关 E538,就可实现拉杆式或脚踏式操作机构的驻车制动作用。首先验证故障现象,发现驻车制动故障灯一直亮,电子驻车制动失效。维修人员用大众专用诊断仪 VAS6150 检测到电子驻车制动系统有一个故障码:电子驻车制动开关 E538 电路电气故障。

故障码清除后,发现电子驻车制动功能恢复正常。维修人员根据故障码判断是电子驻车制动关开 E538 故障,于是更换新的驻车制动开关,结果故障不但没有排除,控制单元又多了两个清除不掉的故障码。根据诊断仪第二次读到的故障码的提示:16352 控制单元静态,维修人员怀疑电子驻车制动控制单元有问题,于是将电子驻车制动及中央通道拆下,更换新的电子驻车制动控制单元 J540,用诊断仪对新的电子驻车制动控制单元进行编码、设定。试车后,驻车制动功能恢复正常。

两个星期后,客户打电话来说故障灯又亮了。经检查发现故障现象、故障码和以前一样,更换新的电子驻车制动开关 E538,故障依旧。测量 E538 的电路,没有发现异常。当拔下 J540 线束插头时发现了问题，线束插头上充满了油液。油液到底是从哪来的呢？通过油的颜色和油质判断可能是制动油或动力转向油，怀疑是某个有压力的单元油液泄漏，在压力的作用下油液顺导线内芯流到 J540 线束插头内，导致线束短路。该车采用的是电控助力转向，因此怀疑是变速器机电单元液压油。拔下变速器机电单元插头，没有发现泄漏，推断是制动油。考虑到该车装备的是电子驻车制动系统，驾驶员操作电子驻车制动开关，J540 控制两个电动机对后轮实施制动。于是分别拔下两后轮制动分泵电动机插头，当断开右后制动分泵电动机插头时，立刻有油液流出，至此故障根源已找到，更换右后制动分泵，清除故障码，电子驻车制动功能恢复正常。电话跟踪回访客户，故障再也没有出现过。

由于右后制动分泵密封不良，导致制动油在制动压力的作用下通过电动机进入电动机插座，而该电动机插座有密封环密封，制动油没有泄漏到外面，而是通过线束内芯流到 J540 线束插头处。随着时间的累积，制动油达到一定量时导致线束之间短路，产生故障。

思考题

1. 简述电子驻车制动系统的基本组成。
2. 简述电子驻车制动系统的特点。
3. 简述电子驻车制动系统的工作原理。
4. 自动驻车制动系统如何工作？与电子驻车制动系统有什么区别？

学习情境 12

防滑控制系的维修

任务 12.1　防滑控制系的认识

能力目标

- 会维修汽车 ABS。
- 会维修汽车 ASR 系统。
- 会制订维修方案。
- 会用检测设备和工具。
- 能够注重安全和环保。

知识目标

- 理解汽车 ABS 和 ASR 系统的功用、类型和工作原理。
- 掌握 ABS 和 ASR 系统的维修方法和手段。

微课

ABS系统工作原理

素质目标

- 通过对防滑控制系的维修作业,培养细心、耐心和持之以恒的意志品质。

相关知识

　　汽车防滑控制系包括两部分:防抱死制动系统(ABS)和驱动防滑控制系统(ASR)。ABS 使汽车在制动过程中,防止车轮抱死滑移,有效减小制动距离和提高制动时的方向稳定性；ASR 使汽车在驱动过程（特别是起步、加速时）中，防止驱动车轮滑转，提高驱动力和稳定性能。由于 ASR 主要是用来控制驱动力的，所以又称为驱动力控制系统（TCS）。

为了防止汽车在制动时产生打滑、倾斜和侧翻等现象，近年来一些轿车上装备了电子制动力分配装置（EBD）。EBD 实际是 ABS 的辅助装置，可以改善、提高 ABS 的功效，它的功能是在汽车制动的瞬间，高速计算出四个轮胎由于附着系数不同而导致的摩擦力数值，然后调整制动装置，使其按照设定的程序在运动中高速调整，达到制动力与摩擦力（牵引力）的匹配，以保证车辆的平稳和安全，并缩短汽车的制动距离。

电子稳定程序系统（ESP）通常是支援 ABS 及 ASR 的功能，它通过对各传感器传来的车辆行驶状态进行信息分析，向 ABS、ASR 发出纠偏指令，帮助车辆维持动态平衡。它可以使车辆在各种状况下保持最佳的稳定性，在转向过度或转向不足的情形下效果更加明显。

一、防抱死制动系统的基本组成和工作原理

典型的防抱死制动系统（ABS）的基本组成如图 13-1 所示，一般由车轮转速传感器、电子控制装置、调压电磁阀总成和 ABS 警示灯等组成。

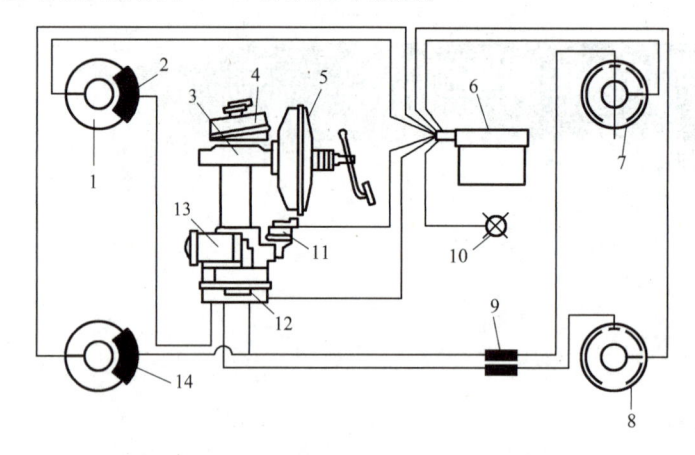

图 12-1　ABS 的基本组成

1—车轮转速传感器；2—右前制动器；3—制动主缸；4—储液室；5—真空助力器；
6—电子控制装置；7—右后制动器；8—左后制动器；9—比例阀；10—ABS 警示灯；
11—储液器；12—调压电磁阀总成；13—电动油泵总成；14—左前制动器

每个车轮的制动压力受两个二位二通电磁阀控制：一个为进液电磁阀，通常为打开状态；一个为出液电磁阀，通常为关闭状态。在蓄压器与制动轮缸及制动主缸之间还有一个主电磁阀，通常为关闭状态。汽车行驶过程中，电子控制装置不断根据车轮转速信号判断车轮的运动状态。当没有车轮抱死时，ABS 不进行制动压力调节，此时，汽车和普通制动系统一样进行制动，各个车轮的制动压力将随制动主缸的压力变化而变化，如图 12-2(a)所示。

当电子控制装置检测到某车轮制动趋于抱死时，ABS 就开始工作。通过控制进液电磁阀和出液电磁阀的开、闭，不断对车轮制动压力实施保压、减压和增压操作，控制车轮的滑移率。

例如，汽车右前轮趋于抱死时，电子控制装置就会使右前轮进液电磁阀通电，使右前轮进液电磁阀关闭，并保持关闭状态，如图 12-2(b)所示。此时，右前轮制动压力保持不变，ABS 处于保压阶段。

如果右前轮制动压力保持一定时,滑移率仍继续上升,电子控制装置则使右前轮进、出液电磁阀同时通电。在右前轮进液电磁阀处于关闭状态下,打开出液电磁阀,如图12-2(c)所示。此时,右前轮一部分制动液通过管路流回储液器,右前轮制动压力下降,右前轮的滑移率逐渐下降。

随着右前轮制动压力的减小,右前轮又会在汽车的惯性力作用下逐渐加速。当右前轮滑移率低于规定值时,电子控制装置使右前轮进、出液电磁阀断电。右前轮进液电磁阀打开,出液电磁阀关闭,同时电子控制装置还使主电磁阀通电并使其打开,如图12-2(d)所示。此时,蓄压器高压制动液进入右前轮制动轮缸,使右前轮制动压力上升,右前轮又开始减速,滑移率重新上升。

这样ABS通过对趋于抱死的车轮进行保压、减压与增压的不断循环控制,使趋于抱死的车轮的滑移率始终保持在规定范围之内,达到增大制动力、减小制动距离、提高制动安全性和操纵稳定性的目的。

ABS是否参与工作,不仅与车轮的滑移率有直接关系,同时与车速也有关系。当车速超过一定值以后(一般为5 km/h或8 km/h),ABS才会对制动过程中拖死的车轮进行制动压力调节。因为当车速很低时,即使车轮抱死,对制动性安全性的影响也很小。

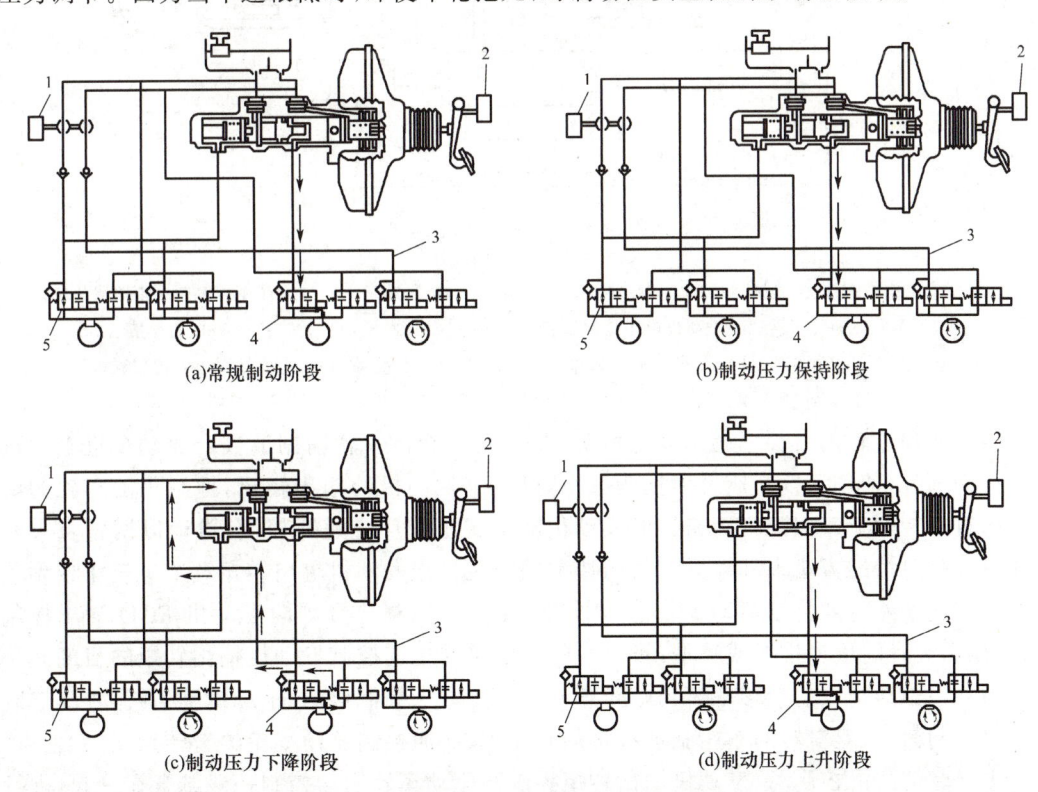

图12-2 ABS的工作原理
1—电动泵;2—制动开关;3—高压管路;4—低压管路;5—电磁阀

(a)常规制动阶段 (b)制动压力保持阶段 (c)制动压力下降阶段 (d)制动压力上升阶段

二、驱动防滑控制系统的基本组成和工作原理

驱动防滑控制系统(ASR)是维持附着条件、充分利用车轮驱动力的系统。该系统通过控制发动机转矩和适当对驱动车轮进行制动等手段来控制车轮的驱动力,使汽车在起步、加

速时,特别在非对称路面或在转弯行驶时防止驱动车轮滑转。

典型的驱动防滑控制系统(ASR)如图12-3所示,它主要由电子控制装置、车轮转速传感器、节气门位置传感器、节气门执行器和制动压力调节装置等组成。

ASR电子控制装置根据车轮转速传感器、节气门位置传感器、发动机转速传感器等提供的输入信号计算得到驱动车轮的滑移率,并判断汽车的行驶速度和行驶状况、节气门阀开度、发动机的工况等,确定是否进行防滑控制和选择什么样的控制方式。

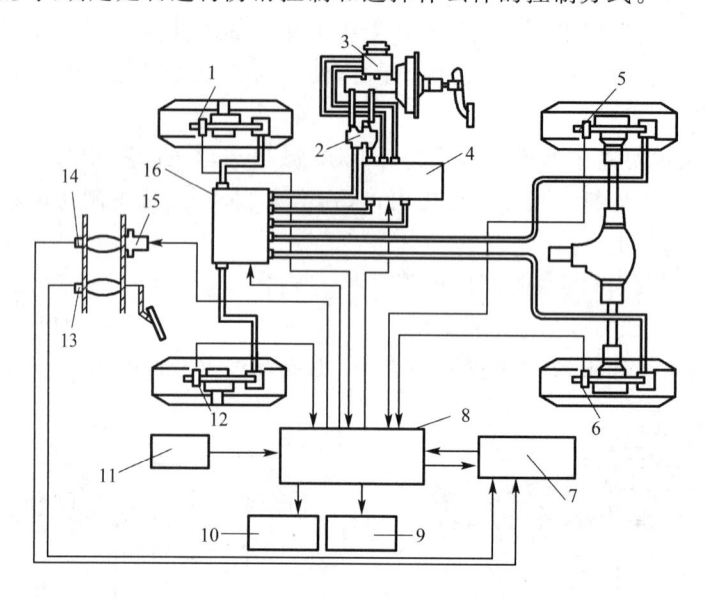

图12-3 典型的ASR

1—右前车轮转速传感器;2—比例阀和差压阀;3—制动主缸;4—ASR制动压力调节装置;5—右后车轮转速传感器;
6—左后车轮转速传感器;7—发动机电子控制装置;8—ABS/ASR电子控制装置;9—ASR关闭指示灯;
10—ASR工作指示灯;11—ASR选择开关;12—左前车轮转速传感器;13—主节气门位置传感器;
14—副节气门位置传感器;15—副节气门驱动步进电动机;16—ABS制动压力调节装置

当两驱动车轮的滑移率超出规定值时,ASR电子控制装置向副节气门驱动步进电动机输出控制信号,使副节气门阀开度适当减小,以控制发动机的输出转矩,抑制驱动车轮的滑转。通过调节副节气门阀开度来控制发动机输出转矩的反应速度较慢,常辅以调整点火时间和燃油喷射量的方法来补偿副节气门调节的不足。当发动机输出转矩调节量较小或副节气门调节还未能有效控制驱动车轮滑转时,ASR电子控制装置则向发动机ECU输出控制信号,使点火时间适当推迟或喷油量适当减少,以实现迅速控制发动机输出转矩的目的。

当某一驱动车轮的滑移率超出规定值时,ASR电子控制装置向ASR制动压力调节装置发出控制信号,对滑转的车轮施加一定的制动力,从而控制驱动车轮的滑转。

进行驱动防滑控制时,发动机输出转矩控制和驱动车轮制动控制一般结合在一起,进行综合控制,以达到最佳的控制效果。在两边车轮同时出现滑转、发动机转速较高、汽车高速行驶等情况下,ASR电子控制装置优先选择减小发动机输出转矩的控制方式。如果减小发动机输出转矩还不能控制驱动车轮的滑移率,再辅以驱动车轮制动控制;在两边驱动车轮滑移率不一致、发动机输出功率较小、汽车行驶速度不高等情况下,ASR电子控制装置则首选驱动车轮制动控制,必要时辅以发动机输出转矩控制。

ASR可通过选择开关来控制其是否工作。仪表板上设有ASR工作指示灯,用来显示

ASR 的工作状态。当关闭 ASR 时,ASR 关闭指示灯亮;当打开 ASR 时,ASR 工作指示灯亮。例如,当需要对汽车驱动车轮悬空转动来检查汽车传动系统或其他系统故障时,ASR 系统可能对驱动车轮施以制动,影响故障的检查,这时可关闭 ASR。

三、车轮转速传感器

ABS 和 ASR 共用车轮转速传感器。车轮转速传感器有电磁感应式、光电式和霍尔效应式等,目前,广泛采用的是电磁感应式。电磁感应式车轮转速传感器由齿圈和电磁感应式传感头两部分组成,但具体的结构形式和安装位置则有多种。根据传感器磁极端部不同可分为凿式和柱式两种,如图 12-4 所示。

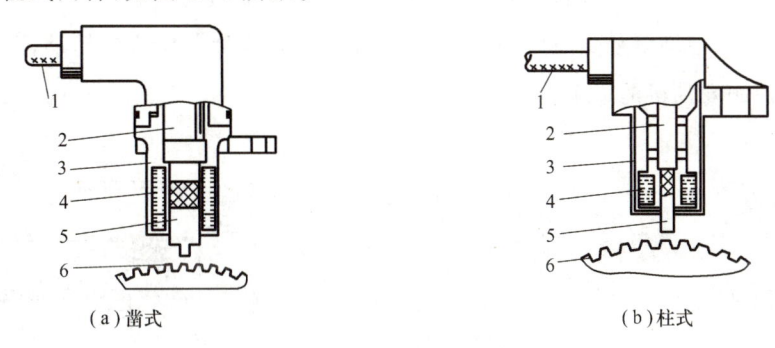

图 12-4 电磁感应式车轮转速传感器
1—导线;2—永久磁铁;3—传感器外壳;4—电磁线圈;5—磁极;6—齿圈

传感头由永久磁铁和电磁线圈组成,一般安装在半轴套管、制动底板或转向节上,齿圈随半轴或车轮一起转动。传感头与齿圈之间有一个很小的间隙,通常为 1.00 mm,一般不可调。汽车行驶时,随着齿圈的转动,齿圈的齿顶与齿根不断与磁铁相对,使通过感应线圈的磁通量交替变化,产生交变电压,交变电压的频率与齿圈的转速成正比。电子控制装置可根据输入的电压信号频率确定车轮的转速,同时根据电压信号频率的变化率计算车轮的圆周加速度。

如图 12-5 所示,传感器可安装在驱动车轮和非驱动车轮上,以测量单个车轮的转速。也可安装在主减速器或变速器上,以测量同一轴上左、右车轮的平均转速。

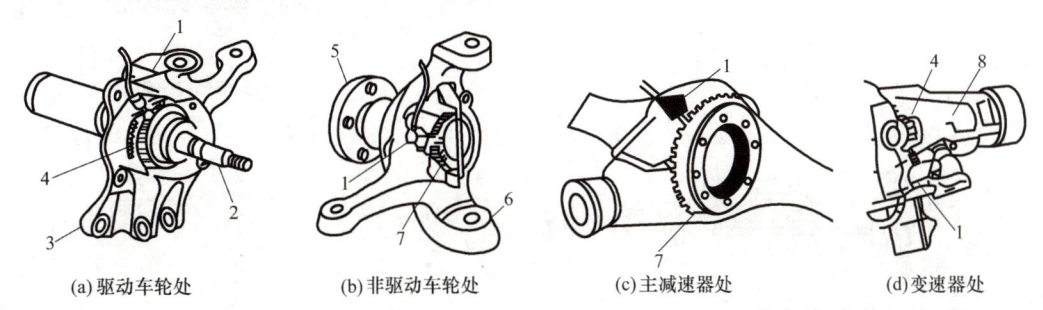

图 12-5 车轮转速传感器的安装位置
1—传感器;2—半轴;3—悬架支座;4、7—齿圈;5—轮毂;6—转向节;8—变速器

四、副节气门执行器

为了控制节气门阀开度,通常设有副节气门执行器,它主要由步进电动机控制的副节气门及副节气门位置传感器组成。

副节气门与主节气门串联在节气门体上,如图 12-6 所示。节气门位置传感器与汽油发动机控制系统共用。步进电动机根据 ASR 电子控制装置的控制指令转动,安装在转子末端的小齿轮带动安装在副节气门轴末端的扇形齿轮,从而控制副节气门的开度。

副节气门执行器的工作原理如图 12-7 所示。当 ASR 不工作时,副节气门保持全开状态,发动机输出转矩由主节气门控制;当 ASR 电子控制装置检测到驱动车轮打滑时,就向副节气门执行器发出控制信号,步进电动机带动副节气门向关闭位置方向转动,减少发动机的进气量,从而控制发动机的输出转矩。

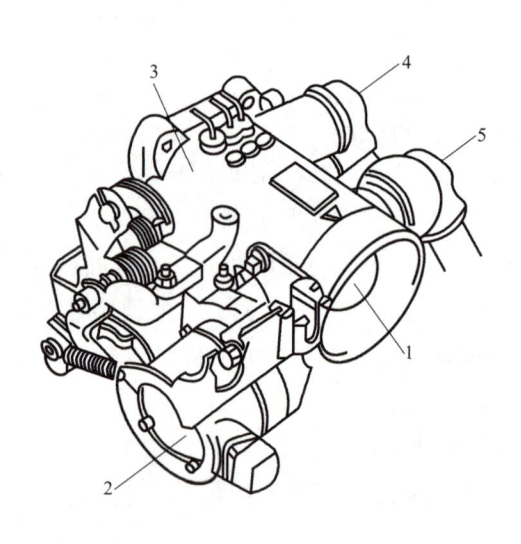

图 12-6 安装副节气门的节气门体总成
1—副节气门;2—步进电动机;3—节气门体;
4—主节气门位置传感器;5—副节气门位置传感器

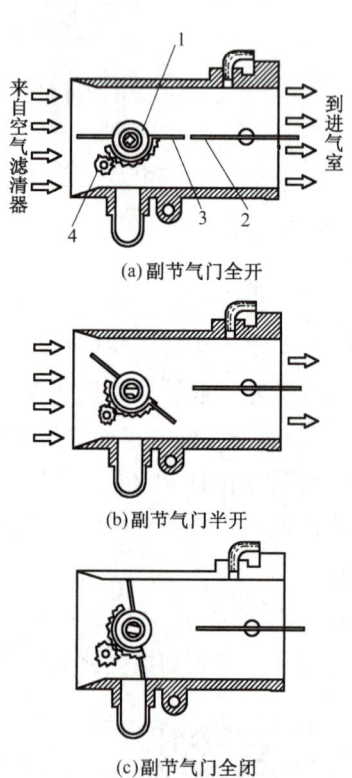

图 12-7 副节气门执行器的工作原理
1—扇形齿轮;2—主节气门;
3—副节气门;4—小齿轮

五、电子控制装置

电子控制装置是防滑控制系的控制中枢。一方面,电子控制装置根据车轮转速信号及其他传感器或开关的输入信号,判断车轮的运动状态,一旦发现有车轮趋于滑动,就对制动压力调节装置及其他装置(如副节气门控制步进电动机等)进行控制;另一方面,电子控制装置还对系统状态进行监测和检查,一旦发现系统部件出现故障,电子控制装置则点亮故障警示灯进行报警,并自动关闭系统,同时将故障以代码的形式储存起来,以便维修时提取。

电子控制装置包括硬件和软件两部分,硬件部分主要由输入放大电路、运算电路、输出放大电路和安全保护电路几个基本电路组成。与硬件部分的功能对应,软件部分主要由防滑控制和安全保障两部分组成。防滑控制部分的功能是经过对输入放大电路预处理后的车轮转速信号进行采样、计算和分析,形成相应的控制指令。安全保障部分的功能是对系统的工作状态进行监测,在发现故障时,将系统防滑控制功能自动关闭。

在不同的车型上,电子控制装置的安装位置可能不同,一般安装在仪表板下方,也有的安装在行李箱或其他地方。

六、制动压力调节装置

制动压力调节装置安装于制动主缸和制动轮缸之间,在电子控制装置的控制下,通过对其内部电磁阀的控制,实现各车轮制动压力的调节。制动压力调节装置的外形如图12-8所示,一般包括电磁阀、储液器和回油泵等。

制动压力调节装置可通过内部电磁阀直接或间接地控制车轮制动压力。通常称直接控制车轮制动压力为循环式控制,称间接控制车轮制动压力为可变容积式控制。

循环式控制是在制动主缸和制动轮缸之间串联一个电磁阀(图12-9),电磁阀由电子控制装置控制,以实现车轮制动压力的保压、减压和增压控制。储液器用于暂存制动轮缸减压过程中流出的制动液。回油泵则是将储液器中的制动液泵回制动主缸。

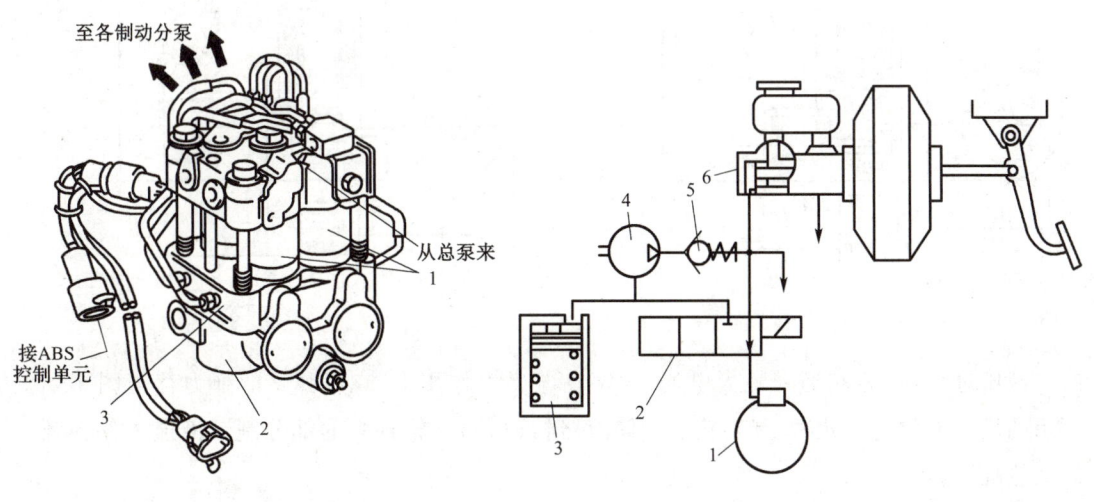

图12-8 制动压力调节装置的外形
1—电磁阀;2—储液器;3—回油泵

图12-9 循环式控制
1—制动轮缸;2—电磁阀;3—储液器;
4—回油泵;5—单向阀;6—制动主缸

控制车轮制动压力的电磁阀可以采用三位三通电磁阀,也可采用二位二通电磁阀。

三位三通电磁阀的循环控制原理如图12-10所示。采用三位三通电磁阀时,ECU通过对电磁阀的断电、半通电和全通电使电磁阀处于三种工作状态,对车轮制动压力施行增压、保压或减压控制。

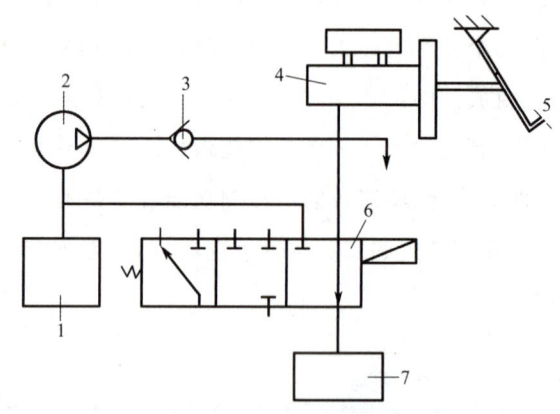

图 12-10 三位三通电磁阀的循环控制原理

1—储液器;2—回油泵;3—单向阀;4—制动主缸;5—制动踏板;6—三位三通电磁阀;7—制动轮缸

常规制动过程:电磁阀不通电,柱塞在弹簧作用下处于图12-11所示位置。此时,制动主缸与制动轮缸相通,制动轮缸内的制动压力随着制动主缸压力的变化而变化。

保压过程:电磁阀通入1/2最大电流,柱塞在电磁力作用下,克服弹簧的弹力移至图12-12所示中间位置。此时,制动轮缸内的制动液被密封,制动压力保持一定。

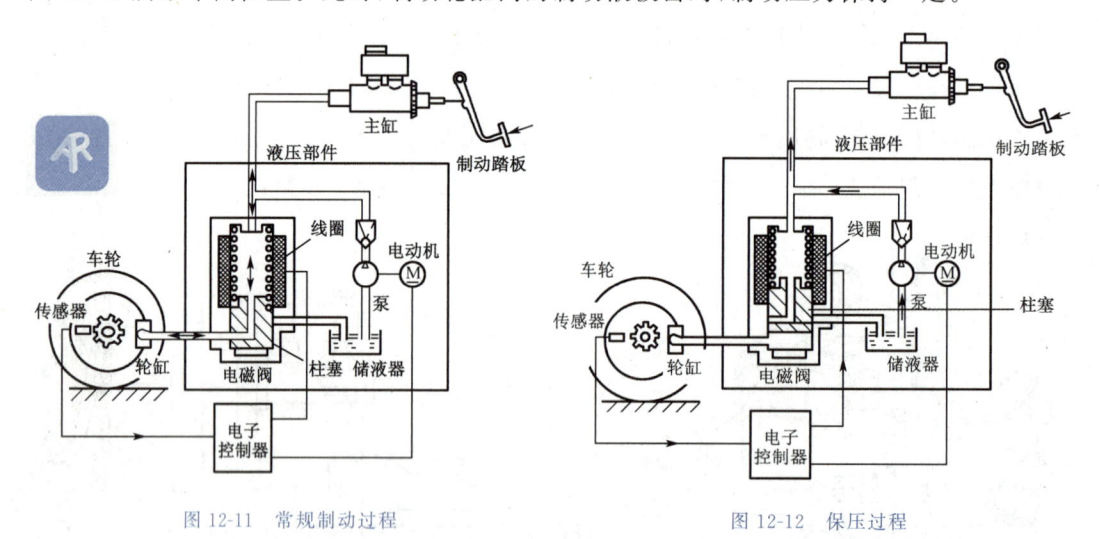

图 12-11 常规制动过程　　　　图 12-12 保压过程

减压过程:电磁阀通入最大电流,柱塞在电磁力作用下,克服弹簧的弹力移至图12-13所示的最上端位置。此时,制动轮缸与储液器相通,制动轮缸中的部分制动液流入储液器,制动轮缸压力下降。

增压过程:电磁阀停止通电,柱塞在弹簧的弹力作用下又回到图12-14所示的最下端位置。此时,制动主缸和制动轮缸再次接通,制动主缸的高压制动液再次进入制动轮缸,使制动轮缸的制动压力增大。

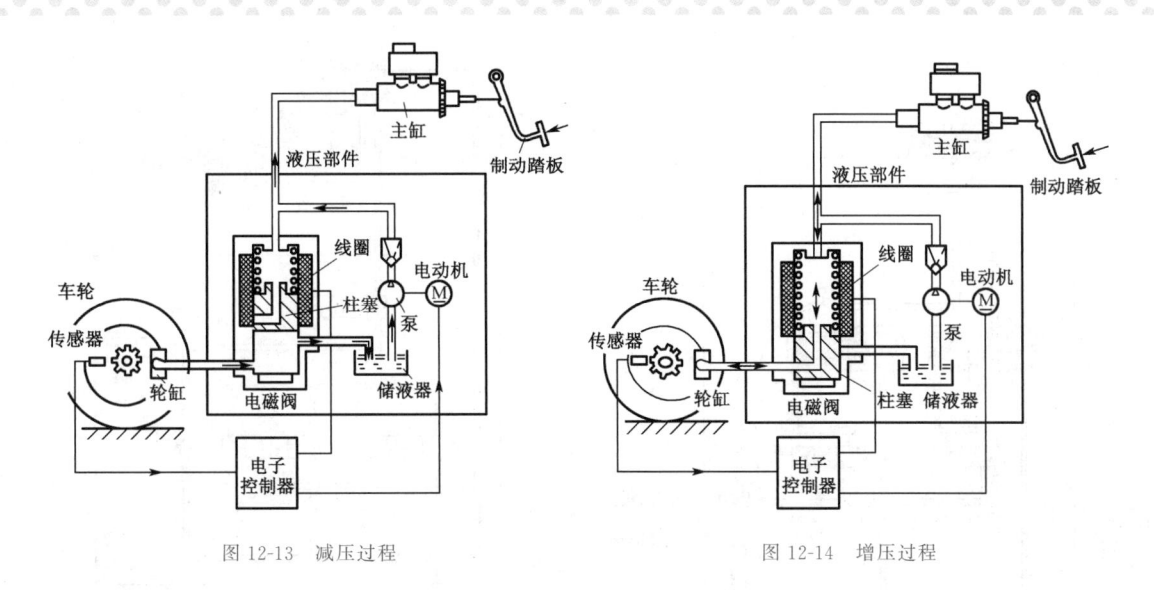

图 12-13 减压过程　　　　　　　　图 12-14 增压过程

ABS 制动压力调节装置和 ASR 制动压力调节装置在结构上可各自分开,通过液压管路相互连接,也可以组合在一起。

当 ABS 制动压力调节装置和 ASR 制动压力调节装置在结构上可各自分开时,ASR 制动压力串联在 ABS 制动压力调节装置与驱动车轮之间,其工作原理如图 12-15 所示。

ASR 不起作用时,电磁阀不通电而处在左端位置,调压缸右腔通过电磁阀与储液器相通,调压缸活塞在弹簧作用下位于右端位置。此时,ABS 制动压力调节装置通过调压缸中的通液孔与驱动车轮制动轮缸相通,ASR 制动压力调节装置可正常对两驱动车轮实施制动力控制。

当需要对驱动车轮实施驱动防滑控制时,ASR 电子控制装置向电磁阀输入控制信号,使电磁阀通电而移至右端位置,这时,调压缸右腔与储液器隔断而与蓄压器相通。蓄压器中具有一定压力的制动液进入调压缸右腔,推动调压缸活塞左移,ABS 制动压力调节装置与驱动车轮制动轮缸隔离。随着调压缸活塞的左移,驱动车轮侧制动管路容积减小,制动压力上升。当需要保持驱动车轮的制动压力时,ASR 电子控制装置可使电磁阀半通电,电磁阀位于中间位置,调压缸右腔与蓄压器隔断,调压缸活塞保持不动,驱动车轮侧制动管路容积保持不变,制动压力保持一定值。当需要减小驱动车轮制动压力时,ASR 电子控制装置使电磁阀断电,电磁阀在弹簧作用下回到左端位置,使调压缸右腔与蓄压器隔断而与储液器相通。调压缸活塞在弹簧作用下右移,驱动车轮侧制动管路容积增大,制动压力相应减小。

当 ABS 制动压力调节装置和 ASR 制动压力调节装置在结构上组合在一起时,其工作原理如图 12-16 所示。

ASR 不起作用时,电磁阀Ⅰ不通电而位于左端位置。ABS 起作用时,可通过控制电磁阀Ⅱ和电磁阀Ⅲ来调节制动压力。

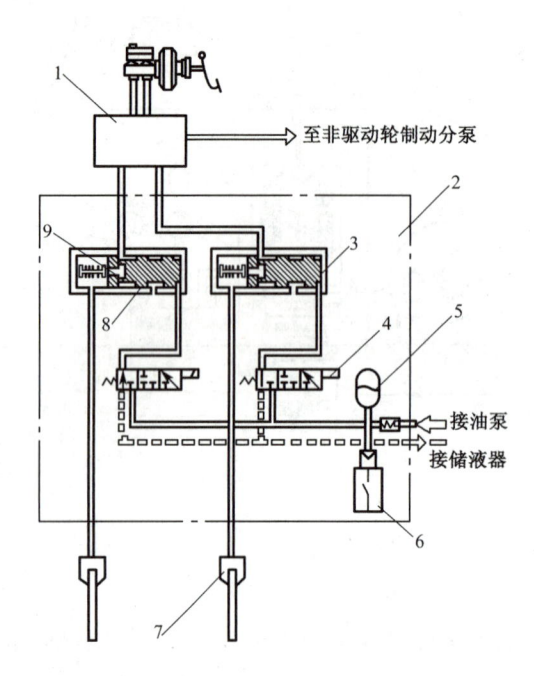

图 12-15 ASR 制动压力调节装置工作原理
1—ABS 制动压力调节装置；2—ASR 制动压力调节装置；
3—调压缸；4—三位三通电磁阀；5—蓄压器；
6—压力开关；7—驱动车轮制动轮缸；
8—调压缸活塞；9—活塞通液孔

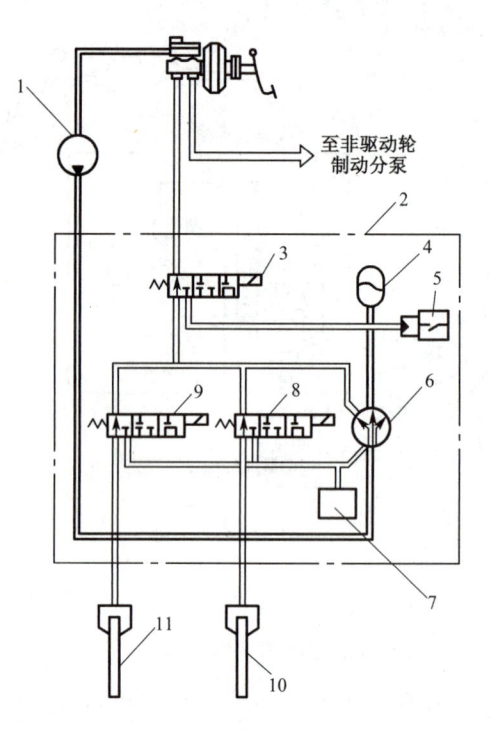

图 12-16 ABS/ASR 制动压力调节装置工作原理
1—油泵；2—ABS/ASR 制动压力调节装置；
3—电磁阀Ⅰ；4—蓄压器；5—压力开关；
6—油泵；7—储液器；8—电磁阀Ⅱ；
9—电磁阀Ⅲ；10、11—驱动车轮制动轮缸

ASR 起作用时，ASR 电子控制装置使电磁阀Ⅰ通电而移到右端位置，此时，电磁阀Ⅱ和电磁阀Ⅲ不通电而处在左端位置。蓄压器的压力油通过三个电磁阀进入驱动车轮制动轮缸，制动压力增大。当需要保持驱动车轮制动压力时，ASR 电子控制装置使电磁阀Ⅰ半通电，电磁阀Ⅰ位于中间位置，蓄压器与制动轮缸通路隔断，驱动车轮制动压力保持不变。当需要减小驱动车轮制动压力时，ASR 电子控制装置使电磁阀Ⅱ和电磁阀Ⅲ通电，电磁阀Ⅱ和电磁阀Ⅲ移到右端位置，使驱动车轮制动轮缸与储液器相通，驱动车轮制动压力下降。

当需要对左、右驱动车轮的制动压力实施不同控制时，ASR 电子控制装置则分别对电磁阀Ⅱ和电磁阀Ⅲ进行控制。

工作任务实施

一、实施条件
轿车 ABS 和 ASR 系统总成（推荐丰田系列）。

二、实施步骤

1. 故障诊断与检查的程序

经过故障诊断与检查可及时发现防滑控制系中的故障，是系统维修的重要组成部分。汽车防滑控制系故障诊断与检查一般程序如图 12-17 所示。

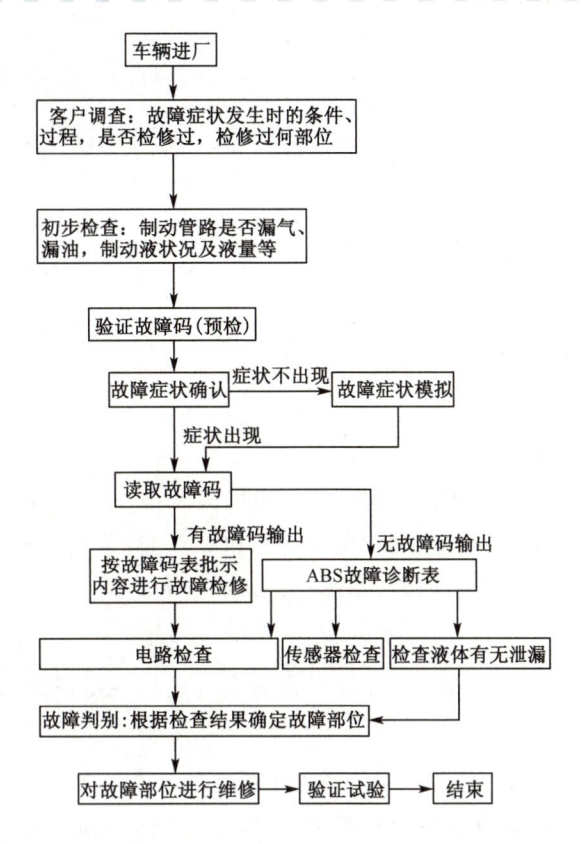

图 12-17 汽车防滑控制系故障诊断与检查一般程序

2. 初步检查

当防滑控制系出现明显故障而不能正常工作时,应首先进行初步检查。例如,系统故障指示灯常亮不熄,系统不能工作等。检查内容如下:

(1)手制动器是否完全释放。

(2)储液器液面高度是否符合规定,制动液是否符合规定。

(3)电子控制装置导线插头与插座的连接是否良好,连接器及导线是否损坏。

(4)检查下列导线连接器(插头与插座)和导线的连接或接触是否良好:

①制动压力调节装置上的电磁阀体连接器。

②制动压力调节装置上的主电磁阀连接器。

③压力警告开关和压力控制开关连接器。

④储液器液面指示开关连接器。

⑤车轮转速传感器的连接器。

⑥油泵、副节气门位置传感器连接器。

(5)所有继电器、熔丝是否完好,插接是否可靠。

(6)蓄电池容量和电压是否在规定的范围之内,蓄电池的正、负极导线连接是否牢靠,连接处是否清洁。

(7)电子控制装置、制动压力调节装置等的接地(搭铁)端的接触是否良好。

(8)检查车轮胎面纹槽的深度是否符合规定。

如果用上述方法不能确定故障部位,就可采用故障自诊断方法进行进一步检查。

3. 故障自诊断

防滑控制系一般具有故障自诊断的能力,它实质是以电子控制装置中标准的正常运行状态为准,将非正常的运行状态(故障)用某种符号形式记录在存储器中,供人们方便地读出以确定故障位置,这种符号即故障码。不同车型的故障码形式和内容有所不同,维修人员可在维修手册中查找。

防滑控制系故障码的读取一般有三种方法:

(1)用专用的诊断仪与故障码读取接口相连并按程序启动,诊断仪的显示器或故障指示灯会有规律地显示故障码。

(2)按规定连接启动线路,通过汽车仪表板上的故障指示灯的闪烁规律来读取故障码。

(3)利用车上带有的驾驶信息系统(中心计算机系统)读取故障码。维修技术人员启动自检程序,信息系统上的显示器即可按顺序显示不同的故障码。

4. 快速检查

快速检查是用数字万用表和一些相应设备对系统电路规定的地方进行连续检测,查找故障所在。

根据故障码,多数情况下只能了解故障大致范围和基本情况。为了进一步查清故障,可采用快速检查方法,对系统的电路和元器件,特别是可能有故障部位的电参数(如电阻、电压、波形等)进行深入测试,根据测试仪和仪表显示,确诊故障部位、性质和原因,特别是借助专用故障诊断仪,可以得到快速满意的结果。

5. 故障指示灯诊断

故障指示灯诊断是通过观察制动故障指示灯和防滑控制故障指示灯的闪烁规律,进行故障判断的一种简易方法。驾驶员可通过这种方法对防滑控制系的故障进行粗略判断。例如,通常 ABS 在点火开关打开时,琥珀色 ABS 故障指示灯应闪亮一下(约 4 s)。在发动机启动的瞬间,红色制动故障指示灯和琥珀色 ABS 故障指示灯应该都亮(手制动器在释放位置)。一旦发动机运转起来,两个故障指示灯都应熄灭,否则说明 ABS 有故障。

不同的车型,故障指示灯诊断表可在该车型的维修手册中查找。

思考题

1. 简述 ABS 的功用与工作原理。
2. 简述 ABS 和 ASR 工作的异同点。
3. 简述制动压力调节器的功用和工作方式。
4. 简述防滑控制系的基本检查项目。

任务 12.2　电子稳定程序的维修

能力目标

- ◆ 会判断电子稳定程序系统故障。
- ◆ 会用解码仪检修电子稳定程序系统。
- ◆ 会制订检修方案。
- ◆ 会用检测设备和工具。
- ◆ 能够注意安全和环保。

知识目标

- ◆ 理解电子稳定程序系统的功用。
- ◆ 掌握电子稳定程序系统的工作原理。

相关知识

一、电子稳定程序系统的作用与功能

电子稳定程序（Electronic Stability Program，ESP）系统的功能是监控汽车的行驶状态，在紧急躲避障碍物或转弯时出现不足转向或过度转向时，使车辆避免偏离理想轨迹。它综合了 ABS、BAS（制动辅助系统）和 ASR 三个系统，功能更为强大，如图 12-18 所示。

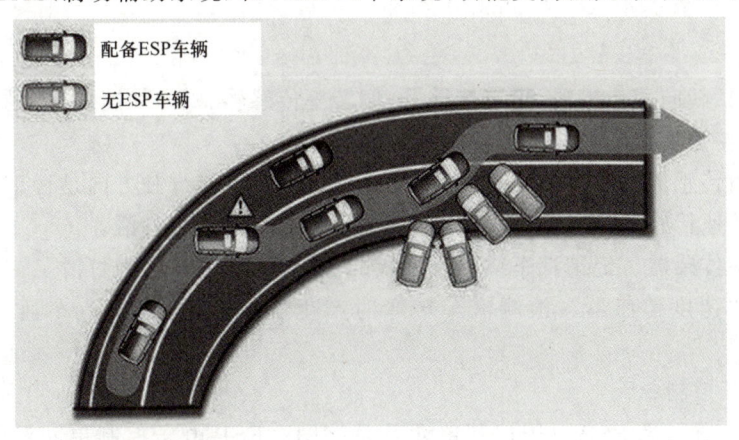

图 12-18　电子稳定程序系统

ESP 通常起到支援 ABS 及 ASR 的功能。它通过对从各传感器传来的车辆行驶状态信息进行分析，然后向 ABS、ASR 发出纠偏指令，来帮助车辆维持动态平衡。ESP 可以使车辆在各种状况下保持最佳的稳定性，在转向过度或转向不足时效果更加明显。

ESP有三种类型：能向四个车轮独立施加制动力的四通道或四轮系统；能对两个前轮独立施加制动力的双通道系统；能对两个前轮独立施加制动力并对后轮同时施加制动力的三通道系统。

二、电子稳定程序系统的结构

电子稳定程序系统的结构如图12-19所示。电子稳定程序系统可大致分为四个部分：

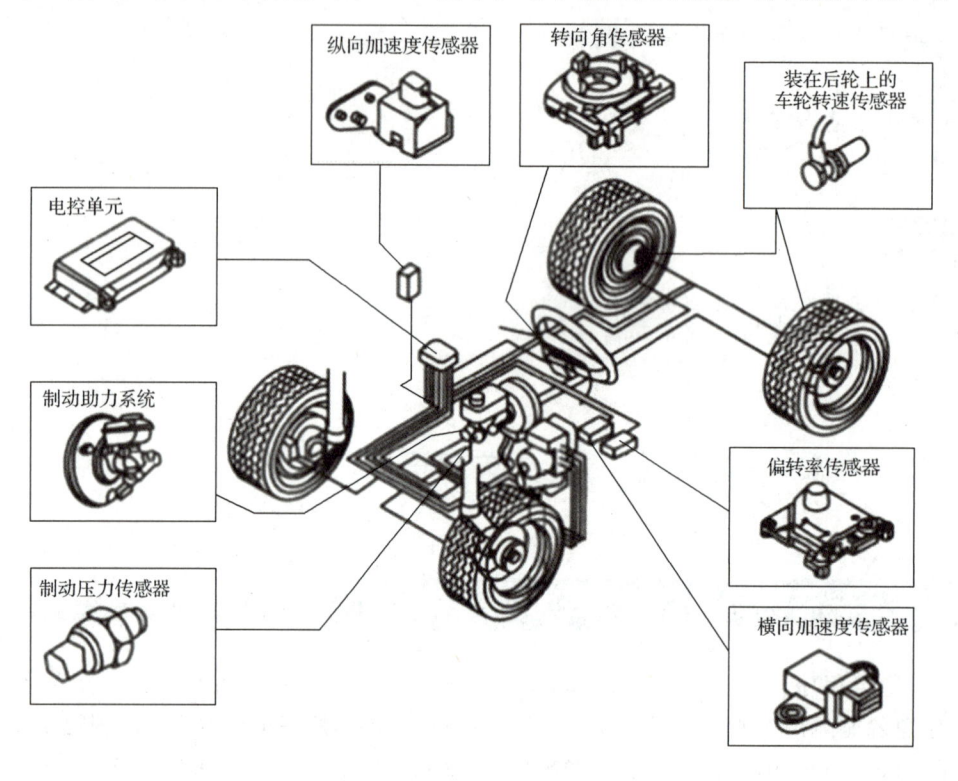

图12-19 电子稳定程序系统的结构

1.传感器

传感器包括转向角传感器、轮速传感器、偏转率传感器、横向加速度传感器、制动压力传感器等。这些传感器负责采集车身状态的数据。

（1）转向角传感器。监测转向盘旋转角度，帮助确定汽车行驶方向是否正确。

（2）车轮转速传感器。监测每个车轮的速度，确定车轮是否打滑。

（3）偏转率传感器。记录汽车绕垂直轴线的运动，确定汽车是否打滑。

（4）横向加速度传感器。检测汽车转弯时产生的离心力，确定汽车通过弯道时是否打滑。

2.ESP电子控制单元

如图12-20所示为ESP电子控制单元及系统图。ESP电子控制单元对传感器采集到的数据进行计算，计算出车身状态然后与存储器里面预先设定的数据进行比对。当电脑计算数据超出存储器预存的数值，即车身临近失控或者已经失控时，命令执行器工作，以保证车身行驶状态能够尽量满足驾驶员的意图。

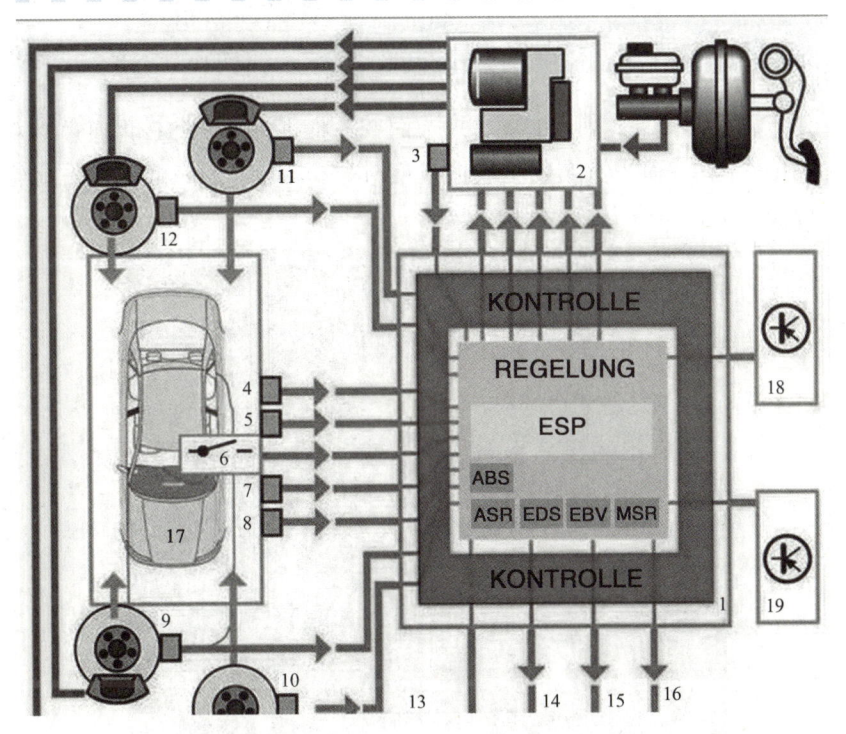

图 12-20 ESP 电子控制单元及系统图

1—ESP 控制单元；2—带预压泵的液压单元；3—制动压力传感器；4—横向加速度传感器；5—偏转率传感器；6—ASR/ESP 键；7—转向角传感器；8—制动灯开关；9~12—车轮转速传感器；13—诊断导线；14—制动装置指示灯；15—ABS 指示灯；17—车辆及驾驶员状态；18—发动机管理系统起作用时；19—变速器控制系统起作用时

3.执行器

ESP 的执行器就是 4 个车轮的制动系统，其实 ESP 就是帮驾驶员踩制动踏板。与没有 ESP 的车不同的是，装有 ESP 的汽车其系统具有蓄压功能。蓄压就是电控单元可以根据需要，在驾驶员没踩制动踏板时替驾驶员向某个车轮的制动油管加压让这个车轮产生制动力。

4.仪表显示

如图 12-21 所示为仪表盘上的 ESP 指示灯。

(a)关闭 ESP 　　　　　　　(b)ESP 故障

图 12-21 仪表盘上的 ESP 指示灯

三、电子稳定程序系统的工作原理

当汽车发生转向不足时(左),车身表现为向弯外推进,此时 ESP 将通过对左后轮的制动来遏制车辆陷入险境;而当汽车发生转向过度时(右),此时 ESP 通过对右前轮的制动来纠正危险的行驶状态。如图 12-22 所示。

图 12-22　ESP 在弯道上的效果演示

ESP 可以实时监控汽车的行驶状态,并自动向一个或多个车轮施加制动力,以保持汽车在正常的车道上运行,甚至在某些情况下可以进行 150 次/秒的制动,它还可以主动调控发动机的转速并可调整每个车轮的驱动力和制动力,以修正汽车的过度转向和转向不足。ESP 还有实时警示功能,当驾驶者操作不当和路面异常时,它会用警告灯警示驾驶者。

在 ABS、BAS 及 ASR 三个系统的共同作用下,ESP 最大限度地保证汽车不跑偏、不甩尾、不侧翻。据统计,有 25% 导致严重人员伤亡的交通事故是由侧滑引起的,更有 60% 的致命交通事故是侧面撞击而引起的,其主要原因就是车辆发生了侧滑,而 ESP 能有效降低车辆侧滑的危险,从而减少交通事故的数量以拯救生命。

当前 ESP 主要应用于一些高端车型,如奔驰、奥迪等,随着人们对车辆安全性的要求日益提高,ESP 将会被越来越多的车辆所应用。

ESP 最重要的特点就是它的主动性,如果说 ABS 是被动地做出反应,那么 ESP 却可以做到防患于未然。

(1)ESP 不是一套独立的系统,实际上它是建立在 ASR 的基础上的,这也是 ESP 包含 ASR 等系统功能的原因。

(2)ESP 不完全依赖于驾驶员的操纵,能起到纠正行驶轨迹的作用,可以减轻驾驶员的负担。

(3)ESP 保证车辆在复杂行驶条件下始终保持可操纵性。

四、电子稳定程序系统的常见故障

1.ESP 故障的现象和危害

(1)组合仪表上 ESP 故障指示灯亮起(图 12-23)。

图 12-23　ESP 故障指示灯亮起

(2)车辆在高速状态下进行转弯时,车轮制动发生侧滑,甚至能导致车辆侧翻。

(3)车辆转弯过急会发生甩尾,车身摆动的现象。

(4)ESP 故障会威胁驾车的安全性,使车辆变得不可控。

2.故障产生的原因

(1)车辆里 ESP 与 ABS、ASR 等共用传感器,而多数的 ESP 故障是由传感器引起的。传感器线路脱落、传感器故障都会引起 ESP 故障报警。当传感器传递错误信号时,ESP 同样会发出报警。

(2)车辆制动系统故障,ESP 无法通过车轮制动保持车辆稳定。

(3)电控单元(ECU)发生故障,发动机电控单元与 ESP 信号传输中断。

ESP 发生故障时,车主应谨慎驾驶。尤其要避免车辆高速转弯,以免发生侧滑。并应及时送修,由专业人员检测维修。以免发生危险。主要检测项目如下:

(1)ESP 供电继电器损坏

EPS 在工作中需要控制多个系统,这就会产生较大的电流。瞬间的电流可能击穿继电器,发生故障。

(2)ESP 连接线束损坏

这类问题多数发生在维修好的事故车上,复杂连接线束有可能因为碰撞造成损坏。

(3)传感器损坏

ESP 中的传感器包括:ABS 传感器、转向角传感器、车轮转速传感器、横向加速传感器等。若传感器损坏,则可用车用检测仪检测。

(4)制动系出现故障

比如制动分泵抱死,制动系统失灵等。

(5)ESP 开关出现故障

ESP 开关是在工作时有可能因电流过大发生损坏。可以通过读取数据流来检测 ESP 开关的质量。

(6)电控单元损坏

因为信息技术已经很成熟,汽车电控单元非常不容易发生损坏。在对其他配件检测完成后,最后考虑是否是控制单元发生故障。

工作任务实施

一、实施条件

(1)带 ESP 的车辆。
(2)检测诊断仪器。

二、实施步骤

ESP ECU 具有自诊断功能,当打开点火开关后,满足一定条件时,ECU 会进行自诊断。当打开点火开关后,车速首次达到 6 km/h 时,ESP 先后开启制动执行器的各个电磁阀和电动机,进行自诊断。诊断过程中,发动机舱中电磁阀和电动机会有动作声,属于正常的声响。

组合仪表内安装了各种指示灯和警告灯。侧滑指示灯在灯光闪烁时提示驾驶员 ASR、ESP 正在工作,而 ASR 关闭时,指示灯亮起。

制动警告灯除了在一般情况下施加驻车制动器时以及制动液减少时亮起以外,还可与 ABS 警告灯同时亮起。

ABS 警告灯在 ABS 或制动助力系统出现故障时,警告灯亮起。此外,在诊断模式时,ABS 警告灯闪烁显示 ABS 的 DTC(故障码)信息。

ESP 警告灯在 ESP 出故障时,警告灯亮起。此外,在诊断模式时,警告灯闪烁显示 ESP 的 DTC(故障码)信息。

1.故障码的读取

当 ECU 检测到电控系统存在故障时,会在存储器中存储故障码。通常,故障码采用诊断仪读取。

使用诊断仪检查故障码的步骤如下:
(1)连接诊断仪的接口到车辆故障诊断座。
(2)将点火开关转至"ON"位置。
(3)依照诊断仪屏幕的提示读取故障码,详细资料请参考诊断仪使用手册。

2.故障码的清除

使用诊断仪清除故障码的步骤如下:
(1)连接诊断仪到故障诊断插座。
(2)将点火开关转至"ON"位置。
(3)操作诊断仪清除存储在 ECU 中的故障码,不同型号的诊断仪使用方法有所不同,具体请查阅相应的使用手册。

如果使用切断蓄电池的方法删除故障码,在关闭点火开关后需要等待一定时间,等网络休眠后再切断电源,否则容易损坏车辆上的各元器件。

3.ESP 的故障诊断注意事项

(1)对于不同类型轮胎的周长,ESP 计算机识别与其他车轮的周长偏差为 5% 的车轮

计算机因而纠正其发布的信息。(自动校正偏差)

当周长偏差大于5%时,系统转为降级模式(丧失ESP功能,保留ABS和EBD功能)。需要注意的是,当车轮之间的周长偏差未达到6%时,ABS和EBD应该是完全可以运行的。

(2)转向角传感器的标定

转向角传感器需要进行标定的情况有:调节前束,更换ESP计算机,更换转向角传感器,维修转向柱或转向柱支架。

转向角传感器的标定操作分为两个阶段:解除锁定和标定,客户只能看到"标定"功能,解除锁定是诊断仪后台自动进行的。在调整程序开始前,要确定车轮在直线位置,标定方法如下:

方法一:沿直线行驶:必须在平直且无侧向强风的路面上行驶100 m。在行驶的终点,汽车应该尽可能在保持转向盘的位置的条件下停车。

方法二:在举升机上的调直:举升机可以保证前轮调直。前轮调直后,用诊断仪做如下操作:

① "开始标定?:是/否"。
② 正在标定。
③ 标定结束。

标定后的检测:汽车沿直线或弯道行驶1或2 km,以确认转向盘在0位(诊断仪断开),故障报警灯不应该点亮,在行驶试验过程中不能使用ESP或ABS调节。

思考题

1. 简述电子稳定程序系统的作用。
2. 简述电子稳定程序系统的工作原理。
3. 简述电子稳定程序系统的常见故障。

参 考 文 献

1. 张耀虎,王鑫,郑颖.汽车构造.北京:清华大学出版社,2019
2. 王春风,李超,韩仕军.汽车底盘构造与维修.上海:同济大学出版社,2018
3. 韩东.汽车底盘结构、原理与维修.北京:机械工业出版社,2017
4. 王文杰.汽车底盘结构与原理.昆明:云南人民出版社,2020